江苏蓝天环保集团有限公司是国内知名的烟气除尘环保企业，现为中国产业用纺织品行业协会常务理事单位、国家级高新技术企业。公司创办于2000年，注册资本5000万元，占地面积300亩，专业生产除尘滤料及袋式除尘配件，并提供袋式除尘整体解决方案。

公司依据ISO 9001:2008质量管理体系、ISO 14001:2004环境管理体系的要求，生产各系列除尘滤料及配件，现有非织造针刺生产线4条，定型、轧光等后整理生产线3条，自动缝制生产线10条，并引进国际领先的瑞典ETON吊挂缝制系统、德国Dilo非织造生产线等，不断提升产品的品质和性能。

Jiangsu Blue Sky Environmental Protection Group Co., Ltd is a well-know flue gas dust removal environmental protection enterprise in China, it is the standing director of China nonwovens & industrial textiles association member units, national high and new technology enterprise. The company was founded in 2000, registered capital as 50 million RMB, floor space as 200,000 square meters, professionally produce various kinds of the dedusting filter product and its fittings.

Company produced all series dedusting filter product and its fittings, according to the ISO 9001:2008 quality management system and the ISO 14001:2004 environmental management system request. Now we have 4 nonwoven needle production lines, 3 singeing, calendaring, etc finish treatment production lines, 10 automatic sewing production lines, and the world most advanced Sweden ETON product-o-rial system, and the Germany Dilo non-woven fabric production line, to improve the quality and the performance of our products.

英文二维码　　　中文二维码

扫一扫，获取企业更多信息

2014/2015
中国产业用纺织品
技术发展报告

2014/2015 Technology Development Report of China Industrial Textiles

中国产业用纺织品行业协会　编著

中国纺织出版社

内 容 提 要

在《2014/2015 中国产业用纺织品技术发展报告》的编写过程中，中国产业用纺织品行业协会特邀来自国家发展和改革委员会、工业和信息化部、国家质量监督检验检疫总局、全国标委会以及各相关专业委员会和下游应用领域的专家共同参与，遴选出一批对提升行业的科技贡献率具有实用价值的技术论文入编。本书共分四篇，重点涵了近两年产业用纺织品行业的新技术、新工艺、新产品及研究进展、生产工艺、检测标准，并节选了《2014 年中国际产业用纺织品及非织造布展览会技术报告》中创新产品部分进行介绍。本书集研究性、实用性与前瞻引导性于一体，体现我国产业用纺织品行业快速发展的瞩目成绩。

图书在版编目 (CIP) 数据

2014/2015 中国产业用纺织品技术发展报告 / 中国产业用纺织品行业协会编著 . -- 北京：中国纺织出版社，2015.9

ISBN 978-7-5180-1824-6

Ⅰ . ① 2… Ⅱ . ①中… Ⅲ . ①工业用织物－纺织工业－工业发展－研究报告－中国－ 2014 ～ 2015 Ⅳ . ① F426.81

中国版本图书馆 CIP 数据核字 (2015) 第 161504 号

策划编辑：秦丹红　　特约编辑：韩 竞 赵东瑾　　责任设计：王 宁
责任印制：何 建

中国纺织出版社出版发行
地址：北京市朝阳区百子湾东里 A407 号楼　邮政编码：100124
销售电话：010 － 67004422　传真：010 － 87155801
http://www.c-textilep.com
E-mail:faxing@c-textilep.com
中国纺织出版社天猫旗舰店
官方微博 http://weibo.com/2119887771
宏达印刷有限公司印刷　各地新华书店经销
2015 年 9 月第 1 版第 1 次印刷
开本：710×1000 1 / 16　印张：30
字数：480 千字　定价：200.00 元
京朝工商 广字第 8172 号

《2014/2015 中国产业用纺织品技术发展报告》编委会

前　言

　　由中国产业用纺织品行业协会编著的《2014/2015 中国产业用纺织品技术发展报告》与读者见面了。本书主要围绕近两年中国产业用纺织品行业的技术进步、产品创新、应用拓展等方面，将来自于一线企业、科研院所和大专院校的先进科研成果、技术报告以及产业分析等汇集成册，以飨读者，旨在推动科技进步和产业升级。

　　近两年，我国产业用纺织品行业保持了 10% 以上的快速增长，2014 年我国 1795 家规模以上产业用纺织品企业的主营业务收入和利润总额分别为 2702.2 亿元和 154.3 亿元，分别增长 12.39% 和 13.79%，工业增加值增长 11.7%，行业平均利润率 5.71%。其中规模以上非织造布企业的产量达到 361.4 万吨，增长 10.73%；销售收入增长了 13.73%，利润总额增长 6.28%。2014 年行业全年完成固定资产投资 565.5 亿元，虽有回落，但仍同比增长 25.99%，在纺织行业中处于前列。其中非织造布依然是投资最为活跃的领域，投资额增速达到 44.15%，新开工项目数增速 38.39%。产业用纺织品行业各项经济指标均明显高于纺织全行业水平，继续保持较好的发展信心与动力。

　　今年是"十二五"规划的最后一年，也是"十三五"发展蓝图的谋划之年。在经济"新常态"环境下，技术含量高、产品附加值高、劳动生产率高、应用领域广的产业用纺织品的发展更成为国家相关产业的攻关重点和社会的关注焦点，承载纺织工业新的经济增长极的任务使命。《中国制造 2025》、《建设纺织强国纲要（2011-2020）》等导向性政策既给产业用纺织品行业明确了发展方向，又给行业带来了发展机遇。迎接更具优势的发展前景，产业用纺织品行业将继续较快增长，技术进步和应用领域将不断拓宽，积极推动医疗卫生、环境保护、土工建筑、航空航天、军工国防、新能源、农林牧渔等行业发展，为国民经济和社会发展做出更多贡献。

产业用纺织品的快速发展离不开科技创新的推动，在当前经济新常态和"大众创业，万众创新"的大背景下，创新正在成为行业发展的重要推动力。这就更需要完善的政、产、学、研、用协作发展机制共同推动全产业链协同创新，特别是应用技术研发和终端市场推广。

为适应行业发展的需要，中国产业用纺织品行业协会今年编著出版《2014/2015 中国产业用纺织品技术发展报告》。本书分为分领域产业用纺织品、专用设备及工艺技术、标准与检测、展会报告共 4 篇，第一篇中包含安全与防护用纺织品、医疗与卫生用纺织品、过滤与分离用纺织品、结构增强用纺织品、交通工具用纺织品、土工用纺织品、其他产业用纺织品共 7 章。第四篇收录了"2014 年中国国际产业用纺织品及非织造布展览会技术报告（摘录）"，着重将创新产品 / 技术部分呈献给读者。附录中收集了中国产业用纺织品行业的公共服务平台和相关标准汇总。本书涵盖产业用纺织品在多个应用领域的新技术、新工艺、新产品，集研究性、实用性与前瞻引导性于一体，既是一份成绩瞩目的年度宣言，更是一本实用有效的工具书。

由于编著时间有限，书中难免有疏漏及不妥之处，诚请各会员企业和广大读者批评指正。本书出版得到来自国家发改委、工业与信息化部、国家质检总局、国家标准委等的大力支持，得到中产协各分会和许多业内专家学者的支持与配合，在此一并对大家表示衷心的感谢！

编委会

二零一五年七月

目 录

第一篇　分领域产业用纺织品

第二篇 专用设备及工艺技术

第三篇 标准与检测

第四篇　展会报告

附录

第一篇 分领域产业用纺织品

第一章 安全与防护用纺织品

柔性防刺材料的研究进展

甄琪　钱晓明　张恒

（天津工业大学）

　　反恐在国际上尤其是发达国家备受关注，因此防弹、防刺、防割产品的开发得以快速发展。而在我国，枪械等武器的使用受到很大的限制，来自匕首、刺刀等尖锐利器的威胁却防不胜防。因此更为先进舒适的防刺服装受到广泛关注。目前，很多防刺服为了达到防刺性能，穿着舒适性并不尽人意，随着材料科学的进步，采用高性能纤维制备的柔性防刺服应运而生。

　　柔性防护材料是指以高性能纤维为原料，采用机织物、针织物、非织造材料及它们的复合形式制造的舒适高效的防护材料。本文首先对柔性防刺材料的防刺机理和国内外研究进展进行了阐述，进而介绍了柔性防刺材料的种类和组织结构特点，为防刺服装的进一步研究提供基础。

1 柔性防刺机理

　　防刺是指防止锐利尖端的武器或者连续锋利刀刃的破坏。防刺材料对匕首、刀具等尖锐物体的阻碍主要是靠摩擦自锁原理，其能量分散范围比较窄，在穿刺过程中，刀尖顶住织物，织物表面弯曲张紧，织物的抗拉力使刀具的受力与位移成线性关系，而这一过程受到防刺材料的组织结构和纤维特性的影响，具有复杂性和多重性，因此对于防刺机理的研究主要集中在防刺测试方法和基于有限元的数值模拟分析两个方面。

　　当尖锐物接触到防刺材料的时候，尖锐物的刺入力分为垂直方向的贯穿力和水平方向的剪切力，当尖锐物垂直入刺织物时，贯穿力最大，织物承受的破坏力最强；当尖锐物水平经过织物时，此时的织物表面上没有垂直方向的贯穿力，破坏力最小。当尖锐物介于法线和切线之间时，只要刺入角小于刀具和织物的摩擦角，理论上两者永远不会产生相对滑移，构成摩擦自锁成立的条件，此时刀具产生自锁，相应的破坏力较大。当刺入角大于刀具和织物的摩擦角时，刀具会在织物表面产生滑移，刀具的破坏力较小。

2 柔性防刺材料介绍

2.1 柔性防刺材料的分类

柔性防护材料采用机织物、针织物、非织造材料及其复合形式制造。机织物组织一般是平纹、缎纹或三维机织组织；针织组织一般是经编、纬编或者三维针织组织，编织材料一般为三维编织组织。非织造材料基本以针刺毡为主，也有水刺及热粘合形式的非织造防刺材料。其织物形式多样，且为达到需要的防刺级别，一般需要多层织物相复合，复合织物层可达十几层。除了多种形式的织物进行复合外，为了增强其防刺性能，也可进行涂层和浸渍处理。

2.2 柔性防刺材料用纤维

常见的纤维原料包括超高分子量聚乙烯纤维、对位芳香族聚酰胺纤维、聚对苯撑苯并双噁唑（PBO）纤维，此外聚对苯二甲酸丁二酯（PBT）纤维、蜘蛛丝、蚕丝丝胶、陶瓷纤维、碳纤维、聚酯纤维等也有所应用。目前市场上应用较多的是对位芳香族聚酰胺纤维（芳纶）和超高分子量聚乙烯纤维，纤维特性见表1。

2.3 柔性防刺材料的结构特点

柔性纤维质材料是由叠层高性能纤维织物或高性能纤维单向带层合柔性复合材料构成的纤维质材料。纤维聚合体形态可以是机织物、针织物、非织造材料等各种织物形式的组合，目前国内外都是利用纤维聚集态结构经过一定的处理而生产柔性防护服的。

机织物结构比较紧密，采用高密度的细支平纹布作为防刺织物，匕首等锐利武器很难刺入材料，但是刀刃割断纱线后，就会导致经纬纱交织的结构受到破坏，裂口会突然扩大，影响防刺性能。Du Pont 公司在专利 US6323145 中描述了以高强高模芳纶纤维为原料织造而成的具有交织结构的机织物。

针织物依靠其特有的线圈结构进行能量的吸收，在尖锐武器刺入过程中，被刺针织物的线圈滑移，相邻线圈因纱线滑动而抽紧，纱线滑动引起线圈抽紧的数量增加，纱线间摩擦力增大，阻碍被刺入线圈的扩张，在此过程中吸收一部分冲击能，当线圈纱线达到无法滑动的程度时，针织物变形达到"自锁"状态。防刺针织物本身结构紧密，纱线的剪切

表1　几种高性能纤维的力学性能比较

项目		密度（g/cm³）	拉伸强度（GPa）	拉伸弹性模量（GPa）	断裂伸长率（%）
超高分子量聚乙烯纤维	Dyneema SK66	0.97	3.1	100	3.5
	Dyneema SK76	0.97	3.6	116	3.8
芳纶	Kevlar49	1.45	2.8	199	2.4
	TwaronHM	1.45	2.8	121	2.1
聚对苯撑苯并双噁唑纤维	ZylonHM	1.56	5.8	280	2.5
	Zylon AS	1.54	5.8	180	3.5
碳纤维	CF HS	1.78	3.4	240	1.4
	T300	1.76	3.5	230	1.5
玻璃纤维	S-2	2.55	2.1	73	2.0
尼龙纤维	HT	1.41	1.0	5	18.2
聚芳酯纤维	Vectran	1.41	2.9	69	3.7
	Ekonol	1.40	4.1	134	3.1
高强聚酯纤维		1.41~1.42	3.61	833	3.5~3.8

力足够大,在达到此状态之前没有被剪断,也会吸收掉大部分的冲击能。

非织造布片材是有纤维长丝或者短纤维经过成网和固网工艺而形成的柔性纤维质材料,材料依据加工方式的不同而具有不同的结构特征,在最近几年,随着非织造技术的发展而在防刺材料领域广泛应用。非织造布片材属于面内各向同性的材料,对锥子等尖锐武器具有很好的防护作用,但是其面内纤维的排列比较疏松,抱合力差,所以抗刀刃切割的能力比较差。

不同的织物结构在防刺材料应用各有优缺可以通过不同结构复合来改善其防刺性能。最常用的方法就是机织物或针织物与非织造布相复合。结构紧密的非织造材料的防护织物的质量很轻,面密度较小,能有效防护锥子等尖锐物体的穿刺,与机织物或针织物复合后可以提高其抗剪切性能。

3　柔性防刺材料的国内外研究进展

软质防刺服的材料基本上是以高性能纤维为主,为达到需要的防刺级别,一般需要多层织物相复合,复合织物层可达十几层。

Jessie B.Mayo发现热塑性树脂涂覆芳纶织物可以明显提高织物的防刺性能,且通过选择热塑性薄膜的不同类型和厚度,可以使织物具有不同的用途。

北京理工大学的王志刚、周兰英等将 SiO_2 纳米粒子分别与 Kevlar、锦纶和涤纶织物制成复合材料进行防刺测试，试验结果证明 8 层的 SiO_2 纳米粒子 /Kevlar 织物复合材料靶提供了相当于 24 层纯 Kevlar 织物靶的保护。

Tae Jin Kang 等采用二氧化硅 / 乙二醇悬浮液浸渍凯夫拉织物，得到的复合材料比纯凯夫拉材料厚度和质量在很大程度上得以改善，经准静态防刺试验发现，10 层复合材料要比 10 层纯凯夫拉材料的静态刺穿强度要高 250N 左右，且其表面受到的破坏也远小于纯凯夫拉材料。

尽管软质防刺材料在质量和柔软度上有了显著的改善，但是却或多或少地有着通病：为了达到防刺效果而进行相当多层的织物复合，从而影响了服装的透气透湿性能，损失了服用性能。有很多研究制作了浸渍剪切增稠液体（STF）的防护材料，尽管这种材料很大程度上提高了防刺功能又不增加其厚度，但是涂覆的 STF 材料却在相当大的程度上影响了服装的透气透湿性能，因而影响到其服用舒适性，给人体带来闷热不适的感觉。作为服装而言，在防护等级达到的同时也要保证穿着者的活动灵活性及穿着者感觉舒适性。在此基础上为了提高防刺服装的舒适性，也有很多研究者进行了试验研究。新西兰科学家 Ingham 发明了一种用超高分子量聚乙烯纤维与羊毛纤维混纺制成的针织防刺材料，可以防刺、阻燃、防止飞行碎片的威胁，像羊毛织物一样质轻且穿着舒适。Duong Tu Tien 等使用芳纶 / 棉包芯纱线织制成不同面密度的机织防刺织物，使其获得良好的服用舒适性并提高防刺性能。也可以通过防护服内添加相变材料（PCM）来改善舒适性。添加了 PCM 的防护服可以保持人体皮肤与服装间的微环境温度，含湿量比未添加 PCM 时较为恒定，提高了服用舒适性。

4 柔性防刺材料性能要求

美国全国司法学会（NIJ）在 STAB STANDARD0115.00-PROTECTION LEVELS 中指出防刺服的设计新理念，即：可穿性 + 适当的防护 = 挽救生命。因此穿着舒适性和防护性是表征柔性防护材料性能的两个关键指标。

防护性是指保护人体免受致命伤害，但是并不能绝对防止人体受伤的情况。所以各种防护服的防护范围首先要确保致命的器官，尤其是心脏、肝脏、脊椎、肾和脾等不受伤害。因此设计者需要根据各个器官以及各种场合下，穿着者所需面对的危险等级来设计防护服。这就需要设计者了解不同场合下，人体的安全穿刺深度。Bleetman 等对 25 个不同年龄段的志愿者在仰卧、直立、前倾 45° 的姿势下,对人体的肾脏、脾脏、心包膜以及胸膜、肝脏等进行超声波评估,得出人体皮肤到器官的最小距离,以设定人身安全刺穿深度。

试验证明,7mm 的人体刺穿深度,可以在 99% 的置信水平上保证人体致命器官不受伤害。而 NIJ Standard-0115.00 以及 PSDB 防刺标准也对各个等级能量水平下所能允许的最大刺穿深度进行了规定,见表 2。表 2 中允许最大穿刺深度均为 7mm。

表 2　防刺等级及能量划分

防护等级/PSDB 等级	能量水平 E1（J）	允许最大穿刺（mm）	能量水平 E2（J）	允许最大穿刺深度（mm）
1	24±0.5	7	36±0.6	20
2	33±0.6	7	50±0.7	20
3	43±0.6	7	65±0.8	20

舒适性通常意义上指生理舒适性,一般用热湿舒适性进行表征。测试方法有主观评价方法和客观测量方法。主观测试方法就是依靠人的主观感觉进行评分,通过问卷调查表,让试穿者通过试穿来对衣服的舒适性指标进行主观评分。客观评价方法就是通过实验仪器测试服装面料的保暖率、热传导系数、透湿率等。张月庆等针对高密度聚乙烯针刺非织造防刺材料通过测试透湿量、透气性以及材料的柔顺角间接反映防刺材料的穿着舒适性能,为柔性防刺材料的穿着舒适性的研究提供了借鉴实例。

5 结语

高性能纤维和新纺织结构的应用促进了防刺材料以及人体防护装甲的发展,尤其是芳纶和超高分子量聚乙烯纤维。在防刺服装防护性能的基础上,逐渐考虑到人体舒适性,从防护、安全、方便、舒适方面进行防护服的设计与研究。

目前的防刺材料虽然都有各种不同的改善方案,但它们有的厚重、硬挺,有的为了达到防刺效果而进行相当多层的织物复合,这些都影响到服装的透气透湿性能,从而给穿着者带来不适的感觉。

浸渍剪切增稠液体（STF）防护服材料,尽管很大程度上提高了防刺功能又不增加其厚度,但是其昂贵的价格以及涂覆的 STF 材料所带来的透气透湿性能的降低,无法广泛地作为批量生产的防刺服使用。在防护等级达到的同时也要保证穿着者的活动灵活性及穿着者感觉舒适性，对于如何找到功能与舒适性兼具的最佳平衡点，是现在防刺服研究工作的重点。

参考文献（略）

防静电纺织品的现状与发展

段守江

（中国产业用纺织品行业协会）

本文简要介绍了防静电产品的产生背景、静电的产生机理、防静电产品主要用途分类、测试技术及标准、防静电产品的发展趋势，目的是使更多的人关注产业用纺织品在安全防护领域的应用，普及防静电知识，让更多的防静电产品满足社会需求。

1 防静电产品的产生背景

静电是在生产、生活中普遍存在的一种自然现象。干燥的气候，化纤、塑料的广泛应用，静电的累积不可避免，严重的静电放电会灼伤人的皮肤。

早在 20 世纪 50 年代初，欧美各国已经开始在半导体器件生产中加以防范，我国在 60 年代末期才开始注意，80 年代初真正用在半导体器件生产中，随着现代电子信息产业的迅速发展，微电子技术的发展突飞猛进，大规模集成电路和超大规模集成电路被广泛应用在航天、航空、计算机、程控交换机遥控技术领域。由于微电子器件中集成度越来越高，刻线宽度越来越窄，因此在生产过程每一道工序中都要防止静电放电击穿，以免造成大量报废。美国每年因静电放电导致的半导体器件损失达 100 亿美元，英国达 20 亿美元，日本的微电子产品报废损失中有 70% 是因静电放电造成的，更可怕的是有些超大规模集成电路在出厂时已被部分击伤，当被安装在航天器上后，则可能造成不可挽回的事故。即便是在地面，在计算机房、程控交换机房、航空航天指挥中心，由于静电放电的干扰，也会造成信号失真、噪音、失控、乱码等危害，这是在微电子应用领域中非常严重的问题。

静电现象主要是由于物体摩擦（接触—分离）或感应产生的，产生静电后同性电荷相互排斥、异性电荷相互吸引，造成生产和生活中的静电干扰。生活中，带有异性电荷的灰尘会因静电附着在织物表面，上衣和裤子为不同材料时，不同极性的电荷造成相互吸引，出现衣服和衣服相互纠缠、衣服对人体纠缠的现象。

2 静电的产生机理

当两种不同物质互相摩擦时,在两种物质之间会发生电子移动,电子由一种物质表面转移到另一种物质表面,于是前者失去电子而带正电,后者得到电子而带负电,便产生静电。

羊毛、锦缎等具有酰胺键的纤维倾向于带正电,而聚酯、聚丙烯腈等倾向于带负电。纤维摩擦时产生的带电现象,是电荷在被摩擦纤维之间移动而产生的。高聚物表面聚集的电荷量取决于高聚物本身对电荷泄放的性质,其主要泄放方式为表面传导、本体传导、向周围的空气中辐射,并以表面传导为主要途径。因为表面电导率一般大于体积电导率,所以高聚物材料表面的静电主要受高聚物表面电导所支配。通过提高高聚物表面电导率或体积电导率使高聚物材料迅速放电可防止静电的积聚。

描述材料电阻特性时,通常用表面电阻率或体电阻率。表面电阻率(R_s),简单地说就是同一表面上两电极之间所测得的电阻值,将电极形状和电阻值结合在一起,通过计算可得到单位面积的电阻值。体积电阻率(R_v)指通过材料厚度的电阻值,单位是 $\Omega \cdot cm$。用不同的仪器测定时,所用的计算公式也会不同。

材料的导电性能可以用电阻率 ρ(单位是 $\Omega \cdot m$)或电导率 σ(单位是 $\Omega^{-1} \cdot m^{-1}$)来表示。

普通合成材料按照表面电阻率来分,小于或等于 $10^5 \Omega \cdot cm$ 的视为可导性材料;表面电阻率在 $10^{14} \Omega \cdot cm$ 以上的一般作为绝缘材料;表面电阻率在 $10^5 \sim 10^9 \Omega \cdot cm$ 的材料能充分逸散静电荷,可视为防静电材料。

在纺织纤维加工过程中,因纤维与纤维、纤维与机器间的摩擦会产生静电,使纤维在加工通道中产生缠、挂、堵等现象,严重影响成纱质量。在纺丝时,静电的存在则会引起丝束发散难以卷绕,产生毛丝、断丝,烘干时出乱丝,切断时超长、倍长纤维增多;在纺纱厂还会出现棉卷分层不清,棉网不稳定,针织时出现断头等问题。

3 防静电产品的主要用途

防静电产品主要用在 SMT 生产线、印刷车间、计算机房、电子元器件维修室、石油和天然气等一些易燃易爆物质的生产场所。

防静电产品可以运用的行业非常多,只要有静电防护需求,就需要防静电产品。从静电危害的角度来解释：在石油、煤炭、航运、面粉、军工、纺织等行业，静电放电引起火灾；在电子、通讯、半导体、光学等行业，静电有可能造成产品的击穿；在生物制药、医疗卫生、半导体、微电子行业，静电有可能造成产品污染；在精密仪器、通讯设施工作时，静电有可能干扰其正常运行。

4　防静电产品分类

根据用途的不同可将防静电产品分成 11 大类。

人体防护类：防静电服、防静电手套、鞋、手腕带、接地线等。

作业用具类：防静电镊子、防静电刷子、酒精瓶、防静电台垫、抗疲劳地垫、网格帘、防静电椅等。

周转器材类：防静电元件盒、防静电周转箱、SMT 上下料架、PCB 板周转车、SMT 料盘存放车、网格推车等。

包装用品类：防静电网格胶带、防静电包装袋、防静电标签等。

无尘净化系列产品：警示胶带、无尘布、无尘纸、SMT 钢网擦拭纸等。

静电测试仪器：手腕带测试仪、人体综合测试仪、表面电阻测试仪、静电场测试仪等。

静电消除设备：离子风机、离子风枪、离子风棒、离子风咀等。

防静电剂类：防静电剂、防静电地板蜡等。

防静电材料：防静电绳、防静电中空板、导电纤维、防静电布等。

电子工具类：电焊台、吸烟仪等。

地板工程：防静电地板等。

5　防静电产品的测试技术及标准

5.1　传统防静电方法

采用防静电纤维：防静电纤维具有较高的吸湿性和平衡回潮率，能吸附空气中的水分子，使纺织品具有较好的防静电性能，即不易产生静电，对已经产生的静电比较容易逸散。

施加防静电剂：防静电机理同防静电纤维。

不锈钢与纤维混纺：利用金属纤维良好的导电性能使已经产生的静电荷容易逸散。

有机导电长丝嵌织或有机导电短纤维混纺：防静电机理与不锈钢等金属导电纤维类似，即起到容易使电荷逸散的效果。对于有机导电纤维而言，不但有采用炭黑为导电物质的灰色产品，也有以金属氧化物、金属碳化物为导电物质的白色或接近白色的有机导电纤维。

5.2 防静电新技术

镀银纤维或长丝：由于银纤维具有良好的抗菌作用和导电性能，故纺织品含较少镀银纤维（1%左右）时就有抗菌功能及良好的防静电功能，如果在镀银纤维使用时使之在织物内形成导电的网络结构且这个结构相对比较致密，还可以具有良好的电磁屏蔽效果。对于防静电功能，由于银纤维的导电性能良好，静电荷的逸散能力强于有机导电纤维，故其防静电效果通常优于有机导电纤维。

导电高分子材料：导电高分子如聚苯胺、聚吡咯、聚噻吩等，是在近几年才开始进入工程应用的。现在的导电高分子已经可以制成纤维或者涂料，具有较低的电阻率，可以作为纺织品防静电加工的一种新型原料。

5.3 静电测量用仪器

静电测试仪：测量产品或者某个位置有多少静电；测量静电消除器消除静电的性能。

手腕带测试仪：测量手腕带是否有效。

手腕带在线监测仪：随时监测手腕带是否损坏和戴好。

人体综合测试仪：可用于测量手腕带、防静电鞋是否有效，还可以测量人体的综合电阻。

表面电阻测试仪：用于测量所有导电型、防静电型及静电泄放型产品表面的阻抗或电阻。

系统监测报警仪：可随时监测工作流水线地线与大地接触是否良好。

5.4 电子产品制造中防静电技术指标要求

防静电地极接地电阻<10Ω；防静电地面或地垫表面电阻值 10^5~10^9Ω，摩擦电压<100V；防静电墙壁电阻值 $5×10^4$~10^9Ω；防静电工作台垫表面电阻值 10^5~10^9Ω，摩擦电压<100V，对地系统电阻 10^5~10^9Ω；防静电工作椅面对脚轮电阻 10^5~10^9Ω；防静电工作服、帽、手套摩擦电压<300V，鞋底摩擦电压<100V，表面电阻值 10^5~10^9Ω；防静电腕带连接电缆电阻1MΩ，佩带腕带时系统电阻 0.75~10.5MΩ，脚跟带（鞋束）系统电阻

10^5~10^8Ω；物流车台面对车轮系统电阻 10^5~10^9Ω；料盒、周转箱、PCB 架等物流传递器具表面电阻值 10^3~10^9Ω，摩擦电压＜100V；包装袋、盒摩擦电压＜100V；人体综合电阻 10^5~10^9Ω。

5.5 防静电产品的检测和维护

在需要防静电的工作场所，应该制订防静电管理制度，并有专人负责，定期检查、维护防静电用具和设施的有效性。

手腕带每天检查一次。可用 SL-035 手腕带测试仪、SL-039 手腕带在线监测仪、SL-033 人体综合测试仪检测。防静电衣服每月检测一次，可用 SL-030 表面电阻测试仪、SL-030A 重锤式表面电阻测试仪、SL-030B 数显重锤式表面电阻测试仪检测。防静电鞋每个星期检测一次，可用 SL-033 人体综合测试仪、SL-031 人体综合测试仪、SL-036 人体综合测试仪检测。人体综合电阻每天检测一次，可用 SL-033 人体综合测试仪、SL-031 人体综合测试仪、SL-036 人体综合测试仪检测。一般在车间入口处检测。防静电元器件架、印制板架、周转箱、运输车的防静电性能每六个月检查一次。可用 SL-030 表面电阻测试仪、SL-030A 重锤式表面电阻测试仪、SL-030B 数显重锤式表面电阻测试仪检测。防静电地板、桌垫、地垫每三个月检测一次，可用 SL-030 表面电阻测试仪、SL-030A 重锤式表面电阻测试仪、SL-030B 数显重锤式表面电阻测试仪检测。静电消除设备每三个月检测一次，可用静电测试仪，如日本进口 FMX-003 静电测试仪。或者 ME268A 平版式静电测试仪。防静电产品的接地每月检查一次。可用 SL-038A 接地系统监测报警仪检测。

5.6 防静电产品标准和测试方法

新的 GB/T 12703 纺织品静电测试方法标准分为 7 个部分：已实施 3 个部分，包括 GB/T 12703.1－2008《纺织品静电性能的评定 第 1 部分 静电压半衰期》；GB/T 12703.2－2009《纺织品静电性能的评定 第 2 部分 电荷面密度》；GB/T 12703.3-2009《纺织品静电性能的评定 第 3 部分 电荷量》。另外 4 个部分正在修订中，分别是 第 4 部分 电阻率，第 5 部分 摩擦带电电压，第 6 部分 纤维漏电电阻，第 7 部分 动态静电压。纺织生产过程中和服装穿着使用中所产生的静电及其干扰的程度都能通过静电测试方法测得。

目前，除正在执行的国家标准 GB/T 12703《纺织品静电测试方法》外，还有部分行业标准也在同时执行，如 FZ/T 01043－1996《纺织材料静电性能动态静电压的测定》、FZ/T 01059－1999《织物摩擦静电吸附性测定方法》、GB/T 18044－2008《地毯静电习性评价法行走试验》等。

一般根据防静电纺织品使用场合的不同，各行业也有不同的技术要求。因此分出了不同行业的产品标准和相应的技术要求，主要有军工、特殊行业、民用等。我国根据需要制定了为特殊行业服务的 GB 12014－2009《防静电服》、GB/T 24249－2009《防静电洁净织物》、GB/T 22845－2009《防静电手套》等标准，以及作为劳动保护配套产品的 GB/T 23464－2009《防静电毛针织服标准》等相关产品标准。下表列举了以上标准的测试方法和技术要求。

防静电产品及对应的测试方法和技术要求

产品标准	测试项目	技术要求	测试方法	环境要求
GB/T12014－2009《防静电服》	点对点电阻	A级 1×10^5~$1\times10^7\Omega$，B级 1×10^7~$1\times10^{11}\Omega$	GB 12014－2009 附录 A	温度（20±5）℃ 相对湿度（35±5）%
	带电电荷量	A级＜0.2μC/件，B级 0.2~0.6μC/件	GB 12014－2009 附录 B	
GB/T23464－2009《防护服防静电毛针织服》	带电电荷量	＜0.6μC/件	GB 12014－1989 附录 B	温度（20±2）℃ 相对湿度（35±5）%
GB/T22845－2009《防静电手套》	带电电荷量	＜0.6μC/只	GB/T 12703 中的 E 方法	
GB/T24249－2009《防静电洁净织物》	表面电阻率	1×10^5~$1\times10^{11}\Omega$	GB/T 12703	温度（23±5）℃ 相对湿度（12±5）%
	摩擦起电电压	一级：200V 二级：1000V 三级：2500V	GB/T 24249－2009 附录 B	

5.7 防静电性能测试中的问题

在纺织品防静电性能检测实践中，静电压半衰期法、电荷面密度法，摩擦带电电压法等不同的静电测试方法测量获得的数值之间一般没有直接的等比数值关系。在某些防静电产品的测试要求中，客户要求采用 GB/T 12703 中两种以上的测试方法来检测产品质量。而两种方法测出的数据可能会出现相互矛盾现象，无法判定其防静电性能是否符合要求。

防静电纺织品常采用织造过程中嵌入金属导电纤维。这些导电材料通常在成品布上显现条或格子状样式。对于此类产品，有的客户要求使用电荷面密度和静电压半衰期同时考核防静电性能，会出现电荷面密度很低，符合技术指标要求，但静电压半衰期降不下来。

单面覆膜产品采用静电压半衰期测试防静电性能时，有金属覆膜面测试的电压、半衰期都显示零，符合技术指标要求；而反面的电压＞2kV、半衰期＞6s，不能达到防静电技术要求。正反面采用不同工艺处理，防静电性能有极大的差别。

6 防静电产品的发展趋势

我国20世纪80年代开始导电纤维的研究，相继开发出了不锈钢金属纤维，锦纶基、涤纶基含碳导电纤维，锦纶基、涤纶基含氧化物导电纤维，促进了我国防静电面料的生产，并培育了许多专业开发、生产防静电面料的企业。特别是在参考欧美和日本防静电面料标准，制定了GB 12014—2009防静电面料、服装的标准后，使我国防静电面料的性能达到，甚至超过欧美和日本防静电面料的性能要求。

随着技术的发展，人们安全意识的加强，对安全防护服装的要求越来越高，防静电面料已经不仅局限于满足防静电功能。例如防静电超净面料，其与普通防静电面料的区别主要在于"超净"的概念；夏天要求防静电面料有吸湿排汗功能；石油、化工等易燃、易爆场所要求防静电防火功能面料；电力野外操作需要防静电防撕裂面料等。可见，防静电面料正在向与其他功能面料组合形成防静电多功能面料的方向发展。

许多发达国家的防静电面料已经用于家纺用品领域，如床上盖的、铺的、垫的都用上了防静电金属面料，需求量十分庞大。另外，为了避免静电释放的问题，许多研究人员正在研发具有持久防静电、静电逸散快、微尘粒子产生概率低、抗腐蚀性和舒适性能好等多功能的复合型防静电纺织材料。毫无疑问，防静电已成为纺织品的一个常用功能，防静电产品的市场前景十分广阔。

不过值得关注的一点是，为与防静电产品类型的不断发展和完善相呼应，使新型防静电产品更快进入市场，发挥其应有的防护作用，生产企业和相关单位还要在防静电产品的标准及相应测试方法标准的制修订方面做更多工作，从而让防静电产品的产业链不断完善。

参考文献（略）

特种防护用纺织品的开发及发展趋势

施榈梧 李永海 张燕

（中国人民解放军总后军需装备研究所）

1 特种防护用纺织品的概念和特点

服装最原始和最基本的功能要求是御寒和蔽体。随着社会的发展，服装还应具有标志功能和防护功能。针对一般职业场所可能碰到的脏污和轻微磕碰、刮蹭等机械性伤害，采用普通防护服装即劳保服装进行防护；针对特殊环境和有害物质，需要特种防护服装及其他防护装备来实施防护。

由于特种防护服装和帽子、面具、鞋靴等其他防护装备都是为人体的安全卫生服务的，需要具有柔性和亲肤性，故多数为纺织制品或由纺织品作为主要的结构部件。本文所称的特种防护用纺织品是指用于抵御环境恶劣气候条件和有毒、有害物质，对职业人员起到防护作用的防护材料和制品。特种防护用纺织品具有如下特点：

（1）是专业装备。是为职业人员在特殊工作场所从事带有危险性的工作所需的防护装备，不适用一般民众使用。

（2）属被动防护。是为职业人员设置的、阻隔危害因素的最后一道防线。即在这一道防线之前，还应该有其他积极的防御措施。

（3）防护作用有限。特种防护用纺织品隔绝危害因素的能力是有限的，并不是各种危害因素均可有效隔绝。

（4）技术难度较高。特种防护用纺织品针对不同危害因素有不同的工作原理和技术要求，通常有较高的技术难度，但同时有较高的经济效益。

（5）专业门槛较高。产品通用性差、进入专业使用领域的难度较高。

（6）需求量大。我国个体防护装备的年需求量达 500 亿 ~800 亿元，潜在市场容量达 1000 亿元，其中特种防护用纺织品占主要份额。

2　职业人群面临的伤害因素

随着科学技术的进步，对人体造成伤害的因素事实上在也不断增加。因为，其一人类涉足的自然空间更加广阔，人工形成的理化和生物环境也更加多样化，面临的伤害因素相应增加；其二对各种环境因素的危害性也日益深入掌握，"无知无畏"的现象逐渐减少；其三随着安全意识的提高，人们对自身安全日益重视，安全阈限下调。现已认识到的伤害因素包括两类，分别是源于自然界的因素（高低温；低气压；风、霜、雨、雪；蛇、蝎等动物昆虫；雪地强紫外线；岛礁风湿；溺水；天然放射性等）和人为的伤害因素（坠落、冲击、碰撞、振动、摩擦；爆炸、侵彻；高低温、高低气压；触电、电弧、电磁场；激光；声波；强酸强碱、放射性物质；细菌、病毒；化学毒剂等）。从伤害因素的学科属性看有三大类，分别是物理和机械因素（粉尘；冲击、振动、次声、摩擦；明火、高低温、高低气压；高电压、高电场、强磁场；激光等）、化学因素（强酸强碱、易燃易爆；自燃性物质；有毒物质；腐蚀性物质；致畸、致癌物质；放射性物质等）和生物因素（细菌、病毒等致病微生物；传染病媒介物；致害动植物等）。

3　特种防护用纺织品的种类

特种防护用纺织品从防护性质考虑，有的是以防止伤亡事故为目的的产品，有的是以预防职业病为目的的产品。GB 6441—1986《企业职工伤亡事故分类》提出了16类伤亡事故，其中多数急性伤亡事故与未使用防护服装、未合理使用防护服装以及防护服装的性能不良有关。

我国法定的职业病包括 10 类 115 种：尘肺（13 种）；放射性疾病（11 种）；中毒（56 种）；物理因素所致职业病（5 种）；生物因素所致职业病（3 种）；职业性皮肤病（8 种）；职业性眼病（3 种）；职业性耳鼻喉口腔疾病（3 种）；职业性肿瘤（8 种）；其他（5 种）。虽然有的职业病是长期接触危害因素、日积月累造成的损伤，但也需要有可靠的防护装备来避免。同类型的职业病防护，需要不同的防护服装和口罩、面罩等防护装备，其中纺织品是主要的材料。

我国现行的个体防护装备标准体系按人体防护部位分为以下几大类：头部防护装备，如防护帽、安全帽、防寒帽、防昆虫帽等；呼吸防护装备，如防尘口罩（面罩）、防毒面罩等；眼面部防护装备，如焊接护目镜、炉窑护目镜、防冲击护目镜等；听力防护装备，如耳塞、耳罩、防噪声帽等；手部防护装备，如一般防护手套、各种特殊防护（防水、防寒、防高温、防振、防切割）手套、绝缘手套等；足部防护装备，如防尘、防水、防油、防砸、防滑、防高温、防静电、防酸碱、防震鞋（靴）及电绝缘鞋（靴）等；躯干部防护装备，如一般防护服、防水服、防寒服、防油服、防电磁辐射服、隔热服、防酸碱服、防静电服、防核沾染服等特种防护服装；防坠落护具类，如安全带、高空作业防坠落用具等；其他防护装备品种，如水上救生圈、救生衣等。

上述个体防护装备主要由特种防护用纺织品直接制备，或以特种防护用纺织品为主要原材料。

4 特种防护用纺织品的需求与产业现状

我国每年因生产安全问题造成的非正常死亡人数超过 20 万、受伤人数超过 300 万。目前，我国生产过程中存在有毒有害物质的企业超过 1600 万家，接触粉尘、毒物和噪声等职业危害的职工逾 2500 万人。各类生产伤亡事故中有 15% 的事故与个体防护装备有关：或未配备，或未使用，或使用不当，或性能不良。

我国防护服年需求量超过 8000 万套、防护鞋约 1 亿双、各类防尘口罩超过 1.56 亿个。据全国劳动防护用品安全生产许可证办公室统计，全国特种劳动防护用品生产企业 800 家，已颁发安全生产许可证 1288 个，绝大多数是纺织品或纤维制品。全国个体防护装备生产企业中，80% 以上为小型企业，70% 的企业停留在分散的、个体的、手工作坊式的陈旧生产方式上；资金薄弱，生产规模小，机械化、自动化程度很低，管理水平低，处于低质量、低效率、低效益的生产经营状态，与我国经济高速发展不相适应。以特种防护用纺织品为主体的个体防护装备的研发、生产和使用，在近几年来开始受到重视，在防护技术上也有所进步和突破。有的损害因素已经有成熟技术实施防御（例如防静电技术）；有些损害因素的防御已经获得显著的进步（例如高强耐磨、抗菌阻燃）；也有的防御技术有所泛化（例如电磁屏蔽）；有的危害因素尚无法防御（例如核辐射）；有些伤害因素不能同时防护（例如气密性防化服导致热负荷过大，难以长时间使用）。并且材料问题、加工工艺问题、测试条件问题、防护体系的设计问题以及性能与价格的矛盾问题也十分突出。

纺织业应该致力于特种防护用纺织品的研究和开发，克服技术难关，在为职业人员提供有效的职业防护装备的同时，开拓新的纺织品市场，创造价值，实现社会效益和经济效益的双丰收。

5　特种防护用纺织品的发展趋势

（1）完善防护体系。从安全科学的角度看，特种防护用纺织品是安全技术措施的一部分，应该结合现代医学的进步，明确各种伤害因素的生理可耐受限值，进行防护装备的系统设计和特种防护用纺织品的性能设计。

（2）完善标准体系。建立防护装备和特种防护用纺织品的基础标准、产品标准、测试方法标准，并建立应用指南。

（3）专业化。针对不同的危害因素及接触状态，研究具有针对性的防护装备和特种纺织材料。例如针对消防、战场防护、电弧防护、电焊防护等接触高温火焰的各种状态，研发具有专业特点的消防服、阻燃作战服、电弧防护服、电焊防护服等专用防护服装。

（4）提高舒适性和功效性。兼顾防护效果和穿着使用的可耐受性和舒适性，提高工作效率，发挥最高的技术水平。

（5）系统化、功能模块化。针对某些职业环境同时存在多种危害因素的状态，系统设计防护功能，并将防护功能模块化，适合不同的使用要求。

（6）智能化。运用传感技术、微电子技术和计算机控制技术，实现防护效果的智能化。

（7）高性价比特种防护用纺织品的开发。利用低成本扩大使用面，提高防护效果。

参考文献（略）

国内外消防员防护服发展现状及趋势

王栋武

（福建省三明市消防支队）

消防员防护服是消防员在高温、浓烟、含有生化毒剂、危险化学品等物质事故现场救援作业时穿着的防护服装，是消防员特种个体防护装备之一。由于消防员救援作业环境非常复杂，因此，消防员防护服面料不仅需要具有优良的抗生化毒剂渗透性能，而且还要具有一定的阻燃性能。

1 消防防护服的发展历程

消防防护服的发展也经历了一个不断更新、不断完善的过程。早期的81、85式战斗服具备了一定的防护性能，对消防人员有一定的防护作用，广泛应用于各消防队伍。但81、85式消防战斗服自身也存在许多缺点，越来越不适应在实际火灾中使用，因而将逐步被淘汰。97式战斗服有效地克服了85式战斗服的缺点，具有良好的防护作用。它的面料层是新型的阻燃材料美它斯，防水透气层是在布基上覆盖聚四氟乙烯而成，隔热层是由阻热毯组成，舒适层是由普通棉布起绒外粘活性碳构成。科学合理的结构、材质决定了新式战斗服具有旧式战斗服无可比拟的优点，更加适用于保护消防人员。

目前，国外消防服的研究进入了一个比较成熟的阶段，开发出一些新型的材料，如荷兰研制的"伏尔卡"耐火型消防服材料、日本开发的耐火耐热的新型混纱材料、法国开发的克密尔－芳族聚酰胺混合材料等都具有很好的耐火隔热性能。

2 新型消防防护服应具备的性能要求

消防防护服作为用来保护身体的重要工具，必须具备相应的性能。

2.1 外层具有永久阻燃性能

目前，国际上消防服装所使用的阻燃外层材料大体可以分成两类：一类是在纤维中加化学阻燃添加剂或对织物进行阻燃处理的材料，如阻燃棉或阻燃混纺材料，这类材料的优点是便宜，但该类材料会因反复洗涤及不正当洗涤（如氯处理剂）而使阻燃效果消失，同时这类材料在猛火发生以后，当材料中的阻燃气体、阻燃剂及自由基猝灭剂耗尽以后会出现大量的热气体、热焦油、烟等现象，这些情况反过来又影响穿着者，增加热传递速率及加重伤势，因此这类材料是不可靠、不稳定的，然而目前我国装备的消防服装绝大部分是采用这类材料。另一类材料是因为其自身的化学结构决定它具有抗热、抗高温性能。这类纤维具有长久的阻燃性能、高的热稳定性、良好的抗化学药品性能、回潮性高等特点，但这类材料的价格较昂贵，国外使用最多的是美国杜邦公司生产 NOMEX 纤维材料。

2006 年 8 月福建省三明市消防支队某中队一战士在进行消防演练时穿重型避火服穿越火场取液化气罐时，因避火服失去阻燃性能，致使该战士腿部轻度烫伤，因此消防防护服应真正做到具有"永久"阻燃性能，而不是三、五年后失去阻燃性，否则势必造成消防官兵在演练时也会受伤。

2.2 良好的隔热性能

据有关资料报道，火场的温度在 60~1100℃之间，因此适应火场的消防服必须具有良好的热防护性能，包括防直接灼烧的热传导性能和防辐射热的渗透性能。要具备良好的热防护性能，单薄的阻燃外层是不够的，如果采取增加外层材料的厚度来达到要求，这样成本太高。目前广泛使用的是阻燃处理的毡类非织造布，但阻燃处理材料的固有缺陷使之在猛火中会很快失去作用，甚至加重消防员的伤势，从而降低整套服装的特性。新型消防服装一般选用永久性阻燃短纤维做成薄型毡类非织造布，这类材料作为消防服的隔热材料对消防服的热防护性能的作用特别突出。

2.3 防水透气性能

防水和透气对于材料来说似乎是矛盾的,但对于新型消防服必须既能防水又能透气。因为一般的火场救火大量用水当灭火剂，消防服必须有一定的防水性能。同时，在救火现场温度高、热量大，加之消防队员活动量大，人体排汗多，如消防服透气性差，穿着消防服的人会感到疲劳，不舒服，甚至出现比不防水的衣服更严重的后果，严重影响战斗力。所以消防服的防水、透气性能应有一个合理的匹配，解决该问题的办法是采取复合微孔四氟乙烯膜的阻燃布，微孔四氟乙烯膜本身是耐高温的，只要微孔的孔径控制在一定的范围内，材料的耐静水压和透气性能均能达到一定的指标,这样就能阻挡水的通过而水蒸气分子能顺利通过。

2.4 防静电性能

目前火灾现场复杂,静电也能成为点火源,使火灾加重,抗静电纤维消除有害的静电,在易燃易爆的环境中增加穿着的安全系数,同时静电可使穿着者感到不舒适,抗静电纤维能改善服装的舒适性和耐磨性。前面提到的 METAMEX 纤维中就含有杜邦专利的 P-140 除静电的碳芯纤维,碳芯纤维能吸引织物上的电荷,在碳芯上感应相反的电荷,当感应电荷达到相当高的能级时,周围的空气分子就得到离子化,这些正负离子中和了织物上和碳芯纤维上的电荷而使静电得到消除。

2.5 反光性能

在火场,往往浓烟弥漫,消防员仅借助自然光和头盔上的照明光还不够用,尤其在夜间,必须在衣服上添加 360° 的强反光特性的标志以增加消防员的视觉效果,为火场人员的合理配置、统一调度、指挥提供方便。2012 年 3 月 10 日浙江诸暨市一超市发生火灾,一名消防员牺牲,2013 年 1 月 1 日,浙江萧山发生一起特大火灾,火灾造成 3 名消防官兵牺牲,消防官兵被困时,其身上防护服的反光性能是多么重要。当然反光带和反光标志必须是阻燃的。国外在对消防服的相关标准中,如欧洲标准 EN469 和美国消防协会标准 NFPA,均规定了防护服上必须有反光条带。这种反光条带在夜间或光线昏暗的环境中,当光线照射时具有明显的反光功能,产生醒目的效果,提高穿着者的可视性,使处于光源处的人员能及时发现目标,从而有效地避免事故的发生,保证消防员的安全。基于消防服的特殊使用环境,欧洲标准 EN469 和美国消防协会标准 NFPA 规定了反光带的耐热性能和阻燃性能的要求:反光带必须具有阻燃性能,不能熔化,不滴流。消防服上使用的反光材料,它的设计主要是提示消防员在执行任务时所在的方位。运动可以增强可视性,因此反光材料带通常位于手臂、头部和脚等运动频繁的部位。反光标志带的位置,保证穿着者在 360° 方向上均能被看见。

2.6 整体结构的协调性能

消防防护服是功能性服装,整个系统必须达到特定的防护性能要求,同时要适应消防员活动范围大,结构上对跑、跳、爬等动作没有限制,要求结构宽松、不起勾挂,重量轻、穿卸方便、穿着舒适,在火灾原因调查工作中应着绝缘服、绝缘靴等。在受力较大的部位和容易受伤的部位如膝、肘、裆、胸、肩等部位处在缝线和结构上都应采取加强措施。目前，国外消防服的研究进入了一个比较成熟的阶段，我国消防战斗服的研制开发情况还落后于发达国家。消防服装的发展趋势是实现全面防护，实现由单一危险因素防护到多种危险因素的综合防护，由强调防护性到重视人体工效学与舒适性等各方面因素的转变。中国消防装备事业的发展在国民经济发展中具有重要意义，消防工作关系到国计民生、关系到社会稳定、关系到千家万户的平安幸福。如果消防工作做得不好，特别是消防装备不能适应经济发展的需要，而出现大火灭不掉，灭火就死人的情况，将会对国家、社会造成不利的影响，对中国的改革开放事业造成不利的影响。因此，对新型消防服的研究仍需消防研究人员的努力，推广新型消防战斗服的任务任重而道远。

3　织物的阻燃机理、阻燃剂的使用以及阻燃处理工艺

3.1　织物的阻燃机理

织物的阻燃机理是通过物理、化学的方法赋予纺织品以一定的阻燃性能，降低材料的可燃性，减慢火焰蔓延速度。阻燃作用的原理主要有以下七种：熔融理论、吸热作用、脱水理论、凝聚相阻燃、气相阻燃、尘粒或壁面效应、熔滴效应。

阻燃纤维的定义：与火源接触后，纤维不能燃烧（如玻璃纤维），或燃烧反应不充分，仅有较小火焰燃烧（如氯纶），火源撤走后，火焰能较快地自行熄灭的纤维都可称作阻燃纤维，现已有几十个品种。经阻燃剂传统加工的阻燃纤维主要有阻燃涤纶、阻燃腈纶、阻燃维纶。随着科学技术的进步，各国还开发生产了多种阻燃纤维，如聚间苯二甲酰间苯二胺纤维、聚酰胺、酰亚胺纤维、聚酰亚胺 2080 纤维、杂环聚合物聚苯并咪唑纤维（PIM2080）、酚醛纤维、Masonic 纤维。这些纤维在工业及特殊领域有着很大的用途，它们的阻燃效果都比较好。

3.2　阻燃剂的使用

现有的阻燃剂按其化学成分可以分为无机阻燃剂和有机阻燃剂两大类。其中有机阻燃剂又分为磷系和卤系两个系列。

（1）无机阻燃剂。无机阻燃剂的热稳定性好，具有高效的阻燃效果，并且能抑制烟雾产生、无熔滴、填充安全和对环境基本无污染。它的主要品种包括氢氧化铝、氢氧化镁、红磷、氧化锑、氧化钼、钼酸氨、硼酸锌、氧化锌、氧化锆、氢氧化锆等，其中以氢氧化铝、

氢氧化镁、红磷、氧化锑的应用最为广泛，尤其是氢氧化铝、氢氧化镁不仅可以起到阻燃作用，而且可以起到填充作用。

（2）有机磷系阻燃剂。有机磷系阻燃剂具有良好的阻燃性能，其燃烧的分解产物及其阻燃的高聚物的热裂解和燃烧产物中腐蚀性和毒性物很少。磷系阻燃剂主要有磷酸酯阻燃剂，有机磷杂环化合物阻燃剂，磷酸酯聚合物阻燃剂，有机磷酸盐阻燃剂等。

（3）卤系阻燃剂。卤系阻燃剂主要包括溴系和氯系两大类。溴系阻燃剂的主要产品有十溴二苯醚、四溴双酚 A、溴化环氧树脂和六溴环十二烷等。其中氯含量最高的氯化石蜡是工业上重要的阻燃剂。目前含氯阻燃剂正朝着无污染、高纯度、高热稳定性、高含氯量方向发展，其代表产品是氯蜡 270。

3.3 阻燃处理工艺

对织物进行阻燃处理，其加工形式主要有 3 种。

（1）喷涂技术，此技术主要针对不需洗涤的织物或洗涤次数极少的装饰织物和建筑用织物。例如地毯、墙布等。

（2）浸轧和浸渍技术，此技术主要用在加工睡衣、床上用品和家具用品等，也可以加工外衣，要求阻燃剂的耐洗牢度优良。

（3）涂层技术，此技术主要用于加工劳动防护服以及装饰织物。传统的阻燃技术虽然使纺织品具有一定的阻燃性能，但也造成织物手感和强力等机械性能的降低。如涤棉织物经阻燃整理后强力下降，手感不佳，给穿着者带来不舒适感。所以，一般可通过混纺技术、复合阻燃剂及其他改进阻燃工艺的方法提高阻燃纺织品的综合性能。

4 消防防护服的发展趋势

从 20 世纪 80 年代开始，国际上消防防护服装技术发展非常迅速，功能防护服装呈现以下趋势。

（1）纤维原料向差别化、功能化和高性能化发展，各种具有新原理和高性能的材料不断出现。譬如中空纤维、Kermel 纤维、PBI 纤维、超细纤维、"形状记忆"材料、远红外陶瓷纤维和高强纤维等，纤维原料的更新换代使得功能服装的防护能力得到显著提高。

（2）消防防护服装向多功能化、复合化和系统化的方向发展。现在的防护服装已趋向于集多种防护功能于一体，如阻燃与防静电兼容，防化与透湿兼备等，同时把高技术纤维与复合、涂层等特种加工工艺结合起来，以 PTFE 织物为代表的复合层压技术得到推广。

另外，功能防护服装的开发将更加系统化，综合考虑功能性防护服装与人体服装系统、头盔系统、微气候调节系统、能源系统等方面的有机结合。随着功能兼容技术的多样化和开发过程的系统化，未来的防护服装将是多功能的载体，能提供更全面的保护。

（3）消防防护服装向健康舒适化的方向发展。随着科学技术的发展，消防防护服装除了能满足防护目的外，还将向更舒适、更有利于人体健康的方向发展。如何减轻服装的负荷、调节衣内微气候、进行抗菌加工等问题越来越受到人们的关注。多功能复合织物技术为服装的舒适性与功能性的共存提供了可能，功能防护服将强调舒适性与功能性并重。

（4）消防防护服装的应用领域将会不断扩大，除了传统的阻燃、抗静电等领域，在其他方面如抗菌防臭材料、光逆反射标志材料等新品种将会陆续出现。

参考文献（略）

纺织新材料、新技术及其在职业安全防护领域的应用

朱华

（中国安全生产科学研究院）

随着纺织技术和材料科学的飞速发展，新型纺织材料和加工技术不断出现，给安全生产和劳动保护领域带来很多新的机遇。这些新技术新材料，有些已经在生产实践中得到应用，对于提高安全生产水平、保护劳动者安全健康，表现出显著的促进作用。有些则已经展现出光明的应用前景，如何将这些新材料新技术进一步应用到安全生产和劳动保护领域，带来相应的社会效益和经济效益，是我们面临的新课题。本文将对这些正在逐步得到应用和可能得到应用的新技术新材料做一简单介绍。

1 相变材料

相变材料是一种利用相变潜热来贮能和放能的化学材料。这种材料能够根据外界环境温度的变化而发生相变，如固态－固态，或固态－液态等变化，相变过程中能吸收或释放大量的潜热。在作业环境中通过恰当地运用这类材料，可以保持系统及周围环境温度变化的相对平稳。

将相变材料应用到纺织品上，可以做成蓄热调温纺织品，或者称为"智能调温纺织品"，利用其相变过程中吸收或释放出的热量，在纺织品周围形成温度基本恒定的微气候，从而实现温度调节功能。这类纺织品能够根据外界环境温度的变化在一定范围内自动调节服装内部的温度，如当外界环境温度升高时，可以通过固－液相变储存通过服装的能量，减少热量向服装内部的传输，进而减缓服装内部温度的升高速度和幅度，在服装内部产生一定的制冷效果；当外界环境温度下降时，可以通过液－固相变释放出储存的能量，保持服装内部温度不会明显降低，从而增强服装的穿着舒适性。

蓄热调温纺织品的加工通常采用纺丝法，首先将相变材料用某些高分子化合物或无

机化合物以物理或化学方法包覆起来,制成直径在 1~100μm 之间常态下稳定的固体微粒,称为"微胶囊"技术。在纤维纺丝过程中,通过复合纺丝工艺将由微胶囊包覆的相变材料植入纤维内部,制作成相变纤维,再用这些纤维加工制作蓄热调温纺织品;也有的采用织物整理方法,包括相变材料直接整理法和蓄热微胶囊整理法。

蓄热调温材料制作的防护用品,具有重量轻、成本低,无额外能量消耗、使用方便等特点。可以用于保护在极端气候条件下工作的作业人员,如在夏季炎热环境或冬季寒冷条件下工作的架线工人、建筑工人、管道维修工人,以及冶金行业炼钢、有色金属冶炼、机械行业的金属加工等作业岗位的工人。目前,还没有一种方法能够以足够低的成本,足够轻的设备重量和足够低的能量消耗来实现高温环境下作业人员的个体防护。而相变蓄热材料的出现,为实现这一目标提供了可能性。

相变材料的另外一个重要应用,是矿井高温热害的治理以及矿难的应急救援。

当矿难发生时,井下救生舱是保护矿工生命的重要场所。救生舱必须在高温条件下保障井下工作人员 120h 以上的生存条件。如何长时间保持舱内温度在人体能够承受的舒适度范围之内,是延长避险工人生存时间,从而赢得宝贵的救援机会的重大课题。利用蓄能相变材料有可能很好地解决这个问题。相变材料制冷不仅维护成本低,还可根据各矿井的实际工况合理调整材料的相变温度。平时可以使其保持固体状态,无维护成本,同时降低应急启动风险。其储热密度大,可以最大限度吸收救生舱中及周围各热源发生的热量,有效抑制温升,控温时间长,换热效率也高。另外,相变材料在救生舱内的摆放可以最大限度地利用各处狭小空间,节约宝贵的人员避险空间。

2 高强高模聚乙烯纤维

目前国内外高强高模纤维的发展十分强劲。其中高强高模聚乙烯(又称超高分子量聚乙烯)纤维在安全生产和劳动保护领域的应用也被十分看好。

高强高模聚乙烯纤维,是继碳纤维、芳纶之后的第三代高性能特种工业用化学纤维,是目前世界上强度最高的纤维之一。其比强度相当于优质钢材的 15 倍左右,比碳纤维高 2 倍,比芳纶高 40%,同时具有高断裂功、能量吸收高等优异的力学性能,还具有耐紫外线、耐化学品腐蚀、耐低温环境、耐摩擦、抗切割、密度小、质量轻等优点。其耐光性能十分优异,在户外环境中使用 1 年以上强度只稍有下降。在目前的三大纤维材料中具有最好的性价比。因此,高强高模聚乙烯纤维是制作防刺穿、防切割的高强度工作服或防割手套的理想材料。所制作的防割手套具有优异的柔软性和灵活性，重量轻，耐磨性和舒适性均十分出色。另外，高强高模聚乙烯材料还可以用来制作高强度绳索，用于安全生产和应急救援的救生索、安全缆绳、安全带、安全网等。

由于高强高模聚乙烯材料具有出色的耐恶劣气候性能、耐海水侵蚀性能和耐紫外线性能，可以用于制作船舶用的高强度绳索，因此是用于海事救援的理想材料，可用于船舶拖曳或人员的救援，如制作人工吊篮等。

高强高模聚乙烯纤维也是用于复合材料中增强纤维的首选材料之一。据报道，高强高模聚乙烯纤维与环氧树脂、聚乙烯树脂或乙烯基酯树脂材料复合后形成的纤维增强复合材料，具有极高的强度和优异的冲击响应性能，是性能卓越的防弹材料，在安全生产领域则可以用于阻隔爆炸引起的冲击波和碎片的伤害。

3 超细纤维非织造材料

防尘口罩是粉尘环境中作业人员的主要防护用品，其中的过滤材料要求既能阻挡吸入微细颗粒，又能保持一定的气体流通量，使呼吸气体顺利通过。过去一直使用纱布口罩作为防尘口罩，但是这种口罩纤维之间的空隙较大，无法对微米级的可入肺粉尘颗粒物进行有效阻挡和过滤。熔喷法非织造布材料的出现改变了这一情况。熔喷法非织造工艺是利用高速热空气对模头喷丝孔挤出的聚合物细流进行牵伸，由此形成超细纤维并凝聚在凝网帘或滚筒上，并依靠自身粘合而成为非织造布。用这种方法可以制作出纤维纤度非常小的非织造布，纤维直径多在 0.5~4μm 之间。这种非织造布内部的微孔小而多，纤维集合体对颗粒物起到强烈的截留和阻滞作用，从而可以实现较高的过滤效率。熔喷法非织造布中纤维互相缠结，通过纤维之间的热熔粘合作用，整个纤网结构得到加固。由于其中的纤维超细，具有比表面积大和表面吸附能力强等优势，由超细纤维构成的三维网状结构纤维复合体以其独特的多向立体微细弯曲孔道和高孔隙率成为高效的过滤材料，可以对直径 5μm 以下的粉尘颗粒物进行有效过滤。通过电晕放电的方法，还可以给熔喷非织造布中的纤维加上静电，使其成为驻极体，经驻极处理的聚丙烯熔喷非织造布，可带有较为持久的静电，增强了依靠静电效应捕集微细尘埃的能力，可以大大提高过滤效率，是目前防尘口罩和医用防护口罩的主要过滤材料。

随着纤维纺丝技术的发展，直径小于 100nm 的纳米超细纤维已经进入工业化应用阶段。这种纤维具有极大的比表面积，同时纤维表面具有多孔结构，使其具有很强的吸附力、良好的过滤性和较低的空气阻力, 可以制作出孔径更小、孔隙率更高和阻力更低的过滤材料, 可以阻挡粒径更细微的粉尘粒子和气溶胶, 实现极高的过滤效率。

4 PTFE 膜材料

PTFE 膜是以聚四氟乙烯为原料, 采用特殊工艺, 经压延、挤出、双向拉伸等方法制成的具有微孔结构的薄膜。PTFE 膜具有原纤状微孔结构, 孔隙率达 85% 以上, 每平方厘米有十多亿个微孔, 每个微孔直径大约在 $0.1~0.5\mu m$ 之间, 比水分子直径 $20~100\mu m$ 小几百倍, 比水蒸气分子 $0.0003~0.0004\mu m$ 大上万倍。这种孔径结构可以阻挡液态水的进入, 却能使水蒸气顺利通过。因此利用这种微孔膜结构可实现特殊的防水透湿汽功效。由于这类微孔膜孔径极小, 且每个膜孔沿膜材料的各个方向呈现不规则的弯曲排列, 使风难以透过, 因此又具有防风性和保暖性等特点。

聚四氟乙烯微孔膜由于其出色的防水透湿汽性能, 被誉为“可呼吸的”功能性面料。聚四氟乙烯材料由于其分子结构的特殊性而具有极好的化学稳定性, 耐强酸、强碱并耐多种化学品的侵蚀。同时它还具有极其宽广的耐温性能, 在 $-180~260℃$ 之间可以长期使用。因此这种材料在劳动防护领域有着广阔的应用前景。

传统防护服材料的加工, 通常针对使用场所所面临的危害性化学物质, 对面料进行特种整理或涂层处理。但是这些材料往往缺乏足够的透气舒适性。比如传统的防化学液体或蒸汽的氯丁或丁基橡胶涂层防护材料, 可以有效地防止危害性化学物质侵害人体。但因为材料不透气, 长时间或高温环境中穿着时人体产生的汗液及热量不能及时排出, 从而使人体产生严重的不适感。利用聚四氟乙烯微孔膜材料与其他纺织面料复合后, 可制作出既不妨碍人体排汗, 又能防止外部环境中的液体和其他有害物质侵入的防护服面料, 可用于多种涉及危害性物质的作业环境。也可以用聚四氟乙烯微孔膜做成防护手套以及防护鞋的衬里, 极大地提高穿着舒适性, 进而提高作业人员的工作效率。

5 智能纺织品

所谓智能纺织品是指对外界刺激具有感知能力并兼具反应能力的纺织品。通过现代纺织加工技术赋予纺织品一定的对外界环境感知和反应的能力, 或者通过现代电子和材料技术与纺织品相结合, 都可以制造出在安全生产和劳动保护领域有重大用途的智能纺织品。

将聚乙二醇与各种纤维共混结合,可以使其具有热适应性与可逆收缩性。所谓热适应性,是赋予材料热记忆特征。由于在纤维上相邻多元醇螺旋结构间的氢键相互作用,温度升高时氢键解离,系统趋于无序状态,大分子链弛豫吸热,表现为纤维吸热冷却;温度降低时氢键系统逐渐变为有序状态,纤维放热。可逆收缩性,是指形状记忆功能,湿态时纤维收缩,收缩率可达35%。干态时恢复到原始尺寸。用这种材料可以制作压力绷带,被血液浸湿时收缩,伤口处产生的压力会止血;干燥时绷带舒张,压力消除。这类医用材料可以用于安全生产的应急救援。

利用现代电子和传感技术可以开发出多种智能纺织品,用于职业安全防护领域。如一种有毒介质探测织物,通过将光导纤维传感器结合到织物中赋予其危害因素探测功能。当这些传感器接触到某些气体、电磁能、生物化学制剂或气体有毒介质时,会产生相应的报警信号,提醒暴露在危险环境中的穿着者。这些智能纺织品可以制作消防人员、应急救援人员或有毒物质环境中工作人员的保护性服装。

6 纳米纺织材料

近年来,纳米材料的研究十分引人注目。由于表面效应、量子尺寸效应、小尺寸效应和宏观量子隧道效应而导致纳米材料的电学、力学、电磁学、光学等性能产生巨大的变化,会产生特殊的性能。纳米材料和技术用于纺织品可以产生常规材料所不能带来的特殊防护功效,目前这项技术发展十分迅速,已经在生产实践中得到一定程度的应用。

利用纳米材料可以制作防紫外线的防护纺织材料。众所周知,太阳光中紫外线可以对人体造成伤害。而纳米 TiO_2、ZnO、SiO_2、Al_2O_3、Fe_2O_3 和纳米云母都有在 280~400nm 波段吸收、反射或散射紫外线的特性,而这恰好是容易对人体造成伤害的紫外波段。只要将少量纳米微粒复合到化学纤维中或用含有纳米微粒的整理剂对纤维或织物进行后整理,就能有效地屏蔽紫外线。用这种材料制作的工作服对于户外作业人员的劳动保护有着重要的意义。

利用纳米技术可以对织物进行拒油拒水整理。通过特殊加工在纺织材料表面形成具有低表面能物质的纳米分子屏障,赋予材料防水、防油和防污染性液体沾染的能力。用这种织物制作的工作服具有优异的防污染性能,对于在油污环境中以及涉及有害液体或气体化学物质的环境中的作业人员,有着特殊的保护意义。

7　结语

　　材料科学是多学科研究交叉与结合发展的结晶，是一门与工程技术密不可分的应用科学。近年来，材料科学的发展十分迅猛，与信息技术、生物技术并列作为新技术革命的重要标志。上述新材料新技术，只是材料科学发展的一些局部领域，是目前最有可能在安全生产领域得到应用的部分。由于材料科学本身发展的特殊性，涉及多个学科与应用领域的合作与融合发展，但是在我们国家，这种协作发展常常受到各种主客观因素的制约，所以一些新技术的应用还很不充分。因此，加强材料科学研究者与安全生产领域专家之间的合作，促进新材料新技术在实践中的应用和发展，是目前工作的当务之急。应当从制度设计、激励机制等方面进行努力，促成这种协作发展的局面早日实现。

参考文献（略）

高温防护服的舒适工效性能评价与优化对策

田苗　王云仪　张向辉　张忠彬

（东华大学，中国安全生产科学研究院）

防护服是保护人们在生产、工作中避免或减少职业伤害的一类服装，是人们抵抗生产生活中各种有害因素的一道屏障。目前，对于防护服的开发和研制往往偏重其功能性，从而造成对服装舒适性的忽视，导致工作人员的作业能力下降、干扰其生理平衡，降低感觉反馈，最终使工作人员产生生理压力并造成工作效率下降。

防护服的防护性能与其材料特性密切相关，然而具有安全防护性能的材料往往缺乏良好的舒适性能。为达到改善防护服舒适工效性的目标，通过优化服装结构造型的技术途径，在保证不降低防护服安全防护性的基础上，可提高人体的活动灵活性，改善人体的热湿舒适性。服装的构成要素多种多样，其中材料和结构是影响防护服装舒适工效性和安全防护性的主要因素。

为了评估国内工业生产领域中应用的防护服对人体活动灵活性的影响，本文选取了当前普遍使用的高温防护服进行试验研究，力求从受试者的穿着反馈探寻防护服对人体造成灵活性限制以及生理负荷的原因，并根据防护服装的功能设计模式对高温防护服提出结构上的优化策略，以达到改善服装舒适性、降低工作人员生理负荷、提高工作效率的目的，在保证不降低防护服安全防护性能的基础上，达到优化舒适工效性的目标。

1　试验

测试服装为 3 类高温防护服，其规格如表 1 所示。其中 1# 和 3# 服装配有头盔、手套和脚套。高温防护服的面料一般采用麻及合成橡胶，其外表面是一层铝粉末与合成橡胶的涂层。测试服装的材料由外层（复合铝箔防火布）和舒适层组成，1# 和 3# 高温防护服外层为复合铝箔防火布，2# 高温防护服外层由复合铝箔防火布和阻燃布拼合而成。复合铝箔防火布具有防火隔热、反辐射热等特性，但手感较硬、不易弯折。考虑到热防护对材料特性要求严格，且复合铝箔防火布不宜替换，因此，高温防护服改进策略的制定将主要从结构方面着手。

1.1 测试样本

表 1 测试服装基本信息

编号	应用环境	材料组成		尺码	质量（kg）
		外层	舒适层		
1#	炼钢作业	复合铝箔防火布	100% 棉	L	3.9
2#	石油化工作业	复合铝箔防火布 +100% 棉斜纹布		L	1.6
3#	消防作业	复合铝箔防火布	100% 棉	L	4.4

1.2 测试方法

本文利用穿脱衣耗时评价防护服的易用便捷性，引入灵活性指标（肢体活动角度）和生理指标（心率）分析人体的客观反应，通过主观问卷的方式评价受试者的主观感受。测试主要包括工效学试验和穿着生理负荷试验。通过工效学试验，从静态的角度评估防护服本身对人体活动灵活性产生的限制；通过穿着生理负荷试验，从动态的角度评估防护服对人体造成的生理负荷及对舒适性的影响。

1.2.1 穿脱便捷性测试

在常温环境下，使用秒表分别记录 6 名受试者穿、脱整套高温防护服所消耗的时间。

1.2.2 工效学测试

在环境温度为 20℃左右的条件下，使用多功能关节活动测量仪测量受试者在做 8 个动作时的肢体活动角度，8 个动作包括肩部屈伸性、肩部外展性、肩部旋转性、肘部屈伸性、躯干横向伸展性、臀部伸展性、臀部横向伸展性、膝盖屈伸性。

采用主观评价表的形式对高温防护服整体和局部活动灵活性进行评价。评价指标为 20 个，包括 5 个整体指标和 15 个局部灵活感指标。评价标尺如图 1 所示。受试者可以根据穿着高温防护服时的自身感觉，在标尺范围内的任意位置进行标注，以体现他们对高温防护服的主观感觉。本标尺的优点是具有连续性，可以使受试者进行评价时有更大的选择空间，从而使主观评价值更加精确。

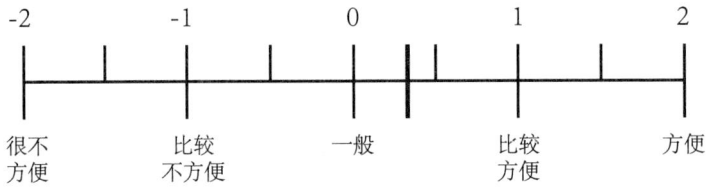

图1 主观评价标尺

1.2.3 穿着生理负荷测试

设定常温条件(环境1)温度为20℃,相对湿度为65%,风速为0.2m/s;高温条件(环境2)为模拟测试服装使用时的实际环境,设定温度为35℃,相对湿度为50%,风速为0.5m/s。受试者在两个环境中分别完成静坐、登台阶等过程,并在整个试验过程中佩戴动态心率计,各环节完成后填写主观问卷。

在各环节的测试中,受试者均为6名健康男性(编号为A、B、C、D、E、F),符合下列标准:身高为(172±3)cm,体重为(60±5)kg,年龄为(20±3)岁。试验严格按照要求进行,除了试验中提供的服装之外,穿着统一提供的长袖长裤内衣,脚上穿中腿运动袜和球鞋。

2 测试结果与分析

2.1 穿脱便捷性测试

对6名受试者进行穿、脱衣耗时测试,结果见表2。由表2可以看出,相比于2#高温防护服,受试者穿脱带有头盔、手套和脚套的1#和3#高温防护服所消耗的时间较长,穿脱便捷性差;较大的标准偏差说明受试者之间存在较大的个体差异。高温防护服的穿脱便捷性受到防护服本身的结构、防护服质量以及受试者自身等多种因素影响。

表2 穿脱衣耗时

编号	穿衣耗时（s）/脱衣耗时（s）							标准偏差
	A	B	C	D	E	F	均值	
1#	154/81	162/74	99/48	216/60	153/54	121/42	150.8/59.8	39.9/15.1
2#	54/23	76/32	57/24	66/21	45/24	32/27	55.0/25.2	15.5/3.9
3#	169/108	215/90	109/36	146/89	105/79	151/69	149.2/78.5	40.8/24.5

2.2 工效学测试

2.2.1 肢体活动角度

利用 SPSS 软件对肢体活动角度试验结果进行单因素方差分析,发现在 0.05 的显著水平下,高温防护服与肢体动作均是受试者肢体活动角度的显著影响因素。且经过两两比较发现,受试者穿着 2# 号高温防护服时的肢体活动角度(113.0)显著大于穿着 1#(101.0)和 3#(101.5)高温防护服的肢体活动角度,说明 1# 和 3# 高温防护服对受试者的肢体灵活性限制更大。

受试者在穿着 1# 试样时的肢体活动角度范围为 46.0°~158.3°,穿着 2# 试样时为 57.0°~163.75°,穿着 3# 试样时为 51.5°~155.5°。分析其原因,可能是 2# 试样外层采用复合铝箔与橘色阻燃布相拼材料,对受试者肢体灵活性影响稍小。实验结果还表明:1# 试样腋下、肘部、腰部、臀部等部位需进行结构优化,3# 试样腋下、肩部、臀部、膝部等部位需进行结构优化,以减少高温防护服对受试者活动灵活性的限制。

2.2.2 工效学主观评价

对防护服进行工效学主观评价,评价内容包括 5 个整体感觉项目 [穿脱方便度(1)、整体质量感(2)、整体松紧感(3)、整体灵活度(4)、穿着总体感觉(5)] 和 15 个局部灵活感指标 [头颈部(6)、肩部(7)、肘部(8)、手臂(9)、上身(10)、腋下(11)、小臂(12)、腰部(13)、背部(14)、手部(15)、臀部(16)、裆部(17)、膝部(18)、腿部(19)、脚部(20)活动灵活性],评价结果如图 2 所示。

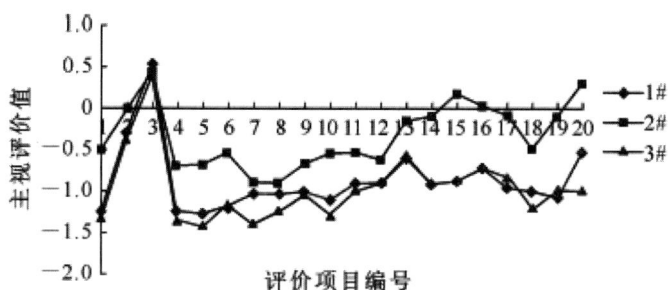

图 2 工效学主观评价结果

由图 2 可知,对于防护服整体感觉的 3 个项目而言,配有头套、手套和脚套的 1# 和 3# 试样的穿脱方便度显然不如 2# 试样,整体质量感、整体灵活度和穿着总体感觉同样

也是 $2^{\#} > 1^{\#} > 3^{\#}$。由于 3 套高温防护服均较宽松,因此受试者对整体松紧感的评价均为正向。

由工效学主观评价局部灵活感指标的评价结果可以看出,其评价值大多为负向,表明受试者认为 3 套高温防护服的灵活性均不高,其中 $2^{\#}$ 试样的灵活性优于 $1^{\#}$ 和 $3^{\#}$ 试样。3 套高温防护服均需要在颈部、肩部、肘部、腋下和膝部增加灵活性。其中 $1^{\#}$ 试样亟需改进的是上身灵活性,$2^{\#}$ 试样亟需改进的是肩部和肘部的灵活性,$3^{\#}$ 试样亟需改进的是肩部、上身和手臂的灵活性。综合工效学主观和客观评价结果来看,3 套高温防护服均对受试者的肢体活动灵活性产生了较大的限制,试验结果明确显示出受试者所认为活动受限的部位,这为高温防护服的结构改进提供了基础数据和优化方向。

2.3 穿着生理负荷测试

2.3.1 心率测试

利用动态心率计实时监测受试者在运动过程中心率的变化,评估高温防护服对人体造成的生理负荷。在相同运动状态下分析受试者心率变化,结果如图 3 所示。其中前 5min 为准备阶段,5~15min 为登台阶阶段,15~25min 为静坐阶段(连续阶段)。由图 3 可以看出:受试者在高温环境(环境 2)中处于静坐状态时的心率要高于常温环境(环境 1),但都处于正常范围之内,因此并不会对受试者造成过大的生理负荷。

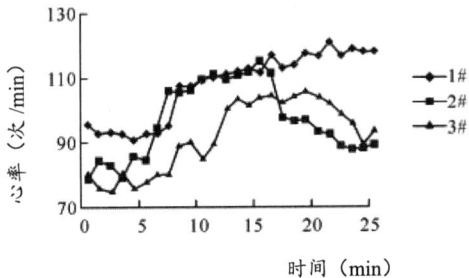

(a)环境 1

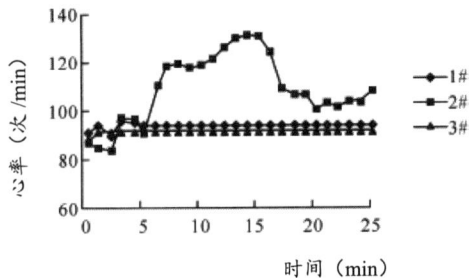

(b)环境 2

图 3 受试者心率变化

在环境1中,受试者在运动过程中逐渐感受到生理负荷,导致心率的增加和舒适性感觉的降低。15min运动停止后,穿着2#试样的受试者心率以较快的速率下降,并逐渐恢复到正常状态,而穿着1#和3#试样的受试者心率恢复较慢,说明2#试样对受试者造成的生理负荷较小,且对受试者生理状态恢复的抑制作用也小。

在环境2中受试者穿着2#试样时心率随着运动的状态而变化并且具有一定的滞后性。穿着1#和3#试样时,心率并没有随着运动的状态发生明显的变化,说明在高温环境中,全部为复合铝箔材料的1#和3#试样并未对受试者产生更大的生理负荷,且具有更好的热防护作用。因此,高温防护服的材料对其防护效果具有决定性作用,高温防护服整体舒适性的优化需要采用从结构方面介入的技术途径。

2.3.2　穿着生理负荷实验主观评价

受试者认为穿着3类高温防护服的热感觉和湿感觉均不佳,且在高温环境中运动时的热湿舒适感觉更差。另外,通过受试者对运动时肢体各部位灵活性的主观评价发现,在常温状态下,受试者感受到肩部、膝部、腿部的灵活性较差,而在高温环境中,则有更多部位如头颈部、裆部等活动受限,这为高温防护服结构的优化提供依据。综合工效学测试和穿着生理负荷试验结果可知,1#和3#高温防护服需进行结构优化的部位为颈部、肩部、肘部、腋下、臀部和膝部等,2#高温防护服需进行结构优化的部位为肘部、腋下、腰部和膝部等。

2.4　优化策略

基于穿脱便捷性测试、工效学测试和穿着生理负荷试验结果以及对受试者的访谈,以防护服装功能设计模式为理论基础,对被测的3套高温防护服的结构提出了优化策略,见表3。

根据高温防护服装功能设计的常用手段,在肘部增加褶裥、腋下增加三角插片、膝部增加褶裥等优化措施符合高效工作的功能设计;头盔眼眶位置上抬、增大领围尺寸、减小立裆长等优化措施符合穿着舒适的功能设计;改进头盔的搭扣设计、将裤门襟改为拉链结构等优化措施符合易用便捷的功能设计;改进裤脚口材质符合耐久性的功能设计。

3　结语

针对当前国内应用的典型高温防护服的舒适工效性,本文通过设计实施评价方案获得基础数据,发现现有高温防护服在对人体运动灵活性及对人体产生生理负荷方面存在

表 3 结构优化策略

优化部位		1#	2#	3#
上衣	领部	增大领围尺寸	—	增大领围尺寸
	肩部	增加垫肩	—	增加垫肩
	肘部	增加褶裥	增加褶裥	增加褶裥
	手臂	减小手臂围度	减小手臂围度	减小手臂围度
	袖口		改进袖口材质	
	腋下	增加三角插片	增加三角插片	增加三角插片
	背部	增加褶裥		增加褶裥
裤子	腰部		减小腰围	
	臀部	减小臀围	减小臀围	减小臀围
	裆部	减小立裆长	减小立裆长，门襟改为拉链结构	减小立裆长
	膝部	增加褶裥	增加褶裥	增加褶裥
	腿部	减小裤腿围度	减小裤腿围度，减小铝箔材料的面积	减小裤腿围度
	脚口	—	改进脚口材质	
配件	头盔	眼眶位置上抬	—	眼眶位置上抬
				改进搭扣设计
	手套	里料与面料相固定	—	里料与面料相固定
		增加与袖子固定的搭扣		增加与袖子固定的搭扣
	脚套	将紧固绳改为搭扣设计		将紧固绳改为搭扣设计
		增加与裤子固定的搭扣		增加与裤子固定的搭扣
		改为无底雨靴结构		改为无底雨靴结构

问题，影响作业人员的工作效率。在 0.05 的显著水平下，肢体灵活性受到高温防护服与肢体动作的显著影响，受试者对本文测试的 3 类防护服整体灵活性的主观评价低，评分值分别为 -1.25, -0.70 和 -1.35。受试者在运动时和高温环境中生理负荷增大，且材料全部为复合铝箔防火布的 1# 和 3# 高温防护服对人体产生的生理负荷更显著。通过提出优化高温防护服结构造型的技术途径，实现在保证不降低高温防护服安全防护性能的基础上，优化其舒适工效性。主要对策包括对高温防护服产生舒适性问题的相应部位（如肩部、肘部、腋下、膝部等）进行结构设计优化，以达到减少防护服对人体活动的限制，以及减轻人体的生理负荷的目的。

参考文献（略）

防辐射纤维及其纺织品研究

施楣梧　周洪华

（中国人民解放军总后军需装备研究所，中国纺织信息中心）

近年来,随着生活品质的提高,人们越来越关注生活环境中无处不在的辐射,而且对"辐射"存在着过度恐慌。本文在对辐射分类进行分析的基础上指出, 在日常生活中, 虽然电离辐射的危害性大于电磁辐射, 而且电磁辐射也会对人体造成一定的损伤,但在一般情况下, 民众生活环境的电磁辐射水平都不会超标,因此通常情况下不需要对辐射具有畏惧心理, 也无需对辐射进行特别防护。因此, 本文主要针对能够接触到有害辐射的职业人群,研究辐射的防护技术, 以及防护纤维与相关纺织品的开发。

1 辐射的概念与类型

"辐射"是指从中心向各个方向沿着直线伸展出去的形式。在物理学上,"辐射"是指热、光、声、电磁波、高能粒子等物质或能量向四周传播的一种状态。与其他能量或物质的传播条件不同, 电磁波和高能粒子的辐射不需要起传递作用的介质, 就可以在真空中传播。

辐射是一类有效的加工、探测手段,广泛应用于工业、农业、矿产探测、医学诊断及科学研究领域。但过量的辐射会对生物体和材料造成损伤,当辐射传递的能量足够大时,可引起受到辐照的物质产生电离。因此, 从物理学的角度,辐射据其对物质分子结构的改变程度,分为电离辐射和非电离辐射。能引起物质分子电离的辐射称为电离辐射,包括高速带电粒子（α 粒子、β 粒子、质子）、不带电粒子（中子）及电磁波 X 射线、γ 射线等；而较低能量的辐射,如紫外线、可见光、红外线、微波、激光以及热辐射、声辐射等,都属于非电离辐射。显然,电离辐射更容易对人体和材料造成损伤,而非电离辐射,特别是其中能量较低的微波或工频电磁波对人体和材料的损伤较小。

因为电离辐射对人体有明显的损伤，从而导致一般民众对"辐射"一词产生畏惧感。因此，从应用的角度来看，有的电磁专家、医学专家和国际组织反对将微波等电磁波照射于人体的现象称之为受到电磁波的"辐射"，建议改称为"暴露"于这些电磁波。这一提议已经得到广泛的认可，在相关的国际标准和国家标准中已有体现。

2 辐射的危害与防护原则

辐射的危害包括对材料的危害和对人体的危害。与此相对应，防辐射技术也包括材料的防辐射和人体的防辐射两种类型。

2.1 辐射的危害

电离辐射对材料和人体的危害是直接导致材料（包括生物机体）的电离，破坏了材料和生物体的分子结构，从而造成对材料和生物体损伤。电离辐射可对受照本人造成损伤（躯体效应），并对其子代造成损伤（遗传效应）。

人体暴露于微波等属于非电离辐射的电磁波中，虽然不会造成生物大分子的电离，但会因热效应、非热效应和积累效应而导致对人体的损伤。热效应是指生物器官受电磁波辐照导致升温而引起生理和病理变化的作用，这种损伤得到各国学者公认，并已将对热效应的防护体现到了各国的相关标准之中；非热效应是指生物器官虽未因电磁场导致升温，但人体器官如同一个精密的电磁器件，会在外界电磁场作用下因不能实现良好的电磁兼容而导致功能失调甚至器质性病变。这种损伤被一部分研究人员（如欧洲研究者）所认可，而有的学者（如美国研究者）则认为非热效应不至于对人体造成损伤；积累效应是指虽然人体所处环境的电磁场强度低于暴露限值，但长时间受到辐射也会因辐射效果的日积月累而导致损伤。也有学者将"积累效应"归并到"非热效应"之中，而认为只存在"热效应"和"非热效应"两类。

我国民众，特别是媒体对核辐射和电磁辐射的危害普遍存在过度恐慌、过度渲染的现象。实际上，即便是全球核泄露最严重的切尔诺贝利核电站事故，其危害程度也不像网络流传得那样严重。中国核学会辐射防护分会理事长潘自强院士曾撰文介绍，切尔诺贝利事故因辐射死亡 28 人。联合国原子辐射效应科学委员会（UNSCEAR）对涉及事故及清理工作的 60 万人跟踪 14 年后得出的研究报告指出：除儿童时期受到照射之后出现甲状腺癌症增加外，没有观察到可归因于电离辐射的各种癌症发生率或死亡率的上升，白血病（白血病是辐射照射后癌症发生潜伏期最短的病症，潜伏期一般为 2~10 年）的危险没有表现出增加，甚至在清理事故现场的工作人员也是如此。同时，也没有发现一些其他的非恶性疾病与电离辐射有关的证据，但事故对人们的心理影响是广泛存在的，主要表现为惧怕辐射，然而人们并不了解当时实际受到的辐射剂量，只有当人体受照超出了辐射量限值才会对人体造成危害。

2.2 防护原则

虽然微波等非电离辐射对人体的危害没有电离辐射那样严重，但其防护原则可以沿用国际放射防护委员会（ICRP）提出的辐射防护三大原则——实践正当化原则、防护最优化原则和剂量限值原则，即：对于有强电磁场等危害的场所，只是在有必要时才进入这样的场合；进入这种危险场合时应采用尽可能完善的防护措施；应按照人体受照的剂量限值来限制职业人员的受照（或暴露）时间。所有防护措施都是需要付出代价的，包括费用的代价及人员因使用防护装备导致工作效率和舒适感的下降。因此，对各种辐射的防护是"宽严皆误"。

3 辐射的防护技术和防护材料

3.1 电离辐射的防护

电离辐射对人体和材料的危害很大，但不同的电离辐射在穿透能力、电离能力和对人体及材料造成损伤的程度方面有不同的表现，有的电离辐射不需要专门的防护材料即可有效阻隔，有的电离辐射则还没有有效的材料能加以阻挡和拦截。

α 粒子是带 2 个正电荷的氦原子核，有很强的电离能力，但由于其质量较大，穿透能力差，在空气中的射程只有几厘米，只要一张纸或健康的皮肤就能挡住，故不需使用专门的材料进行阻隔防护。

β 粒子是放射性物质发生 β 衰变时放射出的高能电子，电离能力比 α 粒子小得多，但穿透能力强。β 粒子和由电子加速器的高压电场加速的电子束均需用铝箔等金属薄片进行阻挡，因此金属箔片是防止高能电子入射的防护材料。

质子是带正电荷的亚原子粒子，高速质子流在人体中有极强的穿透能力，但单纯穿透对人体造成的损伤不大，通常作为医疗手段定位杀灭肿瘤细胞，公众和普通职业人员不易遭遇高速质子的辐照，故不存在防护问题。

中子是电中性的粒子，不直接导致电离，但易在衰变后引发电离。中子穿透能力极强，可穿透钢铁装甲和建筑物而杀伤人员，并可产生感生放射性物质，在一定的时间和空间上造成放射性污染。高能中子（>10MeV）可在空气中行进极长距离，其有效拦截物质是水等富含氢核的物质。在合成纤维中添加锂、硼、氢、氮、碳等中子吸收剂，并利用纤维集合体可起到使中子慢化的作用，对中子有一定的拦截屏蔽作用，但通常只对低速热中子有一定的阻隔效果。例如厚度 5mm 的含硼中子防护服，对热中子（0.025eV）的防护屏蔽率为 80%；含硼石蜡、含碳化硼的聚丙烯等均对热中子有一定的屏蔽效果。

X 射线是由高速电子撞击物质的原子所产生的电磁波，波长在 0.01~10nm 之间，极具穿透性和杀伤力，通常用铅板、钡水泥墙等作为阻隔防御材料。接触 X 射线较多的医务人员大多穿着局部（多为正面）插入铅橡皮的防护服装，来阻隔 X 射线；铅纤维与普通纤维混纺制成的服装比铅橡皮柔软；在化学纤维中添加氧化铅、硫酸钡制成的防 X 射线纤维，制成纺织品后对低能 X 射线有一定的遮蔽效果，比铅衣柔软轻便。

γ 射线是原子核能级跃迁蜕变时释放出的射线，是波长短于 0.02nm 的电磁波。γ 射线有比 X 射线更强的穿透力和杀伤力，医疗上用来治疗肿瘤。γ 射线的防护材料与 X 射线类似，也采用铅板、铅纤维与普通纤维混纺、以及含铅、硼、钡等元素的纤维及其他材料，均对 γ 射线有一定的屏蔽作用，但防护效果不如 X 射线。

综上所述，电离辐射除 α 粒子外，制成纤维状或织物状的防辐射材料尚难有效遮断高能射线和粒子流的入侵，仍然以铅橡皮为最常用且相对有效的防护材料。

3.2 电磁辐射的防护

电磁辐射的防护主要针对高频电磁波，根据现有的电磁辐射防护标准，对频率为 30~300MHz 的电磁波有最严格的防护标准，即暴露限值最低。该频率范围以及更高的频率范围内的电磁波对人体的损伤主要是由电场造成的，对此进行防护主要采用反射电磁波的机理，而吸收电磁波的防护方式相对困难，除非允许采用很厚重的防护层，而这对于纺织品而言并不合适。

不锈钢、铜、铝、镍等电导率高的金属纤维是传统的屏蔽材料，但由此制得的防护服装过于沉重，手感偏硬。基于反射机理的防电磁辐射纤维常用的制取方法包括：以普通合成纤维为基材，在外层包覆（化学镀、涂覆）金属层，制成镀铜、镀镍、镀银纤维；原位聚合聚苯胺、聚吡咯制成导电纤维；通过涂层加工，将导电的各种粉体附着在纤维表面制成高电导率的纤维。对这些纤维可制成合适的细度和长度，以使防电磁辐射纤维适合于后续纺织品或非织造布加工。

对于低频电磁波,虽然对人体的损伤很小,但在特殊场合(例如扫雷艇产生的强大磁场)下,需将磁场集中在磁性纤维内,从而保证由磁性纤维护卫的人体内部只有很低的磁场强度。与金属纤维类似,传统的磁性纤维由铁镍合金等高导磁材料制成,目前发展成为以铁、铁氧体粉体添加到合成纤维中制得磁性纤维。

由上述高电导率纤维和高磁导率纤维制成的织物或非织造布,可获得电磁辐射防护效果。但能够直接制成具有电磁屏蔽效果纺织品更为简捷的方法包括:采用金属纤维或将金属化纤维与其他纤维混纺制备电磁屏蔽织物;对合成纤维织物直接进行金属化处理(例如镀铜、镀镍、镀银等);原位聚合聚苯胺、聚吡咯等导电高分子;施加导电涂层(涂覆导电高分子材料,含铜粉、银粉等导电粉体的涂料)等。

通常采用 15%~20% 的不锈钢纤维混纺制成的电磁屏蔽织物,可使织物的电磁屏蔽效能达到 20dB 左右,而经过金属化处理的织物,屏蔽效能可达 65dB 左右。但是,对于电磁辐射防护服装而言,因服装结构上存在一系列破坏整体密闭效果的缝隙孔洞和开口,所以会使服装的电磁屏蔽效能大幅低于面料的电磁屏蔽效能。整体金属化处理的织物,即使在各开口设计上已经尽可能封闭,并配置带披风的帽子,但服装的屏蔽效能也只能达到 30dB 左右,如进一步提高屏蔽效能,则必须采用全封闭结构,但防化服类的全封闭结构,会导致使用者热负荷增大,影响舒适性和功效性。

4 辐射防护的发展趋势

4.1 辐射防护理念的科学化

近几年来,我国在辐射防护方面出现了防护理念泛化的现象。有的媒体过分夸大了电离辐射和电磁辐射的危害,甚至混淆电离辐射与非电离辐射的差异;也有人出于商业利益有意制造电磁污染的恐慌而兜售所谓的防辐射制品;有较高比例的公众对工作环境和生活环境的电磁辐射源有种种过分的担心。事实上,我国公众生活环境的电磁辐射水平,除了偶然发生的特殊情况(例如高压线下、雷雨交加时),电磁环境均不超标。民众所担心的家用电器的电磁泄漏强度往往只有国际标准的百分之几甚至千分之几;小区楼顶的通信基站发射的电磁场也呈现为往远处发射的分布,使基站下方的场强最低。这些情况将逐渐被民众所了解,而关于辐射防护纺织品的使用对象,终究会向职业人群集中,一般民众并不需要进行电离辐射和非电离辐射的防护。

4.2 辐射防护技术的升级

如前所述，现有电磁辐射防护服存在屏蔽效能与穿着舒适性的矛盾，密闭式防护服可以得到高屏蔽效能，但穿着闷气，影响舒适性和工作效率，而工作服款式的电磁辐射防护服则达不到高屏蔽效能，防护效果不理想。此外，还存在服装结构设计不合理导致电磁屏蔽效能下降、导电层不牢固容易在洗涤后脱离导致屏蔽效能下降，以及全频段电磁信号均被屏蔽、致使手机等部分工作用具的通信联系中断等问题。

这些问题的解决方法主要包括：对于因密闭性导致的屏蔽效能与舒适性发生矛盾的问题，可以采用在织物上织出小孔的方法解决，使小孔尺寸不大于需要防护的电磁波波长的 1/5~1/3，从而使这些小孔的存在不影响对电磁波的屏蔽；对于服装结构设计不当导致屏蔽效能下降的问题，应防止服装上长条形孔洞的存在，因为长条形孔洞最容易造成电磁波泄漏；对于金属化纺织品的金属层在使用和洗涤中脱离，导致屏蔽效能下降的问题，可以在基布上采用表面有大量微孔的合成纤维，使金属元素嵌入到纤维表面，起到铆合作用，提高金属层的附着力，提高电磁屏蔽作用的耐久性。此外，在织物上印制具有频率选择表面特性的周期性结构单元，可使织物具有频率选择性透过的性能，成为一种透通频率可调的带通滤波器，即可使得电磁辐射防护服在阻隔电磁波、防止对人体损伤的同时，实现所需通信频率的电磁波畅通无阻。

参考文献（略）

芳香族阻燃纤维的光老化机理研究及对策

鄢友娟　肖红　陈晓渊

（武警后勤装备研究所，中国人民解放军总后军需装备研究所，北京服装学院）

1 芳香族阻燃纤维的结构特点和性能

芳香族阻燃纤维由于聚合物分子链中含有芳环结构，其热分解温度大大提高，从而降低了相同条件下热分解的可能性，具有出色的阻燃性及耐高温性能，是防护服领域一直青睐的重要纤维。该类纤维种类多，应用广。

根据主链上芳香环连接方式及含量，芳香族阻燃纤维大致可以分为：酰胺键连接的全芳香族纤维，其主链上只含有酰胺键和苯环，比如由酰胺键在苯环 1、3 号位置连接的间位芳纶 1313（代表产品 Nomex），由酰胺键在苯环 1、4 号碳原子连接的链节上含有两个苯环的对位芳纶 1414（代表产品 Kevlar）等，以及只含有一个苯环的芳纶 14，两个苯环键含有两个彼此连接的酰胺键的聚对氨基苯甲酰肼 X500；主链上含有酰亚胺键的芳族聚酰亚胺类纤维，如 P84、PI D-14、聚苯四甲酰亚胺纤维、Arimid T 等；主链上含有杂环的芳杂环纤维类，如含苯并咪唑环的聚苯并咪唑（PBI）、含苯并双噁唑环的聚对苯撑苯并双噁唑（PBO）；主链上含杂原子的芳香族纤维如聚苯硫醚（PPS）、聚芳噁二唑纤维（POD）、含有砜基的芳砜纶纤维等；其他类，如聚苯醚砜酮（PPESK）、聚醚酰胺（PEAR）等。

和普通纤维相比，这些芳香族纤维具有强力高、初始模量大、极限氧指数高、分解温度高、良好的化学稳定性等特点。尽管具有优异的力学性能、阻燃性能和耐化学品性能，但它们在纺织服用领域的应用都有一个致命的弱点，就是在光照下容易老化，导致强力损失极大。本文将着重分析该类纤维的光老化机理、研究现状，并提出改进措施。

2 芳香族阻燃纤维的光老化现象研究

芳香族阻燃纤维光老化现象的报道最早始于 1969 年。美国加州北部的虔斯特兰研究中心对几种耐高温芳香族聚酰胺高聚物进行光降解研究后发现，它们在近紫外区会发生降解。

关于 Nomex 和 Kevlar 受光照及其他辐射后性能发生变化的研究较多。1973 年，美国海军航空部的工作人员发现适量的 γ 辐射能提高 Nomex 的抗紫外性能；1974 年，加拿大马尼托巴湖大学发现 Nomex 在碳弧灯 UV 照射下的强度损失比 γ 射线照射更厉害；1974 年 10 月，加拿大的科研人员进一步发现 Nomex 物理性能的退化是由于光化学反应所导致的，主要是光氧化改变了聚合物体系的化学组成，首先发生在纤维表面，然后逐渐深入内部；1977 年，美陆军纳蒂克研发司令部发现 UV 照射对 Nomex 裤子的强度损伤比磨耗更大，且存在更多的原纤断裂；1978 年，加拿大国家研究委员会研究了间位和对位芳香族聚酰胺膜及织物在有氧和无氧情况下的光降解过程，发现间位芳香族聚酰胺的光氧化降解所导致的断裂伸长的损失比断裂强度的损失大，对位芳香族聚酰胺则正好相反，即断裂强度的损失比断裂伸长的损失大；Brown J R 对 Kevlar49 的织物和纱线进行了户外耐日光老化试验。结果显示，经过 60 天的户外日照后，纤维的强度有较大下降，但其相对分子质量变化不大；1998 年，加拿大的海军设备工程服务中心发现芳纶很容易受到紫外光破坏，薄的 Kevlar29 织物日光下照射 5 周后会损失 49% 的强度。

以上研究均表明，芳香族阻燃纤维受日晒后，强力等性能指标明显受损。通常芳香族聚酰胺织物经 1000h 自然光照射，强度保持率只有约 42%。其他芳香族阻燃纤维也存在同样的问题。PBO 纤维在紫外至宽波长可见光的耐光稳定性差，在紫外光下照射 100h，其强度保持率仅为 50% 左右，比芳纶的抗紫外能力更差。芳砜纶经紫外线直接照射 10h 后，机械强度损失 63%~76%，断裂伸长也仅保留了原来的 15%~25%；其织物经 100h 的紫外线直接照射后，强度损失 52%。POD 纤维在使用过程中由于受到光、氧、热的综合作用，其结构发生变化，力学性能会变劣，可能导致使用功能丧失。上述研究均只涉及到老化现象及老化条件下的强力损失等。为了改进芳族阻燃纤维的光老化性能，研究其光老化原理尤为重要。

3 芳香族阻燃纤维光老化机理研究

3.1 芳香族聚酰胺纤维的光老化机理

芳香族聚酰胺纤维是由酰胺键（－CO－NH－）和芳香环组成的线性高聚物，其在紫外线照射下极易发生光老化降解，导致制品机械性能逐渐下降，发生变脆、龟裂和发黄，甚至被破坏而无法使用。其光氧化降解机理如图 1 所示。在紫外光照射下，苯环上的离域共轭 π 键被引发，产生自由基，然后自由基发生转移，转移到酰胺键的碳原子和氮原子上，在氧气存在条件下发生链增长，最后链中止，主链结构在酰胺键处发生断裂。

3.2 PBO 的光老化机理

PBO 是芳香族杂环刚性链高分子化合物，由该刚性链聚合物通过液晶纺丝法成形。PBO 纤维可能存在的紫外老化降解机理如图 2 所示。紫外条件下，噁唑环上的 C－O 键首先发生断裂，引发 PBO 大分子链发生开环，产生 C＝O 和 N－H 基团，和图 1 所示的芳香族聚酰胺一样，苯环上的自由基转移到 C＝O 和 N－H 基团的碳原子和氮原子上，在氧气存在条件下，纤维进一步氧化，发生链增长和中止反应，最后可能会生成 4,6-二氨基间苯二酚盐酸盐（DAR）和对苯二甲酸（TPA）。

3.3 芳砜纶的光老化机理

聚砜酰胺纤维的苯环由砜基和酰胺键连接，其光老化一般是由材料表层往内层逐渐推进。砜基是相当稳定的，因此在紫外光照射下，和芳香族聚酰胺及 PBO 的老化机理类似，紫外照射引发了苯环的离域共轭 π 键产生自由基，然后自由基转移到酰胺键的碳原子和氮原子上，进一步在有氧条件下，主链中增长了两个氧原子，产生了更易吸收紫外线的羧酸。光氧化降解的产物聚集于纤维表面，最终导致纤维的表层断裂，反应中止，主链断裂，如图 3 所示。

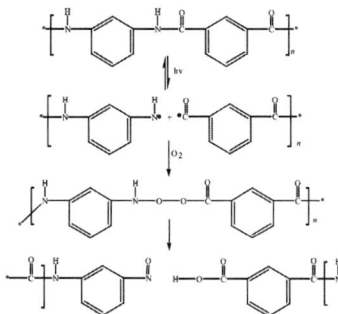

图 1　芳香族聚酰胺材料的光氧化降解机理示意图

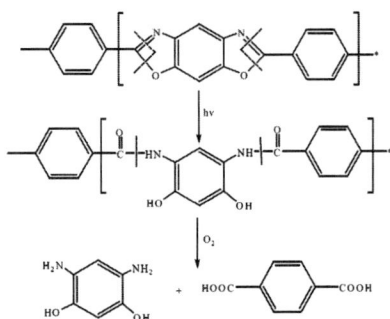

图 2   PBO 纤维可能的紫外降解过程示意图

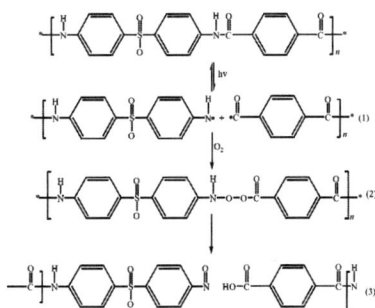

图 3   聚砜酰胺纤维的光氧化降解行为图解

3.4 POD 织物的老化机理

聚芳噁二唑是噁二唑杂环结构的芳香族阻燃纤维。研究认为，POD 经过光降解后可能生成了脂肪族的醛或酸，同时推测 POD 的紫外降解遵从一般聚合物的光老化机理，生成了羰基化合物。噁二唑环对 UVA 和 UVB 有强吸收性能，尤其在氧气氛围内对紫外线非常敏感。由于 POD 在制备过程中不可避免存在酰肼基团，其中的羰基作为光化学反应的引发基团受到紫外光照射后，可迅速引发光氧化反应，并不断生成新的羰基化合物，继续引发光降解。紫外光加速老化使 POD 纤维的强度、断裂伸长率和初始模量明显降低。

4 改进措施

通过查阅文献发现，芳香族阻燃纤维的光老化机理类似，均是在紫外光照射下引发苯环产生自由基,自由基发生转移,从而发生链增长及中止反应,最后纤维表面发生断裂,得到光氧化老化降解产物。为了提高该类纤维的光老化性能,主要有4种途径:一是对主链上的苯环结构进行修饰,采用能够强烈吸收紫外线能量的基团接枝到苯环上或主链结构上,但可能会导致纺丝不利并改变纤维的主体性能且耗时较长;二是在侧链上接枝强烈吸收紫外线能量的基团,避免改变主链结构,但这两种方法均不是短期内能够实现的,且存在需要对新型结构聚合物进行一系列研究开发工作,虽然有效但并不容易,也未见有文献报道;三是在纤维表面涂层具有紫外线强吸收或反射功能的物质;四是在纺丝过程中加入具有紫外线强吸收功能的物质。工业上常用的是后两种方法。

根据纤维分子结构、表面形貌、纺丝条件的差异,需要选择不同的紫外线屏蔽剂(即紫外线的强吸收剂或反射剂)。常用的紫外屏蔽剂是无机的金红石型纳米 TiO_2,热力学稳定相,但存在光化学活性高、颗粒易团聚、与有机物不匹配等缺点。在 TiO_2 颗粒表面包覆一层 SiO_2,可提高其分散性、耐旋光性和亲油性。此外,纳米 ZnO 颗粒也是常用的紫外线屏蔽剂。通过提高结晶度使结构致密化等也是改善的途径。

5 结语

芳香族阻燃纤维在服用及户外领域的需求不断增长,但存在光老化问题。到目前为止,芳香族阻燃纤维的光老化降解研究尚不充分,自由基光氧化反应的老化机理也有待进一步明确。从分子链结构进行修饰和改进是最根本有效的方法。通过物理共混、共聚以及涂层方法加入无机紫外线屏蔽剂 ZnO 和 TiO_2 是目前常用的改进方法,但该方法治标不治本,且存在无机颗粒与高聚物的相容性、与纤维表面的粘结性等问题。此外,研究高分子紫外屏蔽剂也是提高和高聚物相容性的良好途径。

参考文献（略）

芳纶无纬布防弹性能的影响因素分析

方心灵 王瑞岭 艾青松 刘元坤 吴中伟

（北京航天实验技术研究所，北京雷特新技术实业公司）

由于高性能纤维复合材料的轻量和柔韧，使得这些材料成了现代个体防弹领域的主导性材料。在防护铅芯的手枪弹或冲锋枪弹的软体防弹复合材料中，主要的高性能纤维包括芳纶、高强聚乙烯纤维、聚对苯亚基苯并双噁唑（PBO）纤维、碳纤维和玻璃纤维等，主要的织物形式有机织布、单向无纬布（UD 布）、双轴向经（纬）编织物等。与其他织物相比，无纬布的生产方式避免了编织过程中对纤维的损伤，纤维的强度、模量等力学性能指标未受影响，而且在弹击后应力波和能量由弹击点向外传播速度更快。因此，无纬布是目前世界上最先进的防弹织物形态。

不可能存在 100% 防弹（防所有弹体或某一弹体的所有冲击速度）的防弹材料和防弹装具。因此，本文主要对芳纶纤维无纬布防弹性能的影响因素进行了分析，主要的影响因素有：子弹、纤维、胶粘剂、单层布片结构、芯片结构及不同的捆绑方式等，并对相应靶片进行了防弹测试，分析了测试结果，给出了结论。希望能为相关行业人员进行防弹方面研究提供帮助，也可为今后防弹衣的制备提供一定的参考。

1 实验部分

1.1 实验原料

胶粘剂采用丙烯酸酯类胶粘剂；芳纶采用帝人公司的 Twaron 2000 型 1680dtex 纤维。

1.2 芳纶无纬布的制备

研究采用芳纶无纬布滚筒式生产设备，将芳纶纤维通过展丝、浸胶、干燥等工艺制备而成，均采用面密度相同的测试靶片。

1.3 防弹测试

依据 GA 141 − 2010《警用防弹衣》标准进行防弹测试。

2 结果与讨论

2.1 子弹的影响

2.1.1 子弹的质量与速度

射击子弹的质量越大,速度越高,则冲击能越大,防弹难度也就相应增高。例如 54 式 7.62mm 手枪射出的弹头速度为 450m/s 左右,冲击动能约 506J；79 式 7.62mm 轻型冲锋枪射出的同样弹头的速度为 520m/s 左右,相应冲击动能约 676J。因此,刚好能挡住 54 式手枪弹的纤维防弹材料制备的靶片,必被 79 式轻型冲锋枪弹所穿透。

2.1.2 弹头的几何形状与尺寸

弹头的几何形状一般情况下根部为规则圆柱体；头部为流线型,有的比较尖锐,有的相对圆钝。头部较尖的弹头容易将纤维挤向两边,侵入未断纤维的缝隙而穿越其间。显然,较钝弹头的穿越能力相对要弱。

2.1.3 弹头的材质

弹头材质一般有两种:钢芯弹头和铅芯弹头。铅芯弹比钢芯弹更难穿透防弹材料,因为铅芯弹质软,受阻更容易变形,变得越来越"钝",最终被压扁；另一原因是变形弹头的缝隙穿越能力较弱。

2.2 芳纶的影响

芳纶具有高强度、高模量、低密度和高耐磨性等特点,作为防弹材料,主要使用的是对位芳纶 1414。纤维的种类、纤维存放方式、编织方式及铺层方式对防弹复合材料的弹道性能具有重要的影响。

2.2.1 不同型号芳纶的影响

芳纶的型号不同,防弹性能也有很大差别。本研究对日常使用的两种不同型号的芳纶无纬布进行了防弹性能对比,结果见表1。

由表1可以看出,不同型号纤维的防弹性能差别很大。表1中两种纤维的防弹性能,在芯均未穿透的前提下,靶片测试后的凹陷数值与穿透层数存在较大的差异。其原因是由于两种纤维的拉伸强度及模量都不同,当靶片受到子弹冲击时,吸收的能量大小也不同,因而导致靶片的凹陷数值和穿透层数不同。

表 1 不同型号芳纶防弹性能影响

纤维型号	项目	1	2	3	4	5	6
	弹速 (m/s)	441	440	437	448	441	440
Twaron2000 型 1680dtex	凹陷 (mm)	20.8	12.2	19.0	16.6	14	12
	穿透层数	8	10	9	6	9	8
	弹速 (m/s)	447	437	446	439	447	437
Kevlar 129 1580dtex	凹陷 (mm)	11	9.2	15.7	5.5	5.8	7.0
	穿透层数	9	10	9	12	11	9

2.2.2 芳纶存放与吸湿的影响

芳纶在真空中长期使用温度为160℃，在 -60℃环境下也不脆，但其不足之处是耐光性差，尤其对紫外线敏感，长期暴露在这种条件下会使纤维的力学性能下降，且褪色；另外，芳纶纤维吸湿性强，且吸湿后性能变化很大。

针对芳纶这两点不足之处进行了两组实验：避光与不避光纤维性能对比实验以及吸湿前后纤维性能对比实验。避光与不避光实验采用同批次纤维，一卷密封避光保存 1 年，一卷在自然光状态下放置 1 年，然后分别制备成无纬布，做成相同结构的靶片，进行防弹测试，实验结果如图 1 所示。吸湿实验采用的是相同无纬布制备的靶片，一个靶片常态测试，一个靶片浸水后进行测试。实验结果见表 2。

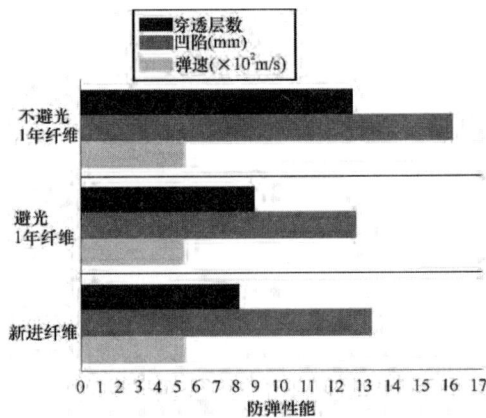

图 1 防弹测试结果

表 2 浸水前后无纬布防弹性能对比

纤维型号	项目	1	2	3	4	5	6
未浸水无纬布	弹速（m/s）	448	447	447	445	439	442
	凹陷（mm）	12.3	21.0	11.5	16.7	14.0	20.0
	穿透层数	7	7	6	11	10	10
浸水纤维无纬布	弹速（m/s）	438	443	442	438	441	444
	凹陷（mm）	—	44.5	—	—	—	27.1
	穿透层数	穿透	12	穿透	穿透	穿透	16

由图 1 对比可知，避光保存 1 年的纤维与新进纤维测试后的平均凹陷数值与平均穿透层数差别不大，这说明避光保存纤维的性能下降不明显。而不避光保存纤维的防弹性能，平均凹陷数值明显增大，穿透层数明显多于其他两种纤维，这说明不避光保存纤维的防弹性能已不稳定且有明显下降，这是因为经过紫外线的照射后，芳纶纤维的拉伸强度、断裂强度和断裂伸长率等力学性能明显下降，纤维变脆。因此，在保存纤维时要做到遮光，防紫外线。

从表 2 数据可以看出，浸水后的无纬布材料有 4 枪穿透，这说明芳纶在浸水以后的防弹性能明显下降。这是由于芳纶纤维在浸水以后，丙烯酸酯胶粘剂是水溶性的，这使得纤维丝与丝之间变得非常松散，纤维的力学性能明显下降，当子弹来袭时纤维间不能传递冲击能量，因而起不到阻挡子弹冲击的作用。因此，在制备无纬布时，或要对表面进行防水处理，或使用防水型的胶粘剂体系。

2.3 胶粘剂的影响

防弹材料的防弹性能除了与纤维自身的性能有关外，还与胶粘剂密不可分。众所周知，热塑性胶粘剂用于防弹材料上要优于热固性胶粘剂，而热塑性胶的拉伸强度要与纤维的拉伸强度匹配才最好。另外，胶粘剂与纤维的粘结强度、胶是否防水、胶含量以及胶的使用年限均对防弹性能有较大影响。其中胶是否防水与芳纶纤维吸湿基本相同，在此不做赘述。

2.3.1 胶粘剂粘结强度的影响

胶粘剂与纤维粘结的强度大小，直接影响子弹冲击能量在纤维之间的传递，从而影响冲击能量的快速扩散。本研究对不同粘结强度胶粘剂进行了实验，结果见表 3。

表3 不同粘结强度胶粘剂靶片的防弹性能对比

项目	编号和粘结强度（N）	1号	2号	3号
		9.8	45.7	123
	弹速（m/s）	444.3	441	442.3
	凹陷（mm）	15.0	12.97	—
	穿透层数	11	7	有1枪穿透

由表3可知，1号胶粘剂的粘结强度最低，靶片的平均凹陷数值较大，穿透层数较多；3号胶粘剂的粘结强度最高，靶片有1枪穿透，性能最差；而2号靶片胶粘剂的粘结强度居中，防弹效果最好。这说明胶粘剂粘结强度太高或太低，均对芳纶无纬布的防弹性能有较大影响，当胶粘剂粘结强度太高，使得无纬布层间粘结过牢，纤维被"塑化"，易发生脆性断裂，从而不利于复合材料能量的吸收；当胶粘剂粘结强度太低时，子弹冲击时纤维间易分层，冲击应力不能通过胶粘剂有效的传递，致使防弹能力也不高。因此，在制备芳纶无纬布时，要使用粘结强度适中的胶粘剂体系。

2.3.2 胶粘剂固含量的影响

胶粘剂固含量不同，无纬布的防弹性能有所差别。本研究对不同固含量的靶片进行了防弹测试，结果如图2所示。

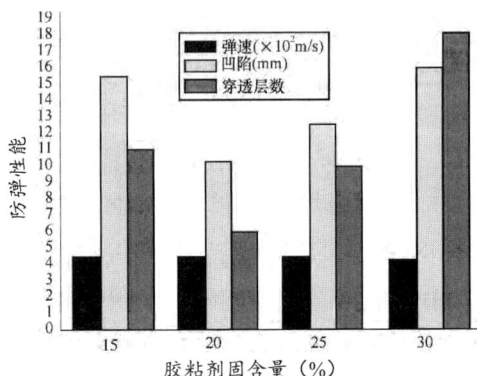

图2 胶粘剂固含量对防弹性能的影响

由图2可知，当胶粘剂固含量为20%~25%时，靶片的防弹性能最好，其穿透层数最少和凹陷数值最小。但当胶粘剂固含量为15%或30%时，靶片的穿透层数和凹陷数值均增加，尤其固含量为30%时最为明显，这说明固含量过高或过低，靶片的防弹性能均有所下降。这是因为固含量过低，纤维间易分层，胶粘剂起不到有效传递冲击能量的作用,而固含量过高,纤维被"塑化",这都使靶片的防弹能力不高。因此,综合考虑无纬布的防弹性能,胶粘剂的固含量应控制在 20%~25%。

2.4 无纬布布片结构的影响

无纬布单层布片的结构,按照纤维排布角度不同区分,主要有:0°/90°、0°/90°/0°、0°/90°/45°/135°、0°/90°/0°/90°。不同角度结构靶片防弹性能的平均数据对比见表4。

表4　不同角度布片的靶片防弹性能对比

不同结构布片 项目	0°/90°	0°/90°/0°	0°/90°/45°/135°	国外 0°/90°/0°/90°	国内 0°/90°/0°/90°
弹速(m/s)	447.7	435.2	448.1	445.7	445.8
凹陷(mm)	18.7	—	13	16.7	19.8
穿透层数	9	有1枪穿透	11	7	10

从表4可知,0°/90°/0°靶片的防弹效果不佳,且有1枪穿透,说明这种结构的无纬布防弹性能较差;其他3种结构的防弹数据相差无几,只是国外的 0°/90°/0°/90°结构靶片的穿透层数少且比较均匀,说明国外的产品稳定性好。因此,只要把产品稳定性控制好,采取 0°/90°、0°/90°/45°/135°和 0°/90°/0°/90°中的任何一种均可。

2.5 防弹靶片结构的影响

防弹靶片的结构不同,其防弹性能也不同。本研究对常用两种靶片结构的防弹性能进行了对比,凹陷数值测量了深度与宽度两种,结果见表5。

表5　不同结构靶片的防弹性能对比

纤维型号	项目	1	2	3	4	5	6
28UD+PC 板 +EVA	弹速(m/s)	443	443	444	439	446	437
	凹陷(mm)	12.2	21	20.3	21	14.9	11.5
	穿透层数	6	7	6	9	5	7
18UD+PC 板 +10UD +EVA	弹速(m/s)	443	446	436	440	437	438
	凹陷(mm)	18	24.7	23	20	22	21.3
	穿透层数	7	8	9	10	9	7

从表5分析可知,相同层数的靶片,PC 板在后靶片的凹陷数值小于 PC 板在中间靶片的凹陷数值,穿透层数也相对较少,这说明 PC 板在后靶片的防弹效果要好于 PC 板在中间的防弹效果。因此,在选择无纬布靶片制备时可以选择此种结构。

2.6 背衬材料（防凹陷材料）的影响

背衬材料不同，靶片的穿透层数和凹陷都会有差别。同等测试条件下，背衬材料硬，凹陷小，但穿透层数相对较多。4 种不同背衬材料对防弹性能影响的平均数据见表 6。

表 6　不同背衬材料对防弹性能的影响

不同背衬材料 项目	PC 板＋泡沫	UD 布压合板	两层机织布夹泡沫的三明治结构	低频慢回弹阻尼材料
弹速（m/s）	442.7	447.2	445.8	448.1
凹陷（mm）	16.9	14.1	16.8	13.4
穿透层数	11	11	10	15

从表 6 分析可知，低频慢回弹阻尼材料的平均凹陷最小，但其穿透层数较多，这是因为低频慢回弹阻尼材料较硬，穿透的无纬布中纤维拉伸或剥离消耗的能量减少，因此穿透层数相对较多；其他 3 种结构的防弹性能相差无几，两层机织布夹泡沫的三明治结构制作工艺复杂，而 UD 布压合板，既可作为背衬材料，代替常用的 PC 板，也可作为防弹材料的一部分，综合考虑，可采用 UD 布压合板作为背衬材料。

2.7 不同捆绑方式的影响

以 400mm×400mm 靶片为例，主要捆绑方式有 3 种：沿着靶片的四个边捆绑、只对靶片的两个边进行捆绑、与纤维成 45°角捆绑。主要测试结果如图 3 所示。

图 3 不同捆绑方式对靶片防弹性能的影响图 3 结果表明，三种捆绑方式的靶片综合防弹性能差别不大，只是捆绑两边的靶片凹陷数值稍大，但其穿透层数相对少。因此，可以根据实际情况选择相应的捆绑方式。

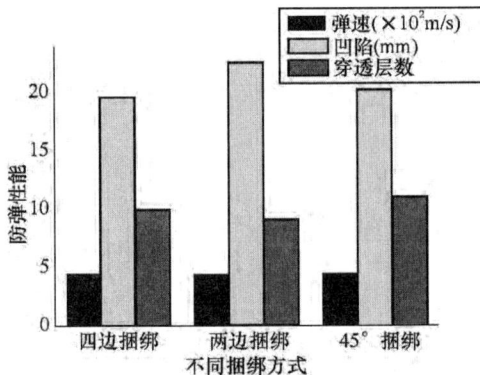

图 3　不同捆绑方式防弹性能测试

2.8 其他影响因素

除了上述影响因素，还有以下几种：

（1）芳纶展开宽度的影响。纤维展开的宽度为纤维直径的 2~3 倍时，防弹效果较好。

（2）纤维布形态。纤维布形态不同，防弹效果也有差别，公认 UD 布最佳，平纹布次之，非制造布最差。

（3）胶粘剂使用年限。一般情况下，对浸胶的芳纶布来说，胶的使用寿命决定了芳纶布的使用期限，因此，如何选择合适的胶至关重要；

（4）无纬布制备工艺。无纬布制备工艺也对其防弹性能有一定的影响，例如，不同的上胶方式，在纤维表面涂胶比纤维完全浸胶的防弹效果要好。

（5）测试时的环境温度。夏天环境温度越高，靶片测试后的凹陷越大，对于水性胶粘剂的无纬布材料穿透层数越多；相反，冬天时环境温度低，靶片测试后的凹陷相对较小，水性胶粘剂的无纬布材料穿透层数越少。

3　结论

本文对芳纶无纬布防弹性能的影响因素进行了分析，根据实验结果得出结论：子弹的质量越大，速度越高，越容易穿透防弹材料；保存纤维时要做到遮光，防止紫外线辐射，从而避免纤维力学性能损伤；在制备无纬布时，或者要对表面进行防水处理，或者使用防水型的胶粘剂体系；使用粘结强度适中的胶粘剂体系制备无纬布；胶粘剂的固含量应控制在 20%~25%；无纬布单层布片采取 0°/90°、0°/90°/45°/135° 和 0°/90°/0°/90° 中的任何一种均可；可采用芳纶 UD 布压合板作为背衬材料。本研究结果希望能为相关行业人员进行防弹方面研究提供帮助，也可为今后防弹衣的制备提供参考。

参考文献（略）

第二章 医疗与卫生用纺织品

- 擦拭巾的市场分析

- 超细纤维非织造布的物理防螨性能研究

- 纯壳聚糖纤维天然抗菌材料产业化突破与应用实践

- 功能型个人护理用品水刺非织造表层材料的开发

- 经编人造血管编织设备的研究现状

- 静电纺纳米抗菌敷料及其应用进展

- 新型存储缓释抗菌纤维特征及应用技术

擦拭巾的市场分析

李天一　王刚　杨培成

（山西中医学院）

据美国非织造布行业协会（INDA）介绍，北美和欧盟的擦拭巾市场占全球的 65%，年消费擦拭巾大约100万吨据INDA预测美国和欧洲的擦拭巾市场将有 4%~5% 的增长，而亚太区的增长将达到 10%。擦拭巾市场的分割将影响到整体的扩张。生产商一直不断寻找进一步细分市场的方法，因此市场将愈分愈细。在整个擦拭巾市场中，家用擦拭巾所占的比例最大，与此同时，个人护理擦拭巾市场也在迅速增长，并紧随其后。如今家用和个人护理用擦布俨然已成为最大的卖家。

据美国 Phillip Mango 咨询公司总裁 Phillip Mango 介绍，在全球范围内，婴儿湿巾仍然最畅销，约占零售额的 32%；紧随其后的是家用擦拭巾，约占 30%；虽然多功能工业擦拭巾占到 9%，清洁 / 消毒湿巾占 8%，地板擦拭巾也占到 8%，但是全球没有一个细分市场超过 10%。

1 市场的演变拓展

关于擦拭巾市场的演变，Converting Influence 公司的主管 Susan Stansbur 解释说，擦拭巾因其便利而存在，省去了纸巾和喷雾等诸如此类的麻烦。现在擦拭巾成了固定采购模式的一部分，已经在更大范围内得以发展，并起着极其重要的作用。对于推出新添加成分和应用的皮肤接触类产品，利基营销最有效。化妆品、护肤品和乳液多种多样，这些产品中添加成分增加了产品的功能，提升了产品的价值。如今添加成分已超越了以前瓶装、罐装乳液的应用范围，延伸到了擦拭巾产品。

应用范围在不断加大，包括婴儿护理、化妆品、医疗保健、家用和工业用清洁等。在人们的概念中，用不同清洁乳液来浸透湿巾，主要还是应用在婴儿护理和化妆品市场，但现在已经渗透到了汽车清洁市场。这种功能多样化的产品很可能以同样的方式继续扩大到其他的应用领域。

虽然婴儿护理湿巾多年来一直是擦拭巾产品增长的主要驱动力，但现在个人护理/家庭护理擦拭巾在市场增长中正起着越来越重要的作用。除了目前普通的个人护理擦拭巾，如手部擦拭巾和面部湿巾，以及家用清洁擦拭巾及消毒湿巾等大类擦拭巾，用于特殊清洁或个人护理的特殊用途擦拭巾，也变得越来越普及。

1.1 便携及便利

便携性和便利性，加上单独使用的卫生性，使擦拭巾在消费者中越来越受欢迎。擦拭巾为消费者提供的重要价值在于节省了大量宝贵的时间。现今，消费者在寻找一种集功能性和便利性于一身的产品，而擦拭巾有极好的清洁性，且容易使用，尤其是各类湿巾制品，集各种特定的功能于一身。只需从包装中抽出擦拭即可。

在这个快节奏的时代，每一项任务都必须快速处理，毫不延迟。在家中、工作中，甚至在旅途中，擦拭巾提供了一切便利。不过对这一现象进行的调查表明，虽然消费者钟爱便捷，但在当前不景气的经济形势下，产品的成本依然有着重要影响。

据美国肥皂及清洁剂协会的一项调查显示消费者选择某个特定品牌会基于如下原因，首先是清洁效果，随后是便携性，然后是价值，而品牌名接近榜底。有业内专家指出，除了便利性，表面擦拭布是目前处理泄漏、抛光和去油之类问题最经济和有效的方式。在接触皮肤方面，选择面更大，动机也更加个性化，如选择自己最喜欢的品牌或香味类型，以及满足个人的护理需求。

1.2 可持续性

除了便捷和便利，环境友好对于现在的消费者来说则是另一个重要的购买标准。擦拭巾市场像很多其他市场一样，可持续发展已经成为这个行业的重要指标之一。擦拭巾生产者已经意识到了消费者对产品更绿色、更环保的要求，这也推动了上下游供应链的完善。目前，可冲散性已经成为擦拭巾生产商需要解决的关键问题，废水处理部门已经对其加以重视。虽然对"可持续发展"的普遍意义一直难以界定，但创新产品将占领新的市场机遇。擦拭巾基布生产商正努力为消费者提供环境友好型产品，即可分解、可分散且可生物降解的水刺布。即便是水刺布生产商目前只能设计出部分性能的产品，这也将引起消费者的极大兴趣。

2 多种商机待开发

虽然近年来由于经济不景气个人护理擦拭巾的销售也逐渐放缓，但 La Fresh 却逆流而上，通过在擦拭巾概念上作文章，而令其产品销量大增。这家公司建于 1997 年，公司创办人 Eve Yen 同时也是 DiamondWipes International 公司的创办人，La Fresh 是后者的全资子公司，以旅行用擦拭巾业务起步。"911 事件"后，美国联邦航空管理部门对乘客登机所携带的物品实施一系列的严格措施，La Fresh 也因此很快拓展了其产品范围。目前该品牌涵盖有 16 款不同的产品，包括便捷的擦鞋巾和隐形眼镜清洁擦拭巾。与此同时，该公司还把经销渠道拓展到酒店的礼品店、旅游场所和免税店。公司还发现了消费者居家使用擦拭巾的商机，在 2010 年推出了 Eco-Beauty 系列。该系列据称不含尼泊金酯类、硫酸盐、转基因生物、三氯生、邻苯二甲酸盐、PEG、丙酮、染料、合成香精和动物副产品。实际上，该品牌还因此获得了消费者杂志颁发的一系列奖项，例如其卸防水彩妆擦拭巾赢得了 Prevention 的 2012 年美容奖。公司对其新推出的 Eco-Beauty 抗衰老面部清洁擦拭巾抱很大期望。据称这款产品能清除面部污垢和彩妆，同时通过有效量的抗氧化剂和矿物多肽来令皮肤赋活。产品所用的抗氧化剂来自智利酒果（Maqui Berry），这是一种因出色的氧化自由基吸收能力而著称的水果。而且，它的多肽类是生物相容的铜、锌、镁组成的酶类混合物，还可提升皮肤的质感。该公司另一款新产品是旅行装止汗擦拭巾，据称它能提供持久的保湿功能并防止异味，同时使用后不留痕迹。

3 创新产品层出不穷

过去只限于婴幼儿和消毒用途的特种擦拭巾，如今已经拓展到人们日常生活的方方面面。最近，在欧美国家，擦拭巾市场上出现了一些新公司和新产品。

最新推出的一款 Revivier 擦拭巾提供了一种可随时保持清新的新方法。据称，它快速、有效而且经济实惠。能够迅速消除来自烟、食物或宠物挥之不去的异味，甚至是健身馆、地铁站或工作场所的那种陈腐味。该擦拭巾使用方便，只需简单抽出一张卷在手指上，擦拭衣服和头发，便释放出能中和异味的化合物，并在用后留下一股宛如刚洗过衣服的香味。人们可以通过擦拭的时间长短和强度来控制清新气味的强度。每张擦拭巾都被包装在可重新封口的铝箔小袋中，并赋予多种护理益处，减少干洗或洗涤所花费的时间，以及降低衣物的磨损。这种可反复使用的擦拭巾便于放在钱包、口袋、汽车或办公桌上。据 Revivier 的发明者 Ben Kusin 介绍，这款产品填补了市场上对快速方便保持清新产品的空缺。其灵感源自寻找去除烟味清新口气的产品，而市场上却只有针对清新衣物和头发的产品。经过 6 年的研发，Kusin 成立了 Kusin & Kusin 公司，开发并设计了这款独一无二的产品。

3.1 保湿擦拭巾

来自 Global Beauty Care 的 Lotion Lab 是一个包括 3 款保湿擦拭巾的全新系列。每款都富含保湿配料，如摩洛哥坚果油、维生素 A 和维生素 E、可可脂和乳油木果脂。包装在便于使用的小袋中，Lotion Lab 即可把保湿配料送到用户手上。因为富含抗氧化剂、蛋白质和精油，这些擦拭巾还适合包括敏感肌肤在内的各种肌肤类型使用。

3.2 消毒擦拭巾

Green Innovations 通过其全资子公司 Green Hygienics 与一家领先的生物安全实验室合作，开发了首款美国环保局（EPA）批准的专利、100% 天然消毒擦拭巾。Green Hygienics 是美国 Hygienics 集团基于竹产品系列的北美独家经销商。对这种天然消毒剂中活性植物复合物进行性能测试的初步实验结果表明，与可生物降解的竹纤维技术材料非常吻合。据公司负责人 Bruce Harmon 介绍，将 EPA 批准的活性物结合到擦拭巾中，最终产品的测试结果将会非常确凿。

3.3 面向男士

专门针对男士的 Dude Wipe 擦拭巾获得了 2013 年美国的 Visionary Award（前瞻）奖。该奖项过去的获胜者包括 Swiffer 的地板擦拭巾和 Rocline Industries 的赋活棉质擦拭巾。据公司负责人介绍，Dude Wipes 擦拭巾是成人湿巾市场一直期待的产品，它把有社会责任感的包装与幽默的小众导向品牌定位相结合，以改变男士们的卫生习惯和行为。钱包大小的尺寸非常适合男士随身携带，随时随地保持清新，应用场合从卫生间、健身房、清洁室到快速冲浴。这款产品可冲洗、可生物降解并且含维生素 E。优势之一是它跳出了面向婴儿、女性和清洁用的传统擦拭巾的范围，创造出一个新的客户群。使用这款产品的男士中约有 80% 以前从来没有使用过擦拭巾。为了吸引这个新的群体，还采用可冲散型非织造布作为基材，从而赋予产品一些新的特性。

3.4 针刺水刺各有所长

据 INDA 统计，水刺布是最广泛接受的擦拭布，占擦拭巾市场份额的近一半，占到 49%，其他工艺包括气流成网擦拭巾，占到 26%，湿法成网／针刺／复合擦拭巾，占到

25%。业内供应商指出,全球水刺布是竞争最激烈的领域之一,即使一些区域产能在增加,产品不断增多,市场还在增长,水刺擦拭布新的应用领域也在不断出现。

水刺布技术是致力于高效开发的高技术产品,把一些高科技引入到了湿巾市场,以增强产品的性能,给消费者带来天鹅般柔软的感受以及顺滑的手感,并为消费者带来附加值。对于要求摩擦性能的应用领域,针刺非织造布比水刺布有一些优势,尤其是用于地板擦拭以及厨房和浴室擦拭。很多地板专用擦拭巾都是针刺布,因为它比水刺布厚重,并且更耐用;对于厨房和浴室用擦拭巾,可以通过烧毛或热处理,使针刺布具有一定的耐磨性,而水刺产品就无法进行这种处理。

参考文献（略）

超细纤维非织造布的物理防螨性能研究

张冶

（南通纺织职业技术学院）

1 非织造布的物理防螨机理

纺织品防螨技术是当前研究开发的热点。为了改善人们的家居生活环境，研究开发具有抑制螨虫危害的防螨纺织品，不仅可以有效防止与尘螨等螨虫有关疾病的发生，还可以提高人们的生活质量。根据防螨原理不同，纺织品的防螨分为化学防螨和物理防螨。物理防螨非织造布的开发，对于拓展纺织品用途、提高其附加值具有重要的经济意义和实用价值。

超细纤维非织造布防螨是常用的物理防螨技术。目前，国内防螨家纺产品普遍是将枕芯、被芯套入高密度非织造防螨材料套内，表层再套上棉织物，这样不仅使内部的尘螨无法穿透隔离材料、无法以人类的皮屑为食，同时，外界的尘螨也无法再进入床垫、枕头及被褥中进行繁殖。另外，直接与人体皮肤接触的是舒适的棉织物。家纺产品在使用中要求非织造布防螨材料的孔径非常小，既能阻止螨和螨过敏原通过，又可渗透蒸汽分子，使用舒适；织物成分纯净，不含任何化学成分。国内市场上认可度比较高的高密防螨材料是美国杜邦公司生产的闪蒸法非织造布"特卫强"（Tyvek）、德国科德保公司的超细纤维非织造布"依沃珑"（Evolon）。此类产品可以避免或者较少使用化学试剂而使产品更具安全性，因而备受推崇。

过滤理论认为，滤材中的纤维越细，比表面积越大，孔径越小，过滤精度和滤效越高。应用常规纤维直径数十分之一的超细纤维，可以实现高精度过滤。根据美国 Vigrinia 大学试验，布缝的孔径在 53μm 就可防止尘螨通过，当布缝的孔径在 10μm 以下就可以防止尘螨排泄物通过，最好的防螨材料是有弹性、透气性好、超细的织物纤维或非织物合成材料。

2　超细纤维非织造布的生产工艺研究

2.1　复合短纤维水刺非织造布

采用营口产涤锦（70/30）橘瓣裂离型复合短纤维 1.5D×38mm，通过纤维梳理成网、铺网、水刺裂离并加固。工艺流程：涤锦复合短纤维→开松→梳理成网→交叉铺网→牵伸→3 道水刺加固→烘干→卷取。

2.2　熔喷超细纤维非织造布

采用仪征产聚丙烯切片，熔体指数 1400。工艺流程：聚丙烯切片喂入→熔融挤出→纤维形成→纤维冷却→成网。由于熔喷超细纤维非织造布通过自粘合强力极低，须与其他产品复合。本文介绍"三明治"三层复合结构。工艺流程：熔喷非织造布→与纺粘非织造布复合→热轧加固→成卷。

2.3　复合纤维纺粘加水刺非织造布

采用 PET/PA6 双组分纺粘水刺非织造布，其中 PET 切片由江苏仪征生产，PA6 切片由巴斯夫公司生产，在江西三江超纤公司国产组装生产线上制备。工艺流程：切片输送及干燥→螺杆挤压→熔体过滤（或切片输送及结晶、干燥→螺杆挤压→熔体过滤）→纺丝机→冷却牵伸→接收成网→水刺缠结→烘燥→卷绕。

3　超细纤维非织造布性能测试

3.1　测试样品

1# 样品：PET/PA6（70/30）复合短纤水刺非织造布，面密度 $100g/m^2$；

2# 样品：PET/PA6（70/30）复合短纤水刺非织造布，面密度 $90g/m^2$；

3# 样品：PP 熔喷与 PET 纺粘复合非织造布，面密度 $90g/m^2$；

4# 样品：美国杜邦闪蒸非织造布 Tyvek（特卫强），面密度 $90g/m^2$；

5# 样品：PET/PA6（70/30）双组分纺粘水刺非织造布，面密度 $90g/m^2$；

6# 样品：PET/PA6（70/30）双组分纺粘水刺非织造布，面密度 $100g/m^2$。

3.2　测试结果

对测试样品进行弯曲长度、抗弯刚度、抗弯弹性模量、透气率测定，结果详见表 1。

（1）厚度。非织造织物厚度使用 YG141 型织物厚度仪进行测定,结果详见图1。

由图1可见,非织造织物厚度由小到大的顺序是:闪蒸(杜邦)＜纺粘熔喷复合＜短纤水刺 100＜短纤水刺 90＜纺粘水刺 90＜纺粘水刺 100。

表 1   物理指标测定结果

试样号	材料	弯曲长度(cm)	抗弯强度 (mN·cm)	抗弯弹性模量 (N/cm²)	透气量(mm/s)
1#	短纤水刺 100	190.380	3.81	204.63	198.3
2#	短纤水刺 90	89.810	1.47	288.61	320.3
3#	纺粘熔喷复合	4.315	3.32	786.84	105.3
4#	闪蒸(杜邦)	3.692	2.95	3819.95	—
5#	纺粘水刺 90	4.288	7.04	411.38	460.0
6#	纺粘水刺 100	5.616	8.13	912.80	350.1

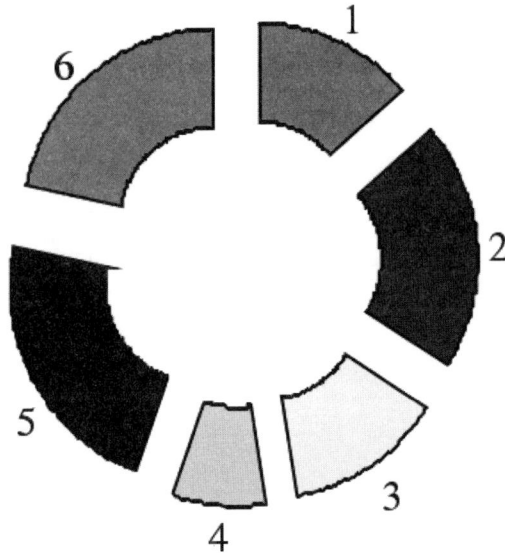

图 1   织物厚度测定结果

1 一短纤水刺 100   2 一短纤水刺 90   3 一纺粘熔喷复合
4 一闪蒸(杜邦)   5 一纺粘水刺 90   6 一纺粘水刺 100(后同)

（2）强伸性。非织造织物强伸性能参照 GB/T 3923.1 － 1997,采用 YG065 型多功能强力机测定,试验数据详见图2。

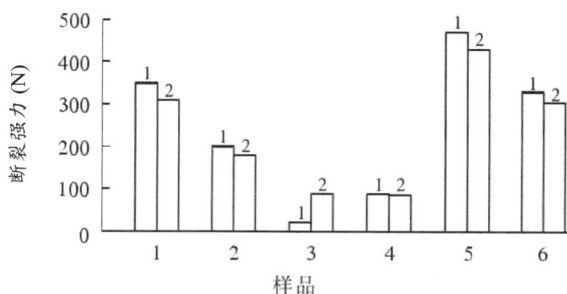

图2　经纬向断裂强力测试结果
1—经向　2—纬向

由图2可见，经纬向断裂强力由大到小的顺序为：纺粘水刺90>短纤水刺100>纺粘水刺100>短纤水刺90>闪蒸（杜邦）>纺粘熔喷复合。

（3）撕裂强力。由图3可见，经向撕裂强力由大到小的顺序为：纺粘水刺100>纺粘水刺90>短纤水刺100>闪蒸（杜邦）>短纤水刺90>纺粘熔喷复合。复合短纤水刺非织造布的纬向撕裂强力过低，在相同试验条件下几乎为零。

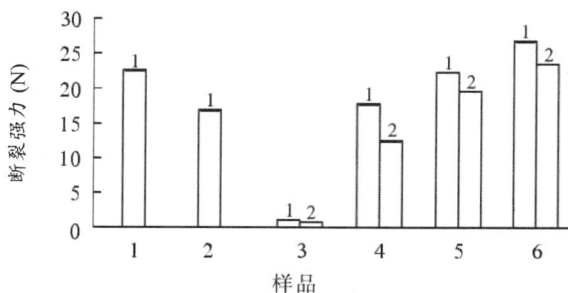

图3　经纬向撕裂强力测试结果
1—经向　2—纬向

（4）弯曲性能。非织造织物弯曲性能参照GB/T 18318—2001，采用LLY-01型织物电子硬挺度仪测定，结果如图4所示。由图4可见，非织造织物的抗弯弹性模量由大到小的顺序为：闪蒸（杜邦）>纺粘水刺100>纺粘熔喷复合>纺粘水刺90>短纤水刺90>短纤水刺100。

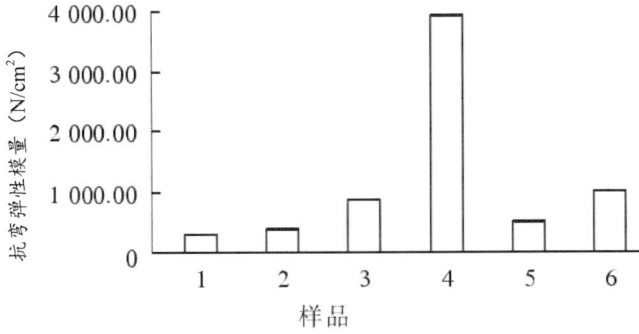

图 4　弯曲性能测试结果

（5）透气性能。非织造织物透气性能参照 GB/T 5453－1997，采用 YG461D 型数字式织物透气量仪测定，数据分析见图 5。从图 5 可见，非织造织物透气量由大到小的顺序为：纺粘水刺 90> 纺粘水刺 100> 短纤水刺 90> 短纤水刺 100> 纺粘熔喷复合 > 闪蒸（杜邦）。其中，闪蒸非织造布的透气量极小，在试验仪器使用相同喷嘴测试的条件下，闪蒸非织造布透气量几乎为零。

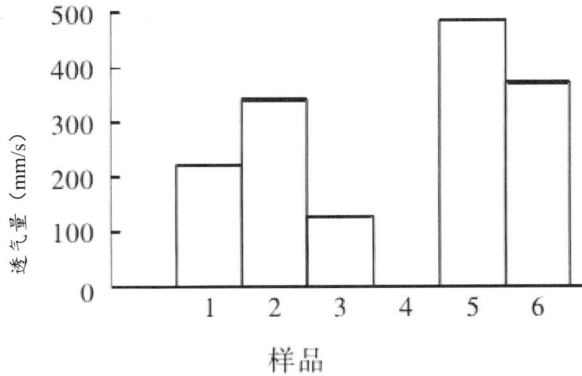

图 5　透气量测试结果

（6）孔径分布。经过东华大学非织造研究发展中心测试（采用 CFP-1100-Al 测试仪器），PET/PA6（70/30）双组分纺粘水刺非织造布孔径分布数据为：面密度 100g/m², 最小孔径 2.4μm，平均流量孔径 9.6μm，最大孔径 30.8μm。其孔径分布图如图 6 所示。

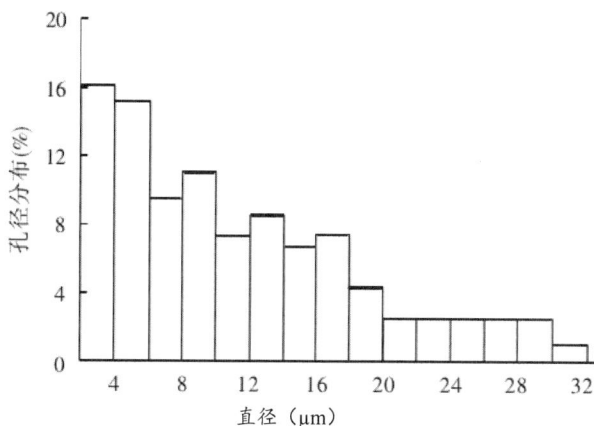

图6 孔径分布图

(7)物理防螨性能。参照 NY/T 1151.2－2006《农药登记卫生用杀虫剂室内药效试验方法及评价》第2部分 灭螨和驱虫剂进行检测。由中国疾病预防控制中心寄生虫病预防控制所检测并出具检测报告。

检测方法如下:将样品制成5cm×3cm的口袋,放入试验用敏感品系螨虫约100只,立即封口,将口袋放入透明塑料密封袋中,并放入少许饲料,密闭密封袋。同时做对照,方法与测试样品相同,放入恒温恒湿箱中,逐日取出。在解剖镜下观察密封袋内饲料中的螨虫数,连续观察10天,分别记录非织造布上的螨虫数,计算防螨率。结果显示,除美国闪蒸非织造布具有防螨性能外,纺粘水刺(100 g/m²)非织造布防螨率达100%。另外,本试验中所使用的纺粘熔喷复合非织造布用于生产防护口罩,经过美国 NELSON 实验室测试,细菌过滤效率(BFE)达99.5%以上。

3.3 使用要求

超细纤维非织造布的力学性能是防螨产品的基本使用要求,透气性能是防螨产品的舒适性指标,孔径尺寸决定了产品的物理防螨效果。

(1)力学性能。根据不同用途,非织造织物的强力、弹性模量、抗弯弹性等物理指标有不同的要求。作为物理防螨内芯套使用时,应达到以下指标:经纬向拉伸强力应 >100N,经纬向撕裂强力应 >10N。影响的主要因素是原料、生产方法和织物厚度等。结果显示,PET/PA6(70/30)复合短纤水刺与 PET/PA6(70/30)复合纺粘长丝水刺两种工艺,虽然原料相同,但由于生产工艺不同其产品性能差异较大,尤其是经纬向撕裂强度的差异。非织造织物厚度影响了织物的强力，相同生产方法的同类产品，厚度越大强力指标越高。通过几种非织造织物的指标测定认为，防螨适合采用复合纺粘长丝水刺法和闪蒸法非织造布。

（2）透气性能。非织造织物透气性能是织物舒适性的重要指标，也是非织造织物生产控制的指标，该指标与防螨效果密切相关。一般认为，孔径越大透气性越好，但会影响防螨效果。物理防螨一般要求孔径小于 $53\mu m$。在控制孔径的前提下增加通气孔数量是提高防螨非织造织物透气性能的重要途径。采用 PET/PA6（70/30）复合短纤生产防螨非织造织物，可有效提高非织造织物的通气孔数量，且使孔径得到控制。通过测定透气率，可测定防螨非织造织物的舒适性，配合测定织物的孔径，可选定用于防螨的非织造织物。

（3）防螨效果。非织造织物的孔径测定是防螨效果的重要测定方法。孔径大小和数量既决定了织物的透气性能，又决定了织物的防螨效果。由图6可见，所测定的织物最大孔径为 $30.8\mu m$，由于小于 $53\mu m$ 的孔径可防螨，由此可见，该类产品符合防螨要求。

4 结论

复合长丝纺粘加水刺产品强力指标、力学性能最佳；复合短纤水刺产品纬向抗撕裂最差，熔喷产品只适合短期一次性使用。复合短纤水刺、熔喷复合、纺粘加水刺 3 种产品的透气性、柔软性均优于美国杜邦公司的 Tyvek（特卫强）。因复合短纤水刺、熔喷复合、纺粘加水刺 3 种非织造产品均由超细纤维构成，故具有一定的防螨功效，熔喷产品隔菌防螨效果最佳。$100g/m^2$ 以上的复合长丝纺粘加水刺产品防螨率达 100%，低于 $100g/m^2$ 产品隔菌防螨性能较差，纤维分布不匀是控制难点，影响孔径尺寸。复合超细纤维非织造布厚度偏大，影响产品的舒适性及产品成本。今后应注重研究并完善纺粘加水刺工艺技术，提高纤维分布均匀度，使产品性能稳定；降低成本、替代进口产品，促进家纺产品质量提升。

参考文献（略）

纯壳聚糖纤维天然抗菌材料产业化突破与应用实践

周家村 胡广敏 张迎增 林亮

（海斯摩尔生物科技有限公司，全国卫生产业企业管理协会抗菌产业分会）

生物质纤维是资源可持续发展的战略方向。其中，壳聚糖纤维的原料丰富、具有天然抑菌及优异的生物学特性，是一种既安全又具有多种生物活性的功能性纤维，成为国际备受关注的海洋生物质纤维主导品种。由于生产技术与装备总体水平较低，长期以来无法突破规模化与高品质化瓶颈，严重影响了它的产业化应用。

海斯摩尔生物科技有限公司深入研究实践，建立了全球首条高效节能千吨级纯壳聚糖纤维纺丝生产线，生产连续稳定、绿色清洁，得到高质量的纯壳聚糖纤维称为海斯摩尔，将我国壳聚糖纤维产业化推向世界前沿水平。

1 纯壳聚糖纤维性能优异

1.1 物理性能

纯壳聚糖纤维为白色有珍珠光泽的纤维，无毒无味，不溶于水和碱溶液，可溶于醋酸、盐酸溶液和大多数有机酸溶液，具有良好的通透性以及吸湿性和保湿性，保水率可达140%。纯壳聚糖纤维的质量主要指标，干断裂强度达到了1.7cN/dtex，干断裂伸长率≥12%。同时采用了适合该纤维的柔软处理工艺，使产品既柔软又富有弹性，可与各种纤维纺制高质量的混纺纱线和非织造布，制成品质优良的医用敷料、日用纺织品，也可单独纺成医疗用品。

1.2 生物学特性

纯壳聚糖纤维是一种线性高分子多糖化合物，基本组成单元是氨基葡萄糖，分子中同时含有自由氨基和羟基，尤其带有正电荷，使其化学性质较为活泼，具有吸湿祛臭、吸附螯合、抑菌防霉功能，还具有止血促愈、舒缓伤口疼痛、减少疤痕作用及优异的生物相容性、无免疫原性等生物活性。

2 壳聚糖纤维产业化现状

2.1 国内外发展状况

1926年，Knwike首先纺制成甲壳素纤维；1980年，日本美羽化学工业公司率先试制了壳聚糖纤维；1995年，日本富士纺织公司将甲壳素加入粘胶中制成抗菌纤维；1999年，韩国甲壳素公司建立了壳聚糖纤维生产线。有关部门了解，这些现在都未有批量生产，都向我国寻求壳聚糖纤维。

我国对甲壳素和壳聚糖的研究起步比较晚，在20世纪80年代，东华大学开始对甲壳素纤维进行研究，并取得了我国第一个甲壳素纤维的发明专利。直至现在，国内生产甲壳素和纯壳聚糖纤维的厂家，也没有解决生产的工程化。因此产品产量和质量都受到了限制。

2.2 产业化瓶颈

目前，壳聚糖纤维的发展处于产业形成阶段，生产能力有限。此外高脱乙酰度、纺丝级壳聚糖在溶液中的聚电荷效应使得纺丝液粘度过高，影响纺丝液输送和挤出成型，纤维强度较低，卷曲度较小，饱和力较差，纺纱和非织造布加工困难，严重影响产业化与推广进程。这些不足的主要原因是生产技术与装备总体在低水平徘徊，长期以来无法突破规模化与高品质化瓶颈。

另一方面，壳聚糖纤维开发主要面临原料与市场开发问题：因蟹壳、虾壳种类和品质差异导致的纺丝液性质不稳定，目前大多采用进口鳕蟹脚壳为原料提取，总量有限，难以扩大生产。因此，必须开发高效提取技术，扩展达到纺丝级要求的资源，如其他蟹、小龙虾等。市场开发方面，壳聚糖纤维的内衣、女性用品等制品前景广阔，在医疗、航空航天领域具有特殊用途，但是纤维基础力学性能差，后加工困难，难以应用，必须提升纤维的力学性能或开发专用后加工技术。

3 产业化技术突破

3.1 纺丝级高品质壳聚糖可控提取技术

原料是制约整个行业发展的一大瓶颈如何解决原料多元化是保障产业化发展的前提。

由于不同种类虾、蟹壳分子量存在巨大差异,特别是淡水中生长周期短的虾蟹壳,固有的甲壳素分子量低,有效控制提取纺丝用高品质壳聚糖存在极大技术难度。

研究者通过数千次潜心试验,研究了多种来源的虾、蟹壳的组成、微观结构、相对分子质量及其分布和酸碱作用机理,通过筛选多地域虾、蟹壳,得到组分类似的虾、蟹壳,后通过柔性可控工艺,两次脱钙、脱脂和特有的脱乙酰技术,提升了鳕蟹壳聚糖品质与效率,成功实现其他蟹类、小龙虾等多种资源纺丝用壳聚糖的提取,拓展了纺丝级壳聚糖资源。

3.2 高可纺性壳聚糖纺丝液制备技术

深入研究壳聚糖脱乙酰化、粘度与溶解、降解机理,开发片状壳聚糖高剪切直接反应、溶解一体化技术,实现超高脱乙酰度、超高粘度壳聚糖原料均质化、快速溶解,设计真空刮膜式脱泡装置,开发复合快速脱泡技术,制备可纺性良好的均质高粘度壳聚糖纺丝液。

(1)片状壳聚糖高剪切直接反应、溶解一体化。常规工艺多采用研磨成粉末的壳聚糖原料进行搅拌溶解。与常规工艺相比,我们将片状壳聚糖加溶剂采用多层高剪切力可调搅拌釜直接溶解,减少了工序和能耗,避免了壳聚糖大分子结构受到破坏,实现高粘度、高脱乙酰度纺丝液的快速制备。溶解时间缩短一半,纤维强度提升30%。

(2)复合式快速脱泡技术。经过过滤的纯壳聚糖纺丝液,采用高压压缩空气输送至真空反应釜内钻满小孔的管道进行分离,分离好的纺丝液经过伞流板刮膜、搅拌,溶液位置不断变化,气泡靠近界面层快速脱出,比常规静态脱泡减少用时10~34h,纺丝液保持了原粘度的90%。

3.3 大流量高压高密度挤出、纤维均匀成型技术

基于壳聚糖纺丝流变特点与纺丝成型机理,开发了大流量计量泵高压触变性流体挤出技术、分区高密度大直径喷丝板、平推流高温凝固技术,实现高效挤出、均匀成型,全纺程调控纤维结构与强度;大力提升壳聚糖纤维的强度与均匀性。

(1)大流量计量泵高压低温触变性流体挤出技术。纯壳聚糖纤维纺丝时,纺丝液的粘度高达500Pa·s,使用传统计量泵时,由于纺丝液粘度太高,造成齿轮空转,供量不稳定,并且形成高剪切,致使温触变性流体纺丝液的结构发生破坏,粘度大幅度降低。根据高粘度壳聚糖纺丝液的特点,采用了双进料腔进料,提高进料效率,加大单次输送量,并采用与高压挤出相适应的齿轮间隙,专门设计制造适合高粘度、大流量纺丝液的计量泵,可将粘度最高达500Pa·s的纺丝液每转供出300mL,每分钟供出15kg,实现高粘度壳聚糖纺

丝液的大流量稳定输出，打破纯壳聚糖纤维产业化中计量泵环节瓶颈。

（2）分区高密度大直径喷丝板。自主设计高密度组合喷丝板，喷丝帽呈三层正六边形分布均匀，承压高，挤出均匀，成型位置影响小，断丝少。1000 个 /cm² 的喷丝孔均匀分布在整个喷丝板面积上，总计 150000 孔，纺丝时采用卧式双喷丝位，使得生产时纤维数量达到 30 万根，形成年产千吨级生产能力。

（3）平推流高温凝固技术。计量泵采用 15 kg 的高压力将纺丝液从 15 万孔的喷丝板中喷出，进入高温凝固浴，凝固浴以大于丝束喷出速度同向流动，起到推动、分散丝束的作用，使得凝固剂与纺丝液双扩散充分，扩散速率提升，凝固平稳，制得的纤维强度高，不匀率低。

3.4 千吨级纯壳聚糖纤维纺丝工程与全流程节能、绿色清洁生产

（1）原液制备与紧凑型设计、气压输送技术。纺丝液输送创新采用压缩空气作动力进行输送，与传统的齿轮泵输送相比，吨纺丝液输送减少用时接近一倍，节省电量 16kW·h，而且纺丝液粘度稳定。

（2）2000 吨级中水回用系统。车间地底，建有 2000 吨的地下水池，利用水的势能，将生产过程中的洗涤用水收集，后采用反渗透过滤和浓水回用两种最先进的两级联合中水处理系统。使水的回收利用率高达 90% 以上，达到节能降耗的效果。同时，结合车间内的温度控制系统，水温上下波动不超过 5℃，总体节约耗能在 40% 以上。

（3）往复式逆流水洗装置。水洗工序的水洗装置采用三段三层紧凑型设计，减少车间用地 60%。同时，紧凑型设计实现了多段水洗的参数可调，可根据工艺需要灵活改变水洗条件，保证纤维水洗质量。

3.5 纤维后加工与制品开发关键技术

（1）无卷曲纯壳聚糖纤维制条技术。采用柔性梳理技术和柔软剂，调节工艺参数，实现纯壳聚糖纤维无须加卷曲下微损制条，制成率高达 99%。

（2）多组分多形态壳聚糖材料的全色系染色技术。着色过快、在酸性条件下易溶解的特点，结合其他纤维染料技术，专门设计了从单组分壳聚糖至多组分、多形态壳聚糖材料的全色系染色技术。通过调节多种类型的染料，染色时的 pH，时间和皂洗等工艺条件，形成了全色系染色技术，实现纯壳聚糖纤维的全色系染色。

（3）纯壳聚糖纤维制品开发技术。目前已开发纯壳聚糖纤维水刺、针刺、热风非织造布，针织、机织面料等制品，男女内衣、医疗卫生用品等多领域产品。其中航天用海斯摩尔

多种功能布,获国防使用认可;壳聚糖外科植入膜类产品的研发已列入国家 863 计划。

4 产业应用实践

4.1 在医疗卫生行业的应用实践

纯壳聚糖纤维具有广谱抑菌性、防霉性、优异的生物相容性和无免疫原性,还具有吸附螯合,止血促愈、减少疤痕的作用。基于纯壳聚糖纤维的这些多种生物学活性,目前在医疗卫生领域应用广泛,可作为创面敷料、消毒护理等应用,特别在组织工程和再生医学领域用作支架或载体材料等,也可用于体内可降解手术缝合线的制备。海斯摩尔公司已投产运营"千吨级纯壳聚糖纤维生产线",在纯壳聚糖纤维行业走在了世界前列。中国人民解放军军事装备研究所选用海斯摩尔为材料,生产医用包扎绷带数十万平方米,已应用到医疗上;台湾知名企业选用海斯摩尔为材料,已开发出多种高端具有竞争优势的止血类产品,现已成功应用到国外军方以及我国多家医院,市场反馈良好;英国公司选用速吸水海斯摩尔,正在试制止血棉。目前,海斯摩尔公司正与中检院、中科院、温州医科大学联合进行海斯摩尔疝补片等外科植入物产品的开发研究。

4.2 在纺织领域的应用实践

现在已经有纯壳聚糖纤维含量在 10%~30% 的系列混纺纱线及纺织品,主要是与莫代尔、天丝、麻赛尔、羊绒、精梳棉等混纺、混织的各类纱线系列、内衣面料。海斯摩尔公司与北京、上海、杭州、广州、南通、张家港、义乌等地的国内 100 余家优秀企业分别建立产业发展合作关系,包括香港安莉芳、北京新时代、北京铜牛、杭州天奇、上海嘉麟杰、广东康妮雅等,涵盖纺纱、印染、织布、针织、内衣、非织造布等各个领域的高端企业组织,共同攻克了染色、织造、整理、后处理等领域的技术难题,且保持了纤维的高含量和功能性,形成了协同发展的联动机制。

4.3 在航天领域的应用实践

经过科研攻关技术创新,2011 年研发成功了以海斯摩尔为核心原料的"航天特种功能布"。它具备抑菌、阻燃、抗静电、防霉、240℃高温脱气无毒等优良特性,目前属于国际领先。2011 年 6 月,"华兴牌纯棉纱线、麻棉纱线""海斯摩尔牌壳聚糖纤维材料""海慈密语牌内衣"三大类产品成为"中国航天专用产品"。

4.4 在军工领域的应用实践

如今已利用纯壳聚糖纤维开发设计了武警作训、作战内衣、急救纱布、战靴里衬材料等非敏感性军需品。壳聚糖产品对伤口具有舒缓疼痛、止血促愈、减少疤痕的作用,已得到国外实战检验,壳聚糖军需品是军用纺织品发展的一个方向。本项目军用纺织品的开发起到了良好的引导和示范作用。

4.5 在烟草行业的应用实践

纯壳聚糖纤维含有活性的羟基、游离的氨基、富电子的吡喃环等功能基团,具有吸附螯合重金属、甲醛、苯、一氧化碳等有害物质的功能,从而降低烟草对人体的伤害,且保留了人们在吸烟时的口感。因此,可作为烟草滤材或其滤材添加剂在烟草工业中广泛应用。目前,公司围绕壳聚糖作为烟草滤材或其添加剂的应用研究已开展了大量工作,并取得一定进展,为其实际应用推广奠定了良好的理论基础,提供了有价值的研究成果。

参考文献（略）

功能型个人护理用品水刺非织造表层材料的开发

刘双营 商延航 徐艳峰

（山东省永信非织造材料有限公司）

水刺非织造工艺是一种新型的非织造材料加工技术。其特点是纤维间柔性缠结，加工过程不损伤纤维且对环境无污染，产品不起毛、不掉毛、不含其他杂质且不添加任何粘合剂。产品柔软吸湿性好，强度高，外观及手感上佳，是各种非织造布产品中最接近传统纺织品的一种。其在卫生、安全、经济、舒适性等方面具有明显优势，正逐渐进入并替代传统纺织品在医疗、卫生、清洁、护理等领域的应用。

本项目中的水刺非织造表层材料采用天然竹纤维、聚乳酸纤维为主要原料，利用竹纤维的抑菌、吸附异味等功能，结合聚乳酸纤维优异的导湿性及其良好的亲肤性和可降解性，在竹纤维、聚乳酸纤维间再加入一部分低熔点 PP/PE 纤维。研究了生产过程中的主要梳理、水刺工艺技术和具体措施，实现竹纤维与聚乳酸纤维的缠结融合，固结成布。既保留了纤维抑菌、除异味功能，又具有吸湿导湿、透气、手感柔软、丰满、体感温暖的特性，极适合于卫生巾、纸尿裤、成人护理垫后加工多层复合的要求。

1 个人护理用品的现状

当前市场上个人护理用品包括妇女卫生巾、婴幼儿纸尿裤及成人失禁垫等，已经成为人们日常生活的必需品。该产品一般是由多层材料结构建立起来的一个液体吸控系统，主要由面层、导流层、吸收芯层、底膜等粘合而成，其贴近皮肤表层的面层要求柔软透气，还要使液体能够快速渗透，保持贴肤面的干爽性，目前一般采用热风或热轧非织造材料，但受其加工方式的限制，所用原料都是 PET、PP、PE 等化学合成原料，因纤维具有粗质、体感硬、凉滑、不吸水等特性，对皮肤的适用性、刺激性、致敏性具有明显的局限性，且长时间穿戴会形成一个潮湿的环境，不利于健康，会诱发湿疹、产生异味等。随着人们生活质量的提高，生活方式的改善，追求健康理念的增强，现行材料不具有抗菌、抑菌、除味等功能，很难满足所需面层要求的亲肤护肤作用。因而，加强面层材料的功能性研究，采用新的生产工艺技术、新材料，对个人护理行业起着至关重要的作用。

2 研制功能型护理用品水刺非织造材料

我们从改善纤维原料为切入点，采用新非织造型功能性纤维，研究新型开松梳理成网、水刺加固非织造工艺技术，规模化生产开发了功能型非织造个人护理用品表层材料。整个生产过程没有任何污染，不添加任何化合剂，达到清洁生产。

2.1 新型纤维的选用

为了使研制的材料具有抗菌、除臭效果的同时，还具有良好的透气、渗透、导湿、滑爽、不掉毛等特性，我们深入了解了新型纤维的结构性能，最终选择了竹纤维、聚乳酸纤维（PLA）、PP/PE 双组分纤维混合加工表1。竹纤维是以竹材为原料，采用水解－碱法及多段漂白制成浆粕，再由化纤厂加工制成的一种再生纤维，它集棉的舒适性、粘胶的吸湿悬垂性、真丝般的光泽与手感于一身。聚乳酸纤维是从玉米淀粉发酵制得的乳酸中提炼出来的纯天然纤维，具有良好的透气性、导湿性，能够保持布面的干爽性。两种纤维都具有抑菌、除味等功能，且可以生物降解。PP/PE 纤维可使两纤维的缠结融合，不掉毛。

表1　竹纤维、聚乳酸纤维和 PP/PE 纤维规格

项目指标	竹纤维	聚乳酸纤维	PP/PE 双组分纤维
纤度（dtex）	1.56	1.38	2.24
长度（mm）	36.8	38	37.7
白度	68.8	25.1	85
干断裂强度（cN/dtex）	2.31	3.2	3.0
干断裂伸长率（%）	20.8	32	168
初熔点（℃）	—	162	131
回潮率（%）	12.8	0.5	0.4
卷曲数（个/25mm）	0	0	16.2
降解性	可降解	可降解	不可降解

2.2 生产流程（图1）

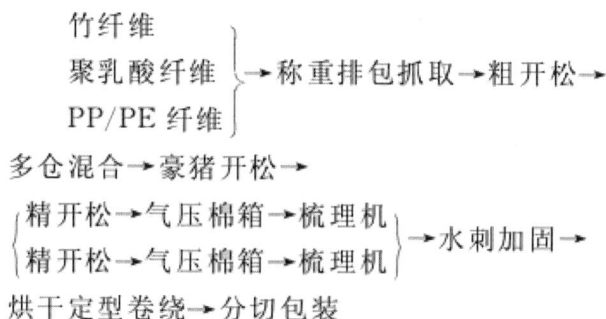

竹纤维
聚乳酸纤维 ｝→称重排包抓取→粗开松→
PP/PE 纤维

多仓混合→豪猪开松→

精开松→气压棉箱→梳理机 ｝→水刺加固→
精开松→气压棉箱→梳理机

烘干定型卷绕→分切包装

图 1　生产流程

2.3 试制工艺研究

（1）纤维的开松。根据纤维的性能分析，为了确保功能型表层材料具有抗菌、除味、透气、导流等性能，对三种纤维进行了充分实验，考虑其不同性能，优化混合比例，最终竹纤维、聚乳酸纤维、PP/PE 双组分纤维选用了 6:2:2 比例称重添加，针对竹纤维强力低、易脆断的特点，采用以梳代打，少落快喂的工艺路线，尽量减少开松对竹纤维的损伤，并缩小尘棒间隔距，采用低速梳针打手，防止过度打击而损伤纤维，以减少短纤与棉结，同时保证充分预湿，保持开松混合工序 60%~70% 的相对湿度，以满足梳理成网的条件。采用 8 仓棉箱，确保充分混合，从而解决产品白度不匀和克重 CV 值不匀。

（2）纤维的梳理成网。由于竹纤维表面光滑、纤维无卷曲，这些属性决定了其可纺性差，传统棉纺工艺难以有效加工。竹纤维与粘胶纤维相似，易吸湿，但放湿也快，如果原料本身回潮率就低，再加上车间温湿度较低，很难在梳理机上成网。因而采取多项措施，在梳理区域加装雾状给湿装置，确保相对湿度达到 65%~70%，使竹纤维在开松过程中充分吸湿，纤维有效膨胀后，有利于针布有效握持转移。

在梳理过程中，为减少棉结，加强分梳，梳棉工序采取适当定量，低速度紧隔距工艺，适当降低锡林转速。由于竹纤维、玉米纤维卷曲少，纤维间抱合力差，纤维回击严重，棉网转移困难，难以连续成网。我们借鉴棉纺经验，通过降低齿高、提高齿密，选择了转移能力较强、分梳能力高的金属针布，适当减小锡林针齿工作角，提高对纤维的分梳和抓取能力，使纤维间的内在勾结力显著改善。同时选用合适的锡林道夫速比，改善锡林附面层结构，利用气流提高纤维的控制和转移，再合理配置张力牵伸，使纤维顺利转移，保证连续成网。生产实践证明，我们的梳理工艺措施是科学有效的。产品纵横向质量均匀性是开发成功的标志和关键，为切实保证在 2300mm 幅宽纤网的均匀，其核心是纤维的开松和棉箱工艺的设计，在保证纤维开松的基础上，我们对棉箱宽度、压力、排风量等进行了优化设计，做到气流分布均匀，成网克重 CV 值达到 5%以内，从而保证和满足了布面均匀性的要求。

（3）水刺缠结加固工艺技术研究。由于纤维强度较低，光滑不易缠结，为保证产品的机械物理性能，必须加强缠结元件的改进，提高纤维强力利用率。为此我们自行设计了变透气率的新型镍网（见表 2），来代替水刺一辊筒上目前较大透气率的不锈钢丝网，该新型镍网结构包括内层不锈钢冲孔网、中间不锈钢丝网、外层镍网（见表 2），设计外层镍网的透气率由近水泵侧小向远水泵侧大渐变。这样既克服了不锈钢丝网反射率低缠结效果差的弊端，又消除了传统的镍网两端透气率一致而导致近水泵侧和远水泵侧出现的布面缠结效果的差异，中间加设一不锈钢丝网，避免了因内层不锈钢冲孔网和外层镍网之间间隙过大，大大提高了缠结效率，提高横向强力。同时通过合理优化各个水刺头压力，降低各传动部件间的牵伸，有效地控制了布面变形。

表 2　新型镍网与不锈钢丝网同压力下参数对比

指标项目	纵强（N）	横强（N）	缠结系数	布面风格
不锈钢丝网	32	10	1.15	有水刺痕轻微起毛
新型镍网	39	15	1.48	布面光洁不起毛纹路清晰

烘干定型工艺技术研究。由于聚乳酸纤维的熔点为 160~165℃，PP/PE 纤维熔点为 131℃，为确保纤维的固有特性不被破坏，同时保证布面具有一定的光滑度，为此我们研究采用大流量、低温度圆网射流烘干工艺定型后整理，烘干温度控制在 130~135℃，保证了产品质量，为后工序卷绕分切不变形提供了依据。

3　性能测试

从表 3 可知，开发的新型水刺非织造材料比现有护理用品热风非织造表层材料的，纵横向断裂强力高 74.2%；透气率高 70.5%，吸水时间快 11s；说明所开发新产品在透气性和吸收能力方面都明显优于现有材料，具有明显的亲肤护肤性能。且经过省疾病预防控制中心检测,该材料对金黄色葡萄球菌、大肠杆菌的抑菌率超过 90%。作为个人护理用品的表层材料,即使长时间使用,也不会产生湿疹、致敏等不适。因此,该试制开发的材料是现有材料的良好替代品。

表 3   两种表层材料的性能测试对比

项目	功能型水刺非织造材料	普通热风非织造材料	测试标准
克重（g/m²）	36.5	—	GB/T 24218.1 — 2009
重量 CV 值（%）	1.8	—	GB/T 24218.1 — 2009
纤维成分	60% 竹纤维、20%PLA、20%PP/PE 纤维	100%PP/PE 纤维	—
纵向断裂强力(N)	39	23	GB/T 24218.3 — 2009
横向断裂强力(N)	15	8	GB/T 24218.3 — 2009
透气率（mm/s）	4033	2365	GB/T 5453 — 1997
吸水时间（s）	0.3	12	GB/T 22864 — 2009
吸水率	1059	486	FZ/T 64012.2 — 2001
抑菌性	抑菌性能好,对大肠杆菌、金黄色葡萄球菌等病菌的抑菌率达到90%	对大肠杆菌、金黄色葡萄球菌等病菌的抑菌率达到22%,易引起感染	《卫生部消毒技术规范》（2002 版）

4 结语

采用三种纤维开发出一种新型功能性表层材料,在优选三种纤维比例的同时,对梳理工艺进行了合理配置,达到了不损伤纤维和纤网均匀性的目的,保留了原料的优良性能。采用不添加任何化学助剂、无任何污染的水刺法加工工艺,通过对工艺专件合理改进,优化出最佳生产工艺,成功试制出一种功能型水刺非织造材料。在个人护理用品方面。该功能型表面材料与现用材料对比结果表明,所开发的功能型表层材料不仅在强力、透气性、吸水性方面表现优异,而且在抑菌、除味方面具有良好的功能,同时绿色低碳,可降解,利于环保。

参考文献（略）

经编人造血管编织设备的研究现状

曹清林

（江苏理工学院）

当人体血管发生各种病变，如动脉硬化、血管瘤、血栓、血管老化等，或者由于外在原因产生血管破损时，都需要进行血管移植。代用血管有生物血管和人造血管，生物血管又有自体血管、同种异体血管和异种血管。生物血管中的同种异体血管和异种血管容易产生排斥作用，所以临床上应用较少；自体血管需要对人体进行创伤性摘取，另外，受到自身来源的限制，无论是数量、尺寸等都受到较大限制。因此，在临床上进行人体血管移植时大多采用人造血管。

人造血管在发展过程中主要涉及 4 个方面：制造人造血管的材料、人造血管的结构形状和尺寸、人造血管的编织方法及设备以及后处理。本文主要探讨第 3 个方面的问题，即人造血管的编织方法及其编织设备，其中，将重点讨论经编人造血管编织设备的研究现状。

最初的人造血管采用金属、玻璃、聚乙烯、硅橡胶等材料，因其易产生血栓故未能在临床上得到广泛应用。纺织基人造血管利用纤维编织成具有一定组织结构形态的管状物，通过后期预凝处理，使预凝物在织物表面上的网孔得到预结，以阻止血液渗透；因此，该类人造血管成为现代临床应用最广泛的类型。纺织基人造血管在编织方法上，经历了机织、针织、非织造及复合法等多种方法；在结构形态上，经历了直筒状、分叉型、多支型等结构；在结构尺寸上，经历了由大直径（10mm 以上）到小直径（3mm 以下）。临床使用效果表明，经编人造血管是各种纺织基人造血管中结构较优的结构，成为现代人造血管移植中使用的主要类型。

国内外对人造血管的研究主要集中于其结构、表面处理与其性能特点的关系等方面，但与之对应编织设备的研究与开发较少这是由于人造血管整体的量与一般纺织品在服用、家居等方面的用量相比，显得很小，所以这类设备的市场需求量一般不会很大，一般的设备厂家对该类设备的开发也就不会很积极,经编人造血管编织设备也不例外。

1　人造血管制备设备的发展

纺织基人造血管的制备方法有机织、针织和非织造等方法,不同方法制备出的人造血管的结构特点不同。

1.1　机织人造血管

机织是最早采用也是应用较为广泛的人造血管织造方法,采用的编织设备最早是有梭织机,现大多采用剑杆织机,可以采用普通剑杆织机,有些经过特别改进以更好地适应编织人造血管。李毓陵等研究了专门应用于人造血管编织的刚性剑杆织机,采用了 1×4 多梭箱机构,克服了普通剑杆织机上引入的纬纱不连续和 1×4 梭箱有梭织机精度不高且不能织造小直径血管的缺点。在这种多梭箱机构刚性剑杆织机上,可以分别引入独立运动的连续纬纱,实现多种类型人造血管的织造。机织人造血管的主要特点为:管壁结构较为紧密,血渗透率低,整体变形较小,植入人体前无需预凝;刚度较大、结构硬挺、容易散边,与人体血管的顺应性差异较大等。

1.2　针织人造血管

为了克服上述机织人造血管的缺点,又发展出采用针织方法织造人造血管。与机织人造血管相比,针织人造血管整体更柔软而富有弹性,从而便于移植时的处理和缝合。针织人造血管的加工方法分为纬编和经编两种。由于纬编编织的织物是无缝的结构,所以,一般情况下不需要特别的横机结构,纬编横机就能编织出管状的人造血管结构。有研究采用了普通纬编针织横机,针数为 16,轨距为 14,采用纤细度为 50D 的涤纶和氨纶长丝编织出直径小于 6 mm 的丝素聚氨酯人造血管。

纬编人造血管的缺点是容易卷边,缝合比较困难,容易发生纵、横向脱丝,缝合后容易开裂;弹性恢复性差,植入后会发生缓慢的径向和纵向的蠕变,导致假性动脉瘤。因此,目前这种编织方法应用的较少。同属于针织方法中的经编编织方法编织出的人造血管,具有机织和纬编人造血管的优点,成为目前临床中应用最多的一种人造血管编织方法。与纬编人造血管相比,经编人造血管的结构稳定性好,长期植入人体后不会发生过度扩张、脱丝、卷边和脱散等，易于手术处理和缝合。与机织人造血管相比，经编人造血管的顺应性较高、不易散边，有利于提高植入后的长期通畅性。另外，经编人造血管在编织好后，一般采用波纹化处理和高温热定形，经处理后，在人造血管的圆周方向产生波纹，从而可以增加血管的纵向延伸性和侧向挠曲性，改善了血管的顺应性。由于上述诸多优点，经编人造血管成为当今商品化的主要产品。

经编人造血管一般在双针床经编机上进行编织，但是，梳栉的组成与普通双针床经编机有所不同，需要有多把花梳栉和地梳栉。

1.3 非织造人造血管

非织造方法制造人造血管也是重要的生产方法。有研究者研发出一种人造血管成型机，整个装置置于静电发生箱中，在收集杆上加电，静电喷嘴喷料，在收集杆上形成人造血管。这种非织造人造血管制造方法利用静电，使得材料沉积在圆柱形收集杆表面，进而形成柱状人造血管。显然，这种装置制造人造血管的材料已经不是一般的线材，而是可以预制成浆料的高分子材料，如聚四氟乙烯等。还有人开发出一种人造血管制备装置，由组合上、下盖和内、外模管等组成，内、外模管呈中空状。制备人造血管的聚氨酯母粒溶解在有机溶剂中，由上端盖的进料口进入到内、外模管的夹层之间，形成人造血管管壁。内、外模管的直径之差决定人造血管的壁厚，内模的直径决定人造血管的直径大小。另外，通过抽走组合下盖容器内的空气，在组合上、下盖容器之间产生气压差，从而使溶液在内、外模壁之间顺畅流动，制备出壁厚均匀的人造血管。

2 经编人造血管编织设备的开发现状

国内外开发经编人造血管编织设备的厂家主要有德国的卡尔迈耶公司、上海汇舜针织机械有限公司和常州市润源经编机械有限公司，后两家公司在国内市场均有产品销售。

2.1 HCR16-EX 型人造血管经编编织机

上海汇舜针织机械有限公司生产的 HCR16-EX 型人造血管经编编织机，机号 E32，织针采用舌针；共 16 把梳栉，分别为地梳 4 把、花梳 12 把；采用电子横移、送经、牵拉卷取。具体配置及参数见表1。

2.2 RD16 型经编人造血管专用编织设备

常州市润源经编机械有限公司与江苏理工学院通过产学研合作研究开发出了 RD16

表 1 国内生产的两种人造血管经编编织机

项目	型号	
	HCR16-EX	RD16
针形	舌针	舌针
机号	E32	E30
机器工作宽度（mm×2）	660	1117.6
梳栉数／花梳（把）	16/12	16/12
盘头大小（″）	14	21.8
机器的主轴转速（横列/min）	0~100（变频调速）	0~200
编花装置	电子横移（EL）	电子横移（EL）
送经形式	电子积极送经，触摸屏设置盘头整经参数（EBC）	电子积极送经，触摸屏设置盘头整经参数（EBA）
密度调整形式	电子密度调整，电脑触摸屏控制（EAC）	电子密度调整，电脑触摸屏控制
主电机（kW）	2.2	4
送经电机（kW×6）	1	0.85
横移电机（kW×16）	0.75	0.4
外形尺寸（mm×mm×mm）	3350×2300×2600	2760×3980×3050

型经编人造血管专用编织设备。该设备现已销往澳大利亚 CSIRO Materials Science and Engineering 公司、微创医疗器械（上海）有限公司等。

上述两种经编人造血管编织设备，均为具有 16 把梳栉的双针床经编机，织针采用舌针。成圈运动装置包括舌针、沉降、梳栉运动装置，采用了平面多连杆机构或平面连杆—凸轮组合机构，使整机具有较高的运转速度和效率。梳栉横移部分采用了电子横移（EL），具体过程是：伺服电动机的转动经过丝杆螺母运动变换后，输出为直线移动驱动梳栉横移，通过控制伺服电机的正反转实现梳栉的正反向横移运动，通过控制伺服电动机的转角大小实现需要的横移量。由于 16 把梳栉（12 把花梳、4 把地梳）中每把梳栉的横移运动都是由独立的伺服电动机驱动横移，并由计算机系统控制，因此，人造血管的组织结构形态可以方便地变换，满足不同使用要求。送经、牵拉卷取系统也均采用伺服电动机驱动、计算机系统控制。

3 结语

作为开发和生产人造血管的基础，相应编织设备的技术水平是关键。多年的应用实践表明，经编人造血管在各种不同的生产方法生产的人造血管中具有其独特的优点，因此在临床中，经编人造血管得到广泛应用。

目前，国内有两个厂家开发经编人造血管编织设备，其产品完全实现了由计算机控制自动编织，并能满足编织不同组织结构的人造血管。未来经编人造血管编织设备的发展方向主要集中在 4 个方面：能编织多叉型，即两叉以上的人造血管结构；采用不等径结构，即在血管不同长度方向上，编织直径不等的异性管结构，以进一步满足人体不同部位不同血管的特殊结构需要；采用更高机号，织针机号越高，人造血管的组织结构越细密，对后续预粘要求就越低；增加梳栉数，为编织组织结构更加复杂的人造血管提供可能。

参考文献（略）

静电纺纳米抗菌敷料及其应用进展

刘源 曹苹 何佳

（暨南大学，深圳市医疗器械检测中心，江苏新智源医学科技有限公司）

伤口愈合是一个缓慢、精细的生物过程，大致可归结为止血、炎症反应、细胞迁移、细胞增殖和创面重塑五个阶段。愈合过程除与伤者本身的体质有关外，还受到多种因素的影响。其中，创面组织中的细菌数目是一个重要的影响因素。有研究表明，当每克伤口组织中的细菌含量超过 105 个时，伤口将不愈合。因为过高的细菌含量会造成感染，导致细胞外基质蛋白及生长因子被分解，使伤口出现大量的渗出液而显著影响康复进程。为消除细菌对伤口的影响，临床中常采用抗菌药物敷料对皮肤创面进行抗菌治疗，此方法能有效地减轻感染和致病细菌对伤口的侵害。静电纺丝纳米抗菌敷料的多孔结构使之具有很好的透气性，而其孔径又可以控制到足够小以阻挡细菌的入侵，因而非常适合用做皮肤敷料。此外，电纺丝制品具有很高的比表面积，可以大量携载包括抗菌药物在内的多种药物，能促进受损皮肤的恢复。随着静电纺丝技术的发展，静电纺丝纳米纤维被越来越多地应用于敷料领域。

1 静电纺丝纳米敷料的特点

静电纺丝纳米抗菌敷料是指将抗菌高分子溶液或抗菌剂与高分子物质的混合溶液，通过静电纺丝而制得的具有抗菌性能的纳米级功能敷料。

相对传统敷料而言，此敷料具备以下一些特殊的性能。

（1）良好的止血和吸液性。纳米纤维敷料包含大量的微孔和较高的表面积，能够加速止血过程，吸水率也可以达到 17.9%~21.3%，而传统膜敷料的吸水率仅能达到 2.3%。

（2）半渗透性。纳米纤维敷料的多孔结构，使其有较高的气体通透性，有益于细胞的呼吸作用。另外，纳米纤维敷料的微小空隙也可以阻止细菌感染伤口。

（3）疤痕预防作用。可生物降解的纤维支架能引导皮肤细胞进入适当的位置，从而减少机体因自我修复产生疤痕的可能性。

（4）贴合性。织物的贴合性与纤维的细度密切相关，越细的纤维越容易适应复杂轮廓的需要。而通过静电纺丝制得的纤维，直径范围为 3nm~1μm，甚至更细，因此静电纺敷料对伤口有更好的覆盖和保护作用。

（5）功能性。静电纺敷料可以刺激细胞合成多种细胞因子和生长因子，促进细胞生长及创面愈合。此外，为了提高敷料性能，也可添加一些促进伤口愈合的添加剂，如维生素、细胞生长因子等。

有研究发现，通过静电纺丝制得功能不同的纤维膜，再将各层纤维膜复合成一块敷料，这可降低敷料的更换次数，减少对新生组织的扰乱。

2 静电纺丝纳米抗菌敷料的研究进展

聚氨酯（PU）、聚乳酸（PLA）、聚己内酯（PCL）等合成疏水聚合物，具有较好的机械性能和易于静电纺的特性，常与葡聚糖、壳聚糖、纤维素及其衍生物、海藻酸盐、明胶、胶原蛋白等天然亲水聚合物混合静电纺制备敷料。当上述聚合物与各类抗菌剂如黄连素、小叶藤黄粗提物、季胺化壳聚糖、茶多酚等天然生物抗菌材料，银、TiO_2、ZnO 等金属及氧化物材料，以及四环素和洗必泰等抗生素复合，即可制得不同种类的具有抗菌性能的敷料。

根据所用抗菌剂种类的不同，可将静电纺丝抗菌敷料分为四类：基质抗菌敷料、抗生素类抗菌敷料、无机抗菌剂类抗菌敷料、天然抗菌剂类抗菌敷料。

2.1 基质抗菌敷料

基质抗菌敷料是指用具有抗菌性能的高分子基质材料制得的纤维敷料。由于抗菌高分子基质材料具有毒性低、稳定性高、抗菌性能相对稳定且效果持久等特点，因而适合用于制备抗菌敷料。

基质抗菌敷料中，以壳聚糖及其衍生物的研究最为广泛。Dou 通过静电纺丝制得了含不同浓度丝素蛋白和壳聚糖（CS）的复合纳米纤维膜。测试结果表明，随着壳聚糖的含量的增加纤维更多地呈现圆形，且直径从 337nm 下降到了 103nm。抑菌测试结果表明，随着壳聚糖浓度的增加，抗菌效果显著上升，当壳聚糖浓度为 4% 时，纤维膜对大肠杆菌和金黄色葡萄球菌的抑菌率均大于 95%。有研究者还发现壳聚糖、丝素蛋白复合纳米纤维敷料能促进细胞的粘附和增殖，能起到促进伤口复合的作用。

　　除直接用壳聚糖进行复合纺丝外，也有部分研究采用改性后的壳聚糖进行静电纺丝纳米敷料的制备。Seyam 将改性后的壳聚糖通过静电纺丝制得了氰乙基壳聚糖纤维膜，各浓度纤维平均直径在 116~253nm 之间。经大肠杆菌、绿脓杆菌、金黄色葡萄球菌、芽孢杆菌抗菌测试，发现当浓度为 10% 时，制得的纤维相对较细，且敷料对四种细菌的抑菌圈均能达到 20mm 以上，具有较高的抗菌性能，这可应用于抗菌敷料的制备。有研究者采用羧甲基乙酰壳聚糖（CHC）和聚环氧乙烷，在电压为 20kV，推进速率为 1.0mL/h，接收距离为 10cm，纺丝温度为 25℃，旋转接收辊转动速率为 120V/min 的条件下，制得了复合纳米电纺丝纤维膜，纤维直径为（100±20）nm。抑菌实验结果表明，该敷料能在较短时间内杀灭金黄色葡萄球菌，而且 CHC 纤维无细胞毒性，并能促进细胞增殖。还有研究人员以低分子量的甲壳低聚糖（COS）、鱼鳞胶原蛋白肽（FSCP）、聚乙烯醇（PVA）为基质材料而制备的抗菌静电纺丝纤维敷料，纤维直径为 50~100nm，抗菌性能测试发现，FSCP/COS 敷料对金黄色葡萄球菌 IC50 值为 0.144g/mL，而对大肠杆菌的 IC50 值为 0.191g/mL，且 COS 和 FSCP 则表现出了良好的生物相容性和促进成纤维细胞增殖的性能。

　　此外，上述研究通过对比不同直径的纤维敷料的抗菌性能，也发现敷料的抗菌性能取决于膜的表面结构：纤维越细、表面积越大，抗菌性能越高。

2.2　抗生素类抗菌敷料

　　抗生素类抗菌敷料是指将含抗生素的高分子溶液进行静电纺丝而制得的敷料。这类敷料能增大不溶于水或不易为人体吸收药剂的表面积，使抗生素随着纤维的降解而缓慢扩散至人体，利于被人体组织吸收，且可延长敷料的释药时间，有利于提高药物功效。因此，载有抗生素的纳米纤维，被广泛地应用于药物伤口护理。

　　Zahedi 等制备的含盐酸四环素（TCH）的 PCL、PLA 纳米纤维敷料膜，对金黄色葡萄球菌和大肠杆菌有良好的抑菌性能，且吸水性、透气性都优于市场上的部分敷料。此外，有研究者制备了一种含 TCH 的纳米纤维敷料，发现其具有平缓释放抗菌剂的性能，当 TCH 浓度为 1% 时，纳米纤维敷料对金黄色葡萄球菌的抑菌环达 17.9mm。上述两种敷料的纤维直径都在 600nm 以上，略大于基质抗菌敷料的纤维直径。

除 TCH 外,有人则通过静电纺丝的方法制备含有聚六亚甲基胍(PHMB)的聚醚型聚氨酯和醋酸纤维素复合纳米纤维膜,纤维直径为 700~930nm,对大肠杆菌的杀菌率均大于 96% 且无细胞毒性。又有人制备的含盐酸莫西沙星(MH)的聚乙烯醇、海藻酸钠(SA)纳米抗菌膜,当 MH 在基质材料中的质量分数为 4% 时,对金黄色葡萄球菌的抑菌环为 22mm,对大肠杆菌的抑菌环为 47mm,抑菌性能优于创口贴,且透气性优于非织造布。但此敷料在创面愈合后期,不能很好地粘附于创面上,较适合在创面愈合初期使用。而有外国研究者研制的含盐酸环丙沙星的葡聚糖和 PU 的复合纳米纤维膜,纤维直径在 101~300nm 之间,且未发现纤维表面有药物结晶,说明药物与聚合物有良好的相容性,而且,纤维膜对金黄色葡萄球菌的抑菌圈为 15mm,对枯草芽孢杆菌、大肠杆菌、鼠沙门氏伤寒杆菌和创伤弧菌这四种细菌的抑菌圈均能达到 20mm。

从上述研究中可以看出,抗生素类抗菌敷料的抗菌性能优良,但随着细菌对抗菌药物,尤其是对抗生素的抗药性不断增强,人们迫切地需要开发能有效抑制致病微生物的新药物。

2.3 无机抗菌剂类抗菌敷料

很多金属或金属氧化物都具有广谱抗菌性能,因而常作为抗菌剂应用于抗菌敷料中,如银、TiO_2、ZnO 等。纳米银有极强的抗菌活性及较强的皮肤渗透性,可产生热效应,改善局部微循环,同时能促进组织细胞生长,加速创面愈合与肉芽组织形成,且银离子有止痛的作用。因此纳米银抗菌敷料一直是敷料领域的研究热点,应用中常先通过静电纺丝银的盐溶液来制备纳米纤维,再通过还原方式来制备包含纳米银的超细纤维。

有人研制出一种纳米银／碳纳米纤维复合敷料,测试表明,负载银的纤维表面较粗糙,直径约为 230nm,对金黄色葡萄球菌及铜绿假单胞菌的抑菌环直径平均值分别为 14.12mm 和 15.64mm,对大肠杆菌抑菌环直径为 9.11mm,抗菌效果优于市场上的部分敷料产品,但由于碳纤维的吸湿性、对伤口的贴合性及敷料更换时的易揭除性较差,因此仍有待进一步改进。此外,纳米银也常作为抗菌剂应用于抗菌敷料,有人在电压为 28kV,流量为 0.2mL/h,接收距离为 14cm 的工艺条件下,制得了含银的明胶纳米纤维膜,纤维直径为 90~150nm,抗菌测试结果表明,当 $AgNO_3$ 在纤维中的浓度为 2% 时,敷料对金黄色葡萄球菌和绿脓杆菌的杀菌率能达到 99.7% 和 99.9%。在上述原料中添加适量壳聚糖后,再对上述菌种进行抗菌性能测试,发现当 AgNO₃ 的浓度为 1% 时,24h 后,抑菌率能达到99% 以上。

然而,关于纳米银颗粒是否可能导致线粒体结构损伤并诱发 DNA 突变的毒性问题现仍有争议。因此一些研究人员开始寻找其他抗菌剂以替代银,由于 TiO₂ 暴露在近紫外光下时能表现出很强的抗菌活性,且无毒、持久、价格低廉,近年来也受到越来越多的关注。

某研究人员制备的含 TiO₂ 的丝素纳米纤维敷料,纤维表面光滑,且各浓度纤维直径为 385~435nm,对大肠杆菌具有较好的抑菌作用,而且具有良好的血液相容性。此外,成纤维细胞可在纤维膜的表面粘附并生长。此敷料比市场上的凝胶敷料具有更好的透气性、保湿性以及吸收伤口渗出液的能力,而且可在紫外线的照射下自行降解。另有研究者研制的含 TiO₂ 的聚左旋乳酸(PLLA)、聚乙烯吡咯烷酮(PVP)静纺敷料及经碘蒸汽处理得到的 PVP-I 复合物,在抗菌测试中发现,两种敷料对金黄色葡萄糖球菌和大肠杆菌接触的抑菌率均达到了99.9%。还有人则是将钛酸四丁酯溶于乙酰丙酮中,再加入 PU的 DMF 溶液,并以 pH=4 的酸性水浴收集装置,通过静电纺丝后,钛酸四丁酯水解生成TiO₂ 纳米颗粒,从而制得聚氨酯纤维膜。经测量,纤维直径为(341±12)nm,且纤维膜有较高透气性和吸液性,含 3% 和 5%TiO₂ 的纤维膜与绿脓杆菌和金黄色葡萄球菌接触6h 后,杀菌率能达到 70% 以上,且对细胞没有毒性作用。

以上研究结论说明,无机抗菌剂类抗菌敷料具有较好的抗菌效果,但敷料中的纳米抗菌颗粒,需从纤维中暴露出来才能表现出抗菌活性,当其包覆在纤维中时,抗菌剂不能与细菌接触,而难以表现出抗菌。除银、TiO₂ 外,血余炭和 ZnO 也可应用于敷料,且有较好的抗菌效果。但 ZnO 浓度越高,所表现出来的毒性就越高,因此必须在抗菌活性和毒性之间找到一个合适的平衡点。

2.4 天然抗菌剂类抗菌敷料

研究发现,从动植物体内提取的多种天然成分具有很好的抗菌和促进伤口愈合的性能。其中的一些物质已被用于制备纳米纤维敷料,如溶菌酶、小叶藤黄、黄连素等,这些抗菌剂可以弥补无机抗菌剂类敷料在水溶性、细胞毒性方面的缺点。

除动物、微生物提取物外,传统草药提取物在静电纺丝纳米敷料中的应用也被广泛研究。有印度研究者先从沙漠柚木的树皮中得到了草药提取物,再通过静电纺丝制备了含上述草药提取物的 PCL、PVP 复合纤维膜,纤维直径在 200~450nm 之间,且表面光滑没有药物结晶出现，说明药物可均匀分散到纤维里。此外，纤维膜（直径为15mm）对铜绿假单胞菌、金黄色葡萄球菌和大肠杆菌的抑菌圈大小为30nm、24nm 和 28mm，抗菌性能良好；还有研究人员制备了含有小叶藤黄粗提物的 PLLA 电纺丝纤维膜，其对金黄色葡萄球菌有较强的抗菌性能，且没有细胞毒性。我国的研究者制得了含黄连素的胶原蛋白和玉米蛋白纳米敷料，纤维直径为 423~910nm，发现敷料对着两种细菌有一定的抗菌性能，并能促进伤口愈合。

草药作为传统药物，在中国和印度等国家已被使用多年，从中提取的有效成分对人体通常是安全的，其在抗菌敷料中的应用价值仍需要进一步研究。

3 前景与展望

静电纺丝纳米抗菌敷料的发展十分迅速，但也存在一定的局限性，主要表现在以下几个方面。其一，由于实验室制备静电纺丝敷料的效率较低，一般为 1~5mL/h，从工业生产的角度来看，目前仍难以批量生产，且静电纺丝技术在纤维尺寸、形貌的可控制备方面仍需改进；其二，能应用于工业化生产的无毒、生物相容的抗菌基质材料仍有待开发；其三，由于抗生素的滥用易使细菌产生耐药性，而纳米银、ZnO 等无机抗菌剂对细胞的毒性问题仍需研究。但相比于传统敷料，静电纺丝纳米抗菌敷料在临床治疗中有着很大的优势，相信随着在静电纺丝工艺的发展，静电纺丝纳米抗菌敷料必将走向市场，成为创伤患者的福音。

参考文献（略）

新型存储缓释抗菌纤维特征及应用技术

龚文忠

（深圳市洋仟材料应用技术有限责任公司）

进入新世纪以来，全球升温加剧导致有害微生物繁殖加快、存活周期增长，各种传染性病菌对人类卫生安全造成的危害事件明显增多。在我国，由于经济的快速发展和城镇化速度加快，人口密集度大幅提高，各种有害微生物的繁殖和传播机会增加，空气和水源污染严重。近几年来 SARS、禽流感等疫情频发，严重影响了社会秩序和人们的正常生活。环境安全已成为我国经济、社会和科技发展必需考虑的首要问题。

纺织品是与人体最贴近的生活用品，也是最早要求抗菌功能的产品。早在 20 世纪 60 年代，美国、日本等国家就开始了抗菌纺织品的研发，随后抗菌纺织品成为功能性纺织品领域一个最重要的分支。尽管我国抗菌纺织品的研发工作起步较晚，但在最近十多年时间已发展成为年产值达几百亿元的新型产业特别是纤维材料已广泛用于服装以外的医疗、卫生保健、家居、交通、建材、军事等与人们生活、工作环境密切相关的领域，抗菌纤维制品已成为功能型纤维产品开发的热点之一。

1 抗菌纺织品面临的问题

目前纺织品的抗菌功能是通过两种方法获得的，一种是对织物或非织造布进行抗菌后处理，抗菌成分被固定在制品表面，方法简易可行、成本较低，但产品的耐洗涤和耐磨损性能较差，抗菌功效不持久，并且对成品的手感和透气性均有不利影响。另一种方法是采用抗菌纤维直接制造织物或非织造布，所得产品具有较持久的的抗菌效果，并且不会影响制品的基本物理特性，但对抗菌成分的选择和抗菌成分与纤维复合方面的技术要求较高，这也是抗菌纤维制品产业发展还未完全解决的难题。

采用传统纺丝技术制造的抗菌纤维截面结构模型如图1所示。

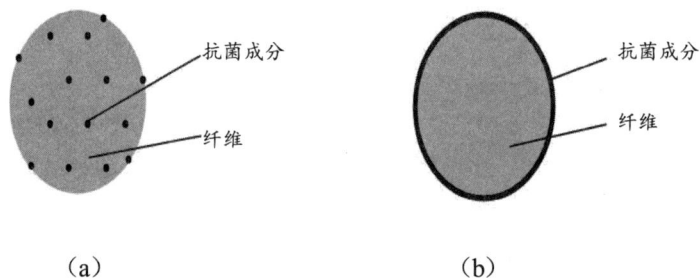

（a）   （b）

图 1   抗菌纤维截面结构模型

图 1（a）是目前大多数厂家制造的抗菌纤维截面模型，大部分抗菌成分被"埋"在纤维内部，只有少部分"嵌"在纤维表面的抗菌成分能起抗菌作用，而且传统纺丝工艺允许添加抗菌粉体的比例不能超过 5%，因而纤维中有效的抗菌成分很有限，综合抗菌效果并不理想。图 1（b）是近几年开发的表面涂（镀）层抗菌纤维的截面结构模型，抗菌成分分布在纤维表面，例如美国及国内多家公司开发的载银抗菌纤维就是这种结构。一般抗菌成分具有较高的化学活性，裸露在纤维表面的抗菌成分极易被氧化或在加工过程中受外界因素影响失去抗菌活性，例如镀在纤维表面的银会逐步氧化成氧化银，其抗菌功效大大降低，同时加工和使用过程中的摩擦还会导致抗菌成分脱离纤维表面，如图 2 所示是表面镀银纤维洗涤 10 次后表层银的脱落情况，表面银层的氧化或脱落必然会导致纤维抗菌功效减弱。

图 2   镀银纤维洗涤 10 次后纤维表面照片

由于抗菌成分具有较强的化学活性，在产品加工和使用过程中极易受到外界理化因素的影响导致其抗菌活性降低或失活，能否在保持产品必须使用性能的同时尽可能保持抗菌成分原有的抗菌活性,使其制品具有持久的抗菌效果,这是目前抗菌产业面临的难题。

2　新型功能纤维制造技术在抗菌纤维开发中的应用

传统的纺丝工艺中存在特定的温度或溶剂要求,适用的功能材料种类有限。同时纤维成形的强力要求对功能材料的添加量也有限制,例如一般传统熔融纺丝工艺中功能粉体材料的添加量超过 5%(重量比)时就不能纺丝。这些因素决定了传统纺丝工艺能制造的功能纤维品种有限。

深圳市洋仟材料应用技术有限责任公司(以下简称洋仟公司)成功开发出了一种新型的功能纤维制备工艺,技术已获美国专利授权,具有自主知识产权。采用该技术可在室温条件下将多种类型的功能材料与纤维材料复合,制造出具有芯壳结构特征的功能纤维。由于没有特定的温度和溶剂限制,可将广泛种类的功能材料、天然植物提取物、化学药物等功能性物质与纤维复合。目前已实现 20 多种香料复合纤维、碘伏复合纤维、茶多酚复合纤维、荧光纤维、载银纤维、智能水凝胶载银纤维、化学药物缓释纤维等多功能纤维的试制。其中,天然植物精油和银是天然抗菌成分,具有"天然、绿色、环保"特征,是目前抗菌产品中抗菌材料的首选物质。图 3 分别是由新技术制备的缓释型载银纤维和植物精油复合纤维截面的电镜照片。

(a) 存储缓释型载银纤维　　　　　　　　(b) 植物精油复合纤维

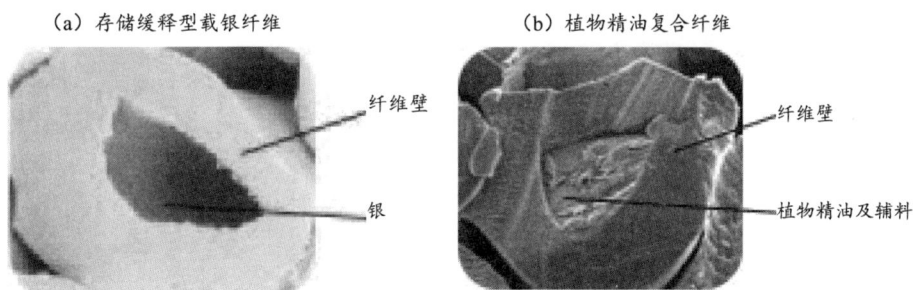

纤维壁

银

纤维壁

植物精油及辅料

图3　两种抗菌纤维截面的电镜照片

3　存储缓释型抗菌纤维特征及优势

3.1　天然、安全的抗菌材料

银是目前人类发现的具有广谱、高效、无耐药性特征的天然抗菌材料,一般抗生素平均只能杀灭 6 种病毒或细菌,而银可杀灭 650 多种病原体,能快速杀灭多种有害细菌、真菌甚至病毒。古人知道银有加速创口愈合、防治感染、净化水质和保鲜防腐的作用。一直以来低浓度的硝酸银溶液是新生儿结膜炎预防的必用药品。美国的医院和军队用纺织品均加有银系抗菌材料,含银医用敷料已成为世界功能性医用敷料开发的最大热点。

天然抗菌材料中最主要的种类是植物提取物——香料,香料是来自大地的良药,几乎所有的香料都有抑菌抗菌作用。人类利用香料抗菌防腐已有千年的历史,发现植物精油具有神奇、持久、令人不可思议的抗菌防腐功效。目前,广泛用作抗菌成分使用的香料主要有以下几种。

(1)茶树油。能有效对抗 26 种皮癣菌、32 种白色念珠菌及 22 种小芽孢菌,具有卓越的抗病毒、抗菌、抗真菌功效,是美国食品和药品管理局认可的天然消毒剂,已经被广泛用于各种皮肤感染病的治疗,如皮肤癣、香港脚等。

(2)艾叶油。具有抗菌、抗病毒、平喘镇咳、抗过敏和增强免疫的功能,能治疗风湿性关节炎、失眠和多种妇科疾病等,而且艾叶具有的特殊香味可驱避害虫。

(3)薄荷油。含有的 8 种儿茶萘酚酸是有效的抗炎剂,可治疗各种皮炎,如过敏性皮炎、虫咬性皮炎、荨麻疹、皮肤瘙痒症、银屑病、湿疹,是传统的食用和药用天然植物精油。

(4)丁香油。具有防腐、抗菌、驱虫和止痛功效,能抑制细菌及微生物滋生,对皮肤溃疡、香港脚、疥癣等有治疗作用,是天然香料中的抗菌佳品。

3.2 保持抗菌材料的抗菌活性

在不影响纤维材料基本性能的前提下,保持抗菌材料的原有抗菌效果,并且使所得的抗菌纤维具有持久的抗菌功效是抗菌纤维开发的关键所在。

如图 3 所示,抗菌成分处在纤维芯中,整根纤维成为抗菌成分储存的仓库,纤维壳层保护纤维在加工和使用过程中基本不受外界因素的影响,在使用时由纤维两端向环境释放抗菌成分,达到了对抗菌成分保护、存储和缓释的目的。实际生产中,按一定的重量比将抗菌成分与普通纤维混合进行纺纱或成网,就可得到具有抗菌功效的纤维制品。

图 3(a)所示的载银纤维中的银是一种原子银聚集成的初生态银,在湿热条件下能释放具有高抗菌活性的银离子。由于有壳层的保护,在产品加工和使用过程中的摩

擦、氧化、染整处理、洗涤等因素基本不会影响到纤维芯内的银，而且银本身是一种耐高温抗菌材料，因此存储缓释型载银纤维广泛适用于纺织服装、非织造布等各种抗菌纤维制品的制造。

图3（b）所示的草本精油抗菌纤维中，由复方草本精油和辅料组成的胶体处于纤维芯内，吸附在胶体中的精油由纤维两端和纤维表面向环境中扩散、挥发，使产品具有抗菌功效。由于胶体的吸附作用及纤维壳层的保护，具有抗菌功能的精油基本不会受到外界因素的影响，但精油本身不耐高温，并且洗涤过程中会由纤维端部溶出，因此这种纤维适用于生产高温处理时间短（180℃，5~10s）、洗涤次数少的纤维制品。

3.3 广泛的应用领域

随着新材料技术的快速发展，纤维材料通过与功能材料结合，使其应用领域逐步向纺织领域以外的方向拓展。显然，存储缓释型抗菌纤维作为抗菌材料的一种保护型载体，其应用已不限于纺织服装、非织造布等纤维制品中，还可在塑料制品、医疗用品、个人卫生保健用品、家居用品、建材、环保等领域有着广阔的市场开发空间。例如，可将存储缓释型载银纤维切断成一定的长度添加在塑胶、树脂、油漆、泡沫、纸浆材料中制造各种抗菌产品，而植物精油复合纤维作为一种挥发性抗菌材料载体，在空气净化、驱虫、驱蚊产品中有着巨大的市场空间。

4 存储缓释型抗菌纤维产业应用实践

4.1 在鞋材中的应用

在穿着时，鞋内空间温湿闷热，加之人体代谢产物的存在，使得鞋内空间成为各种细菌滋生的理想场所。细菌不仅侵害足部皮肤导致病变威胁人体健康，同时会分解人体代谢物产生异味，使得"鞋臭"成为制鞋行业挥之不去的难题。

由于鞋材在使用过程中受摩擦、汗液等因素的影响，外涂层式的抗菌材料难以保持持久的抗菌除臭功效，特别是当含银抗菌材料与汗液中的盐发生化学反应后，会导致其抗菌活性大大降低，制鞋行业在应用纳米银涂层抗菌材料时普遍发现除臭效果不理想。

采用茶树油、丁香油、薄荷油等复配精油制作的草本精油除臭纤维直接与普通纤维或汉麻纤维混合成网,用于制造鞋材里衬和鞋垫非织造布,经测试、试穿,证明该纤维具有良好的除臭功效。

4.2 在驱蚊方面的应用

蚊虫的叮咬不仅会造成身体不适,还会传播疾病,导致公共卫生安全问题。因此驱蚊功能也属于保障人们生活工作环境安全卫生的重要功能之一。采用薄荷油、天然除虫菊酯复配精油制作的草本精油驱蚊纤维与普通纤维混合成网制成功能性非织造布后,经测试对蚊虫的驱避率高达95%,具有明显的驱蚊效果。该驱蚊功能非织造布的终端产品正在开发之中。

4.3 在医用敷料方面的应用

含银抗菌敷料是目前世界功能性医用敷料开发的热点,美国、德国、英国等已推出多种产品上市,我国还在推广过程中。由于载银方式不同,各种含银敷料的含银量在1%~10%之间,差异很大,多数纤维载银敷料中的银是采用表面涂(镀)层技术"装载"的,考虑到银氧化后抗菌功效降低的因素,一般载银量较高,相应的成本也高。另外,医用敷料并不是耐用品,只需在一定时间段具有抗菌功能就可满足要求,用完即弃。因此含银量高意味着不必要的浪费也大,同时还会造成更多的环境污染。

为降低成本、减少浪费和污染,现已开发出智能型存储缓释载银抗菌纤维。在该纤维芯层装载有分散在水凝胶大分子网络中的高抗菌活性初生态单质银,纤维壳层将水凝胶和单质银与外界隔离,保证银的抗菌活性不受外界因素影响。如图4所示,在使用过程中该纤维芯层的水凝胶遇水膨胀,由纤维两端送出高活性的初生态单质银,具有遇水响应的智能特征。

(a) 常态下　　　　　　(b) 遇水 3s　　　　　　(c) 遇水 10s

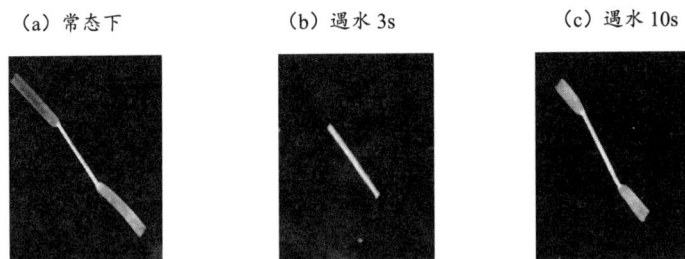

图4　存储缓释载银纤维遇水时显微镜照片

由于该纤维能保持银的高抗菌活性,在0.1%时就显示出良好的抗菌功效,充分发挥了银抗菌起效浓度低的特征。目前，该纤维及其制备技术已获得中国发明专利，正在医用敷料、个人保健护理用品、环保等领域推广。

参考文献（略）

第三章 过滤与分离用纺织品

- 玻璃纤维针刺复合滤料耐高温性能研究

- 高性能非织造布在面部防护过滤介质上的最新应用

- 过滤用纺织品的现状与发展前景

- 增强基布种类对高温气体复合过滤材料性能的影响

- 针刺非织造滤料在钢铁、水泥和电力行业除尘中的运用

玻璃纤维针刺复合滤料耐高温性能研究

赵振兴　汪黎明　聂换换

（青岛大学，山东新力环保材料有限公司）

耐高温玻璃纤维滤料是一种常用高温滤料，正常使用温度为 260~280℃，具有尺寸稳定性好、拉伸断裂强度高、耐化学侵蚀、过滤阻力小等突出优点。此外，玻璃纤维市场价格相对较低，原材料来源广泛。因此，玻璃纤维滤料被认为是一种理想的滤料。但玻璃纤维滤料耐折性和耐磨性差，毡与基布的剥离强度低，在使用过程中因需频繁清灰而容易磨损、折断，影响其使用寿命。为了解决这一问题，国内专家及相关企业开发出了玻璃纤维复合针刺滤料。

该滤料是将玻璃纤维和其他耐高温纤维按一定比例进行混合，然后经过梳理、针刺、化学处理等多道工序制成的新型过滤材料。与纯玻璃纤维针刺毡相比，其生产成本略有增加，但过滤性能和耐用性均提高很多，性价比较高，是一种极具推广潜力的新型过滤材料。目前，玻璃纤维复合滤料的新产品不断涌现，如玻璃纤维与聚酯纤维、聚酰亚胺（PI）类的 P84 纤维、聚苯硫醚（PPS）纤维和玄武岩纤维等复合，制得各种复合滤料。本文将玻璃纤维、轶纶和芳纶三种纤维制成复合滤料，应用于高炉煤气布袋除尘中，通过对三种相同混合比、不同面密度的玻璃纤维复合滤料的测试，探求面密度的选择是否合理及该滤料性能的变化情况，为实际生产应用提供依据。

1 试验部分

1.1 材料

轶纶是国内首个实现工业化生产的 PI 纤维，具有绝佳的热稳定性、电绝缘性、耐辐射性和耐化学性等，综合性能优于同为 PI 纤维的 P84 纤维，其极限氧指数 >38%，可在

250~350℃下长期使用,市场价格昂贵。芳纶(Nomex)是世界上开发最早的耐高温纤维,具有高强度、耐高温、耐腐蚀等优良性能,其极限氧指数为29%,正常使用温度为204℃,瞬间使用温度为240℃。将玻璃纤维、轶纶和芳纶三种纤维按一定的比例混合,然后采用针刺工艺制成复合滤料。主体部分为玻璃纤维和玻璃纤维机织基布,对滤料强力起到主要支撑作用;轶纶对瞬时高温所产生的破坏有很好的抵御作用;芳纶优异的柔韧性使纤维层与基布的剥离强度提高,同时其相对较低的价格又降低了生产成本。本试验滤料中的基布均为相同规格的玻璃纤维纱织成的平纹基布,三种试样面层的厚度有所不同。样品规格见下表。

试验所用复合滤料样品规格

编号	材料组成	质量分数(%)	面密度(g/m^2)	幅宽(cm)	厚度(mm)
试样1	玻璃纤维/轶纶/芳纶	75/15/10	750	168	2.36
试样2	玻璃纤维/轶纶/芳纶	75/15/10	700	168	2.14
试样3	玻璃纤维/轶纶/芳纶	75/15/10	900	168	3.08

1.2 力学性能

滤料的耐高温力学性能是指滤料在某个特定的温度条件下放置一定时间(通常为24h)后,其经、纬向断裂强力及断裂伸长率等相关指标。断裂强力是滤料强度的表征,其值越大,滤袋寿命就越长;断裂伸长率则是滤料拉伸韧性和弹性的表征,其值过大或过小都会对滤袋的使用效果和耐用性有影响,在实际使用过程中,滤料该值的变化不应太大。滤料的断裂强力取决于滤料在制造过程中针刺纤维的强度、所使用的基布及生产工艺参数,如针刺密度、针刺强度和后处理等方面。

滤料力学性能的变化可用断裂强力保持率和断裂伸长保持率来表示,其值分别是试验后滤料断裂强力和断裂伸长率测试值与试验之前相应的测试值之比。测试标准是GB/T 7689.5 - 2001《增强材料机织物试验方法 第5部分 玻璃纤维拉伸断裂强力和断裂伸长的测定》。经向和纬向样条有效尺寸为5cm×20cm。

测试方法首先是按测试标准分别对原试样测试经、纬向断裂强力和断裂伸长率;然后,将其他试样分别置于160℃、200℃、240℃和280℃高温烘箱内24h取出,待冷却后测定断裂强力和断裂伸长率。

与之类似,测试时间维度的各项指标。将试样放置于200℃的烘箱中,经过48h、72h

和 96h 后进行相关数据的测试并计算。

1.3 透气性

滤料的透气性以规定的试验面积、压降和时间条件下,气流垂直通过试样的速率表示。该值的大小因滤料的结构形式和密度差异而不同,是表征洁净滤料阻力特性的一个指标。

三种试样放置于烘箱中,分别经过 160℃、200℃、240℃和 280℃高温处理 24h 或在 200℃的烘箱中分别处理 24h、48h、72h 和 96h 后,将试样取出置于标准大气条件下 24h,按照标准 GB/T 5453－1997《纺织品织物透气性的测定》进行测试。

2 结果与讨论

2.1 处理温度的影响

本试验温度的选择是参照滤料实际工作中温度的波动范围而定,分别为 160℃、200℃、240℃和 280℃,处理时间是 24h。

经过不同温度处理 24h 后分析发现,三种试样的经向断裂强力均呈现先下降再上升然后再下降的波动趋势;三种试样的纬向断裂强力均呈现下降趋势,试样 1 的变化较缓和,试样 2 和试样 3 分别在 200℃和 240℃处理后有较快下降。这种变化与滤料不同的面密度有关。通过计算得知,试样 1~3 的最低经向断裂强力保持率依次为 82.44%、81.75% 和 91.83%,最低纬向断裂强力保持率依次为 88.66%、78.95% 和 77.63%。试样 2 和试样 3 的经向强力下降幅度小于纬向。经不同高温处理后,滤料的强力虽有所波动,但其强力仍然保持在 75% 以上,即 2000N/(5cm×20cm) 以上,能够满足工作过程中温度的变化对滤料强力的要求。

此外,试样 3 的经向断裂伸长率呈先上升后下降的趋势,变化较平稳;试样 1 和试样 3 的纬向断裂伸长率随处理温度上升均呈下降趋势,经过 240℃处理后变化量较小;试样 2 的纬向断裂伸长率呈上下波动状态,温度对其影响不明显。滤料的经向伸长率小于纬向伸长率,与断裂强力的规律一致。经计算,滤料的经向和纬向最低伸长率保持率分别为 82.53% 和 84.17%,表明该滤料在高温条件下处理后仍有很好的拉伸韧性和弹性。

2.2 处理时间的影响

在 200℃的烘箱中经不同时间处理后,三种试样均表现出与改变处理温度时相同的变化趋势,即经向断裂强力呈现先下降后上升再下降的趋势,纬向断裂强力表现出下降的趋势。虽然变化幅度略有不同,但大致都在 2000~2500N 之间波动。通过计算得知,滤料经向和纬向的断裂强力保持率均在 80% 以上,说明该滤料经过长时间处理后仍能保持良好的强度,符合对长期工作在高温条件下滤料强力的要求。由试验可知:三种试样经不同时间处理后,其经向断裂伸长率均在 4%~5% 之间波动;而纬向断裂伸长率,试样 3 波动较明显,在 6%~7% 之间,另两种试样波动较小,略呈下降趋势。滤料的经向和纬向的最低断裂伸长率保持率分别为 88.60% 和 84.47%,说明该滤料长期在高温下工作仍能有良好的柔韧性。总体而言,滤料受热后,经、纬向强力参数均在一定范围内变化,虽有下降趋势,但仍保持较大的强力绝对值。该滤料初始断裂强力受热后下降,这与玻璃纤维表面涂覆的浸润剂在高温作用下化学性能发生变化有关。从各项数据来看,试样 1 的断裂强力和断裂伸长率在经过不同温度和时间的处理后波动幅度最小,说明面密度为 $750g/m^2$ 的参数设计比较合理。

2.3 滤料透气性的变化

对比三个试样不同处理温度和处理时间下滤料透气性的变化曲线可以发现,除了试样 2 的透气率有些微小的波动外,其他两个试样的透气率几乎没有变化。这表明处理温度和时间对滤料的透气性没有明显影响,能够确保滤料在实际工作中具有良好的过滤效果。

3 结论

三种试样经 160℃、200℃、240℃和 280℃四种温度处理 24h 后,经向断裂强力均呈现先下降再上升然后再下降的波动趋势,纬向断裂强力均呈下降趋势;强力仍然保持在 2000N/(5cm×20cm) 以上;经向和纬向伸长率保持率均在 80% 以上,能够满足工作过程中温度的变化对滤料性能的要求。

三种试样在 200℃的烘箱中经 24h、48h、72h 和 96h 处理后,表现出与改变处理温度时相同的变化趋势;滤料经向和纬向的断裂强力保持率均在 80% 以上,符合长期在高温条件下工作对滤料强力的要求;处理后的滤料断裂伸长率保持良好,说明滤料长期在高温下工作仍能有良好的柔韧性。三种玻璃纤维复合滤料经高温处理后透气性没有明显波动，说明处理温度对滤料透气性的影响较小，可使滤料在高温条件下保持良好的过滤效果。经不同温度和时间处理后，试样 1 的强力和透气性的波动幅度最小，试样 3 次之，试样 2 波动幅度最大，表明面密度为 $750g/m^2$ 的参数选择比较合理。

参考文献（略）

高性能非织造布在面部防护过滤介质上的最新应用

芦长椿

（全国化纤新技术推广中心）

1 多因素促面部防护装置开发

依据世界卫生组织（WHO）的研究报告，目前全球每年由空气污染造成的死亡人数在 200 万以上。中国环境规划研究院关于我国空气污染的评估报告则称，中国内地空气污染面积已占国土总面积的 1/4，每年由此导致的死亡人数约为 35 万~50 万人。可吸入颗粒物不仅日益恶化着公共环境，更严重威胁着人们的健康。因此，欧洲要求空气中 PM10 可吸入颗粒物的浓度，即直径 $10\mu m$ 或更低的颗粒物，在 24h 内以平均值计不得超过 $50\mu g/m^3$，全年测试段要低于 $40\mu g/m^3$，PM2.5 年平均值则不得超过 $25\mu g/m^3$。北美地区对空气质量的要求也十分严格，24h 内 PM2.5 的颗粒物要求在 $35\mu g/m^3$ 以内，PM10 指标为 $50\mu g/m^3$，年均要求 PM2.5 颗粒物不超过 $10\mu g/m^3$，PM10 颗粒物在 $20\mu g/m^3$ 以内。WHO 对可吸入颗粒物控制提出了建议性指标，即 24h 时间段 PM2.5 为 $25\mu g/m^3$，PM10 指标为 $50\mu g/m^3$；以年计 PM2.5 不超过 $10\mu g/m^3$，PM10 为 $20\mu g/m^3$。过去 10 年间，面对持续恶化的公共环境和不断出现的传染病疫情，诸如 B 型肝炎、艾滋病、禽流感各种变异病毒以及呈蔓延之势的超级细菌（MRSA）带来的危害，一些空气过滤材料生产商如北美 Foss 公司等适应市场需要，开发了新一代呼吸器和外科手术面罩用的抗霉菌系列"Fosshield"过滤材料，受到了市场的普遍青睐。

目前市场上的个人面部防护装置和外科手术面罩性能有所不同，表 1 为部分面部防护装置和不同过滤介质的使用性能比较。大量研究表明，医用口罩、外科手术面罩和护理口罩并不是为预防空气中的有害颗粒物而设计的，这类口罩不能替代经过认证的呼吸防护装置。

表1 面部防护装置使用的不同过滤介质性能对比

项目	医用面罩	外科手术面罩（可过滤 3μm 及以上颗粒物，过滤效率 95%）	N95 面罩（可过滤 0.3μm 及以上颗粒物，过滤效率 95%）	纳米纤维介质面罩（可过滤 0.027~0.1μm 颗粒物，过滤效率 99.9%）
葡萄糖菌（菌尺寸 3μm）	无作用	适用	适用	适用
颗粒物（颗粒尺寸 2.5μm）	无作用	无作用	适用	适用
禽流感（病毒尺寸 0.05~0.12μm）	无作用	无作用	无作用	适用

2 面部防护装置使用的高性能非织造布过滤材料

2.1 熔喷非织造布在面部防护制品上的使用

熔喷非织造布作为过滤介质在面部防护制品上已广泛使用，如美国 H&V 公司呼吸器选用的滤材中，N95 面罩所使用熔喷非织造布过滤材料的克重包括 $30g/m^2$、$40g/m^2$ 和 $50g/m2$ 等 3 种，N99 使用了 $60g/m^2$ 和 $70g/m^2$ 两种，N10 则使用了 $90g/m^2$ 的滤料。该公司一次性呼吸器制品中熔喷材料的利用亦十分普遍，如 FFP1 型产品上使用熔喷材料的克重包括 $30g/m^2$、$50g/m^2$ 和 $130g/m^2$ 等 3 种，FFP2 系列产品使用的克重为 $86g/m^2$，FFP3 系列使用的克重 $125g/m^2$ 的产品则采用熔喷和纺粘复合过滤介质。而在该公司可重复使用的呼吸器产品中，FFP1-3 系列采用克重较高的熔喷材料，如克重为 $150g/m^2$、$230g/m^2$ 和 $310g/m^2$ 的产品。

近年来，功能性熔喷过滤材料的开发和应用受到了很多生产厂家的注意，如 Vogmask 面罩即选用聚丙烯（PP）微细旦熔喷非织造布作过滤介质的选材。

上海 NYK 合资工厂生产的 FSC-F-99E 呼吸器，过滤介质选用 4 种非织造布材料复合而成：第 1 层使用非织造布，第 2 组分为抗菌非织造布，第 3 层选用熔喷非织造布为过滤层，第 4 层为支撑层，该层在设计上具有可重复再用功能。FSC-F-99E 呼吸器取得了 Nelson 实验室的认证，初始气流阻力为 114.7~123.5Pa，过滤效率可达 99.882%~99.928%。以下就此两类用作面部防护的新型滤材作简要介绍。

熔喷/短纤维纤维网复合材料过滤介质。研究人员选择了具有多孔隙结构的非织造布材料，即采用熔喷非织造布和短纤维网，通过特定的空气网络方法制得的多孔隙复合型材料。熔喷材料与短纤维网经空气网络处理后，过滤性能得到提升。短纤维组分的添加可明显改善过滤介质的抗压实性能，提高过滤和抗堵塞能力，而熔喷纤网中的中旦纤度组分可有效屏蔽细微粒子。表 2 为多孔隙复合过滤介质两种纤维材料的技术特征。

表 2　熔喷 / 短纤维纤维网复合过滤介质的技术特征

多孔隙介质	克重 (g/m²)	厚度 (mm)	压力 (mmH₂O)	密实度 (%)	网单丝直径 (μm)
熔喷网	50-77	1.1-1.6	0.25-2.52	4.9-5.1	7.0-17.2
	104-258	2.2-4.1	3.30	5.2-6.8	7.1-11.9
短纤网	101~130	7.0-8.8	0.17-0.19	1.6	22.9-24.6
	150-258	3.4-4.1	3.30-3.55	5.7-6.8	9.0-11.9

该呼吸器使用的熔喷纤维网通常由两种纤度各异的纤维组成，其中单丝直径小于 10μm 的网约占 30%~50%，中旦网材的单丝直径大于 10μm。细旦和中旦两组分网材可以采用同种或不同种聚合物。短纤网可选择的纤维品种包括 PET、PP、PA 或 PE，纤维的纤度为 4D 和 6D，卷曲度 10~30 个 /cm，热粘合纤维的添加比例为 50/50 或 30/70。

多孔隙非织造布过滤材料的复合工艺是在专门的装置上完成的。熔喷非织造布的纺丝成形采用双螺杆挤压机配置，以提供两种规格或两种不同聚合物的熔喷纤维网。两种熔喷网复合采用空气网络工艺，以增强细旦与中旦纤维网间的抱合性能。在卷取前和短纤网复合亦采用空气网络方式，其后卷取成形。使用多孔隙非织造布复合结构过滤介质的呼吸器，过滤性能良好。

功能性熔喷非织造布过滤材料。大量的研究成果显示，对熔喷纤维网进行等离子处理，可以赋予纤维材料以持久的亲水性、良好的过滤 / 分离性能和可渗透性。Loads 技术大学的研究团队在面部防护装置过滤材料的研究中，选择克重为 80g/m²、网厚度为 2.12~5.82μm 的 PP 熔喷网材进行低温冷态等离子处理（LPCP），明显改善了熔喷过滤介质对固体颗粒物（粉尘、烟雾等）和液态颗粒物（雾）的屏蔽性能。在检测评定中，依据 EN143/2000/A1.2006 的规定，经过等离子处理的熔喷过滤介质的防护性能级别可由 P1 级提高到 P2 级。通过添加改性剂即添加各种静电剂的方法，以提高驻极熔喷过滤材料对颗粒物捕集能力的研究亦表明，使用熔融指数为 0.34g/10min 的 PP 原料，当熔喷纤维网的克重为 90g/m²，网的单丝直径为 740nm 时，其配置的过滤介质面罩对在 0.5μm 颗粒物环境下作业的人员可提供有效的保护。

2.2 细旦纺粘非织造布过滤介质

分裂纺非织造布亦被称为最细的纺丝成网产品，利用该设备纺制的 PP 网材，单丝的平均直径可以控制在 3~10μm 范围内。Nanovia 公司开发的新一代网材，即"Nanolies"

的单丝直径可达 400nm，应该说分裂纺工艺是生产亚微米－纳米纤维的重要方法之一。

近年来，Nanovia 公司开发了专门用于面部防护的过滤材料，其中抗菌系列面部防护过滤介质采用三组分复合结构配置，即纺粘层 / 抗菌分裂纺纤维网 / 纺粘层，屏蔽效率可达 99.90%，介质的接触角≥ 120°。据介绍，该产品符合欧洲 EN14683 标准。

另一款抗病毒系列过滤材料的组成是纺粘和熔喷的混合组分层 / 抗菌分裂纺纳米纤维网 / 纺粘层，病毒屏蔽效率达 99.90%。Nanovia 公司的抗菌亚微米－纳米级纤维过滤材料也取得了美国 Nelson 实验室的品质认证。

在外科手术面罩的制作中，美国 Ahlstrom（奥斯龙）公司大量选用克重为 $15g/m^2$ 或 $20\ g/m^2$ 的纺粘非织造布或 $20\ g/m^2$ 的双组分纺粘非织造布作原料，柔软且具有较好的强力和消费者可接受的价格。

2.3 聚合物纳米纤维过滤介质在面部防护装置上的应用

静电纺纳米纤维过滤材料。聚合物纳米纤维具有独特的孔隙结构和优良的透过率，因而在高端过滤和分离领域得以广泛使用，其单丝直径通常在 100~500nm 之间。Elmark 公司提供的抗菌纳米纤维过滤介质，其生产线配置主要为 3 个工序，即聚合物纳米纤维网成形单元、抗霉菌纤维单元和过滤介质性能最佳化处理装置。抗菌纳米纤维介质通常由 3 层纤维构成，即：外部支撑层多使用 SMS 或纺粘材料；中间为添加活性物的纳米纤维层，具有生物功能；内层则采用纳米纤维网以屏蔽细微颗粒物。

Elmarco 公司过滤材料生产线可生产普通纳米纤维，亦可生产抗霉菌纳米纤维过滤材料。NS-1600 生产设备为两单元配置，幅宽 1600mm，生产线运转速度为 3.2~4.2m/min，纤维网规格从 $0.3~0.4g/m^2$，网的单丝直径平均为 200nm，设备产能在 6440~8450m^2/ 天之间（每天运转时间 20 h）。

韩国 Bluefine 公司提供的纳米纤维滤料的面罩或呼吸器，据称可有效屏蔽 SARS 病毒对人体的侵害。该过滤材料由 5 层纤维网复合而成，第 1 层组分使用 PP 纺粘非织造布，第 2 层为 PET 梳理型非织造布，第 3 组分选择了纳米纤维网，第 4 层为活性炭纤维，第 5 层组分则使用 PP 纺粘非织造布。

英国 Redspeare 公司是世界上最早大规模生产和使用纳米纤维的厂家之一，在呼吸器或外科手术面罩过滤材料的应用研究中积累了丰富的经验，其面部防护装置的性能评定结果显示，对过敏源、细菌、真菌、病毒（如 SARS、炭疽、H5N1、H1N1、H7N9 流感病毒等）具有 100% 的捕集能力。该公司投放市场的呼吸器和外科手术面罩，采用多孔隙结构的过滤介质，由 3 层纤维材料构成，中间芯层以为单丝平均直径为 100nm 的纤维过滤为介质，孔隙尺寸 0.025μm，过滤效率可达到 99.997%。24h 佩戴，压力降 32Pa/cm2，使用安全并具有市场可接受的价格。

近年来复旦大学大气颗粒物污染防治实验室在对 PM2.5、PM10 可吸入颗粒物的数量、浓度与居民健康风险关系的研究中认为，PM0.5 可吸入颗粒物对人的危害其实更为严重。颗粒物直径越小其对应的数量浓度和总表面积越大，亦越有可能携附更多的有害物质进入人体。据调查，目前国内很多地区空气中的 PM0.5 颗粒物含量很高，污染空气的可吸入颗粒物粒度分布中，直径低于 0.5μm 的粒子大约占 37%~40%，对人体健康存在着潜在的危害，因而对用于面部防护装置的过滤材料提出了更高的要求。

西班牙 Leitat 技术中心的研究人员开展了新型过滤材料的研究，旨在减轻在颗粒直径小于 0.5μm 环境下工作人群可能面临的健康威胁。该项研究选用纳米级聚酰胺（PA）纤维作为屏蔽介质、克重为 28g/m² 的纤维素纤维非织造布作为支撑层，在 110℃ 下通过热压方式制得了复合结构的过滤材料。屏蔽材料使用的 PA6 纳米纤维是在静电纺丝装置上制得的，纺丝液选择的溶剂为甲酸 / 乙酸的混合系统，两种溶剂的体积比为 1：1，在 50℃ 条件下配制的成形液质量浓度在 10%~15% 之间，粘为 110mPa·s（10% 浓度时）。使用无针静电纺丝工艺，原液挤出量为 0.5~1.0L/h，电压采用 20~30kV，与收集装置的间距为 10~15cm，纤维网单丝直径可控制在 66~195nm 范围内。从 PA6 纳米纤维过滤材料的渗透试验结果可以看出，介质的过滤效率可达到 99%。

熔喷法纳米纤维过滤介质。当前熔喷法工艺制备聚合物纳米纤维技术已投入工业化生产，其纤维网的单丝直径可控制在 500~1000nm 之间。熔喷法生产聚合物纳米纤维生产效率高，且成本更具竞争优势。H&V 公司立足于熔喷法工艺，开发了新型熔喷非织造布产品"Nanoweb"，将该纳米纤维网用于呼吸器，其阻力可比常规熔喷产品降低 30%~50%，从而可改善呼吸器的气流运行状态，提高使用的舒适度。目前 H&V 公司的熔喷面部防护用过滤材料已大量投放市场，克重范围为 5~400g/m²，厚度可控制在 0.07~13mm 之间，纤维网单丝直径为 0.7~8μm，使用的原料包括 PP、PET、PE、PBT、PA 以及 PPS 等。Nanoweb 网材的技术特点如表 3 所示。

此外，H&V 公司还开发了"F-99E"呼吸器面罩，这是一款专门用于应对可能发生的甲型 H1N1 流感和禽流感疫情的产品，其过滤效率达到 99.7%。该产品的过滤介质采用 4 层结构配置，即：第 1 层使用非织造布；第 2 层采用抗菌纳米纤维网，可屏蔽大部分病毒；第 3 层使用熔喷法纳米纤维材料；第 4 层为特制的非织造布，用以强化制品的耐用性，确保呼吸器可连续使用 30 次以上。

表 3　纳米纤维网面罩滤材的技术特征

克重 (g/m²)	总厚度 (mm)	空气透过率 [m³/(min·m² 滤材)]	生产效率 (m/min)	最大孔隙直径 (μm)
132~137	0.79	8.4~9.9	20.7	30~35
126~130	0.79	9.0~10.2	14.6	41~47
132	0.84	14.7	20.7	37
126	0.79	16.5	13.7	43

2.4 环境友好型面部防护装置的过滤介质

Foss 公司利用 Agion 公司的抗菌技术，成功制得了"SpectraShield-9900"系列抗菌呼吸器，该产品据称对蔓延于欧洲与北美地区的超级细菌（MRSA）疫情具有 99.99% 的杀菌效率。该公司开发的呼吸器和外科手术面罩过滤介质使用的纤维材料具有 100% 的安全性，选用回收再利用的聚酯瓶片作原料，因而具有鲜明的环境友好特点。过滤介质的抗菌纤维层选择使用双组分皮芯型短纤维，皮芯层重量比为 30/70。通过特别的方法将银／铜系列抗菌制剂压入双组分纤维的皮层，抗菌剂添加量为 0.2%~6%，由于抗菌剂仅分布在纤维的皮层，因而可有效降低使用量，但同时又可确保过滤介质在重复使用过程中其抗菌效果不会降低。皮芯型双组分抗菌纤维一般采用气流成网方式成网，然后与熔喷非织造布过滤层进行复合。

近来，波兰 Loads 技术大学开展了生物可降解过滤材料的研究，即将聚乳酸（PLA）纤维用作面部防护面罩的颗粒物屏蔽介质。过滤材料采用 3 层结构，外层主要用作屏蔽大量的气溶胶粒子，选用 PLA 短纤维针刺非织造布；芯层使用驻极熔喷非织造布；内层则为纺粘非织造布，以保持面罩形状并保证耐用性。外层针刺非织造布使用的 PLA 短纤维的性能指标如表 4 所示，PLA 纺丝成网的工艺特征如表 5 所示。

在 PLA 熔喷纤维网的制备中，其原料选用了 NatureWorks 公司的 6202 型 PLA 树脂，纤网克重为 140g/m²，单丝直径 < 1μm。通过气溶胶渗透试验、呼吸阻力试验、面罩气密性试验以及过滤介质黏附颗粒物检测，结果证明：生物可降解的 PLA 熔喷纤维网作为呼吸器的过滤介质达到了欧洲 FFP2 标准。

117

表4　PLA 短纤维的技术特征

线密度 (dtex)	单丝直径 （μm）	强力 (cN/tex)	伸长率（%）	卷曲数 （个 /10mm）	切断长度 （mm）
1.67~2.82	13.1~17.0	13.94~21.50	28.2~89.5	4~10	39.3~55.0

表5　PLA 纺丝成网的技术特征

克重 （g/m²）	厚度 （mm）	密度 （kg/m³）	空气透过率 [100 Pa 下，L/（m²·s）]	平均断裂张力(N)		平均断裂率（%）	
				MD	CD	MD	CD
20.99	0.183	114.63	2 687	2.88	3.67	2.83	4.90

3　关于国内面部防护过滤材料技术发展的思考

个人面部防护装置是现实的需要，具有巨大的潜在市场，从这点来说，我国个人防护装备（PPE）行业同时面临着无限的商机以及转型升级的巨大压力。

3.1　个人面部防护装置市场具有巨大的拓展空间

据统计目前人类可接触到的病毒不下 5000 余种，且这一数据还在增长。依据 WHO 的统计，全球范围内每年约有 20% 的人群受到过敏性鼻炎的干扰，有 70 万人死于流感。生活中不经意的一个喷嚏，可产生 4 万个直径在 0.5~12μm 之间可能致病的液滴，而医院中 97% 的感染源于医用材料（主要是医用纺织品）。而从我国来看，严重的空气污染带来的可吸入颗粒物正危及人们的健康。京津冀局部地区的 PM2.5 的浓度一度超过了 1000μg/m³。不断更新的研究报告显示，在 PM2.5 可吸入颗粒物分布中，PM0.5 及更小的颗粒物的危害性更为严重。

近几年，防护面罩和呼吸器市场一直呈上升态势，随之而来的全球医用非织造布市场的年增长率亦持续保持在 40% 以上。面部防护装置已成为公共健康和周期性作业人员进行安全防护所采用的主要方法，因而过滤材料作为面部防护的核心技术必然会受到业界的特别重视。

目前，开发高成本收益的加工工艺、提高已投放市场的防护面罩的过滤材料性能是最切实有效的做法，而纤维原材料的选择也日益倾向于可再生资源。聚合物亚微米－纳米纤维是过滤与分离领域最具市场潜力的新材料之一，而功能性聚合物纳米纤维，特别是抗菌纳米纤维已在高性能面部防护装置过滤材料上使用，在应对大气中的生物危害以及可能突发的流行病疫情方面具有实际价值。而普通消费市场上，消费者则更偏好具有可视性好、防湿防水、可重复使用、部件可置换、高过滤效率和低成本等特点的新一代面罩。

3.2 国内个人防护装备行业面临着提高品质和产品系列化的压力

现阶段，我国的个人防护装备行业尚未真正成型，基本沿着传统劳动保护行业的经营理念，企业规模较小，产品技术含量较低，虽已有成百亿片呼吸器或面罩的名义产能，但进口和贴牌产品仍占据着市场的不少份额，国产防护面罩行业在产品系列及发展理念上均面临着很大的压力。

从全球个人防护装备的技术发展现状来看，防护面罩和呼吸器的品种系列化特征十分明显。如3M公司开发的一次性呼吸器，其过滤介质采用抗静电微细纤维网，具有优良的透气性能；而可重复使用的呼吸器系列配置各种备件，使用简单方便且舒适，具有多用途特点，特别适宜在工业粉尘和气体污染环境下佩戴；第三系列是专门用于粉尘和气态物过滤的呼吸器。除上述几个系列外，该公司还可依据突发疫情提供特别的防护面罩，如3M 8210 N96型呼吸器，即市场上所称的H1N1型流感专用防护面罩。

在已经上市的英国Respro防护面罩的4个产品系列中，Sportsta系列适用于运动领域的活动人群使用，可屏蔽亚微米级的可吸入颗粒物；Benditscaf系列适用于对公共环境中烟灰粉尘以及刺激性的香气或恶臭气体的防护；City面罩是专为城市作业人群设计的，主要应对汽车尾气或灰尘；而Techo系列具有对亚微米颗粒物广谱的屏蔽功能，使用面较宽。

防护面罩的多品种系列化发展促进了跨行业、跨领域生产商的技术协作与交流。如Foss公司采用技术合作的方式，成功实现了抗菌面罩即"Fosshield"的商业化。"Fosshield"使用了Agion公司的抗菌剂，以回收聚酯瓶片原料制作的抗菌纤维由Foss公司提供，而抗菌防护面罩的设计和制作则由Nexera公司最终完成。这一案例再次印证了现阶段全球聚合物及其纤维材料技术领域的全新发展理念，即"全球性的合作与交流，比以往任何时候都显得重要"。

4 结束语

据统计，2013年淘宝网呼吸面罩和空气净化制品的销售额达8.7亿元，其中最贵的面罩价格达199元/个，最便宜的仅为1元/个。口罩是一种融品质与技术于一体的产品，虽然没有高贵和低级之分，但客观上来说，网上1元/个的面罩也反映了国内防护面罩市场的不规范和不成熟。

当前，我国非织造布行业产品品类齐全，产能、产量均居于全球前列，但市场亟需的高性能纺粘熔喷非织造布以及适用于非织造布深加工的功能性短纤维的开发还显得不足。据了解，截至目前，国内尚没有成熟的聚合物纳米纤维批量生产技术，与此同时实验室批量的产品应用研究则几乎无人问津，因此还无法为国内面部防护制品提供高性能的非织造布过滤材料。总之，国内防护面罩技术与市场尚待规范，我国个人防护装备产业的转型升级已刻不容缓。

参考文献（略）

过滤用纺织品的现状与发展前景

吴海波　靳向煜　任慕苏

（东华大学，上海大学）

过滤是一种分离、捕集分散于气体或液体中颗粒状物质的过程。过滤用纺织品是通过传统纺织、非织造及现代复合等技术加工而成的，是一种主要用于将两种或两种以上物质有效分离的介质。过滤用纺织品主要用于各种食用、医用、民用及工业用的固气分离、固液分离和固固分离，特别是用于燃煤发电、冶金、水泥、煤炭、沥青、化工、化肥等行业。过滤用纺织品涉及行业之广泛、覆盖面之大，在制造业中并不多见，是产业用纺织品行业中的一个重要领域。

1 过滤用纺织品的发展现状与趋势

1.1 过滤用纺织品的发展现状

国外过滤用纺织品的研究、生产、测试和应用已形成一个较完整的体系，高效空气过滤材料的研究开发已采用高性能纤维，如聚四氟乙烯（PTFE）、芳香族聚酰胺纤维、碳纤维、无机及金属纤维等，并已开发出非织造过滤材料、膜复合过滤材料和功能性过滤材料。

20世纪70年代，采用微细玻璃纤维过滤纸作为过滤介质的高效空气过滤器（HEPA），对粒径$\geq 0.3\,\mu m$的尘粒过滤效率高达99.999%，极大地促进了对室内空气洁净度有很高要求的电子、航空、精密机械等行业的发展。20世纪80年代以来，随着新技术的出现，又产生了性能更高的超低穿透率空气过滤器（ULPA）。无隔板过滤器技术不仅消除了分隔板损坏过滤介质的危险，而且可以有效地增加过滤面积，提高了过滤效率，并降低了气流阻力，从而减少了能量消耗。此外，空气过滤器在耐高温、耐腐蚀以及防水、防菌等方面也取得很大的进展，满足了一些特殊的需求。

截止到 2008 年,全球空气过滤市场规模约为 70 亿美元,2012 年达到 85 亿美元左右,用于空气分离颗粒、气体以及其他方面的过滤用材料的销售额在 2015 年将超过 34 亿美元,其中近 50% 是工业用过滤材料,民用市场大概占据 15%。总体而言,随着应用要求的逐步提高,空气过滤逐步从中低效向高效发展。

在湿过滤加工中,过滤介质是将液态物料中的液体从固体物质中通过机械方式进行分离的中间体,起分离作用的不仅仅是过滤介质本身,还有堆积在过滤介质上的滤饼。在某种特定情况下,可以用一些助滤材料来代替滤饼,以提高过滤效果。这种不同于深层过滤的方式称为滤饼过滤。纤维纺织品是用量最大和用途最广的湿过滤介质之一。对湿过滤纺织品进行研究和开发,在加工技术上通过若干精整技术(如轧光、热处理、复合技术以及涂层等工艺)来改善其综合性能,可使其适合于条件非常苛刻的工作环境。

传统过滤纺织品在各种产业领域虽然是必不可少的辅料,但大多只起到"辅助"作用,然而高性能纤维滤材的应用,在一些高技术领域还可成为"关键部件"或"核心技术",对构筑某些产业的循环经济链有重要作用。特种纤维滤材主要指耐强腐蚀性纤维、耐高温纤维、碳纤维、活性碳纤维、离子交换纤维、超细纤维等的织物或非织造滤材,以及中空纤维膜过滤材料,后者包括气体分离膜、微滤膜、超滤膜、纳滤膜、反渗透膜和透析膜等。

1.2 过滤用纺织品的发展趋势

目前,空调过滤器开始采用纳米光催化与微胶囊相变有机结合的新兴技术,可直接分解空气中的甲醛、苯、氨等污染物,同时能够杀死细菌、病毒等具有蛋白质结构的微生物,并将其分解成对环境无二次污染的无机小分子,从而达到净化空气的目的。通常,低效过滤器主要用于阻挡粒径为 $10\mu m$ 以上的沉降性微粒和各种异物;中效过滤器主要用于阻挡粒径为 $1\sim10\mu m$ 的悬浮性微粒,以免其在高效过滤器表面沉积而很快将高效过滤器堵塞;高效过滤器(或亚高效过滤器)主要用于过滤含量最多、用低效和中效过滤器都不能或很难过滤掉的粒径在 $1\mu m$ 以下的亚微米级微粒。

被称为"驻极体"的静电材料,如聚乙烯吹制膜和通过摩擦带电的聚丙烯纤维或丙烯酸纤维滤材,已经用于住宅空调的过滤器中。由于驻极过滤器带有较高的电荷,其对粒径为 $1\sim3\mu m$ 粒子的初始过滤效率比大多数其他过滤器高 80%,对粒径为 $3\sim10\mu m$ 粒子的初始过滤效率比其他过滤器高 90%,初始阻力约为 $1.96\sim3.43kPa$($0.20\sim0.35mH_2O$)。

20 世纪 80 年代,随着非织造材料技术的进步以及高性能合成纤维非织造过滤材料的应用,全球袋式除尘器的除尘效率提高了一个数量级。之后,抗静电、耐高温(使用温度≥210℃)、抗腐蚀、防油防水等一系列具备特殊功能的过滤材料问世,大量用于处理水泥、电力、钢铁、垃圾焚烧、有色金属、炭黑等工业的高温烟气,有效改善了粉尘颗粒对空气的污染。目前,我国已完整具备生产玻璃纤维机织布、常温合纤针刺滤料、防静电针刺滤料、防油防水针刺滤料、耐高温耐腐蚀针刺滤料、各种玻璃纤维滤料及PTFE覆膜滤料等产业体系。

过滤膜材料主要分为有机膜和无机膜。有机膜价格较便宜,但易污损,使用寿命短;无机膜能在恶劣环境下工作,使用寿命长,但价格较贵。过滤膜材料的主要发展方向:

(1)新型高通量无机膜(如金属膜)。金属膜采用不对称结构,以粗金属粉末作支撑材料,以同种合金的细粉末喷涂作有效滤层,其孔径分布集中在1~2μm,颗粒物难以进入滤膜内部堵塞滤道而滞留在膜表面,形成表面过滤。与传统多孔烧结金属滤材相比,不对称金属膜滤通量高,压降较小,反冲洗周期长,且反冲效果较好。

(2)有机膜的改性,以提高通量及抗污损性能。制作有机-无机混合膜,使之兼具有机膜及无机膜的长处。改性添加剂使膜表面结构永久性改变,并使膜亲水性增加,不易污损,特别适用于原水预处理以减少用氯量,对病毒去除率达到5~6个数量级,对细菌去除率更高。

(3)反渗透膜。界面聚合聚酰胺反渗透膜是目前卷式反渗透膜的主流。近年来,卷式聚酰胺反渗透膜的研究主要集中在合成时引入某些功能基团的新单体,或者对聚酰胺基质膜的交联结构进行改性等。寻找新的膜材料来代替聚酰胺,或者通过添加无机纳米材料来改善聚酰胺膜的分离性能、化学稳定性及耐污染性。

2　国内过滤用纺织品产业基本状况

目前,我国过滤与分离用纺织品的应用领域十分广泛,受国家环保政策的影响,过滤与分离纺织品行业继续保持快速增长,高温过滤纺织品增速明显。2006~2010年我国过滤与分离用纺织品量年均增长率为16.7%,2011年达到64.9万吨,预计2012~2016年年均增长率为13%,2015年年增长量将达到103万吨。

我国的高效过滤材料和袋式除尘技术是同步发展的,环保滤料产业的分布格局大体以"南有浙江天台,北有辽宁抚顺,东有江苏阜宁,西有河北泊头"的产业集群的形式发展。近几年,以阜宁县环保滤料行业发展最为突出,形成了具有集群优势的阜宁滤料产业集群。据统计,仅阜宁县就有滤袋企业 136 家,其中规模以上(年产值超过 3000 万元)企业有 48 家,已形成从原料到环保滤料毡布及配套设备的完整产业链,近两年吸引了多家国内滤料骨干企业入园,极大地提升了当地滤料产品的档次和研发水平,带动集群整体竞争水平的提高和区域品牌影响力。

家用过滤器的普及率正在逐年提高室内空气净化器是空气过滤材料的又一潜在市场,美国空气净化器市场的年增长率在 10% 以上,我国还只是刚刚起步,普及率还很低。分离膜应用涉及反渗透、纳滤、超滤、微滤、电渗析等单元操作或集成的膜法水处理系统,气体混合物的膜法分离,液体混合物分离的渗透汽化膜过程,以及医用血液透析膜等。与国外相比,我国某些工艺技术接近国际水平,但膜组器技术和性能与国际水平相比仍有较大差距,复合膜性能比国外低且尚未规模化生产,卷式元件和中空纤维组件离海水淡化的目标较远。

根据我国过滤用纺织品行业情况分析可知,在技术层面上,国内目前没有特别重视对过滤材料的研究,在原材料、梯度成型技术、膜复合技术、检测技术、模拟理论等方面的研究与国外差距较大,很多过滤材料仍依赖进口;在产品层面上,外资公司占据了国内高端耐高温滤料产品的大部分江山,市场比例达到 29.2%。

3 存在的主要问题

我国过滤用纺织品在过去的 10 年里有长足的发展,但在产业结构、制造技术、产业集中度、产品标准、专用原料及设备以及下游应用领域开拓等方面,与发达国家相比,仍存在较大差距,存有低水平、恶性竞争等现象,影响行业健康发展,导致目前我国过滤用纺织品行业的自主创新能力水平仍然较低,行业高附加值特征未能充分体现。

3.1 产业结构不合理

国内过滤用纺织品产业结构不合理,产品主要以常规中低端产品为主,高档产品较少,主要以中间材料生产为主,纤维材料和终端制品的研究开发不足,自主创新水平低,对应用领域的跟踪和服务能力差。

3.2 技术与设备水平不高

针对各类高性能、功能性等过滤用纺织品加工技术和装备,受自动化水平、设备精度等因素制约,与国外相比,我国在生产技术和产品性能方面还有相当大的差距,主要表现在高速宽幅非织造梳理铺网技术、高速宽幅非织造纺粘熔喷成型技术、低损伤高速针刺缠结技术、重磅宽幅高速织造技术等方面。

3.3 产业集中度低，规模效应不足

我国袋式除尘行业中民营企业占 90% 以上，小型企业居多，集中度不高，很多企业在低水平上重复，彼此低价竞争，影响了产品质量的提高、技术的进步和行业的健康发展。2009 年天台县共有产业用纺织品企业 327 家，其中年产值在 500 万元以上的企业有 50 家，年产值在 2000 万 ~5000 万元的企业有 10 家，5000 万元至 1 亿元的企业有 5 家，超过亿元的企业有 1 家。与国外相比，过滤用纺织品行业缺少对完整产业链有影响力的大型企业。

3.4 标准体系不完善

目前，我国过滤用纺织品标准体系并不完善，尤其是过滤用纺织品标准与最终产品的应用标准衔接不够、技术指标和检测方法标准不统一的问题比较突出，产品质量缺乏规范监管。

4 我国过滤用纺织品发展战略

在我国过滤用纺织品科学研究、工程化、产业化的基础上，应进一步深入开展过滤用纺织品及其应用的基础研究，着力突破我国过滤用纺织品的工程化关键技术，提高产品性能并降低成本，提升滤料行业整体竞争实力。可通过应用领域和市场的拓展，扩大产业规模，建设产需衔接良好的产业链，培育骨干企业和品牌，促进滤料行业健康有序发展。

4.1 环境大气工业除尘过滤用纺织品

环境大气工业除尘过滤纺织品现已广泛应用于有色冶金、电力、机械、建材、化工、轻工、粮食加工等诸多行业领域。

（1）钢铁工业。2012 年我国粗钢产量达到 7171.6 万吨，全国有 1600 多家钢铁企业。据统计，我国钢铁工业排放废气 122928 亿 m^3，占工业排放量的 23.7%，其中粉尘 93.5 万吨、烟尘 56.3 万吨，分别占工业排放的 10.2% 和 22.9%，主要有烧结炉、高炉、转炉、电炉四大产生高温烟气粉尘的污染源。焦化厂排放的气体污染物主要为煤尘、荒煤气、焦油烟、BaP（苯并芘）、BSO（苯可溶物）、H_2S、SO_2、NO_x、CO 等，主要污染源包括焦炉炉体的连续性泄漏，推焦、熄焦时的阵发性排放，焦炉烟囱以及原料煤的粉碎，焦炭在筛分、贮运过程中的连续性排放等。钢铁行业各个工序大部分采用机织或非织造滤袋的耐高温袋式除尘

器,约占钢铁工业所用除尘器的70%。

(2)水泥工业。2012年我国水泥产量达到22.1亿吨,新增生产线125条,新增熟料产能为1.6亿吨。我国是世界上第一大水泥生产国,每年向大气排放的粉尘、烟尘在4000万吨以上,颗粒物排放占全国排放总量的20%~30%,SO_2排放占全国总排放量的5%~6%,氮氧化物占全国排放量的10%左右,居火力发电和汽车尾气排放后的第三位。水泥工业排放的含尘气体,根据工艺的不同,既有常温粉尘,也有高温、高湿、高浓度、易燃、易爆粉尘。常用的过滤材料有玻璃纤维、涤纶针刺毡、芳砜纶、覆膜滤料等。水泥窑头窑尾烟气处理时需要前置烟气冷却设备,常用增湿塔,导致生料磨中出来的烟气水分含量大,因此,其滤料选择既要耐高温又要耐水解、防结露。新型干法水泥窑烟气处理通常采用玻璃纤维滤料、玻璃纤维织物覆膜、聚酰亚胺毡及玻璃纤维与聚酰亚胺混合毡等高温滤料。

(3)燃煤电厂。我国2012年用煤达36.5亿吨,其中电站锅炉用煤约占50%,工业锅炉用煤约23%。我国以煤炭为主的一次能源结构,决定了在今后相当长的一段时期内火力发电都将是我国电力生产的主要方式。目前我国火电行业袋式除尘器的应用比例还比较低,如果按照"十二五"期间火电行业袋式除尘器应用比例达50%计(含电袋),袋式除尘器在燃煤电厂的使用还有很大空间。聚苯硫醚纤维滤料是适用于电站锅炉烟气除尘的主打滤料,但是聚苯硫醚纤维耐温、耐酸性差,耐氧化性更差,为此应加紧开发聚苯硫醚、聚酰亚胺、PTFE等多种纤维混和滤料及化学后处理技术,弥补纯聚苯硫醚滤料性能的不足。

(4)生活垃圾焚烧电厂。根据各地规划,"十二五"期间生活垃圾焚烧处理能力将达到17.5万吨/天,其中在建焚烧处理能力为6.7万吨/天,扩建焚烧处理能力为0.9万吨/天,规划新建焚烧处理能力为10万吨/天。垃圾焚烧炉烟气既是高温、高湿、高含尘浓度,又含有酸性、有机废气及重金属,且工况波动大,对滤料选用最为苛求,滤料通常采用PTFE、聚苯硫醚、聚酰亚胺、玻璃纤维或它们的混合滤料。采用具有催化功能的滤料分解二恶英,是垃圾焚烧烟气净化技术的发展方向。

(5)有色冶金工业。我国有色金属产业发展迅速,年复合增长率达40.19%。有色金属冶炼行业的快速发展带动了对袋式除尘器的需求。有色金属矿山选矿厂在矿石的破碎、筛分、磨浮、过滤干燥过程中,会产生大量粉尘。若粉尘中含危害性较大的重金属颗粒物,滤料宜选择直径较小的纤维,以保证对微细粉尘的捕集效率。而熔炼炉炉顶烟气经表面冷却器冷却后通过滤袋回收有机粉尘,需兼顾过滤性能和耐化学腐蚀性能,PTFE和聚酰亚胺滤袋是较好的选择。

(6)化学工业。许多化工产品是在高温环境中,通过气凝胶生产的粉状产品,这些产品基本上用袋式过滤器来收集，如炭黑、三聚氰胺等。炭黑企业主要使用玻璃纤维针刺毡和 Nomex 耐高温针刺毡袋滤器来回收炭黑，过滤效率在 99% 以上。它不仅作为除尘器，还成为炭黑生产工艺过程中不可缺少的工艺设备。过滤用纺织品在化学工业方面的应用还包括化工行业用的电石炉除尘、车间有害尘粒的净化等。

（7）机械、交通、筑路、粮食、木材加工等。机械工业中的铸造、喷砂、喷涂，汽车、自行车、机车制造中的喷漆和冲天炉等都会产生大量的烟尘和粉尘，需要除尘。道路建设中铺设路面所用的沥青混凝土搅拌装置，粮食加工、面粉加工、饲料加工、木材加工，还有煤炭、陶瓷、烟草、轻工、纺织、化肥、农药、港口运输等行业也需使用袋式除尘器。

根据以上分析，预计到"十二五"末，我国袋式除尘器行业的总产值可达到 250 亿元左右，袋式除尘行业的滤料总量将达到 $11000 \times 10^4 m^2$ 左右，高端过滤袋市场需求量将达到 $5500 \times 10^4 m^2$ 左右。除了传统的电力、钢铁、水泥行业的大量应用，化工、垃圾焚烧、陶瓷窑、制药、烤烟、空调等数十个行业均是新的市场增长点。

4.2 车用过滤纺织品

2013 年汽车产销量均超过 2000 万辆，预测到 2020 年我国汽车产销量仍将保持 13% 以上的增速。目前，非织造布空气过滤器已在汽车制造行业得到普遍使用。按 1.2 亿辆的汽车保有量基数来换算，以每辆汽车每年至少更换 5 个（2 个机油滤、1 个空气滤、1 个汽油滤和 1 个空调滤）滤清器的需求量，2012 年我国汽车滤清器的市场需求量是 6 亿只以上。按照 5 个滤清器共计 120 元的消费金额来计算，2012 年我国滤清器市场规模接近 150 亿元。2018 年我国汽车滤清器需求量将达 12 亿只，预计市场规模达到 300 亿元。

4.3 室内空气净化过滤纺织品

PM2.5 的发布以及严重的雾霾现象使国民更注重生存环境和空气质量，我国当前空气净化器普及率不足 0.1%，保有量提升空间巨大，作为朝阳产业的空气净化器存在很大的市场空间。2010 年我国空气净化器销量达 100 万台，同比增长 50%。2011 年日本福岛核泄漏事件的爆发，让人们担心呼吸的空气中夹杂着核辐射元素，"空气净化理念"受到空前重视。2012 年市场规模达 126 万台、27 亿元，同比增长分别为 12.5% 和 23.6%。预计到 2016 年包括空气净化器在内的室内环保产业，其年产值将达到 800 亿元。

4.4 海水淡化用过滤纺织品

2012 年国家发改委出台《海水淡化产业发展"十二五"规划》提出，到 2015 年，我国海水淡化产能将达到 $220×10^4m^3$/天以上，需要直接投资约 350 亿元。全球有海水淡化厂 1.3 万多座，海水淡化日产量约 3500 万吨，解决全球 1 亿多人的供水问题。按照目前海水淡化设备平均每天处理 1 吨水需花费 7000 元的成本，我国未来 10 年海水淡化产能将增加 $(170~200)×10^4m^3$/天来测算，未来 10 年我国海水淡化设备投资有望高达 120 亿 ~140 亿元，行业有望进入高速增长期。在海水淡化方面，据我国青岛阿迪埃脱盐中心统计，2009 年底我国共建海水淡化装置 62 套，设计产能 $50×10^4m^3$/天，运行的日产水规模为 $40.88×10^4m^3$/天。到 2011 年底，我国已建成海水淡化能力达 $66×10^4m^3$/天。其中，浙江省的海水淡化总产水能力已达 $11×10^4m^3$/天，约占全国总产能的 16%。2012 年海水淡化比上年增长 4%，其中产水量高于 $1×10^4m^3$/天的海水淡化工程有 16 个。在海水淡化技术方面，海水淡化装置有 83.6% 的采用反渗透（SWRO）技术、11.5% 的采用低温多效蒸馏（MED）技术，采用其他技术的只占 4.9%。反渗透技术在海水淡化方面起着不可替代的作用，作为反渗透技术中的关键，反渗透膜在海水淡化中的使用量不可估量。

4.5 苦咸水用过滤纺织品

在苦咸水利用方面，据我国相关主管部门不完全统计，目前我国苦咸水年总利用量为 $76.2×10^4m^3$（占全国年可开发利用量的 38%），其中，苦咸水淡化年利用量约为 8.8 亿 m^3，占年总利用量的 11.5%，主要是工业用水和城镇居民饮用水，其他 88.5% 的利用量主要是农业灌溉和工业、生态用水及农村居民饮用水。目前，我国苦咸水淡化装置约 3170 套在运行或部分运行，日产淡水规模约为 $296×10^4m^3$/天。苦咸水淡化装置主要采用的技术是电渗析（ED）和反渗透（RO）。由于反渗透技术无需加热，更没有相变过程，因此比传统的方法能耗低，未来将逐步取代电渗析技术，成为苦咸水淡化的主流技术。

海水和苦咸水淡化、饮用水膜法处理、废水资源化等工程迫切需要大量的固 / 液分离用纺织品。我国 2009 年分离膜制品市场规模约为 60 亿元，加上相关工程，市场规模达 250 亿元。据估计，我国今后 10 年内膜法水处理产业将以 40% 的年增长率高速发展，膜产品制造业年增长率达到 20% 以上，将大大高于国际平均水平。

5 环境保护过滤用纺织品重点研究方向

当前过滤用纺织品技术中亟待解决的重大问题可分为新型纤维滤料成型技术、滤料复合工艺技术以及过滤材料功能性整理技术。这些技术的开发与产业化可有效缩短与发达国家的差距，有望开发出替代价格昂贵的进口滤材的新型高性能滤材，扩大在钢铁、水泥加工等领域中的应用。

高效过滤技术主要表现在提高过滤介质的比表面积和缩小介质材料的孔径尺寸。纳米纤维过滤介质主要用于气体、液体和分子过滤中。目前，复合过滤介质材料多由两部分组成，即超细纤维非织造材料与亚微米/纳米级非织造材料，其中纳米纤维组分决定着高效过滤介质的基本性能。通过静电纺丝方法制得直径为 70~500nm 的纳米纤维网，并将其敷于常规梳理非织造材料或机织物表面，可得到纳米纤维非织造材料。多层复合过滤介质的空气透过能力可以通过纳米纤维层的厚度变化和停留时间控制。与常规的超细纤维过滤材料相比，纳米纤维过滤介质具有理想的孔径。此外，纳米纤维还可以使过滤效率倍增，从而减少能源消耗。

针对国内驻极非织造材料电荷消散时间较短的问题，在纺丝过程中添加新型储电材料，可以延长驻极后纤维的带电时间。为此，应着重研究储电材料的种类与添加比例对于驻极效果的影响，并实现储电颗粒纳米化，尽可能减少其对纺丝过程的影响。在此基础上，研究储电颗粒沿纤维轴向均匀分散的方法，可最终形成具有长期储存电荷能力的驻极非织造材料，打破跨国公司在长效静电驻极技术上的垄断地位。根据最新全球市场报告显示，未来几年全球纳米纤维市场将快速增长，未来 5 年的年均复合增长率将达到 34.3%，市场销售收入将从 2010 年的 1.02 亿美元增加至 2015 年的 4.43 亿美元。

随着国家对排放标准的修订，袋式除尘技术因为可以达到严格的排放标准而越来越被重视，并被广泛应用于电力、钢铁、水泥、有色金属和垃圾焚烧等诸多领域。国际上所有的垃圾焚烧炉都采用袋式除尘器和高温滤料除尘，这类滤料必须满足耐高温、耐化学腐蚀、疏水、易清灰等技术指标要求。PTFE 纤维仍是世界上可找到的耐化学药品性最好的纤维，使用温度为 260℃，最高使用温度为 290℃，耐腐蚀性能好。但其在强度、静电积聚等方面的缺陷为滤料成型带来难度，限制了其在过滤领域的大规模使用。PTFE 纤维在梳理成网与固结关键技术中，首先应研发特殊处理助剂及处理作业程序和梳理机构，克服 PTFE 纤维易积聚静电的难点，使 PTFE 纤维可以受高速梳理并均匀成网。在此基础上，以全流程自动控制技术为目标，自主研发高速铺网与先进自调匀整技术，提高铺网速度并改善纤网均匀性和滤材的透气均匀性，为高质量 PTFE 过滤材料制备奠定基础。此外，基于 PTFE 纤维的纤网固结技术还应关注高效节能型水刺技术的产业化应用，力求在低能耗工艺条件下实现纤网的梯度缠结复合结构，减少高性能纤维用量，并在达到过滤精度的同时降低过滤阻力。

目前纺丝直接成网技术主要用于生产聚酯、聚丙烯与双组分纤维网，一些国外企业对高性能聚合物直接纺丝成网技术的研究仍处于保密状态。此外，纺丝直接成网中的纤网结构较为单一，需引入多级梯度纤网结构，以提升高性能纤维非织造材料的过滤精度，并在获得较高过滤效率的同时尽可能减小过滤阻力。

后整理技术在传统产业用纺织品中并不鲜见。现在，国内过滤用纺织品功能性整理技术的研究和应用尚处于起步阶段，如能在借鉴、结合传统后整理技术的基础上，针对我国燃煤等复杂过滤工况尾气、发动机尾气和室内空气净化等的要求，开展催化分解机理、功能性整理剂开发、整理技术优化等研究，必将在过滤用纺织品整理领域取得突破。

随着我国空气质量的持续恶化和国家环保政策的加强，对于产品过滤性能的要求也将不断提高，过滤材料将有较大的增长空间和较好的市场前景。因此，工业除尘用袋式过滤材料关键技术有望进一步控制粉尘排放，所开发产品具有广阔的应用范围和较高的需求量，能够产生重大的社会和经济效益。

参考文献（略）

增强基布种类对高温气体复合过滤材料性能的影响

王向钦 谢剑飞 王倩楠

（广州纤维产品检测研究院，东华大学）

近年来，随着环保意识的增强、可持续发展战略的实施以及生产技术的进步与多样化，各领域对高温气体过滤的需求和要求也在逐年提高，高温气体过滤材料的研发得到了国内外研究人员的广泛关注，对高温除尘技术进步极其重要。袋式除尘器在高温烟气污染的治理方面作出了巨大贡献，目前其应用已占国内外所用除尘设备的80%，其主要原因在于袋式除尘器对亚微米级甚至纳米级的细小粉尘颗粒物具有很高的除尘效率，且不会造成二次污染。耐高温袋式除尘器要求其使用的过滤材料具有良好的耐热性能及机械性能，以保证在高温烟气环境中滤料的除尘效率及使用寿命。

高温空气过滤就是将分散在高温气体中的细小颗粒物捕集与分离的一种操作。目前开发的大部分材料主要为针刺、水刺、纺粘等非织造材料，例如美国杜邦公司研发的复合针刺毡 Tefaire，是玻璃纤维与聚四氟乙烯的复合针刺毡；美国杜邦公司生产的 Teflon 过滤材料具有优异的耐酸碱性、耐高温性能、抗老化性、耐磨性和抗日晒性能；再如日本东丽公司的聚苯硫醚（PPS）纤维耐高温性、耐酸性和耐热湿分解性能优良，适用于化学成分复杂的条件下，而且使用寿命长。然而这些滤材大都使用常规尺度纤维，对于小颗粒烟尘（如 PM2.5 的颗粒）的过滤效率较低。静电纺丝纳米纤网结构紧密，比表面积大，对细小颗粒物的过滤效率高，因此逐渐在过滤领域受到关注。

然而，静电纺纳米纤维网的机械强力相对较低，难以承受高流速的高温气体通过所产生的压力，因而通常会与非织造材料复合。非织造材料生产过程简单，生产成本较低，但是其结构本身有一定限制，机械强力相对织造材料较低，斜向剪切回复性较差，因而长时间在压力下使用，会产生不可回复性变形，最终导致滤材破裂。

本研究开发的高温气体过滤材料为机织物与静电纳米纤网的复合材料。聚酰亚胺纳米纤网作为过滤层材料，相对于常规合成聚合物纳米纤网，其耐高温性能优异，力学性能、耐腐蚀、耐溶剂、耐辐射等综合性能也十分突出。同时,选用碳纤维、玻璃纤维以及芳纶机织物作为力学增强层材料,保护纳米过滤层,为整个滤料体系提供必要的力学增强。本研究对比了不同力学增强层材料在耐热性能、过滤性能上的特性,为复合过滤材料的制备提供技术依据。

1 试验

1.1 试验材料

本研究所使用的力学增强层为纱线粗细相近的 3 种基布,分别为碳纤维 2/2 斜纹机织物(面密度 240g/m², 纤维体积密度 57.28%)、玻璃纤维平纹机织物(面密度 360g/m², 纤维体积密度 50.66%)、芳纶平纹机织物(面密度 200g/m², 纤维体积密度 50.90%)。所有织物由无锡市盛特碳纤维制品有限公司提供。使用的试剂为均苯四甲酸酐(PMDA)(上海市合成树脂研究所),分子式 $C_{10}H_2O_6$,相对分子质量 218.2; 4, 4'-二氨基二苯醚(ODA)(上海市合成树脂研究所),分子式 $C_{12}H_{12}N_2O$,相对分子质量 200.24; N, N-二甲基乙酰胺(DMAc)(上海凌峰化学试剂有限公司),分子式 C_4H_9NO,相对分子量 87.12。

1.2 试验仪器

本研究所使用的实验仪器包括: JZB-1800 注射泵(健缘医疗科技有限公司),偏光显微镜(Nikon Eclipse LV100 POL),JSM-5600LV 型扫描电子显微镜(日本JEOL 公司),傅立叶变换红外光谱仪,万能拉伸试验机(上海华龙测试仪器股份有限公司),YG461E 电子式透气性测试仪(中国宁波纺织仪器厂),TSI8130 型自动滤料测试仪(美国 TSI 公司)。

1.3 高温气体过滤材料的制备

由 PMDA 和 ODA 作为单体,DMAc 作为溶剂,制备聚酰胺酸溶液。分别以碳纤维布、玻璃纤维布和芳纶布为静电纺丝接受基布,通过静电纺丝法,在基布上纺制纤维直径均匀且无液珠的聚酰胺酸(PAA)纤网。纺丝电压 12kV, 接收距离 20cm。PAA 纤网经过100℃、200℃、300℃和 350℃各 30min 的梯度升温后,酰亚胺化为聚酰亚胺超细纤网,制备聚酰亚胺高温气体过滤材料的反应过程见图 1。在纺丝结束后,使用聚酰亚胺纱线在垂直布面方向将接收层和纤网层分别与对应的另一层碳纤维布、玻璃纤维布以及芳纶布进行缝合,最终形成由上增强层,下增强层以及中间超细纤网层构成的过滤材料。

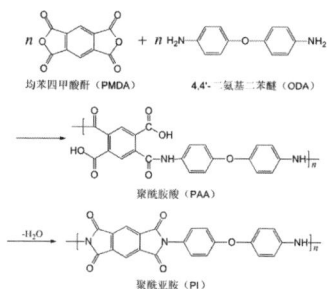

图1 制备聚酰亚胺高温气体过滤材料的反应过程

1.4 试验测试

采用 JSM-5600LV 型扫描电子显微镜观察静电纺丝法纺制的聚酰亚胺（PI）纤网的形貌；因为本实验所采用的三种力学增强材料的强力在加热前后都超过了测试机器量程，在小量程测试仪器上无法测出织物的拉伸断裂强力，且测试过程中易发生试样滑移，产生误差，所以本实验采用万能拉伸试验机对碳纤维纱线、玻璃纤维纱线以及芳纶纱线进行加热前后力学性能测试，每组测试大于 10 个有效试样，加载速度为 5mm/min。采用 YG461E 电子式透气性测试仪对碳纤维机织物、玻璃纤维机织物以及芳纶机织物的透气性进行测试，测试条件根据 GB/T 5453 － 1997《纺织品织物透气性的测定》选定，试样面积为 $20cm^2$，测试压强为 200Pa；采用 TSI8130 型自动滤料测试仪对制备的滤料进行过滤性能测试，氯化钠气溶胶的质量中值直径约为 $0.3\mu m$，过滤速度为 20L/min。

2 结果与讨论

2.1 聚酰亚胺纳米纤网的形貌表征

聚酰亚胺纳米纤网的形貌及微观结构如图2所示。从图中可以到聚酰亚胺静电纺丝纤网为淡黄色薄膜，静电纺丝时容易产生珠子而形成串珠结构纤维，这对形成具有均匀结构的纳米纤维空气过滤材料十分不利。因此，实验进一步通过扫描电子显微镜对纳米纤网进行观察。从图中可以看出，聚酰亚胺纤网中的纤维直径均匀、无液珠，且纤维表面光滑，这对纤网的力学性能及过滤性能都起到重要的影响作用。

静电纺聚酰亚胺纳米纤网作为过滤用材料，具有过滤效率高、过滤阻抗低的优点，是高性能滤布的理想材料。通常来说，过滤效率的高低与纤维直径的大小是密切相关的，纤维直径越细则过滤能力越高。因而降低纤维直径是提高过滤性能的有效途径。从图2

可以得知，实验制备的纳米纤维直径约为 200nm，有利于对细小颗粒的过滤。

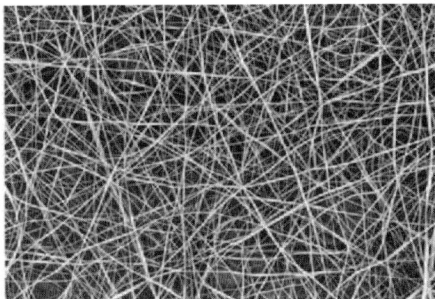

图 2　聚酰亚胺超细纤网

2.2　力学增强层的耐热性能分析

碳纤维纱线、玻璃纱线和芳纶纱线三种力学增强层材料的耐热性能如图 3 所示。常温下（24℃）芳纶纱线的拉伸强度最高，为 3528.91MPa，而碳纤维纱线和玻璃纤维纱线的强度相对较低，分别为 2051.81MPa 和 1118.33MPa。经过高温滤材标准测试温度 260℃、24h 加热后，芳纶纱线的拉伸强度下降了 45.83%，玻璃纤维纱线强度下降了 43.86%，而碳纤维纱线的热力学稳定性最好，强度没有明显变化。在 300℃、24h 加热后，芳纶纱线与玻璃纤维纱线强度继续下降，下降幅度分别达到 62.13% 和 51.96%，而碳纤维纱线的强度依然没有显著变化。由此可见，虽然玻璃纤维与芳纶基布已经在高温过滤领域得到应用，但是其热稳定性能较低，从性能上看并不是高温气体过滤最佳基布材料。碳纤维基布材料的耐热性能和力学性能都比较优异，可以基本满足高温气体过滤的需求。

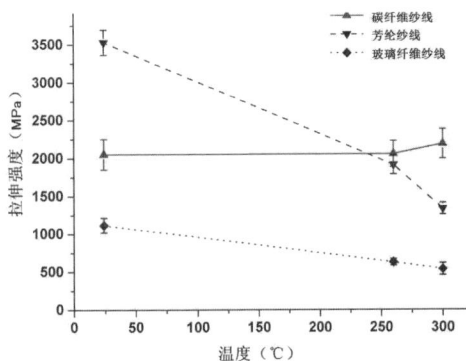

图 3　不同种力学增强层的耐热性能

2.3　力学增强层的透气性能分析

气体通过织物有两条途径,分别为纱线交织孔隙和纤维间缝隙,一般以交织孔隙为主要途径。在气体过滤领域,对过滤材料的透气性有较为严格的要求。滤料的透气性直接关系到其过滤性能的好坏以及过滤压强的高低,所以对织物透气性的研究具有非常重要的实际意义。由图4可知,玻璃纤维布的透气性最佳,碳纤维布的透气性相对较低,而芳纶布的透气性最低。在本研究中,虽然已经尽量选择纱线粗细相近的基布材料,但是在织物紧密度上依然存在差异,这就造成了织物透气性的差异。实验所选的玻璃纤维布比芳纶布的总紧度小,所以其纱线覆盖面积小,即在一定面积上,纱线的总数较少,表面填充度小,纱线之间构成的空气通道大,致使空气垂直于织物流动时所受的粘滞阻力小,所以其透气性大。而碳纤维机织物其紧度介于芳纶布和玻璃纤维布之间,紧度成为影响三种不同织物透气性能的主要因素。因此,三种织物随各自总紧度的大小表现出不同的透气性能。

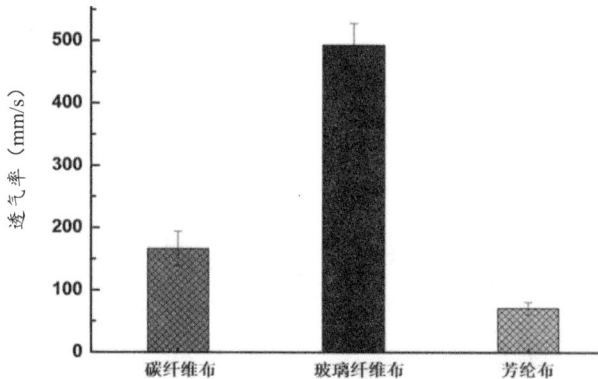

图4　不同力学增强层的透气性能

2.4　实验制备过滤材料的过滤性能

三种不同过滤材料的过滤效率测试结果见图5。结果表明,三种滤料对 $0.3\mu m$ 左右的粉尘颗粒具有良好的过滤效率,且在过滤的第1min,滤布的过滤效率均大于85.00%。在恒定的过滤速度下,随着被拦截粉尘颗粒的堆积,在滤布上逐渐形成的滤饼层进一步提高了整体滤布对粉尘的过滤效率。当过滤进入第2min时,三种滤布的过滤效率均大于90.00%。

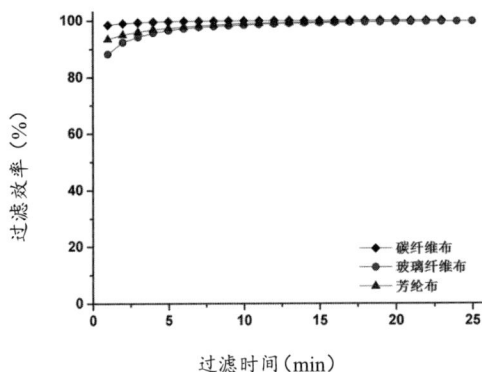

图 5　实验制备过滤材料的过滤性能

随着时间的推移，滤饼层厚度逐渐增大，当过滤时间为 17 分钟时，以碳纤维布作为力学增强材料的滤布的过滤效率高达 99.99%。与此同时，图 5 的测试结果显示，三种不同滤布虽然使用了三种透气性能相差较大的织物作为力学增强层，但其过滤效果却相差不大。由此可知，在整个过滤过程中，聚酰亚胺静电纺纳米纤网对过滤效率起主导作用。测试结果表明，将两种不同尺度的耐高温材料组合在一起作为滤料使用，对高效过滤体系的研究具有重要指导意义。

3　结论

本文主要研究了机织物与纳米纤维网复合高温气体过滤材料中力学增强层材料的选择对过滤材料各项性能的影响。聚酰亚胺超细纤网作为滤料的过滤层，热稳定性好，过滤效果突出。碳纤维机织物、玻璃纤维机织物以及芳纶机织物作为滤料的力学增强材料，其力学性能好，耐化学腐蚀性强，然而几种材料的热力学稳定性有所差异。其中玻璃纤维材料和芳纶材料在经受高温环境后都显示了 45%~60% 的拉伸强度损失，反映了材料本身相对较低的热力学稳定性，而碳纤维材料并未显示任何强度损失，热力学稳定性好，是三种材料中最适合作为高温气体过滤的增强层材料。虽然选用三种机织物透气性能差异较大，但测试结果表明，其过滤效率相差甚微，进一步说明在过滤过程中，由于增强层的孔径较大，对整个滤料的过滤性能影响不大，而静电纳米纤维网却是滤料过滤性能好坏的主要因素。

参考文献（略）

针刺非织造滤料在钢铁、水泥和电力行业除尘中的运用

黎清芳

（福建南纺股份有限公司）

由于工业生产过程的形式多样，产生烟气污染的过程纷繁复杂，工况条件也千变万化，处在干法袋式除尘器"心脏"部位的针刺非织造布滤袋运用越来越广泛，如何综合考虑滤料的性能、科学选择滤料，成为一项关键工作，避免重复出现选错料、用错料、高价低用、选用工业化不成熟滤料造成的人力、物力资源的浪费，并满足工业烟气长期达标排放的要求。本文着重从钢铁、水泥、电力三大行业入手，开展工况调查，探讨如何"对况用材"。

除尘器中的滤料一般根据含尘气体的性质及除尘器的清灰方式进行选择，遵循下述原则：滤料性能应满足生产条件和除尘工艺的一般情况和特殊要求，如主体和粉尘的温度、酸碱度及有无爆炸危险等。在遵循上述原则的基础上，应尽可能选择使用寿命长的滤料；选择滤料时，应对各种滤料进行排序比较，不应该用一种所谓"好"的滤料去适应各种工况场合；在气体性质、粉尘性质和清灰方式中，应抓住主要影响因素选择滤料，如高温气体、易燃粉尘等；选择滤料时，应对各种因素进行经济对比。常用的纤维材料有涤纶、丙纶、聚丙烯腈、芳纶、PPS、P84、PTFE 等。复合滤料包括疏水、疏油、防静电、PTFE 覆膜滤料。

1 钢铁工业工况判断及滤料选择

1.1 钢铁工业废气排放特点

钢铁工业废气具有回收价值，但排放量大、污染面广、烟尘颗粒细、吸附力强，且废气温度高、烟气阵发性强、无组织排放多，治理难度大。

1.2 生产流程及除尘要求

矿石、石灰石破碎（常温除尘）＋煤炭破碎（常温防爆除尘）＋焦化厂（高温含湿除尘）→烧结厂（高温脱硫除尘）→炼铁（高炉煤气高温除尘＋常温覆膜除尘）→炼钢（常温覆膜除尘）→轧钢成品。

1.3 不同工况条件下的除尘滤料选择

烧结机烟气是烧结厂最主要的粉尘污染源，炼焦生产过程中，在装煤，炼焦、推焦与熄焦时，大量煤尘、焦尘及有毒有害气体（统称烟尘）从烧结车间排出，进入大气环境，其浓度与原料的含硫量和设备漏风率有关，钢铁厂烧结选用亚克力中温滤材，能耐氧化、防水，特别适合于在连续温度小于125℃、瞬间不超140℃的工况下使用。高温工况条件下，则宜采用PPS覆膜滤料。

炼铁高炉喷煤系统由于高浓度煤粉随空气流动与摩擦，粉尘与滤袋表面的冲击都能产生静电，静电的积累会产生火花引起燃烧和爆炸，同时兼顾煤磨系统水含量高的特点，必需选用防水防油防静电"三防"滤料（500g/m^2）；高炉煤气布袋除尘，出炉的煤气含有大量的粉尘，出口温度可高达550~600℃，必须净化后才能使用。一般采用喷雾器冷却至200℃左右来集尘，选用耐高温、抗折性、抗拉性较好的P84与无碱玻纤等纤维按合理的配比复合而成的滤料针刺毡；高炉出铁场除尘系统是全天连续的，烟尘也是连续不断地散发出来，因此捕集罩的形式是至关重要的，使用长袋低压脉冲除尘器，滤袋材质选用涤纶针刺毡。

炼钢化铁炉是炼钢厂和铸造厂熔化钢铁的常用设备，化铁炉的排出物中，含有40%的炭粒和60%的灰粉。被有害气体污染的化铁炉排出废气中，一般含有CO、CO_2、SO_2、NO_2和H_2O，当冶炼工艺中加萤石时，还会有少量气态氟化物，如SiF_4，它遇水后生成HF（氢氟酸）有强烈的腐蚀作用。布袋材质采用氟美斯耐高温针刺毡，瞬时可耐300℃；转炉滤料选择聚酯压光针刺毡（500g/m^2）；电炉滤料选择防水防油防静电覆膜涤纶针刺毡（500g/m^2）。

轧钢厂产生烟尘废气的环节多、种类多，但量少，与炼铁、炼钢生产工序相比，冷轧板机排出的雾气中，主要成分为乳化液、棕榈油和水汽，对环境危害较小，一般应采用湿式洗涤净化装置。

2 水泥工业工况判断及滤料选择

2.1 工业废气排放的特点

水泥工业中的窑头、窑尾产生的是高温烟气,生产所排放的粉(烟)尘量大,粉尘中的污染物对大气污染较为严重,其特点主要是粉尘颗粒物对大气的排放污染,其次是产生少量的气态污染物如 SO_2、NO_x 等。

2.2 生产流程及除尘要求

石灰石破碎(常温除尘)+ 煤粉(常温防爆除尘)+ 回转窑(高温含湿除尘)→碾压机→水泥窑尾(高温覆膜除尘)→水泥库

2.3 不同工况条件下的除尘滤料选择

水泥工业生产所排放的污染物对大气污染较为严重,主要是粉(烟)尘颗粒物对大气的排放,其次是产生少量的气态污染物如 SO_2、NO_x 等。水泥粉磨工艺如原料粉磨、煤粉制备及水泥粉磨过程中,会产生大量粉尘,其浓度范围约为 $80\sim1000g/Nm^3$。水泥熟料煅烧系统出预热器的废气,温度一般高达 $300\sim350℃$,粉尘浓度约为 $80\sim120g/Nm^3$,细尘小于 $20\mu m$ 约占 95%,含少量有害气体,如 SO_2、NO_x、HF。大部分新型干法生产线预热器废气用作原料磨烘干热源,出原料磨的废气温度约 $90\sim100℃$,粉尘浓度约为 $600g/Nm^3$,对设备的磨蚀性相当大。其他常温含尘气体,如破碎、储库、水泥包装及生料、水泥等粉状物料运输过程中产生的粉尘,浓度一般为 $5\sim50g/Nm^3$。

水泥行业袋式除尘器主要有以下几种:煤磨收尘系统、水泥磨收尘系统,采用气箱脉冲除尘器和气箱式煤磨袋除尘器;窑尾与生料磨混合系统采用高温长袋脉冲除尘器和高温反吹风除尘器;回转窑收尘系统采用高温长袋脉冲除尘器;转运点、水泥库顶收尘及包装车间等,采用行喷式脉冲除尘器及脉冲单机除尘器。

对水泥行业窑炉的高温烟气可选用的滤料较多,性能各异,要求滤料耐高温,过滤效率高,经表面处理,如聚四氟乙烯(PTFE)处理后,可应用于各水泥窑炉烟尘的过滤,其他可选主要针刺非织造滤料品种如下。

(1)芳香族聚酰胺高温滤料。商品名为芳纶、NOME 或 CONEX。耐温 200℃,瞬间可耐 240℃,耐磨耐折性能较优,耐碱性尚可,耐酸性差,抗水解能力也差,但可进行拒水防油处理以适当改进其防水解的特性,适合在高温无酸性、含水分较少的气氛中应用,经 PTFE 处理后可供窑尾除尘器使用。

（2）聚酰亚胺（P84）高温滤料。耐温 240℃，瞬间 260℃；具有三叶形横截面，过滤性能很好，抗氧化、耐酸、抗水解程度良好，耐磨耐折性也好，耐碱性差，适合在低含硫量的水泥炉窑中应用。

（3）氟美斯（FMS）高温滤料。它是由玻纤与一种或二种以上的耐高温合成纤维混合及层状复合的复合滤料，可实现更高的物理化学性能。较之合成纤维滤料，其伸长率、变形性小，耐温高、耐腐蚀性好，高强低伸，尺寸稳定性更好，市场售价较低；较之玻纤滤料，其耐磨、抗折及剥离强度有明显提高，且过滤速度可提高至 1.0m/min 以上。此滤料还可经不同的表面化学处理与后整理技术，可具有易清灰、拒水防油防静电等特点。有多种品种，如玻纤与 P84 复合滤料，耐温 260~300℃，耐酸碱程度有所提高，抗水解程度也有所提高，已用于各种高炉煤气及部分工业窑炉烟气的过滤，也已应用于水泥窑尾的脉冲袋式除尘器中，使用效果很好。

（4）玻纤覆膜滤料。是由玻纤织物滤料表面覆合膨化微孔聚四氟乙烯薄膜制成的一种高效、低阻、高过滤精度、长寿命的滤料。它兼具各合成纤维与玻纤的优点和聚四氟乙烯（PTFE）薄膜表面光滑、憎水透气、耐腐蚀、化学稳定性好等特性，是一种较理想的表面过滤材料，过滤效率高达 99.99%，表面不易存留粉尘，清灰效果好，过滤阻力小且较稳定，过滤速度可有所提高，适于各种反吹风及脉冲除尘器，适用于各水泥窑炉烟气和常温下各散尘设备的过滤，过滤后的烟尘排放浓度可降至 30mg/Nm³ 以下，甚至 5mg/Nm³ 以下。

（5）涤纶。一种应用极为广泛的常温滤料，长期使用不能超过 130℃，瞬间可耐150℃，过滤、耐磨、耐折等性能良好，涤纶针刺毡孔隙率高、透气性好、易清灰、过滤阻力低、寿命长。对于常温工况下的水泥生产线，其除尘滤料一般常用涤纶针刺毡，经拒水防油处理的防静电滤料，应用于煤磨袋式除尘器，使用效果较好。

3 电力工业工况判断及滤料选择

3.1 工业废气的特点

我国是以燃煤为主的能源结构的国家，煤产量已据世界第一位，年产量达到 12 亿吨以上，2000 年达 15 亿吨，2010 年将达到 18 亿吨。煤炭占一次能源消费总量的 75%。燃煤造成的大气污染有粉尘、SO_2、NO_x 和 CO_2 等，随着煤炭消费的不断增长，燃煤排放的二氧化硫也不断增加，致使我国酸雨和二氧化硫污染日趋严重。燃煤电厂污染物的排放量占全部工业排放总量的 50% 左右，个别地区可能达到 90% 以上。

3.2 生产流程及除尘要求

输煤系统＋制粉系统（常温防爆除尘）→磨烘机＋空预器（常温除尘）→锅炉（高温含湿除尘）→灰渣系统（常温除尘）→汽轮机→发电机→供电

3.3 不同工况条件下的除尘滤料选择

燃煤电厂烟气的主要成分为 N_2、O_2、CO_2、NO_x、H_2O，烟气量大、腐蚀性强、烟气温度高，一般为 130~160℃，高的达 170~190℃。燃煤电厂烟尘的主要成分为 SiO_2、AlO_2、Fe_2O_3、CaO、MgO、K_2O、Na_2O、TiO_2、SO_3，烟尘中对滤袋的冲刷以 SiO_2、AlO_2、Fe_2O_3 为主，需考虑针刺毡的耐磨性，其他物质潮解后产生酸性、碱性物质，对滤袋有腐蚀作用，需考虑针刺毡的耐酸、耐碱、防水性。

目前 PPS 是燃煤电厂除尘中运用最为广泛的滤料，它具有良好的耐温、抗酸碱性和抗水解性，但它的抗氧化性较差，有必要对滤料进行后处理。针对不同的烟气条件，可以采用不同材质混合的复合滤料，主要品种有 PPS 覆膜滤料、PPS+PTFE 浸渍滤料、PPS+P84 复合滤料、PPS+PTFE 复合滤料、玻纤覆膜滤料。

4 结论

针刺非织造滤料在工业烟气治理中不断发挥出其他滤料无法替代的作用，可见袋式除尘技术的发展前景广阔。没有最好的滤料，只有适应特定工况的滤料。因此根据不同的工况，选择合适的针刺复合滤料，才能达到最好的使用效果，才能让针刺非织造滤料在环境治理、建设"美丽中国"中发挥更大的作用。

参考文献（略）

第四章 结构增强用纺织品

- 玻璃纤维制品的发展与应用

- 经编间隔织物多层复合材料的防刺性能

- 增强型织物复合膜的研究进展

- 航空用蜂窝夹层结构及制造工艺

- 聚乳酸／天然纤维复合材料成型加工研究进展

玻璃纤维制品的发展与应用

程俏艳

（长春工业大学）

　　随着科学技术的发展、人们生活水平的提高以及观念的转变，纺织品的应用领域不断深化和拓展延伸，由最初的满足普通服用功能，到后来为美化居室环境的装饰功能，再到目前为满足不同行业需求而具备的各种特殊功能，使纺织品的应用已经覆盖服装用、装饰用和产业用三大领域，其中产业用纺织品是跨行业多学科交叉研究、开发和应用的成果。

　　产业用纺织品之所以能够满足不同行业的特殊需求，与化纤工业的发展和化学纤维本身的特殊性能有着重要关系。例如，一些高性能纤维的强度和模量是钢丝的 5~10 倍，甚至更高，同时又具有弹性和柔软性；有的纤维具有各种特殊的功能，如抗菌、屏蔽各种射线和具有记忆功能等。化纤新材料除了本身的性能优异之外，其加工性能也非常好，可以加工成各种形态，并可采取涂层、叠层、复合等不同后加工方法满足各种不同的需要。例如，碳纤维可以采取三维立体编织各种几何形状，在与树脂复合后做成复合材料用于航空、航天、汽车和机械工程中，与钢材相比，重量减轻 3/4，而强度提高 4 倍；芳族聚酰胺纤维等高性能纤维经复合后可做成复合装甲、喷管喉衬、防弹头盔、防弹衣等，已成为军工装备研制生产的关键材料。化纤新材料在农业、交通运输飞机、汽车、市政建设、环保、造纸工业、体育器材和功能运动服中都有很多用途。而玻璃纤维的出现，更将产业纺织品推进一个新时代。

1　玻纤产品的分类与应用

1.1　玻璃纤维织物形式

玻璃纤维在拉制过程中经过浸润剂的作用，获得了柔软性，使之易于纺织。在大多数情况下，玻璃纤维必须要有一定的组织形式才能充分发挥它的性能。玻璃纤维织物分为机织物与针织物两大类。

1.2 玻璃纤维增强材料

在玻璃纤维的总产量中，约 70% 用作复合材料的增强材料，其中主要用于塑料增强。玻璃纤维增强塑料（即玻璃钢）是以合成树脂为基体，以玻璃纤维及其制品为增强材料制成的，具有优良的比强度、刚度、耐气候性、耐腐蚀性和耐用性；几乎可设计和塑造成任何所需形状，达到期望的美学要求；可实现部件整体成型，大大减少组装零件数量，节省模具费用。

1.2.1 汽车、火车和船艇方面的应用

玻璃钢用于汽车车身的最大优点是减轻重量。与钢材相比，玻璃钢能使很多部件减重 35% 之多。其他特性还有：刚度高，能量吸收性好，不锈，防腐，不易产生压痕和擦伤，设计灵活等。汽车工业是玻璃钢的最大市场之一，采用玻璃钢的汽车部件有：进气歧管、发动机罩、保险杠、横梁、车门板、仪表板、隔热板等。使用玻璃钢部件的轨道车辆有：高速火车、轻轨列车和地铁，主要优点有：减轻重量，降低能耗；使刹车和启动时能耗降低；提供优良的强度和刚度性能指标；在树脂中添加阻燃剂，具有防火性能，保证乘客安全；能吸收火车的大量振动，增加乘客的舒适度等；玻璃钢适用于各种船只的设计和制造，其特点是重量轻、强度高、耐腐蚀、防水浸、维护量小。

1.2.2 建筑和基础设施方面的应用

玻璃钢在建筑领域有着广泛的应用。近 10 年来，旧建筑和基础设施的加固、修复和翻新已成为一种重要工程。由于长期荷载、气候老化、腐蚀、环境降解、不良设计或施工、缺乏维修以及天灾或事故等原因引起的建筑结构如桥面、梁、柱、房屋、停车场等的老化给玻璃纤维或碳纤维增强塑料（FRP）带来机遇。在加固技术获得成功的基础上，进一步应用 FRP 进行新的建设。这方面已有不少成功的范例，特别是步行桥的建设。混凝土是世界上用得最广泛的建筑材料，但它有很大的缺陷：当它的压缩强度较高的时候，其拉伸强度则非常有限。通常利用钢筋来克服这一缺点，但是在腐蚀性很强的环境中，钢筋腐蚀会导致混凝土开裂和剥落，最终引起构筑物毁坏。用玻璃钢代替钢做混凝土筋材，具有重量轻、屈服强度和弹性模量高、不生锈、耐腐蚀、防磁性能好等优点。

1.2.3 能源开发方面的应用

能源开发是玻璃钢较新的应用市场，主要有风力发电、海上采油采气等。风能是世界

上发展最快的能源技术,是无污染的清洁能源。风力发电依靠涡轮机完成,其中涡轮机叶片是关键部件。由于增强塑料在重量、强度、气动弹性及其他性能方面的优点,它最能与风力涡轮机的操作条件相匹配。玻璃钢叶片已广泛用于岸上和海上的风力发电项目。叶片制造商采用的玻纤原材料有短切原丝毡、连续原丝毡、无捻粗纱、单向和多轴向的缝编布和机织布等。海上石油和天然气的开采是前景广阔的工业,也是应用玻璃钢的新兴市场。玻璃钢产品耐腐蚀、耐紫外线照射、耐热阻燃、轻质高强,这些特性都符合海上苛酷环境的要求。

1.2.4 航空航天方面的应用

复合材料已在航空航天飞行器上获得多种应用,如飞机机身、机翼、内装件、火箭和导弹发动机壳体、导弹弹药箱、喷管、雷达罩和压力容器等。由于刚度关系,航空结构的外部通常多用非玻璃纤维的增强材料,但较小飞机的外部机身则可采用玻璃纤维增强。玻璃钢在航空器中的成功应用是商用飞机的内部器件,如波音 747 飞机上层客舱的舱顶板等。在航天和军事工程方面,玻璃钢早就用作火箭、导弹的外壳或其发动机的外壳。玻璃钢还在人造地球卫星和电视卫星等方面获得了应用。

1.3 玻璃纤维过滤材料

玻璃纤维制品作为过滤材料,特别是在高温气体过滤方面占有重要一席。以纸、机织物、毡及覆膜为主要形态,用于不同含污染物和要求净化的气体过滤,目前已大批量用于炭黑、水泥、冶金工业以及焚烧烟气的除尘净化。同时,也用于人防工程、防毒工具、车辆空调的空气过滤和超净化室的空气处理,并可以使过滤兼有杀菌、除异味效果。基于玻璃纤维制品的化学稳定性和高的过滤率,也被用于润滑油、重水、饮料等液体的过滤净化。超细玻璃纤维还被用于生产实验室用精品过滤器。

2 玻纤产品应用领域不断扩大

目前,国外玻璃纤维行业已经发展到拥有 3000 多个玻璃纤维品种,50000 多种规格,每种规格都有一种用途相对应。国外玻璃纤维产品按用途划分基本上可分为四大类:增强热固性塑料用玻璃纤维增强材料、增强热塑性塑料用玻璃纤维增强材料、增强沥青用玻璃纤维增强材料及玻璃纤维纺织材料。除了汽车、船艇等传统产品外,玻璃钢风力发电机风轮叶片、拉挤玻璃钢门窗、玻璃钢筋材、玻璃钢雷达罩、连续成型玻璃钢瓦及板材和混凝土结构的修复补强均是玻璃钢新的应用领域。

　　玻璃纤维过滤材料作为玻璃纤维纺织材料应用较广的用途之一,近来也有很大发展。从 1932 年美国欧文斯－伊利诺斯集团公司首次将玻璃纤维用于强制通风窑收尘,发展到如今的覆膜滤料,玻璃纤维过滤材料对环保事业功不可没。我国的玻璃纤维滤料和滤袋与袋式除尘技术是同步发展的。从 20 世纪 60 年代起,南京玻璃纤维研究院与北京建材研究院都分别开展了玻璃纤维过滤材料的研究开发工作,现已发展了连续玻璃纤维平幅过滤布、玻璃纤维针刺毡、玻璃纤维复合毡、玻璃纤维覆膜滤料等品种。

　　除了这些传统领域外,玻璃纤维还在许多领域发挥作用。玻璃纤维可用做吸声隔音材料、绝热材料、建筑防水材料、工程建筑材料和光导材料等。其中,玻璃纤维作为光导材料大大改善了人类的生产与生活。最近,光纤在太阳能传输的应用为人类解决能源危机带来福音;光化学纳米 TiO_2 光催化技术可用于分解难于降解的有机污染物,并能杀死微生物和病毒,在给水、废水处理和杀菌消毒等领域有着广阔的应用前景,具有潜在的高效性和经济性。玻璃纤维及其制品还在核能技术开发中大显身手。不含氧化硼的耐辐射玻璃纤维,已经用作核反应堆内探测器电缆的绝缘材料及其他高温导线的绝缘材料。另外,由于玻璃纤维具有的一系列优异特性,在人类向海洋进军过程中,如海底石油及矿产开采,可用玻璃纤维增强塑料(玻璃钢)作开采设备的结构材料和输送管道、储油罐及浮洞等,还可用作钻机的摩擦制动材料及治理海洋污染的净化设备等。

3 结语

　　玻璃纤维作为应用最广泛之一的产业用纺织品,由于具有技术含量高、劳动生产率高、产品性能独特和用途广泛等特点,在国民经济的各个领域得到了广泛应用,成为许多行业和部门不可缺少的新型材料,也成为衡量一个国家和地区纤维制品加工工业发展水平和工业化程度的重要标志。

参考文献(略)

经编间隔织物多层复合材料的防刺性能

龚小舟　郭依伦　吴中伟

（武汉纺织大学，北京雷特新技术实业公司，英国曼切斯特大学）

　　警察执勤时面对的威胁多种多样，既可能是枪弹的威胁，也可能是匕首锐器的威胁，现今的警用防弹衣通常将防弹和防刺服的性能合二为一，在一种产品上实现综合的防护性能。由无纬布、机织物和非织造布组成的复合材料作为个体双防装备已被广泛用于国内警察部队，但这种产品较笨重、透气性及层间性能差的缺点影响了其服用舒适性能。

　　对软体防弹衣的研究工作一直在进行，其中经编间隔织物因具有非常好的缓冲效果，且用它开发出的防刺产品可以吸收冲击能量，均衡载荷，抵御穿刺，同时还可通过线圈转移锁紧刀尖，因此受到研究工作者们的关注。本文主要研究用间隔织物和芳纶无纬布、机织布复合而成的新材料抵御外界刺穿时的性能表现，为间隔织物在双防装备上的应用提供理论参考。

1 实验部分

1.1 原材料及仪器与设备

　　原材料：六眼网孔间隔织物（常州大发经编有限公司），芳纶无纬布和芳纶机织布（北京雷特新技术实业公司）。其中芳纶无纬布采用芳纶长丝以相互垂直的方式（铺层角度为 0°/90°）铺层，然后再经聚氨酯膜复合而成；芳纶机织布的经纬密均为 127 根/10cm。面料的相关参数见表 1。

表1　面料参数

面料类别	材料	面密度（g/m²）	厚度（mm）	线密度（dtex）
间隔织物	涤纶	550	5.00	223
无纬布	芳纶	180	0.15	186
平纹机织布	芳纶	535	0.20	186

粘合剂：SBS 橡胶类（溶剂型）、聚氨酯（水溶型）和酚醛类（热固型）。

实验仪器：OJ-210 型电子拉力实验机（上海倾技仪器仪表科技有限公司），YG（B）141D 型织物厚度仪（温州大荣纺织标准仪器厂），YXE-50 型平板硫化机（上海西玛伟橡塑机械有限公司），自制落锤穿刺装置，如图1所示。

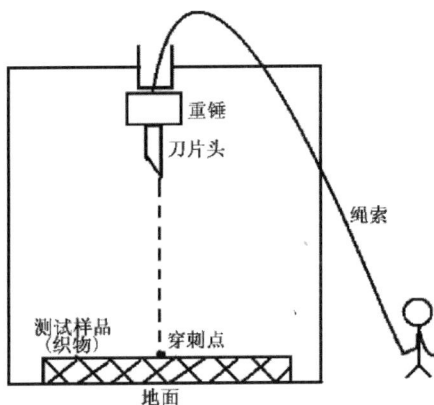

图1　自制落锤穿刺装置示意图

1.2 样品制备方法

将间隔织物、芳纶无纬布、芳纶机织布分别裁剪成 40cm×40cm 的尺寸,制备编号为 1#~4# 样品。

1# 样品：取芳纶机织布和间隔织物,在芳纶机织布的一面涂覆酚醛类（热固型）粘合剂,然后启动平板硫化仪并将其温度升高至 120℃,用隔离膜密封,放到平板硫化仪上进行挤压,压力控制在 15MPa。在挤压的过程中,每隔一段时间,打开上下平板透气,以便水分蒸发。最后取出样品,冷却至室温待用。

2# 样品：取芳纶无纬布和间隔织物,在芳纶无纬布的一面涂覆 SBS 橡胶类（溶剂型）粘合剂,在平板硫化机上进行挤压,温度保持常温,压力控制在 15MPa。

3# 样品：取芳纶无纬布和间隔织物，用聚氨酯（水溶型）粘合剂进行粘合，启动平板硫化机对样品进行挤压，温度、压力同 1# 样品制作。

4# 样品：取 2 块芳纶无纬布和 1 块间隔织物，在芳纶无纬布一面涂覆 SBS 橡胶类（溶剂型）粘合剂，在平板硫化机上进行挤压，温度为常温，压力为 15MPa，挤压工艺同 2# 样品制作。表 2 示出 4 种样品的规格参数。

表 2　复合材料样品规格

样品编号	结构	粘合剂	厚度（mm）	面密度（g/m²）
1#	芳纶机织布 / 间隔织物	热固型	5.5	900
2#	芳纶无纬布 / 间隔织物	溶剂型	5.5	700
3#	芳纶无纬布 / 间隔织物	水溶型	5.1	797
4#	芳纶无纬布 / 间隔织物 + 芳纶无纬布	溶剂型	5.8	871

1.3　实验方法及原理

1.3.1　准静态穿刺实验

本文采用由 OJ-210 型电子拉力实验机改装的防刺性能静态测试仪进行防刺性能测试。将复合的 1#~4# 号样品裁剪成符合测试要求的样品，尺寸为 5cm×5cm，夹在一对环形夹具之间并调整好穿刺角度（90°垂直于布面），实验刀具的下降速度设定为 50mm/min。刀具匀速下降刺穿样品，在织物被完全刺穿、防刺失效时，测试停止。电脑记录刀具位移与受力的关系曲线、最大穿刺力、穿刺深度和穿刺时间。

1.3.2　动态穿刺实验

在落锤穿刺实验中，假设刺刀在下坠过程中能量不流失，则穿刺的初始能量（E）由刺刀质量（m）和初始状态时刺刀至织物的高度（h）来决定，即 $E=mgh$，式中 g 为重力加速度。由于芳纶机织布的防刺性能相对较好，因此只将 1# 样品（芳纶机织布 / 间隔织物）作为重点考察对象。动态穿刺实验按照 GA 68－2008《警用防刺服》标准进行测试。

实验中将 1# 样品以不同的位置加入到高密度聚乙烯（PE）无纬布（湖南中泰特种装备有限公司提供）夹层中，考察其防刺性能。同时还安排了其他材料与 1# 样品进行层叠组合，考察其防刺性能。具体使用的原材料和动态穿刺实验安排见表 3 和表 4。

表3　动态穿刺实验原材料

编号	材料	厚度（mm）
A	芳纶机织布／间隔织物（1#样品）	5.5
B	PE无纬布	0.2
C	发泡材料（乙烯－醋酸乙烯共聚物）	5.0
D	涂覆树脂芳纶机织布	0.5

表4　动态穿刺实验安排

编号	材料结构（由上至下）	总厚度（mm）
0	45层PE无纬布+1层发泡材料（45×B+1×C）	14.0
1	1层芳纶机织布／间隔织物+41层PE无纬布（1×A+41×B）	13.7
2	41层PE无纬布+1层芳纶机织布／间隔织物（41×B+1×A）	13.7
3	20层PE无纬布+1层芳纶机织布／间隔织物+20层PE无纬布（20×B+1×A+20×B）	13.5
4	14层涂覆树脂芳纶机织布+1层发泡材料（14×D+1×C）	12.7
5	13层涂覆树脂芳纶机织布+1层芳纶机织布／间隔织物（13×D+1×A）	12.7

2 实验结果与分析

2.1 准静态穿刺实验结果及分析

按照上述准静态穿刺实验安排进行防刺实验，取3组数据的平均值，实验结果如表5所示。

表5　准静态穿刺实验数据

样品	最大穿刺力（N）	最大穿刺深度（cm）	穿刺时间（s）
1#	89.1	0.739	8.90
2#	33.2	0.693	8.35
3#	36.8	0.589	7.10
4#	46.9	0.611	7.3

2.1.1 刺入面织物结构对防刺性能的影响

取1#和3#样品测试结果对比不同刺入面织物结构对防刺性能的影响。所获取的样品穿刺深度与穿刺力曲线如图2所示。

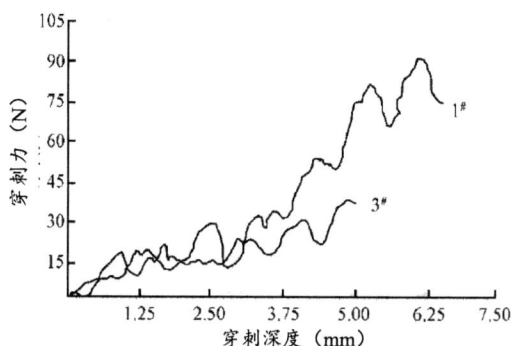

图 2　穿刺深度与穿刺力曲线图（1# 和 3#）

虽然二者所用的粘合剂有差异，但考虑到粘合剂只存在于刺入面织物背面和间隔织物之间，所以本文假设其不对防刺性能产生显著影响。考察表 5、图 2 可看出，1# 样品的穿刺时间比 3# 样品慢很多，即刀具刺穿机织布比刺穿无纬布消耗的时间长很多。并且刺穿机织布布面的穿刺力显著比刺穿无纬布布面大很多。这主要是因为当刀尖沿纬纱方向进入机织布布面时，首先要将紧密聚拢的表层纬纱撑开，而平纹织物交织次数多，交织点之间纱线的握持力非常大，纬纱对刀具的刀面进行摩擦产生阻力，刀具需要克服这样的阻力而下降，并割断下层经纱面中的每根经纱继续下降。在刺穿无纬布表面时，当刀尖沿经向刺入布面，直接可将沿纬向的纱线割断，断裂面上的纱线翘起离开刀具，不对刀具面产生任何摩擦，然后刀具继续下降切割下层经纱方向的纱线。通过比较可看出：当刀具刺穿机织物时，参与被刀刃切割和被刀面摩擦的纱线根数更多，即增加了刀刃处纤维的聚集，这有利于提高织物的防刺性能。因此，如果在设计防刺类织物时，增加开始时刺入面织物与刀具的摩擦，可以非常有效地提高织物防刺性能。而增加摩擦的方法可以多种多样，包括改变织物的紧度和结构等。总之，只要能使得布面与刀具产生更大的摩擦，即可提高织物的防刺性能。

2.1.2 粘合剂对防刺性能的影响

在样品厚度相同的情况下，分析粘合剂种类对防刺性能的影响得知：由聚氨酯水溶性胶粘合而成的 3# 样品所承受的最大穿刺力比由 SBS 橡胶类溶剂型胶粘合而成的样品大 10.8%，刺穿的深度浅 15%。原因是水溶型的胶成膜性相对于溶剂型的胶更好些，无论是其强度、韧性还是粘结强度，水溶型的胶都更高些；溶剂型的胶柔韧性和成膜性都略差。另外，实验中所用的 SBS 橡胶类溶剂型胶的固含量略高，也就是说当水分蒸发后，残留的胶略多，易使纤维塑化，因此其抗刺性能相对低。

2.1.3 间隔织物位置对防刺性能的影响

2#样品是将间隔织物一面复合无纬布,模拟其置于防护装备低层;4#样品是双面复合无纬布,模拟其置于防护装备的中间层。通过穿刺深度和穿刺力测试曲线可知:当刀尖开始刺入织物表层后,2个样品承受的穿刺力都迅速达到第1个峰值;随着刀尖的进一步刺入,刀尖挤开聚集在周围的纱线,并开始对间隔丝发生剪切作用,伴随着织物表层被刀具压缩及间隔丝的抵抗作用,穿刺力均达到下一个峰值;当刀尖继续下降到达底层织物时,2#和4#样品的差别就非常明显了。4#样品由于其底层复合有无纬布,对刀尖的刺入起到进一步的抵抗作用,其穿刺力的曲线上升幅度非常显著,而2#样品由于其底层未复合任何材料,仅仅是靠间隔织物的另一面网格层起到抵抗穿刺力的作用,不能有效抵御穿刺,因此其穿刺力曲线呈现逐步上升趋势,但上升幅度与4#样品相比低了很多。综合考虑可以得以下结论:在利用间隔织物进行防刺的设计中,不仅要考虑表层织物的紧密度,底层织物的结构也同样重要,如果底层织物过于松散,刀尖在经历了刺入和被锁住的阶段后,就不再受到任何抵抗作用了,其防刺性能失效;如果底层织物的纱线聚集较多,存在一定紧密度,有望提高此类织物的防刺性能。

2.2 动态穿刺实验结果及分析

表6示出动态穿刺样品的测试结果。对比表中编号为0、1、2、3号的样品,在厚度基本相同的情况下,无论间隔织物置于 PE 无纬布的表面、中间、还是底面,均不能有效防止动态穿刺;同样对比表6中的4号和5号样品,将芳纶无纬布/间隔织物(1#样品)替换发泡材料的同时减少1层涂覆树脂的芳纶机织布,也不能有效防止动态穿刺。这是因为由间隔织物复合而成的夹层结构对于应变率比较敏感,虽然间隔织物在准静态条件下对刀尖的刺穿具有一定的锁定作用,并能有效抵御刺穿,但是当刀具以一定动能瞬间穿刺织物时,刀尖接触到织物的面积极小,压强极大,而织物缺乏足够的时间使应力达到织物内部材料间的平衡状态,因此所产生的应力波只能传播在局部范围,无法大面积传播,材料无法有效抵御外部受力,类似于纺织结构复合材料受到高速冲击时的性能表现。然而有关针织材料在高应变率下的性能表现文献很少,这一现象有待进一步研究。

表 6 动态穿刺实验结果

编号	穿刺结果
0	防刺材料完全刺穿，发泡材料未被刺穿，但有些痕迹，测试背板白纸不留刺点
1	防刺材料完全刺穿，发泡材料完全刺穿，测试背板白纸留有刺点
2	防刺材料完全刺穿，发泡材料完全刺穿，测试背板白纸留有刺点
3	防刺材料完全刺穿，发泡材料完全刺穿，测试背板白纸留有刺点
4	防刺材料未被刺穿，发泡材料留有些痕迹，测试背板白纸不留刺点
5	防刺材料完全刺穿，发泡材料完全刺穿，测试背板白纸留有刺点

3 结论

通过将间隔织物与芳纶无纬布、芳纶机织布复合后的材料进行防刺性能测试并对相关实验结果分析，可以得到如下结论：刺入面的织物结构对防刺性能影响极大，增加刺入面的纤维与刀具间的摩擦，可有效提高材料的防刺性能；粘合剂的种类对材料的防刺性有影响，选用强度、韧性和粘结强度高的胶，有利于材料的防刺性能；间隔织物的底层复合面的结构对材料的防刺性能也同样重要，紧密度高的底层结构有利提高材料防刺性能；从动态防刺实验结果看，间隔织物所复合的新材料还不能有效抵御动态穿刺，在高应变率下材料的防刺性能有待进一步研究。

参考文献（略）

增强型织物复合膜的研究进展

蔡璐　李娜娜　宋广礼

（天津工业大学）

膜分离技术是 21 世纪最具发展前景的高新技术之一。在膜生物反应器中，要避免膜材料污染必须承受曝气、间接出水等过程形成的冲击负荷，这就对膜的强度提出了较高要求。单一的膜材料很难同时具备良好的成膜性和机械强度，可采用增加膜厚度和铸膜液固含量等手段提高膜强度，但这些方法使传质阻力增大、水通量下降。因此，增强型膜成为膜材料制备与研究的重点。

1963 年 Riley 首先制备超薄皮层和多孔支撑层，然后将二者进行复合，制备了反渗透复合膜。复合膜是指以基膜、纤维、织物等作为支撑层，表面覆盖薄且致密的均质膜的复合结构，具有强度高，韧性好，且不影响膜本身渗透性的性能。后人通过调整膜材料和制备方法，并选用不同类型的织物作为支撑，有针对性地优化膜强度和渗透性能，制备了一系列高强度织物复合膜。其中，浸没沉淀法是制备织物复合膜常用的方法之一。浸没沉淀法设备简单、工艺可变性强，但在成膜过程中，由于溶剂的脱除易产生孔的塌陷。将该法与织物复合相结合，可有效控制成膜过程中膜的收缩，有利于膜孔的形成和稳定。

1 织物复合膜的分类

根据支撑体的织物类型，织物复合膜可分为编织物复合膜、机织物复合膜、针织物复合膜、非织造布复合膜等。

2 织物复合膜的研究进展

2.1 编织物支撑体

编织物是最早的纺织品，是由两组或两组以上的条状物，相互错位、卡位交织、串套、扭辫、打结在一起而组成。随着对高模量一次成型结构材料的需要,编织将成为复合增强材料的一种主要加工方法。编织物可置于基膜外侧或内部(下图),当膜内压力增大到一定程度时,膜体发生膨胀并进入增强层的格状孔中,使膜具有足够的强度、耐受性、受力分散性。

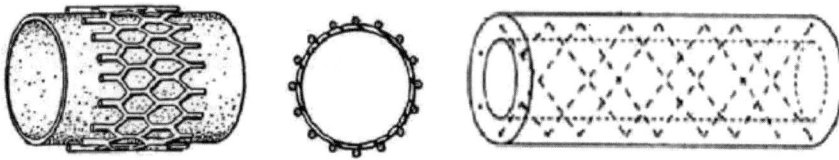

(a)编织物置于膜外侧　　　　　　　(b)编织物置于基膜内部

增强中空纤维膜示意图

研究多采用成本低廉、综合性能优良的涤纶或玻璃纤维作为增强材料。李凭力等以聚偏氟乙烯(PVDF)中空纤维膜为基膜,外侧加涤纶编织的网状增强层,其拉伸强度在 28MPa 以上,爆破强度达到 0.5MPa。Liu 等对 PVDF 复合中空纤维膜进行了研究,结果显示减小纤维线密度导致爆破强度、平均孔径和孔隙率变大,断裂拉伸强度明显增强,但水通量有所下降。Bottino 等使用玻璃纤维编织管制备复合 PVDF 膜,其伸展性好,膜孔径分布在几百纳米。为解决传统工艺中聚合物层与编织管易脱离、内腔易堵塞等难题,Xu 等探讨了铸膜液、芯液、纤维编织管共挤出的成膜方法,得到的复合膜具有高强度、高通量、耐高反洗压力等性能。

2.2 机织物支撑体

机织物是由与布边平行或呈一定角度的经纱和垂直于织物布边的纬纱按规律交织而成的。织物结构稳定、紧密硬挺,用其作复合膜的支撑体,可使复合膜的厚度减少,力学性能提高,铸膜液收缩率变小。同时,机织物复合膜的孔径、孔隙率、水通量均高于普通共混膜,而且织物组织、PVDF 浓度、壳聚糖整理等均为影响复合膜性能的因素。

Qiu 等制备出经聚酰胺酰亚胺处理后带正电荷的聚醚亚胺平板正渗透膜,其机械强度好、水通量高。Herron 等将孔隙率 55% 的网格状机织布完全浸入铸膜液中,使得气泡无法停留在织物复合膜中,制备出高截留率和水通量的正渗透膜。霍瑞亭等采用壳聚糖整理的轻薄机织物作为支撑体,有利于制备复合膜、提高其透湿性并赋予织物抗菌性。张永波在涤纶平纹布一侧涂敷 PVDF 铸膜液，发现与织物相连部分多为薄且致密的海绵状孔，指状孔直接通向织物，膜层与支撑体分离后，与织物接触的 PVDF 膜面留下明显的组织形貌并存在少量大孔，所得织物复合膜除盐率高、抗污染性强、强度大。

2.3 针织物支撑体

根据针织方法和织物线圈结构的不同，针织物可分为纬编针织物和经编针织物。纬编织物是由 1 根或多根纱线沿纬向顺序地垫放在相应的织针上成圈，并在纵向相互串套而成。其质地柔软，具有较大的延伸性、弹性以及良好的透气性，典型的增强型纬编针织物结构有纬平针、衬垫、罗纹、罗纹空气层、罗纹衬纬、双罗纹、衬经衬纬罗纹、纬编间隔织物等；经编织物是由 1 组或几组纱线沿纵向垫入 1 排织针，相互串套，同时成圈，具有良好的横向弹性和延伸性，纵向尺寸稳定，质地柔软，脱散性小，透气性好等特点，典型的增强型经编针织物结构有编链、经平绒、衬纬经编组织、双轴向组织、多轴向组织等。

相对于其他类织物，利用管状针织物为复合膜支撑体不存在缝合问题，内径最小达到 3mm，能满足不同范围内径膜组件的使用要求。但管径大小、疏密程度等均影响复合膜性能。郭鑫等利用纬平管状针织物制备出了针织物增强 PVDF 复合膜，发现引入针织物并不影响渗透性能，所得膜水通量达到 290L/（m²·h），断裂强度和伸长率明显增大。为解决人造血管在使用中的抗渗透性、血液相容性、耐疲劳性等问题，徐卫林等发明了可植入人体的织物增强复合人造血管。Zhu 等在涤纶 / 氨纶管状针织物上复合丝素 / 聚氨酯后，人造血管横断面呈现分布均匀的多孔结构。Doyen 等在间隔织物两侧涂覆聚醚砜 / 聚乙烯吡咯烷酮铸膜液，可获得最大孔径为 0.3μm、水通量为 1500L/（m²·h）的 IPC（具有完整渗透渠道）膜。Teramachi 等将不同的铸膜液涂覆在管状针织物外形成两层多孔复合膜，加工成本低，膜的分离渗透性能好、机械强度高，支撑层和多孔膜不易剥离。

2.4 非织造布支撑体

非织造布是由短纤维、纱线或长丝采用机械抱合、物理或化学等方法粘结而成。轻质、透气、各向异性、强韧、耐用，同时具有良好的径向和轴向强度。非织造布复合膜与普通膜性能不同，前者由于支撑体张力的作用，易形成更多孔，膜渗透性能与力学性能均有提高，但易出现大孔缺陷。刘武义等采用湿法相转化法制得了以非织造布为支撑体的增强型 PVDF 微孔膜，发现膜的机械强度提高，能耐多种有机溶剂腐蚀。吴浩赟使用熔融聚氨酯将短纤湿法成网制成的网络结构粘合、固结,作为中空纤维膜的支撑体,制得的复合膜轴向与径向拉伸强度高及水通量较大。刘忠英等研究了非织造布的支撑对不同分子质量聚醚砜超滤膜的影响,发现有非织造布支撑的超滤膜水通量较高、抗压强度增大,但截留率较低。Hou 等将丙酮和磷酸的混合物作为聚酯非织造布增强 PVDF 复合膜的添加剂,其孔径分布在 0.22 μm 左右,长时间运行后膜的性能保持良好。

3 结论与展望

随着膜技术应用领域的不断拓展,要求膜性能多样化、膜结构精确化、膜强度及抗污染性进一步提高等已成为分离膜的主要发展趋势。目前,有关增强型织物复合膜的研究已有一些报道,其织物类型涉及编织物、机织物、针织物、非织造布等。膜材料、支撑体的选择、成膜条件都直接影响着复合膜结构与性能,但对增强型织物复合膜制备所用支撑体的材料、结构、性能表征等研究尚不系统化,增强型织物复合膜的制备还存在如下一些问题。

（1）不同织物作为分离膜的支撑体各有差异。编织物中纱线与纱线之间显示出较强的整体性,在剪切强度、抗冲击损伤方面性能优越,并能按设计要求配套不同结构的芯模,若有效控制编织节距可防止铸膜液在孔隙中形成分离层,这样纤维之间摩擦力减小,膜的断裂强度增大；相对于针织物或非织造布,机织物结构密实、尺寸稳定性最好,复合膜缝合问题有待进一步研究；针织物具有极大的设计灵活性,可按需要调整织物密度、未充满系数、纱线性能和纱线根数等,对增大织物复合膜机械性能有很大贡献,由于其高弹性、易于成型制作复杂形状构件等优点而成为当今研发的焦点,形状可塑性和轻质性能满足中空纤维膜的小内径与薄壁要求,但针织物支撑体容易变形,线圈结构使纱线间绑缚水平低,受外力时构成变形过程的复杂性及不确定性,直接影响了涂膜的稳定性,特别是在纬平针织物涂膜时,膜层与支撑体所成的膜容易出现收缩褶皱现象,对其应用造成不便；非织造布中纤维不规则分布,结合各种原料和加工工艺,起到过滤、分离、增强、分散负荷等作用,也正因为纤维均无缠结,使得非织造布复合膜容易产生剪切失效。

（2）涂膜易发生渗漏现象。对于未整理加工的支撑体织物,在结构轻薄的织物上涂膜易发生渗漏现象,微孔膜的成膜均匀性和完整性差；而对于结构密实的织物,铸膜液的渗漏现象较轻,微孔膜的成膜均匀性和完整性明显改善,但水通量较低。对支撑体进行拒水后整理,不仅可防止铸膜液在支撑体上的渗漏,而且能抑制渗透物浸润、堵塞膜微孔。

（3）织物复合膜的卷曲性及微孔膜与支撑体之间结合牢度不高。增强型织物复合膜的拉伸强度主要由膜层、织物、织物与膜层间的结合力三者共同决定，通过选择力学强度较好的纤维材料，并结合良好的织物组织结构，可大幅提高复合膜的强度。有待解决织物复合膜的卷曲性及微孔膜与支撑体之间结合牢度不高等问题。

参考文献（略）

航空用蜂窝夹层结构及制造工艺

程文礼 袁超 邱启艳

（中航复合材料有限责任公司）

蜂窝夹层结构通常是由比较薄的面板与比较厚的蜂窝芯胶接而成，如图1所示。由于其具有质量轻、弯曲刚度与强度大，抗失稳能力强，耐疲劳、吸音、隔音和隔热性能好等优点，长期以来备受航空领域的关注。

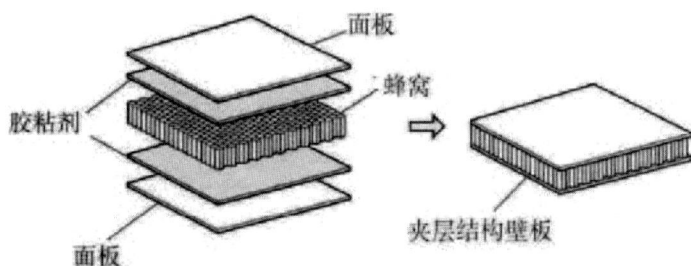

图1 蜂窝夹层结构

在航空工业发达国家，蜂窝夹层结构复合材料已成功地大量应用于飞机的主、次承力结构，如机翼、机身、尾翼、雷达罩及地板、内饰等部位。表1列出了国外主要机型蜂窝夹层结构的使用状况。

蜂窝夹层结构复合材料的设计和制造工艺是先进飞机研制的关键技术之一。随着新材料、新工艺和新技术的发展，飞机结构用蜂窝夹层结构在蜂窝类型、规格（容重与孔格大小）、预浸料特性（流变特性、自粘性、悬垂性）及面板厚度、胶膜选择及使用上均有新的特点，其结构特性与成型工艺、性能和成本有着密切关系。本文对蜂窝夹层结构材料与性能及其工艺进行了分析。

表1　国外主要机型及其蜂窝夹层结构的使用

机型	应用部位	蜂窝材料
F-15	机翼前缘、襟、副翼、垂尾、平尾	铝蜂窝
F-16	平尾	铝蜂窝
F/A-18E/F	方向舵、平尾	铝蜂窝
F-35	襟、副翼、平尾前缘、垂尾前缘、方向舵	Kevlar
A340	方向舵、襟翼导轨整流罩、腹部整流罩等	Nomex
A380	襟、副翼、机翼滑轨整流罩、地板机内饰等	Nomex
B787	升降舵、方向舵、发动机整流罩、机翼翼尖等	Nomex
Starship	机翼、机身	Nomex
Hawker 4000	机身	Nomex
Learjet85	机身	Nomex
RQ-4	鼻锥整流罩、机翼前、后缘	Nomex
MQ-1	机身、机翼	Nomex
ARH-70	桨叶、前机身	Nomex、铝蜂窝

1　材料体系与性能

1.1　蜂窝芯子

蜂窝种类包括间位芳纶（Nomex）蜂窝、铝蜂窝及玻璃布蜂窝等，其功能是将上、下面板隔开，以承受由一个面板传递到另一个面板的载荷和横向剪力。根据孔格形状可分为正六边形、过拉伸、单曲柔性、双曲柔性、增强正六边形和管状等，如图2所示。

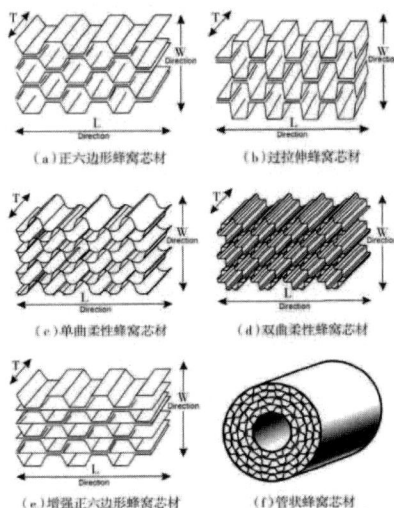

（a）正六边形蜂窝芯材　　　　　（b）过拉伸蜂窝芯材

（c）单曲柔性蜂窝芯材　　　　　（d）双曲柔性蜂窝芯材

（e）增强正六边形蜂窝芯材　　　　（f）管状蜂窝芯材

图2　几种典型蜂窝几何形状

　　在这些蜂窝夹芯材料中，以增强正六边形强度最高，正六边形蜂窝次之。由于正六边形蜂窝制造简单，用料省，强度也较高，故应用最广。应用上，由于 Nomex 蜂窝与铝蜂窝相比，局部失稳的问题要小得多，而且间位芳纶不导电，不存在电化腐蚀问题，还能够满足烟雾毒性等要求，所以在航空制造上具有广泛的应用领域。

　　不同规格的蜂窝具有不同的密度和力学性能，密度小于 $48kg/m^3$ 的蜂窝属于低密度蜂窝，这类蜂窝在民机、直升机、无人机等亚音速飞机上具有广阔的使用前景。密度为 $48\sim80kg/m^3$ 的蜂窝称为中、高密度蜂窝，具有较高的强度及刚度，广泛应用于某些有特殊力学性能要求的部位，如歼击机的平尾、鸭翼及方向舵等。目前国外航空用蜂窝的生产厂家主要有 Hexcel、M.C.Gill、Plascore、Advanced Honeycomb Technologies 及 Euro-technologies Inc. 等，国内主要是中航复合材料有限责任公司。不同厂家生产的 Nomex 蜂窝制造标准和产品性能是有差异的，选用时可参考 GJB 1874 及其他有关资料。

1.2　面板材料

　　面板种类包括铝合金、玻璃钢及碳纤维复合材料等，目前航空结构上采用的大多为碳纤维单向带或织物增强复合材料。面板主要功能是提供要求的轴向弯曲和面内剪切刚度。面板材料的选择需要考虑重量、承载、腐蚀、表面质量及成本。因此，针对结构形式和工艺需要进行具体选择。目前，Hexcel、Cytec 及 ACG 等公司均开发出了适用于各种用途的材料体系，如 HexPly 8552 及 CYCO M977-2，国内中航复合材料有限责任公司开发的 BA991[3] 中温环氧及 BA 9916-II 高温环氧体系等。

　　随着对低成本的追求，热压罐外固化预浸料（OOA）技术在最近 10 年得到了快速发展。相对于传统的热压罐固化预浸料体系，OOA 预浸料体系在烘箱内即可加热固化，大大节省了热压罐设备费用。用于航空结构的 OOA 预浸料应具有固化后层板低孔隙含量，固化后性能与热压罐成型相当的特点，而且还应具有好的粘性及可操作性，可用于自动铺带 / 铺丝操作。目前，已经商业化的航空用热压罐外固化预浸料树脂体系主要为环氧树脂体系，如表 2 所示。

表2　商业化的航空用热压罐外固化预浸料树脂体系

厂家	预浸料体系	典型固化工艺	21℃粘性期（天）	T_g（℃）（干/湿）
ACG	MTM44-1	130℃/2h+180℃/2h	21	190/155
	MTM45-1	130℃/2h+180℃/2h	10	180/160
	MTM46	120℃/1h+180℃/1h	30	190/130
Cytec	Cycom5320-1	121℃/3h+177℃/2h	20	－/163
Hexcel	Hexply M56	110℃/1h+180℃/2h	30	203/174

目前，一些厂家还开发了可直接与蜂窝复合制造夹层结构的预浸料，采取共固化方法制备的夹层结构性能满足设计与使用要求。由于不使用胶膜，简化了工艺，降低了成本，减轻了结构重量。有文献研究了MTM45-1/Nomex蜂窝的性能，指出其夹层结构符合航空主承力结构对空隙的要求，并且其基本力学性能与Cycom977-2/AF191/Nomex夹层结构相当，可以用于主承力结构。

1.3 结构胶粘剂

结构胶粘剂主要功能是将剪力传递至蜂窝芯子和由蜂窝芯子传递给面板。根据基体类型可以分为环氧类、酸马来酰亚胺类及氰酸酯类胶粘剂等。其中环氧类具有高的强度和韧性及工艺性，可耐温到200℃，故被广泛应用于航空结构中；酸马来酰亚胺类可以在更高的温度下（230℃）保持较好的性能，主要用于超音速飞机的胶接；氰酸酯具有好的介电性能和低的热膨胀系数，主要用于功能结构的胶接，胶粘剂还可以根据物理状态和组分进行划分。

胶粘剂的选择除考虑强度和使用温度外，还需考虑质量、工艺性及储存期等，一般用于蜂窝胶接的胶膜质量为150~400g/m²。其工艺性除与共固化预浸料的化学特性及固化工艺性兼容外，还要与蜂窝拼接胶、发泡胶及表面处理剂兼容。成型过程中胶粘剂应具有足够的流动性，能够在面板与蜂窝孔壁之间形成胶瘤，但也不能从面板上完全流进蜂窝孔格内，胶粘剂储存期在-18℃一般不低于6个月。目前，主要的航空用蜂窝夹层结构胶粘剂有Hexcel的REDUX系列、3M的Scotch-Wel系列、Cytec的FM系列和Henkel的Hysol系列等，表3列出了国外几种典型蜂窝夹层结构胶粘剂及其基本性能。国内黑龙江石化院的J-47C、J-95、J-116A及中航复合材料有限责任公司的SY-14C和SY-24C等均已在航空构件上使用。

表3 几种典型蜂窝夹层结构胶粘剂及其性能

公司	产品牌号	最高使用温度（℃）	典型固化工艺	室温剪切强度（MPa）	室温浮辊剥离强度（kN/m）	室温平拉强度（MPa）
Hexcel	Redux®312	100	120℃/1h	41.4	9.6	7
	Redux®319	150	177℃/1h	45	7.2	9
	Redux®322	177	177℃/1h	22	—	7
Cytec	FM®73	80	120℃/1h	44.9	11.4	8.9
	FM®300	150	177℃/1h	35.5	5.1	7.6
3M	AF 163-2	120	120℃/1h	39.3	13.6	9.7
	AF 191	177	177℃/1h	37.2	7	9.7
	AF 147	150	177℃/1h	34.5	4.4	9
Henkel	EA 9696	120	120℃/1h	43.4	14.2	8.3

2 结构特点及制造方法

2.1 结构特点及成型方式

目前，航空用蜂窝夹层结构主要有两类，第一类为蜂窝夹层壁板结构，如图3（a），主要用于机身和机翼结构。其特点是上、下面板较薄，一般不超过1mm，整个蜂窝夹层板厚度一般不超过30mm，结构内部有梁/墙作为支撑，与机体的连接主要通过金属预埋件或梁/墙上的接头。第二类为全高度变截面结构，如图3（b），主要用于方向舵和升降副翼等。其特点是梁肋等零件固化后通过铆钉联接在一起，梁肋零件与蜂窝芯材之间一般采用发泡胶填充，整个零件与机体的连接主要依靠复合材料或金属梁上的接头。夹层结构的成型方法可以根据面板与蜂窝夹层结构的成型步骤分为二次胶接法和共固化法，针对形状复杂的结构还可以采取胶接共固化或分步固化。不同成型方式及特点如表4所示。

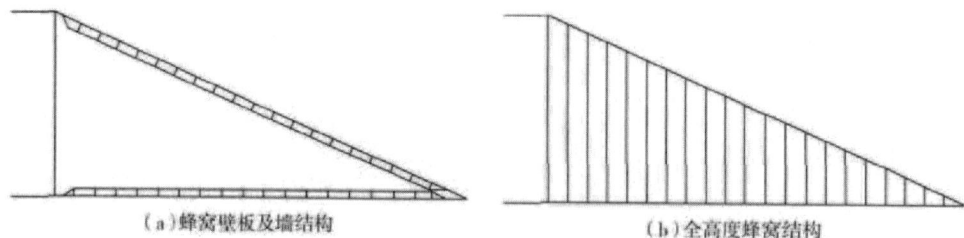

（a）蜂窝壁板及墙结构　　（b）全高度蜂窝结构

图3 典型蜂窝夹层结构

表4 蜂窝夹层结构成型方式

成型方法	过程	特点	适用范围
共固化	未固化的上、下面板，蜂窝芯和胶膜按顺序组合在一起，面板固化与蜂窝芯的胶接一次成型	一次成型，制造周期短，制造成本低；芯子与面板粘接强度高；受蜂窝芯抗压强度限制，成型出的面板表面质量差，力学性能偏低；生产过程较难控制，单个零件超差将导致整体零件报废	平板或型面简单的制件
二次胶接	上、下面板及骨架零件预先固化成型；再与蜂窝芯、胶膜等材料组合胶接	二次成型，制造周期增长，制造成本增加；面板表面、内部质量好；蜂窝芯材、梁肋与面板胶接面精确配合控制难度较大	舵面类全高度蜂窝夹层结构及对上、下面板质量要求高的零件
胶接共固化	一侧面板先固化成型；再与蜂窝及另一面板进行胶接共固化成型	二次成型，制造周期增长，制造成本增加；预先固化的面板表面和内部质量好	形状复杂的制件或对单侧面板质量要求高的零件
分步固化	一侧面板先固化成型；再与蜂窝胶接固化后，铺叠另一侧面板；最后固化成型	三次成型，制造周期长，制造成本高；预先固化的面板表面和内部质量好	内部无骨架或骨架较少，形状非常复杂的零件

2.2 制造工艺

2.2.1 热压罐工艺

传统的蜂窝夹层结构主要采用热压罐工艺，它的最大优点是能在大范围内提供好的外加压力、真空及温度精度，可以满足各种材料对加工工艺条件的要求，而且能够制造形状复杂的零件。热压罐成型的复合材料结构件具有力学性能优异、面板孔隙率低、树脂含量均匀及内部质量良好等优点。热压罐成型时工艺辅助材料及封装方式如图4所示。但该方法经济性差，设备一次性投入及维护成本较高，目前主要用于生产高性能复合材料。

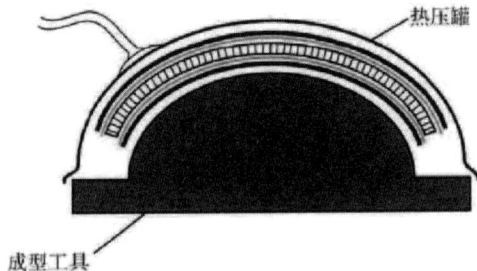

图4 热压罐成型典型封装方式

2.2.2 真空袋工艺

真空袋工艺的特点是设备简单，投资少，易于操作。但传统预浸料/真空袋工艺能达到的质量标准不太高，一般用于承力较小的结构。这是因为与热压罐工艺相比，虽然铺叠和封装技术基本相同，但其成型压力小，较低的压力可能导致空气从蜂窝孔格内流入面板，造成高孔隙率。因此，空气必须在树脂软化之前从蜂窝孔格中排出。J.Kratz 等指出，如果在加热前，蜂窝孔格内的压力降低到 0.05MPa 或更低，空气就不会流入面板，即空气在固化过程中仍然留在芯材内。制造上可以通过采用低面密度的玻璃纤维织物作为导气介质排出蜂窝孔格内的空气，但固化后织物会留在夹层结构中增加重量，事实上，目前许多胶膜所带载体也可以起到导气作用。另外，新的 OOA 预浸料通过控制干纤维的浸润程度来提供足够的排气通道及通过树脂流变性能的优化达到"可控流动性"来实现固化过程中气体的排出，降低面板的孔隙率，得到高质量的夹层结构零件。

2.2.3 模压工艺

模压工艺兼有热压罐工艺和真空袋工艺的优点，具有成型压力大、成型效率高及经济性好等特点，能够准确保证夹层结构的厚度和尺寸，构件同时具有两个光洁表面。通常用于批生产，采用模压工艺的构件有飞行控制部件及直升机旋翼等。主要缺点是模具成本相对较高，特别是结构较大的复杂零件，图 5 为模压工艺制造蜂窝夹层结构示意图。

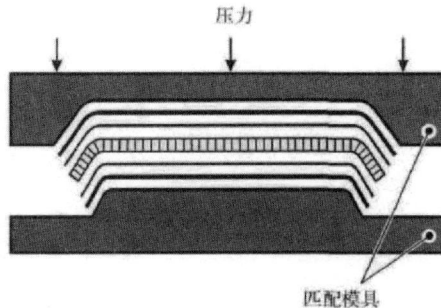

图 5　模压工艺制造蜂窝夹层结构示意图

2.2.4 液体成型工艺

除上述传统工艺外，Euro-Composites 公司开发了蜂窝液体成型工艺（EC-HLM）首次在 RI（Resin Infusion）工艺中使用蜂窝，主要特点就是在蜂窝与面板预成型体之间放置一层阻挡层，防止低粘度的注射树脂流入蜂窝孔格。成型过程中先将阻挡层与蜂窝芯预固化粘合在一起，再进行树脂灌注，如图 6 所示。与采用传统的预浸料/热压罐技术制造的部件相比，此工艺降低了材料成本（干织物和纯树脂代替预浸料），减轻了10%~15%的质量（胶膜减少），降低了工艺成本（不采用热压罐工艺），减少时间30%，并且提高了水密性，降低了面板的孔隙率（蜂窝孔格密封）。该技术已经在 A380 上得到应用。

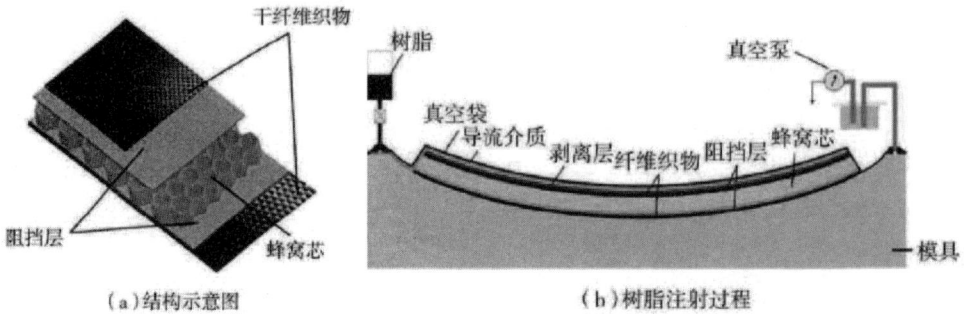

图6　蜂窝液体成型工艺

3 结束语

目前，我国航空复合材料，尤其是蜂窝夹层结构在设计上仍较多地采用传统的方法与经验，可供选择的材料体系较少，制造工艺方面也显得落后。未来的航空用蜂窝夹层结构技术依然需要在设计、材料、制造工艺及成本与维修等方面开展全面而深入的研究。

参考文献（略）

聚乳酸／天然纤维复合材料成型加工研究进展

陈鳃　顾书英　任杰

（同济大学）

在资源与环境的双重压力下，聚乳酸／天然纤维复合材料是一种应时而生的绿色环保复合材料，复合体系的组分均可生物降解而且原料可再生。聚乳酸具有良好的生物相容性和力学性能，适合各种成型加工，广泛应用于包装、服装、纺织、医疗卫生等领域，但也存在脆性大、热稳定性差、成本高等缺点。天然纤维作为增强材料，其比强度和比刚度相对较高，耐冲击性和能量吸收性较好，还兼具价廉质轻等优点，能较大程度地改善聚乳酸的物理、力学性能。

聚乳酸／天然纤维复合材料的加工工艺主要取决于天然纤维和聚乳酸自身的形态及复合材料具体的性能要求。传统的绿色复合材料的成型工艺主要有：敞开式模塑（如手糊成型、喷涂成型、带铺放成型、纤维缠绕成型、热压釜成型）和闭合式模塑（如压缩模塑成型、注射成型、传递模塑成型）。基于此，聚乳酸／天然纤维复合材料的制备工艺根据聚乳酸的形态不同大致有挤出成型、注射成型、模压成型等。成型工艺的选择直接影响纤维与基体树脂的界面及性能，也影响应力的传递和转移，最终影响产品的质量。

1 挤出、注射成型

对于粉状或粒状聚乳酸，与粉状、短纤或长纤型天然纤维混合时，多采用挤出成型工艺。利用螺杆型挤出机、混炼机等周而复始的剪切与挤压，将组分混合塑化并分散。该工艺具有批量化的生产性，但剪切混合过程中材料因温度和剪切作用易发生降解。

K.Oksman 等将长纤型亚麻纤维手动连接成亚麻粗纱，用双螺杆挤出机与聚乳酸复合挤出，制备出聚乳酸／亚麻纤维复合材料，其力学性能优于汽车常用的聚丙烯／亚麻纤维复合材料。亚麻纤维的加入对复合材料整体的生物降解性和热稳定性影响不大，复合材料的拉伸强度和拉伸弹性模量随着纤维含量的增加呈现先增加后减少的趋势,当亚麻质量分数为 30% 时复合材料力学性能最佳。P.Pan 等将短纤型洋麻纤维与聚左旋乳酸(PLLA)通过熔融挤出制备复合材料,洋麻的加入可以显著提高 PLLA 的结晶速率、拉伸弹性模量和储能模量。

注射成型是将混合塑化后的原料借助压力和流速注入并充满模具型腔,经冷却脱模后得到成型品,是重要的成型方法之一。所得制品尺寸精确、形状完整,适用于批量生产形状复杂的部件,市场需求较大。

如 K.Salasinska 等以聚乳酸为基体,将磨细的向日葵壳和开心果外壳分别作为增强组分,利用注射成型工艺制备了生物可降解复合材料。两种植物填料均改善了聚乳酸的拉伸弹性模量和储能模量,但拉伸强度、断裂伸长率和硬度降低。添加向日葵壳粉可提高复合材料的冲击强度,而添加开心果外壳粉却使复合材料的冲击强度降低。C.Way 等将质量分数为 25% 的棉短绒或 50% 以上枫木纤维与聚乳酸混合,通过注射成型制备复合材料。聚乳酸基体的结晶度降低,但复合材料的拉伸弹性模量、弯曲弹性模量和冲击强度大幅度提高。聚乳酸对木纤维的润湿性良好,使得两者的界面相容性比聚乳酸 / 棉绒复合体系更优异。

H.Peltola 等利用注射成型工艺制备了多种木纤维与聚乳酸的复合材料,与化学漂白牛皮纸浆、木粉相比,磨木浆因在基体中分散均匀而使其对聚乳酸力学性能的提高最为显著。B.Asaithambi 等对香蕉 / 剑麻混合纤维进行碱处理,再用双螺杆挤出和注射成型工艺制备了纤维质量分数为 30% 的聚乳酸基复合材料,碱处理能有效地改善树脂与纤维的界面相容性从而提高了复合材料的拉伸、弯曲和冲击强度。

Song Yanan 等将脱胶后的大麻纤维与少量聚乳酸纤维混纺成粗纱加热成型并将其切割成 6mm 长的混合纤维球,再与聚乳酸球双螺杆挤出并注射成型,制得聚乳酸 / 大麻复合材料,该工艺能有效地分散大麻纤维,改善复合材料的力学性能。

2 模压成型

模压成型是将预混料、预浸料或预组坯料作为模压料,放入简单结构的金属模具中,借助一定的温度和压力固化成型的一种加工方法。该工艺操作简单,适用于流动性较差的以纤维为填料的聚合物基复合材料,但生产周期长、效率低。模压成型工艺按天然纤维和聚乳酸的预混状态又可分为简单预混模压、层叠模压、纤网模压、缠绕模压成型等。

2.1 简单预混模压

简单预混模压是通过相对简单的预混工艺将聚乳酸与天然纤维混合并模压成型,多用于粉状、粒状、块状或纤维状等模压料。如毛海良等将聚乳酸母粒和竹纤维通过简单机械混合,铺装并模压成型,制备聚乳酸/竹纤维复合材料。聚乳酸与竹纤维的配比、模压温度和时间对复合材料的拉伸强度影响显著,而且模压温度和模压时间之间存在显著的交互作用,纤维粒径和热压工艺参数对聚乳酸结晶度影响显著。

2.2 层叠模压

层叠模压工艺适用于片材、薄膜、非织造布型聚乳酸与天然纤维复合,通过调节基材和增强材料的规格及层叠结构可制备出不同性能要求的复合材料。

如 M.S.Huda 等将 18~24mm 长洋麻纤维与聚乳酸膜以每两层聚乳酸膜之间夹一层洋麻纤维的堆叠结构层层组坯,聚乳酸/洋麻复合材料层压工艺如图 1 所示。通过热压成型工艺制备了洋麻纤维增强聚乳酸基复合材料,通过对纤维进行表面处理提高了纤维与聚乳酸基体的界面相容性,从而提高了复合材料的力学性能和热力学性能,复合表面处理工艺可使复合材料获得比单一的碱液或偶联剂处理后更好的弯曲性能。

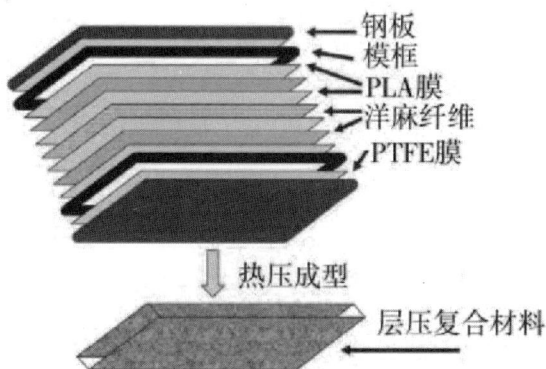

图 1 聚乳酸/洋麻复合材料层压工艺

Chen Dakai 等将不同形态 PLLA 基体(薄膜、粉末)及增强材料(苎麻短纤、苎麻织物)通过层叠模压工艺,制备了纤维质量分数为 30% 的苎麻增强聚乳酸基复合材料。经表面处理后短纤型苎麻纤维因具有更好的分散性使得复合材料的储能模量更优异,而苎麻织物的纤维束结构及层层堆叠的 PLLA 使得该复合材料在燃烧时具有更好的抗滴落性能。研究中还发现,苎麻织物经表面处理后,可使复合材料具有更好的界面相容性从而获得更好的力学性能。紫外水热老化试验中，虽然 PLLA 的相对分子质量未出现明显下降，但由于苎麻纤维吸水后破坏了苎麻与基体之间的界面结合力从而导致该复合材料的力学性能急剧下降。

　　P.David 等将聚乳酸制膜后与黄麻纤维非织造毡层层堆叠，聚乳酸／黄麻复合材料层压工艺如图 2 所示。通过快速真空热压成型工艺制备了黄麻毡增强聚乳酸基复合材料。复合材料的拉伸强度和刚度成倍增加，但冲击性能未能改善，而且黄麻纤维束与聚乳酸基体之间易出现孔隙，应力传递和转移有待改进。此外，快速真空热压工艺还导致了聚乳酸一定程度的降解。

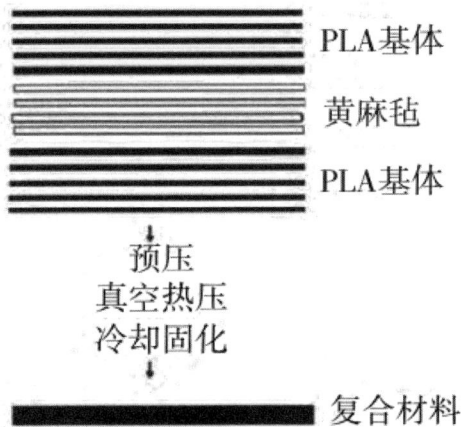

图 2　聚乳酸／黄麻复合材料层压工艺

2.3 纤网模压

　　纤网模压是将一定长度的聚乳酸纤维与天然纤维以不同比例混合，经开松、梳理、铺网后组成网状纤维层，再根据性能要求直接模压成型或者将网状纤维层针刺成毡后再热压成型。已有研究显示，聚乳酸／天然纤维复合材料中天然纤维的体积或质量分数为20%~55%，而纤网模压工艺可制备更高纤维含量的复合材料，原料广泛，产品品种繁多。网状纤维层的高孔隙率不仅降低了复合材料的密度，实现产品的轻量化，还大大降低了原料成本。Hu Ruihua 等利用开松机将黄麻短纤与聚乳酸短纤混合，经过梳理、铺网、针刺成毡，再通过热压制备了聚乳酸／黄麻复合板。

　　含质量分数为 60% 黄麻纤维的复合材料的拉伸强度为 1.9MPa，而含质量分数为70% 的复合材料的拉伸强度为 3.69MPa。加工成的卡车衬垫也具有良好的加工成型性。B.H.Lee 等利用梳理机将不同含量的洋麻长纤维与聚乳酸纤维混纺成毡，经针刺后减小毡的厚度,热压制成聚乳酸/洋麻复合材料。其制作工艺如图3所示。

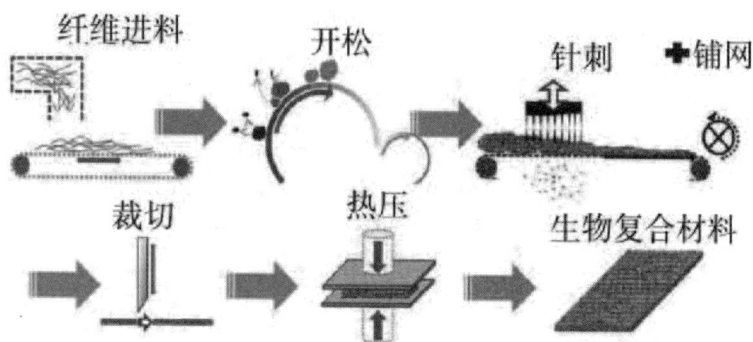

图3　纤维混纺模压工艺

低浓度硅烷偶联剂浸渍处理针刺毡,可有效改善力学性能和热变形温度,减弱复合材料对湿度的敏感性。洋麻纤维质量分数为50%与偶联剂质量分数为3%制成的聚乳酸复合材料可用作典型的汽车顶棚材料。N.Graupner等将棉纤维、洋麻纤维、大麻纤维分别与聚乳酸纤维梳理混合并模压成型。不同纤维增强的聚乳酸复合材料的性能不相同,可满足不同的技术要求。洋麻和大麻纤维与聚乳酸复合后拉伸强度和拉伸弹性模量较高,而聚乳酸/棉复合材料具有较好的冲击性能。他们还利用梳理机将质量分数为30%的Lyocell、质量分数为40%的洋麻纤维与聚乳酸纤维及聚β-羟基丁酸酯(PHB)纤维混合,模压成型,其力学性能优于一些市售麻纤维增强聚丙烯复合材料,除汽车内饰外更可应用于对力学性能要求较高的家具、玩具、电器设备外壳等。若能解决易燃、耐热耐候性差等问题,此类复合材料还能用于汽车、风电产业。

2.4　缠绕模压

缠绕模压是将预浸或预混好的连续纤维以一定张力缠在模具上,再对模具进行加温加压制得成型品。如O.A.Khondker等利用管状编织技术将聚乳酸纤维编织在轴向增强纤维(黄麻纱线)周围,制成微编织纱线,再将微编织纱线缠绕在平行金属模具中热压制备长纤维增强型单向热塑性复合材料,其制备工艺及装置如图4所示。

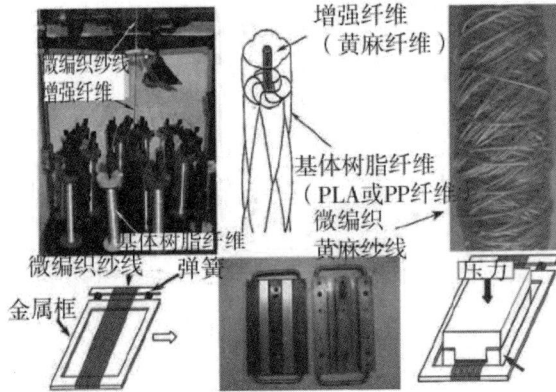

图 4　微编织纱线的制造工艺及缠绕成型装置

　　该工艺中纤维与基体均匀分布,增加增强纤维的体积分数可提高拉伸强度和拉伸弹性模量。微编织技术结合缠绕成型工艺可改善树脂基体对增强纤维的润湿性,使纤维与树脂基体的界面结合良好,有效地将应力从树脂基体传递给增强纤维,从而提高复合材料的力学性能,同时还避免注射成型等其他加工工艺中产生的纤维磨损和强度损失。

3　结语

　　随着复合材料加工技术的发展,聚乳酸/天然纤维复合材料的成型加工方法呈现出多种工艺复合化、新型技术不断应用的发展趋势。合理利用和改进聚乳酸/天然纤维复合材料的加工成型工艺有利于提高复合材料的品质,更有助于今后的生产和研发。天然纤维与聚乳酸复合,不仅同时满足轻量化、节能和环保三大需求,还将聚乳酸的应用范围扩大到汽车、航空航天、建筑业等高要求领域,具有良好且广阔的应用前景。

参考文献（略）

第五章 交通工具用纺织品

- 船舶用纺织品发展现状及展望

- 高性能纤维在新一代汽车中的最新应用进展

- 超纤革替代牛皮在汽车座椅上的应用分析

- 汽车内饰复合用水刺非织造布材料的开发

- 浅谈汽车内饰材料的生产工艺及其设备的发展趋势

- 甲醛清除和防污复合功能汽车座椅面料的开发

船舶用纺织品发展现状及展望

王可 樊理山 马倩

（盐城工业职业技术学院，江苏省生态纺织工程技术研究开发中心）

船舶作为海洋和内河上的流动建筑，在航运、海洋开发和国防建设中具有重要作用。纺织品作为船舶材料的一部分，在军用、商用、娱乐竞赛用船的船帆、内饰、救生筏、甲板和轮机舱用防护服等各方面广为应用。随着经济的快速发展，人们对船舶用纺织品的舒适性、豪华型、安全性和功能性等提出了新的要求，给纺织材料的应用带来了新的机遇。

1 船舶用纺织品的分类和性能要求

根据加工方法不同，船舶用纺织品可分为机织物、针织物、非织造布和复合材料。机织物和针织物作为传统纺织品，在船帆、船用内饰中大量应用；非织造布以其相对简易的工艺、理想的性价比、更轻的质量、均匀的外观和良好的成形性开始大量应用于船用内饰材料；随着新纤维开发和新工艺研究的不断深化，复合材料在船舶的主要结构部件、船帆、救生筏、个体防护服等方面的应用受到极大关注，并取得了一定的成果。

根据用途不同，船舶用纺织品可分为装饰性和功能性两大类。装饰性船舶纺织品主要用于座椅面料、背衬、顶篷、地毯、窗帘等，起着提高乘船环境和舒适度的作用。这些纺织品要求手感柔软、透气性好、耐磨、防污。功能性船舶用纺织品主要有遮阳板、船帆、救生筏、个体防护服等，对提高船舶安全性有着重要意义。随着经济水平的提高，要求船舶用装饰性纺织品具有更多功能性，而功能性船舶用纺织品在追求更卓越性能的同时，要求兼具装饰性和舒适性。

177

2 船舶用纺织品的发展现状

2.1 船帆

船帆通常要求织物质量轻、耐久度高，且在湿润状况下有足够的抗撕裂性能和耐霉变性能。船帆的性能主要取决于设计方法、织物结构和使用的纤维材料性能。在设计方法和织物结构一致的情况下，纤维材料的弹性模量、拉伸断裂强度、蠕变性能、抗紫外线性能、弯曲强力损耗和价格 6 个因素决定了纤维是否适宜用于船帆。传统上船帆多使用亚麻、大麻、棉等原料，而现代很少使用天然纤维，多使用细度在 20~300D 之间的人造纤维织物，如涤纶、锦纶、芳纶、高强高模聚乙烯纤维、液晶纺丝纤维、碳纤维和聚酯薄膜等。

2.1.1 船帆用传统纤维

船帆用传统纤维为涤纶和锦纶。涤纶以杜邦的 Dacron 为代表，具有优异的弹性、耐磨性、抗紫外线性能、抗折强度，且成本低、吸水率低，是最常用的船帆用原料。尼龙质量轻、拉伸强度高、耐磨性和弹性很好，与涤纶相比，染色性好，但易被紫外线和化学降解，且吸湿性能下降，常用于制作高强、轻质三角帆。

2.1.2 芳纶

芳香族聚酰胺纤维（简称芳纶）具有超高强度、高模量和耐高温、耐酸耐碱、质量轻、绝缘、抗老化、生命周期长等优良性能，是目前竞赛用船帆的主要材料。但芳纶纤维易吸湿，并对紫外线较敏感，在光照下，强力损失率是涤纶的两倍，因此需要在其表面涂覆一层紫外线吸收剂。芳纶可分为对位（PPTA 纤维）、间位（PMIA 纤维）和杂环芳纶三类。

船帆用芳纶为 PPTA 纤维，主要有美国杜邦的 Kevlar、日本帝人的 Technora 和 Twaron、中国烟台泰和新材料的 Taparan 等。Kevlar 有 29、49、129、149、159 等不同型号，其初始模量依次增强，但抗折强度逐渐降低，因此船帆用 Kevlar 为 29 和 49 两种型号。由于芳纶外观呈金黄色，所以芳纶材料船帆也呈典型的金黄色。

2.1.3 高强高模聚乙烯纤维

超高分子量聚乙烯纤维（简称 UHMWPE 纤维）密度仅为芳纶的 2/3 或高模量碳纤维的 1/2，质量比拉伸强度是现有高性能纤维中最高的，具有高强、高模、抗冲击、耐疲劳等优异性能，但蠕变性高，导致随着使用时间的延长，船帆形状发生变化，因此

UHMWPE 纤维常用于需定期更换的高性能三角帆。目前典型 UHMWPE 品牌有荷兰帝斯曼的 Dyneema、美国霍尼韦尔的 Spectra、日本三井、美国赫斯特的 Certran、中国山东爱地的 TERVO 和中国宁波大成等。

2.1.4 液晶纺丝纤维

液晶纺丝是 20 世纪 70 年代发展起来的一种将具有各向异性的液晶溶液（或熔体）经干－湿法纺丝、湿法纺丝、干法纺丝或熔体纺丝纺制纤维的方法，可以获得断裂强度和模量极高的纤维。船帆用液晶纺丝纤维主要有日本东洋纺的 Zylon 聚对苯撑苯并双恶唑纤维（简称 PBO）、日本可乐丽的 Vectran 液晶芳香族高性能聚酯纤维。PBO 纤维强度和模量为 Kevlar 纤维的 2 倍，热稳定性高，蠕变低，化学惰性好，耐冲击性、耐摩擦性和尺寸稳定性优异，能抗反复折叠拉伸，轻质柔软，但耐日晒性较差，因此需要在 PBO 船帆表面涂覆一层紫外线吸收剂。Vectran 纤维强度、弹性模量、伸长率、耐热性等性能优异，蠕变速率较低，适用于耐用巡航帆。

2.1.5 碳纤维

碳纤维具有质量比强度高、耐高温、耐摩擦、耐腐蚀等特点，按原丝类型可分为聚丙烯腈（PAN）基、沥青基和纤维素基 3 种，其中 PAN 基碳纤维发展最快，在高性能船帆中得到了日益广泛的应用，生产企业主要有日本东丽的 Torayca、日本东邦特耐克丝的 Tenax、日本三菱人造丝的 Pryofil、美国赫氏的 HexTow、德国西格里的 Sigrafil、韩国泰光的 Acepora、中国台湾台塑的 Tairyfil。我国早在 20 世纪 60 年代就开始进行碳纤维研究，但产业化进展缓慢，目前主要有中复神鹰、天华溢威、威海拓 s 展、江苏恒神等企业，且存在产能、质量低等问题，与国外产品存在较大差距，但在 2012 年《新材料产业"十二五"发展规划》和 2013 年《关于促进碳纤维产业健康发展的指导意见》中，碳纤维被列为发展重点之一，国产碳纤维将迎来重要发展期。

2.1.6 聚酯薄膜

层压织物又称为复合织物、粘合织物、叠层织物，是一种织物与织物或织物与其他片状材料叠层组合的以纺织品为基材的复合材料。层压织物选材范围广、设计灵活、污染少，可以发挥不同材料的最优性能，实现不同材料性能的叠加、增效。自 20 世纪 70 年代美洲杯帆船赛首次使用层压织物船帆以来，层压织物船帆以其高性能得到了快速发展。船帆用层压织物是将面料和聚酯薄膜复合在一起，常用聚酯薄膜有杜邦公司的 Mylar PET 薄膜、日本帝人的 Teonex PEN 薄膜等。Mylar 具有良好的耐热性、表面平整性和机械柔韧性，是层压织物船帆最常用薄膜。由于 PEN 分子链用刚性更大的萘环代替了 PET 中的苯环，所以 PEN 薄膜比 PET 薄膜具有更高的物理机械性能、气体阻隔性能、化学稳定性及耐热、耐紫外线、耐辐射等性能，但易折叠损耗，影响使用寿命，限制了其在船帆中的应用。

2.2 船舶内饰

船舶内饰用纺织品包括地毯和船舶内部家具用织物，例如座椅套、地毯、顶篷、窗帘等，在舒适性和装饰性方面要求较高，而且随着经济的发展，在功能性方面的要求也越来越高。在外观质量上，要求船用内饰织物质地厚实，高雅华贵，布面平整，手感柔软，挺括滑爽，有毛型感；在内在质量上，要求船用内饰织物透气性好，保型性好，坚固耐磨，色牢度高，具有良好的隔热、防火、阻燃性，且抗静电性，去污性好。传统船舶内饰用纺织品多由棉、麻、毛、涤纶、锦纶等传统纤维织成。随着技术进步，各种物理或化学改性纤维广泛应用于船舶内饰纺织品，如改善防污性的异形截面纤维；提高舒适性的假捻丝、空气变形丝、异收缩丝、超细纤维和中空纤维；具有负离子释放、除臭、抗菌抑菌、防静电、阻燃等性能的功能改性纤维。同时，新型纤维也开始应用于船舶用内饰纺织品，如具有良好耐化学性、回弹性、染色性、色牢度、抗污性和防静电性的 PTT 纤维可用于座椅面料。此外，对于传统船舶内饰用纺织品，为了增加其功能性，一般经过阻燃、涂层、抗静电、防水、防油、防污和抗菌整理。

2.3 救生筏

由于救生筏特殊的使用场合，要求救生筏用织物必须具有足够的强力、耐撕破能力和耐顶破能力，不会被水流、岩石等撕破、划破；顶篷能防水、防雨、遮风、御寒，不渗透；防盐碱、防腐蚀能力；耐气候老化能力；能在 -10~65℃环境温度下存放多年而不致损坏；并能在 -1~30℃水温度范围内使用。救生筏用纺织材料由外层的橡胶和内层织物层压而成，一般有氯丁橡胶和聚氨酯橡胶涂层织物两种，外层橡胶起到防腐蚀、耐磨和防刺穿作用，内层尼龙织物可提高救生筏的强度。

2.4 防护服

船舶用防护服按照使用对象可分为甲板工勤人员用防护服和轮机舱工勤人员用防护服两类。由于甲板多为露天设计，甲板上的工勤人员常暴露于湿冷的环境中，因此甲板上工勤人员防护服必须具备防水、防雨、不渗透，防盐、防碱、防腐蚀，遮风、御寒能力。内燃机船轮机舱通常有多个引擎，主引擎通常以柴油或重燃油为燃料，轮机舱通常温度较高、噪音很大、油污较多，且由于放置可燃染料、高电压设备和内燃机，存在着潜在危险，因此轮机舱工作人员防护服必须具备防水、防油、防污、防火性能，并且具有良好的透气性。船舶用防护服按功能可分为保暖透气防护服、防水透湿防护服、隔热阻燃防护服等。

2.4.1 保暖透气防护服

服装的保暖主要依靠织物中的静态空气层起隔热和保暖的作用。传统上保暖透气防护服主要依靠超细纤维、中空纤维实现，目前也有通过远红外陶瓷整理开发远红外保暖织物的。世界各国对超细纤维尚无规范定义，通常把单根纤度小于 1D 的丝称细旦丝，小于 0.3D 的称超细纤维。超细纤维与常规天然、合成纤维相比，直径较小，比表面积相应增大，可以吸附更多的静止空气，因而超细纤维面料保温效果较好，可用于制作船舶甲板工勤人员用保暖夹克、裤子、手套、帽子和靴子等的里料。

同时，超细纤维高密织物孔隙较小，水蒸气可以顺利穿透微孔空隙，而由于水的表面张力阻力作用，雨水不会通过织物，所以超细纤维高密织物面料在轻薄保暖同时又防水透气、挡风。国外常见超细纤维品种有美国 3M 公司的 Thinsulate、美国奥尔巴尼国际公司的 Primaloft、日本帝人公司的 Tetoron 等，国产有盛虹、恒力。中空纤维内部有连续的空腔减小了纤维的质量，能在纤维内部储存大量的静止空气，提高了织物的隔热保暖性。中空纤维经过多年发展，国外常见品种有美国杜邦开发的 Thermoloft 和 Thermolite（2006 年出售给英威达 INVISTA 公司）、日本帝人的 AEROCAPSULE 等，国产有盛虹的 Shthermal、恒力的 Hengyuan 等。

2.4.2 防水透湿防护服

防水透湿织物也被称作防水透气织物，在国外又叫做可呼吸织物，能够阻止外界液态水进入，同时允许身体散发的水蒸气散发到自然界中，集防水、透湿、保暖和防风功能于一体，可满足甲板工勤人员的防护需求。目前，防水透湿织物主要依靠聚四氟乙烯（PTFE）或其他含氟聚合物经拉伸而形成原纤维状的微孔结构薄膜与织物复合而成。外层为耐磨保护层，内层为柔软贴身舒适层，中间层防水透湿 PTFE 薄膜层。防水透湿织物以美国 W.L.Gore 公司的 Gore Tex 为代表。

2.4.3 隔热阻燃防护服

隔热阻燃防护服的基本要求是阻燃、隔热、耐高温，在高温高湿等恶劣气候条件下能保持足够的强度和服用性能；遇火及高温下不会发生收缩、熔融和脆性炭化，面料尺寸稳定，不会强烈收缩或破裂；具有耐磨损、抗撕裂等特性，以使轮机舱工作人员远离每天面对的潜在危险。隔热防护服性能与防护服纤维原料、服装的设计、面料衬料、里料结构等因素相关。

目前，耐高温阻燃防护服用纤维主要垄断在美国等发达国家，主要有美国杜邦的Nomex、日本帝人的Teijinconex间位芳香族聚酰胺纤维（简称PMIA芳纶）、德国巴斯夫的Basofil三聚氰胺纤维、法国罗那的Kermel聚酰亚胺纤维（简称P84）、奥地利兰精的Lenzing FR阻燃粘胶纤维、日本东洋纺的Zylon聚对苯撑苯并双恶唑纤维（简称PBO）、美国PBI纤维材料公司的聚苯并咪唑纤维（简称PBI）、奥地利HOS－Technik GmbH的PBI等。我国阻燃纤维的研究开发起步较晚，目前我国自主知识产权产业化生产的有阻燃涤纶、芳纶、阻燃粘胶等纤维，如烟台泰和新材料的Newstar间位芳纶。

2.5 绳索

绳索按原料分有棉绳、麻绳、丝绳等天然纤维绳，以及锦纶、丙纶、维纶、芳纶、高强高模聚乙烯等化学纤维绳，还有石棉、剥离、金属等纤维绳；按粗细分有细号（直径大约在4.5mm以下）、中号（直径大约在4~10mm）、粗号（直径在10mm以上）三类；按绳索断面分有3、4、6、7、8、12、16、48股或花式股等；按结构分有编织、拧绞、编绞三类。水上救生绳、船用旗杆绳一般为编织绳结构，船舶拖带、起重和装卸用绳一般为直径4~50mm的3股、4股或多股拧绞绳，高吨位船舶带绳由8根拧绞绳分4组以"8"字形轨道交叉编绞而成，直径在3~120mm。船舶用绳索材料要求具有强度高、耐磨性好、延伸率小、不易回转扭结、手感柔软、耐盐碱腐蚀、吸湿率低、吸湿后性能变化率低、低蠕变的特点，传统上使用丙纶、涤纶、尼龙等化学纤维，随着高性能纤维材料的开发，逐渐开始使用芳纶、高强高模聚乙烯等纤维。

3 船舶用纺织品的发展趋势

3.1 新型高性能纤维材料的应用

随着科学技术的发展和生活水平的提高，人们要求船舶用纺织品在原有基础功能上增加新的功能，如在兼顾装饰性和舒适性的基础上，内饰用纺织材料要求具有良好的耐磨色牢度、阻燃、抗菌、防静电、防污易清洁和良好的尺寸稳定性；对于功能性船舶用纺织品，如保暖透气防护服、防水透湿防护服、隔热阻燃防护服和高性能绳索，使用效果更多取决于原料所具有的性能。因此，芳纶、高强高模聚乙烯纤维、液晶纺丝纤维、PBI、碳纤维和 PEN 薄膜等新型纤维材料以其优异的性能得到广泛关注，如美国 Brainbridge/Aquabatten 公司用芳纶、超高模量聚乙烯和液晶聚合物纤维制作基本织物，然后在其两面层压上 0.013mm 厚的 PEN 薄膜，开发了高质量比强度的竞赛用船帆。

3.2 结构设计的关注

船舶用纺织品的性能主要取决于设计方法、织物结构和使用的纤维材料性能，要满足使用需求，仅依靠纤维材料自身的性能是不够的，纺织品的结构设计也至关重要。一般单一纤维材料难以同时满足船舶用纺织品的要求，所以发展趋势是使用两种或两种以上不同性质的纺织材料，经过物理或化学的方法取长补短，产生协同效应，组成具有新性能的材料来满足使用要求，这时结构设计显得尤为重要。如层压织物船帆，各层原料次序、层数都需精心设计才能达到预定目的。又如阻燃隔热防护服一般有阻燃外层、防水层和隔热层三层，其性能不仅与阻燃纤维原料的性能相关，更与服装的设计、面料衬料、里料结构有很大关系。

4 结语

船舶用纺织品种类繁多，性能要求千差万别，发展趋势是新型纤维材料的应用和纺织品结构设计的合理性，以取得较高性价比。目前，我国在船舶用纺织品方面的研究还比较少，与国际存在较大的差距。为进一步提高我国船舶用纺织品的国际竞争力，应加大船舶用纺织品，尤其是功能性船舶用纺织品的研发投入，提高科研队伍的研发水平，加大拥有自主知识产权产品的研发和产业化力度。

参考文献（略）

高性能纤维在新一代汽车中的最新应用进展

罗益锋

（全国特种合成纤维信息中心）

在大气污染和温室效应日益威胁人类生存环境的现实情况下,汽车的轻量化、节能化、电动化和环保化是大势所趋。为了实现上述目标,美、欧、日等先进国家和地区率先通过法律法规,分阶段规定新出厂的汽车每消耗 1L 汽油需达到的行驶里程数,我国也开始紧跟其后,这就迫使汽车生产厂家分阶段扩大碳纤维复合材料（CFRP）等在汽车非承力和承力件及零部件中的应用。

另一方面,各国政府投巨资积极支持企业和科研院所研发新型动力电池,以促进电动汽车的产业化和逐步普及。然而,由于现有动力电池的安全性、高成本、体积大且重、充电时间长、续驶距离有限和废弃物难以处置等问题而发展缓慢。

近年来,通过更新传统电池的设计理念,采用高性能纤维的关键部件和不断降低生产成本,各种新能源动力汽车开始孕育而生。比如目前出现的一种最先进的概念车采用了 CFRP 结构材料,先进电池,塑料光导纤维的光显示系统,对位芳香族聚酰胺纤维的子午胎、同步带和高压软管,碳纤维等耐热部件和刹车片,以及用碳纤维或聚丙烯毡等制成的消音器,而内装饰材料选用了可生物降解的聚乳酸纤维等绿色产品。

1 汽车轻量化、节能化的最新进展与技术进步

1.1 汽车结构材料采用 CFRP 是大势所趋

多国相继出台越来越严的法律法规,达不到规定的耗油量就不能生产,亦不许进口,这对电动车的发展具有重要的推动作用。要达到规定的指标,必须使汽车最终减重 50%~60%,而最佳的选择是采用 CFRP 结构材料。碳纤维价格贵是目前的瓶颈,随着生

产技术的高效化、市场应用的推广以及生产规模的大型化，其成本有望降低。CFRP 成型工艺的多样化、高效化和低成本化，将助推 CFRP 汽车由高档车逐步向中档车发展。目前用碳纤维增强热塑性树脂（CFRTP）制造非承力件，有利于实现连续化生产和降低成本。通过成型周期短的 RTM 一体化成型的部件数少。以"TEEWAVE"AR1 车为例，与钢制品相比，其部件数减少至 1/20，减重约 53%，CO_2 排放量减少约 9%，但还需解决 CFRP 部件与钢制品的粘合问题。表 1 为 8 家主要的国际汽车企业推出的 CFRP 车型、应用部位、车型工艺及售价等。

表 1　目前市场上主要的 CFRP 乘用车一览

公司	兰博基尼	丰田	迈凯轮	菲亚特	日产	戴姆勒	富士重工	宝马
车型	Aventador LP700-4	Lexus LFA	MP4-12C	Alfa Romeo 8C Spider	GT-R	Mercedes -Benz SL	Impreza WRX STI tS	i3
CFRP 适用部位	座舱	座舱	座舱	外板后罩	暖气片散热器中部支架	后罩内侧	车顶	座舱
加工方式	预浸料 RTM	预浸料 RTM SMC	RTM	—	注射成型	RTM	VaRTM	RTM
CFRP 重量(kg)	145	193（座舱、含铝材）	75	—	—	—	5	100（推定）
CFRP 成型厂家	内部制造	内部制造	—	Benteler SGL（后罩）	Calsonic Korpotion	Euro Advanced Carbon Fiber Composites	东丽	内部制造
上市时间	2011 年	2010 年	2011 年	2009 年	2007 年	2012 年	2011 年	2013 年
价格（万日元）	3969	3750	3790	2650	869	917（欧洲）	422	约 400（推测）
生产数量（辆/年）	500~1000	500	1000	500	—	—	—	400 数万辆（推测）

1.2 多种高科技纤维助推汽车的轻量化

汽车轻量化的要求，除带动塑料部件的多方应用外，还推动了天然纤维增强塑料、碳纤维和超高相对分子质量聚乙烯（UHMWPE）纤维混杂复合材料部件、对位芳香族聚酰胺纤维子午胎、胶带、胶管、刹车片(含碳纤维制品)及塑料光纤（POF）的全方位应用。

三菱丽阳的车载光显示和光通信用 POF 正向全球普及。POF 为 PMMA 芯和氟树脂鞘材，直径以 1mm 和 0.75mm 为主，现已应用于奔驰、宝马、奥迪、达州、福特等的高档车，并占全球市场的 60%~70%，2013 年需求量达 50000~60000km。以聚苯乙烯为芯材，PMMA 为鞘材的廉价 POF 现已部分应用于国产汽车中作为 LED 照明与光显示系统。据测算，汽车采用 POF 后可比采用电线减重 10~20kg，轻量化近 30%。

除此之外，宁波大成新材料股份有限公司与奇瑞汽车合作，开发了 PAN-CF 与 UHMWPE 纤维织布增强环氧树脂引擎盖和电池外壳箱等试制品，不仅更轻量化，还提高了抗冲击性能。

汽车的轻量化同时也带来了运行过程中噪音增大的问题，对此，除了利用 CFRP 本身具有震动吸收能力的优势，国外多家公司开发了汽车用吸音器或消音器。通常，高档车可选用对位芳香族聚酰胺纤维或碳纤维加工的针刺毡，普通车多采用涤纶或丙纶非织造布。日本帝人纤维公司开发了纵向排列的非织造布结构体"V-LAP"，作为汽车顶部和底盘的吸音材料；可乐丽公司开发了具有震动吸收能力的蒸汽喷射非织造布"フレクスター"，原料采用可乐丽生产的芯鞘型板状非织造布，芯材为聚酯，鞘材为乙烯－乙烯醇（EVA）共聚物。

电动汽车和新一代车的排热量较少，而且随着驱动系统的高效化和走行阻力的减少，所需能量相对较少，因此相对而言用于空调的能量比率增大，需要加强整体保温材料的开发和应用。

1.3 CFRP 回收技术的开发和产业化迫在眉睫

随着 CFRP 在各产业领域的大规模广泛应用，其废弃物的回收再利用将成为关键。CFRP 的再生相对容易，一般采取粉碎再制成母粒使用。但目前碳纤维增强热固性树脂是 CFRP 的主流产品，回收再利用难度较大，现阶段对此已开发出超临界液体法、热分解法、常压溶解法、过热蒸汽处理法、太阳能法和水热加压法等回收再生工艺，且有些已实现产业化。

对于所回收的碳长丝等，可加工成非织造布、短切纤维或直接制成 CFRP，再生碳长丝的表面处理技术、成本和寿命周期评价等则是目前该领域面临的问题。

2 新型车用动力电池的最新进展及高性能纤维的重要作用

电池是电动汽车的关键部件，近年来研发工作日新月异，出现了"百花齐放"的局面，

表 2 所示为几种有望产业化、初步产业化的动力电池尚存在的问题和新进展。以下将介绍上述各电池的最新发展及具体解决方案。

表 2　主要新型电池种类、存在问题及其电动汽车的续驶里程

电池种类	存在问题	标准轿车续驶距离（km）
锂离子电池	有中度毒性，成本高，充电时间长，偶尔会冒烟、自燃甚至发生爆炸，废品难以处置	500
氢一空气电池	氢气依然易炸，铂（Pt）等催化剂昂贵，需高压容器，发电效率低	500~600
钠硫电池	原料易燃，有强腐蚀性	500~1000
铝一空气电池	电解液有强腐蚀性，电容电量衰减快	500
锂一空气电池	成本高，反应物再生和电解质膜的开发仍待解决	400~450
硼化钒一空气电池	原料与反应产物有毒，原料较贵	500~1000

2.1 锂离子电池

美国电动汽车 Tesla（特斯拉）的市场化被认为对于新能源汽车的发展具有里程碑意义，其单次充电时间可缩短至 30~60min，靠扩大电池容量和增大车型使一次充电可续驶 300~500km，电池总重在 500~1000kg 之间，占汽车成本的 50%~60%，据报道曾发生过 6 次自燃事故。

对于这一车型的电池，改进的方向是采用碳纤维作为高强电极材料，而东丽和三菱树脂分别提供均质聚酰亚胺非织造布和湿法成型 PE 单层膜与芳纶非织造布相复合的电池隔膜，可耐 200℃以上的高温。帝人提供在 PE 基材上复合 Conex（一种间位芳香族聚酰胺纤维）非织造布并涂覆氟化物，以及间位芳香族聚酰胺纳米纤维非织造布作为锂离子电池隔膜。

此外，中国海诚工程科技股份有限公司研发的 PET/TENCEL® 非织造布通过涂覆 20% 的 Al_2O_3 粉作为锂离子电池的 5P-1 隔膜，容量保持率可达 83.4%。

2.2 氢一空气燃料电池

氢一空气燃料电池是清洁能源且原料价廉，但其所用 Pt 等催化剂昂贵，要产业化需改进氢的制造、储存和运输技术，按国际标准氢储罐压力需耐 700MPa 的压力和超低温，而供氢站约需 500L 的储存罐，这些都需 CFRP 高压容器。

另外，储氢还涉及储氢材料，目前最好的吸氢材料是经硝酸处理的单壁碳纳米管（SWCNT）和活性炭纤维，也可采用储氢合金。

为防止催化剂中毒,需采用 Pt 和各种辅助金属(Ru、Sn、Pd、Bi、Mo 等)的合金催化剂,并需以 10~50nm 碳纳米纤维(CNF)作为载体,才能用于高活性、低温型的燃料电池,并降低 Pt 的用量和成本。

车载的 CFRP 氢气瓶内压需由目前的 35MPa 提高至 70MPa,方能实现 3min 内充一次氢气跑 500km 以上,搭载氢气量增大 30%。

燃料电池的气体扩散层可选用碳纤维织物或非织造布。中国工程物理研究院化工材料研究所研发在 Nafion 共聚物中掺入单壁碳纳米管的复合膜,可用作质子交换膜的燃料电池阳极催化层。

2014 年一季度,丰田燃料汽车在加拿大作运行试验,最长续驶距离可达 620km,计划在 2015 年实现商品化。

此外,将于 2015 年投放市场的还有现代 i-blue 车型,据报道续驶距离为 600km;凯迪拉克 Provoq 车型,续驶距离为 483km。

2.3 钠硫电池

钠硫电池的优点是能量密度高、寿命长、价廉、操作温度在 300~350℃之间,但具有强腐蚀性,曾发生过自燃。为解决其安全性,日本ガイシ公司的解决方案是用碳片材将单电池卷起来,以提高耐热性。目前国外采用该电池的续驶距离为 500km,而我国据称可达 1000km。

2.4 铝-空气电池

铝-空气电池的优点是理论能量密度高达 8135W·h/kg,实际可达 400~600W·h/kg,铝负极电流密度高达 350~500mA/cm^2,有利于驱动;缺点是阳极极化严重,铝表面易形成氧化膜,负极腐蚀严重,正极材料的贵金属催化剂昂贵。电池高导电层有些选用碳纤维毡。

2.5 锌-空气电池

锌-空气电池作为一次电池现已实用化,日本松下的 PR44 电池能量密度高达 466W·h/kg 或 1473W·h/L。但作为二次电池在充电时会析出树脂状晶体,使电极产生自放电,造成电容电流丢失快的问题。此外,空气极要开发高效的氧化还原反应等的催化剂。国外的相关专利中有选用微管式电池隔膜取代平板膜的方法,以扩大单位体积的膜反应面积。

我国有多家科研院所和企业进行车用锌－空气电池的研发，其中江苏泰康电动车有限公司的产品已试用于武汉公共汽车上，但电池组没电后需更换下来，经重新处理和更换电解液后才能重新使用。

2.6　锂－空气电池

锂－空气电池可望有较大的容量，但在有机电解液体系下要确保反应生成物 Li_2O 以微粒析出并进行可逆反应，而在水溶液体系中则要开发金属锂与水溶液分离的电解质膜。为了获得高比容量，负极材料有选用单壁碳纳米管和碳纳米纤维相组合的膜，可获得 2500mA/g 的电流密度，但为防止电容下降，需添加 α-MnO_2 作为催化剂。

2.7　硼化钒－空气电池

硼化钒－空气电池是中德合作研发并由中方控股的项目，其优点是无需充电，而靠硼化钒（VB_2）纳米粉与空气中的氧在催化剂存在的情况下发生反应产生电流，反应产物可再生循环使用，更换电池中的 VB_2 只需 3~5min，反应温度不超过 60℃，因而不易发生自燃和爆炸。其先进性和创新点还在于将传统电池的平板电池隔膜设计成了微管式或中空纤维膜及环绕内外层的电极。

该新型电池的新颖性还在于中空纤维直径越小，电池质量和体积就越小，而能量密度却越高，与其他电池的原理相反。

据报道，该电池已于 2013 年被授权实用新型专利，2014 年发明专利也已进入实审期。将来实现产业化后，第一代电动车可续航 500km，第二代则可实现 1000km。

3　结语

目前，我国正加大对新能源汽车用新型动力电池的开发力度，并对购买电动汽车实行一定的优惠政策，这非常有利于我国新能源汽车的发展。为了促进我国电动汽车产业的发展，可借鉴国外的成功经验，以整车厂为主导，与电池、汽车配件及主要纤维材料生产商等进行紧密协作。

参考文献（略）

189

超纤革替代牛皮在汽车座椅上的应用分析

黄维　史荣波　李龄

（奇瑞汽车股份有限公司）

天然皮革美观、舒适、豪华、耐用、易清洗、透气性好，深受人们的喜爱，在中高档车型座椅上使用比较多。但皮革价格比较高，如何降低材料成本又不影响座椅的性能，是汽车制造者面临的问题，人们也一直在寻找替代材料。超细纤维合成革，即超纤革，是目前世界上最接近天然皮革的合成革材料，它完成了由"仿制"到"仿真"的过程，突破了传统意义上合成革的概念。本文从人造革的发展历程、超纤革及其特点、海岛型超细纤维、超纤革材料性能和成本分析等方面进行了介绍。

1 人造革的发展历程

20世纪30年代出现了以聚氯乙烯（PVC）高分子材料涂敷的人造革，在天然皮革的替代上实现了工业化的实际应用，这是合成革的第一代产品。到了20世纪60年代，诞生了第二代聚氨酯（PU）合成革，基材有聚酯纤维和尼龙丝。在此基础上，人们对基材和涂层树脂进行了改进。到20世纪70年代，合成纤维非织造布的出现，针刺成网等工艺，使基材具有藕状断面和空心纤维状，达到了多孔结构，且符合天然纤维的网状结构要求；同时合成革表层已能做到微细孔结构聚氨酯层，相当于天然皮革的粒面，从而使合成革的外观和内在结构与天然皮革逐渐接近，其物理特性也接近于天然皮革，而色泽比天然皮革更为鲜艳。合成革在常温下耐折牢达到100万次以上，低温耐折也能达到天然皮革的水平。

1968年，日本东丽公司研制出涤纶超细纤维合成革，可乐丽公司研制出锦纶超细纤维合成皮革，这是第三代合成革产品，它以超细纤维制成的具有三维网络结构的非织造布为基材，具有开孔结构的聚氨酯网状和尼龙束状结构，真正模拟天然皮革的形态。超细纤维的巨大表面积赋予超细纤维合成革强烈的吸水作用，使得超细纤维合成革不论从内部微观结构、物理性能、外观质感、舒适性，以及外观手感、透气性、弹性等方面均可与天然皮革媲美，在耐化学性、质量均一性、大生产加工适应性以及防水、防霉变形等方面超过了天然皮革因此，超纤革目前已成为替代天然皮革的理想材料。

2 超纤革及其特点

超纤革是用与天然皮革中束状胶原纤维结构和性能相似的海岛纤维（骨架材质）制成具有三维网络结构的高密度非织造布，再填充性能优异且具有微孔结构高韧性的聚氨酯树脂（仿氨基酸）加工处理而成。

其中，海岛纤维非织造布是超纤革的骨架，其核心技术是所采用海岛型超细纤维，与天然皮革所具有的超细胶原纤维极其相似，使超纤革在机械强度、耐化学性、抗皱性、耐磨性、可加工适应性以及质量均一性等方面更优于天然皮革。与天然皮革相比，超纤革具有明显的价格优势，可以按规格大规模连续生产，花色品种多样，生产利用率高。三维网状结构的非织造布为超纤革提供了模仿天然皮革的基础，配合微式开孔结构的聚氨酯树脂及一系列后整理，使超纤革成为替代天然皮革的最佳材料。

但是超纤革的缺点也很明显，由于非织造布基材内外密度一致，尚不能达到天然皮革在截面上的密度梯度分布，即超纤革的韧性较天然皮革差一些。另外，超纤革表面也未能达到天然皮革面层所特有的自然优美的纹路和手感，透气和透湿性与皮革相比有差距。

3 海岛型超细纤维

海岛纤维学名"海岛型超细纤维"，是一种多成分体系，一般为两种非相容性高聚物，按一定比例进行复合或共混后纺制的复合纤维，其中一种组分为分散相（即岛组分），另一种为连续相（即海组分），岛组分以极细的纤维形状包含在海组分中，从纤维的横截面看是一种成分以微细分散状态被另一种成分包围着，好像"海"中有许多"岛屿"。海组分与岛组分质量比从原来的 60∶40 演变为 20∶80，甚至 10∶90。目前，市场上流行的定岛海岛型超细纤维中，岛的组分为聚酰胺，海的组分定岛为可溶性聚酯，不定岛海岛纤维的海成分一般为聚乙烯（PE），定岛在纤维中呈长丝状，海与岛的质量比为 30：70。不定岛海与岛质量比一般为 55：45 或 50：50。

在生产过程中，它具有常规纤维的纤度，但是用溶剂把"海"成分溶掉，则可得到集束状的超细纤维束。海岛纤维于 20 世纪 70 年代初由日本东丽公司首先开发成功，并于 1970 年率先推出了用海岛型复合超细纤维制造的人造麂皮绒"Ecsaine"，标志着海岛型复合超细纤维开始了工业化生产。

4 汽车座椅用超纤革的性能分析

4.1 超纤革与牛皮的性能对比分析

一般汽车座椅用皮革为头层黄牛皮，黄牛皮粒面细致、皮层厚、强度高、且丰满性、弹性、柔软性和透气性俱佳，比较适合汽车用皮革的要求。超纤革与牛皮的结构比较接近，如果用超纤革材料部分替代牛皮，不仅可以保证座椅的质量，又能降低成本，性能对比见表 1。

表 1 汽车座椅用超纤革与头层牛皮的部分性能对比

试验项目		超纤皮 1	超纤皮 2	超纤皮 3	头层牛皮	牛皮标准
厚度（mm）		1.42	1.39	1.44	1.17	1.0~1.7
单位面积质量（g/m²）		750	743	717	749	700~1400
摩擦色牢度（级）	干摩	5	5	4~5	5	≥4
	湿摩	5	5	4~5	5	≥4
	汗渍	5	4~5	4~5	5	≥4
抗张强力（N）	长度方向	1888	2460	2850	纵向：1003	≥600
	宽度方向	1762	1212	1446	横向：891	
针眼撕裂强力（N）	长度方向	222	83	82	纵向：93	≥60
	宽度方向	203	102	120	横向：100	
撕裂强力（N）	长度方向	167	43	60	纵向：66	≥25
	宽度方向	171	54	65	横向：79	
霉菌试验（湿 40℃ /7d）		无坏气味未发霉				
氙灯老化（级）		4	4	4~5	4~5	4

续表

试验项目	超纤皮 1	超纤皮 2	超纤皮 3	头层牛皮	牛皮标准
Taber 耐磨（1000r）	表面未破损，耐磨色牢度 4 级	表面未破损，耐磨色牢度 4 级	表面未破损，耐磨色牢度 4 级	表面未破损，耐磨色牢度 5 级	表面未破损，耐磨色牢度≥4 级
气味性（级）	4	4	4	3.5	≤4
有机物含量（μgC/g）	49	0	2	31	≤100
甲醛含量（mg/kg）	1	4	12	10	≤10
冷凝组分（mg）	1.1	1.3	1.2	3	≤5
燃烧（mm/min）	80（D 级）	0（A 级）	0（A 级）	0（A 级）	≤100
尺寸变化（85℃/4h）	0.3%	0	0	2.8%	±3%

注：纵向，平行于牛脊椎线的方向；横向，垂直于牛脊椎线的方向；超纤皮 1、2、3 分别为 3 个不同产品。

从表 1 可知，超纤革的性能已经达到皮革的要求，在机械性能、气味和尺寸稳定方面并不输给头层牛皮。牛皮在潮湿的环境下容易滋生霉菌，影响外观和使用，而超纤皮则无此风险。另外，超纤革的密度比皮革低，在同等厚度条件下，超纤革的质量更轻，有一定的减重效果。由于超纤革不同，PU 原料也不同，工艺设备的差别，造成材料性能有一定的区别，但都能够达到牛皮的标准要求，可满足汽车用皮革的要求。

4.2 超纤革的老化和水解性能分析

虽然在某些性能上，超纤革可以与天然皮革相媲美，但其本质仍属于合成革，在基材和表层都使用了大量的 PU 材料。PU 易水解老化，导致制品力学性能下降，在使用过程中容易发生龟裂，甚至一块一块剥落。

在汽车内饰中，空气、阳光、热和湿气都是影响 PU 材料老化的重要因素。根据 PU 材料特性，考虑实际使用环境，在超纤革产品的开发过程中增加了老化及水解试验，并对超纤革 3 进行了干热老化、湿热老化、氙灯老化及耐水解测试，结果见表 2。

从表 2 可知，经老化和水解试验后，超纤维未出现脱皮、粉化、裂纹和龟裂等异常现象，折叠处无裂纹，无明显的刮破痕迹。48h 的水解和 16h 的湿热老化对超纤革的撕裂和折牢性能影响不大。氙灯老化 200h 后，超纤革的撕裂强力保持率达 85% 以上。120℃/400h 干热化试验后，超纤革的撕裂强力有所降低，但仍能保持 65% 以上，可以满足使用要求。日本制定的汽车合成革标准中，要求 120℃/400h 老化试验后，合成革的撕裂强力需保持 60% 以上。

表 2 超纤革 3 的老化和水解性能测试结果

测试项目		耐水解（10%NaOH溶液/48h）	湿热老化（70℃、95%湿度/168h）	干热老化（120℃/400h）	氙灯老化（200h）	试验说明
外观		表面无异常，折叠处无裂纹，无明显的刮破痕迹	表面无异常，折叠处无裂纹，无明显的刮破痕迹	表面无异常，折叠处无裂纹，无明显的刮破痕迹	色牢度4级，表面无异常，折叠处无裂纹，无明显的刮破痕迹	观察皮表面是否有脱皮、粉化、裂纹和龟裂等异常现象。将试样折叠两次并用大拇指轻刮折叠处，然后展开试样，查看折叠处有无裂纹及明显的刮破痕迹
撕裂强力保持率（%）	长度方向	98	103	71	86	撕裂强力保持率：撕裂强力（老化后）/撕裂强力（初始），试验方法：样条150mm×30mm，切口长度75mm，试验速度200mm/min
	宽度方向	101	103	68	85	
耐折牢度		表面无裂纹	表面无裂纹	表面无裂纹	表面无裂纹	QB/T2714－2005皮革物理和机械试验—耐折牢度的测定，耐折6万次，观察超纤皮表面是否有裂纹

5 超纤革替代牛革应用在座椅上的成本分析

一般情况下，皮革座椅采用牛皮和人造革两种材料搭配使用，其中与人体直接接触的部位为牛皮，与人体不直接接触的部位，如座椅侧边，靠背后部采用人造革，这样既不影响乘坐舒适性，又可以适当降低成本。当然车型档次越高，所采用的牛皮越多。有些高档车型的皮座椅全部采用牛皮材料，不使用任何人造革。而对于一般的车型来说，由于成本的限制，在座椅上使用超纤皮替代牛皮，不仅可以保证座椅的质量，同时也可以大幅度降低成本，减小牛皮在生产过程中产生的污染，减少对环境的危害。

以某车型皮座椅为例，对超纤革和牛皮的成本进行分析，见表 3。

表 3　超纤革和牛皮的成本对比分析

项目	较好头层牛皮	一般头层牛皮	超纤革
单价（元 /m²）	230	130	87
理论用量（m²）	5.83	5.83	5.83
利用率（%）	52	52	80
实际用量（m²）	11.2	11.2	7.3
成本（元 / 套）	2578.65	1457.50	635.10

从表 3 可以看出，超纤革的价格优势明显，产品利用率高，整座椅成本低。另外，因超纤革品质的一致性比较好，裁剪过程中不需要进行挑裁，也减少工序及人工，同时降低成本。

6 结束语

采用超纤革替代牛皮，既可以保证座椅的质量，又能降低成本。目前，超纤革已在奔驰、宝马、本田、丰田等众多中高档车型得到很好应用。最近几年也在国产车型，如吉利、海马、长安汽车等新车型中得到应用。据日本合成皮革调查会的调查，2006 年日本应用的超纤革车型中，以商务车为中心，包括丰田、日产、本田、富士重工、铃木、马自达、三菱汽车等汽车生产商的几十款车型上都使用了超纤革。

由于超纤皮的优异性能，以及人们对环保重视程度的加大，相信未来几年里在汽车座椅上会得到更多的应用。

参考文献（略）

汽车内饰复合用水刺非织造布材料的开发

张芸

（杭州路先非织造股份有限公司）

汽车内饰主要是指汽车内部装饰所用到的汽车产品,如汽车地垫、防滑垫、遮阳板、顶篷材料等。当今最有影响力的汽车设计师乔治·亚罗认为,车的外观是给别人看的,而内饰设计才是驾乘者真正能享受的,因此内饰设计也是汽车设计最容易出彩的地方。

水刺非织造布具有柔软、悬垂性好、强度高、吸湿性好、不起毛、耐洗涤、无化学添加剂等特点,且外观类似纺织品,水刺法已成为近年来非织造技术进步最快的一种加工方法。水刺非织造布还可以与其他材料进行复合加工,生产出"三明治"结构的多用途新型复合材料,近年来在汽车工业中的应用也越来越普遍,应用水刺布成为当前汽车内饰材料的发展趋势。根据使用部位的不同,汽车内饰复合材料可分为顶篷系列、遮阳板系列、立柱系列、门板系列、座椅系列等。

本文将根据不同部位汽车内饰材料的要求开发系列汽车内饰复合用水刺非织造布,该系列汽车内饰水刺非织造材料的创新设计与开发,不仅有助于汽车用纺织品与汽车工业同步发展,而且对我国当前纺织工业结构调整具有十分重要的指导意义,对未来汽车向节能、轻质化、安全化、可回收发展创造了条件。

1 汽车内饰用复合材料的性能要求

汽车内饰用复合材料一般由织物与其他基材如聚氨酯泡沫等复合而成。早期的汽车内饰面料以机织物为主,虽然强度大,但是断裂伸长率和弹性较差,不能很好地适应汽车内饰的加工工艺要求。为了改善汽车内饰的加工工艺,近年来针织面料以其良好的延伸性和弹性,在汽车内饰用复合材料中的用量越来越大,但是其强度和尺寸稳定性相对较差。

随着汽车工业的高速发展,不仅对汽车内饰织物面料的单位面积质量、断裂强力、撕破强力、剥离强力、断裂伸长率、耐磨性等主要指标要求越来越高,而且在安全、耐用、工艺和环保等方面也提出了更高的要求。

水刺非织造布的出现,解决了机织物断裂伸长率和弹性差的问题,也克服了针织物强度低、尺寸稳定性差的问题,是替代传统的针织物和机织物内饰用复合材料的最佳选择。但是,水刺非织造布作为复合材料的一部分,一般用在底层,通过火焰或胶水将其与聚氨酯泡沫、织物复合在一起而制成汽车内饰,为保证聚氨酯泡沫和水刺非织造布之间不会脱层,对其剥离强力要求非常高,这就要求水刺缠结强度高。同时,复合材料使用在不同部位时,需要不同的工艺来注塑成型,因此需要水刺非织造布有一定的伸长率和弹性,在复合材料弯曲成型的过程中不起皱,保持表面的平整度,无明显的水刺痕。

由于汽车内饰用复合材料每个系列的性能要求和加工工艺不同,对于复合底层的水刺非织造布的质量要求也不尽相同。下面就重点讨论顶篷、遮阳板、立柱三个系列中复合用水刺非织造布的研制过程。

2 汽车内饰复合用水刺非织造布的开发

2.1 顶篷系列复合用水刺非织造布的开发

顶篷系列复合用水刺非织造布的定量要求比较轻,一般在 $50 \sim 70 \mathrm{g/m^2}$ 之间;厚度较薄,一般在 $0.3 \sim 0.45 \mathrm{mm}$ 之间;纵横向断裂强度均要求大于 $100 \mathrm{N}$,纵横向的断裂伸长率要求大于 35%,同时要求水刺非织造布的布面均匀度好、表面平整、水刺缠结强度高。

根据上述要求,在开发过程中一般选用聚酯纤维和粘胶纤维混合成网,也可以选择全聚酯纤维,但如果复合材料与汽车粘合要求较高时,采用聚酯纤维和粘胶纤维共混成网更为合适。具体的制备工艺流程为:

聚酯短纤 + 粘胶短纤混合开松→梳理成网→交叉铺网→多辊牵伸→水刺加固→烘干→卷取

根据对顶篷系列复合用水刺非织造布的要求,在制备过程中,聚酯纤维和粘胶纤维混合开松的效果要好;要调整好锡林和工作辊速比,保证锡林针齿清晰,尽可能使纤维单纤化,使纤网的均匀度大大提高;在交叉铺网之后需要进行小倍牵伸,保证产品的定量和厚度能满足要求。

最终产品的强度和布面平整度取决于水刺加固工艺,因此水刺工艺的控制至关重要。一般根据产品的定量设定水压,同时根据布面情况设定好各水刺鼓之间的牵伸速度和张力,保证布面的平整度。为了保证产品的尺寸稳定性和干爽性能,水刺工艺结束后还要进行烘干定型,一般根据生产车速及产品定量设定烘干温度,使烘缸内部保持热平衡,保证产品完全烘干。

经过多次反复实验,本课题开发出了定量为 $65g/m^2$ 的聚酯粘胶共混及 $55g/m^2$ 的全聚酯纤维顶篷系列复合用水刺非织造布产品,最终确定的制备工艺参数见表1。

表1 顶篷系列复合用水刺非织造布制备工艺参数

| 纤维原料 | 定量 (g/m^2) | 锡林速度 (m/min) | 工作辊速度 (m/min) | 牵伸比 | 水压(MPa) | | | | 烘干定型温度 (℃) |
					水刺1	水刺2	水刺3	水刺4	
聚酯／粘胶	65	700	100	1.2	70	80	90	110	150
聚酯	55	800	90	1.3	75	80	100	100	160

2.2 遮阳板系列复合用水刺非织造布的开发

遮阳板系列复合用水刺非织造布的定量比顶篷系列稍大一些,一般在 $120g/m^2$ 左右。这类产品对厚度要求不是很高,但是对产品的外观质量要求比较高,因为水刺布表面的任何细小皱痕在注塑成型后都会在遮阳板表面显示出来,所以,遮阳板系列复合用水刺非织造布的布面必须平整、缠结好、没有水针痕,且要求铺网均匀,没有折叠痕迹。

由于复合注塑成型时温度较高,要求复合用水刺非织造布的耐高温性能较好,所以遮阳板系列水刺非织造布以聚酯纤维为原料,为了便于水刺缠结,采用水刺专用亲水性聚酯纤维。具体的制备工艺流程如下:

亲水性聚酯短纤开松→梳理成网→交叉铺网→多辊牵伸→水刺加固→烘干→卷取

为了保证布面的平整度,除了梳理工序尽可能使纤维单纤化、制得均匀度高的纤网外,水刺压力的设置非常关键,一般要求水压尽可能高一些,生产中还必须及时清洗水刺头及针板,以减少水针痕的出现。同时要保证布面完全烘干,否则也会影响布面的平整度和光洁度。

经过多次反复实验,本课题开发出了定量为 $120g/m^2$ 的亲水性聚酯遮阳板系列复合用水刺非织造布产品,最终确定的制备工艺参数见表2。

表2　遮阳板系列复合用水刺非织造布制备工艺参数

纤维原料	定量 (g/m²)	锡林速度 (m/min)	工作辊速度 (m/min)	牵伸比	水压（MPa）				烘干定型温度 (℃)
					水刺1	水刺2	水刺3	水刺4	
亲水性聚酯纤维	120	1000	95	1.4	70	100	110	80	160

2.3 立柱系列复合用水刺非织造布的开发

立柱系列复合用水刺非织造布的定量要求更大一些，一般在140g/m²左右；由于该产品使用在汽车立柱上，而立柱在加工时需要压模弯曲，所以对水刺布的断裂伸长率要求较高，纵向的断裂伸长率要求大于26%，横向的断裂伸长率要求大于30%；同时也要求水刺非织造布的布面均匀度好，表面平整，无明显水刺痕。

水刺非织造布的断裂伸长率首先受纤维原料的影响。若纤维原料的断裂伸长率较大，则产品的断裂伸长率相应也大。由于使用在汽车立柱上的复合材料在压膜注塑时要求耐高温，因此原料的选择就受到了限制，目前只能采用聚酯纤维为原料，并且尽可能选用断裂伸长率大一点的聚酯纤维。

水刺非织造布的断裂伸长率除了与原料有关外，还与生产工艺有一定的关系。从质量要求上看，产品的断裂伸长率横向要求大于纵向，因此在铺网的过程中，铺网角度应该适当大一些，使纤维在纵向排列多一点，这样理论上就能增加横向断裂伸长率。

在水刺过程中，为了保证纵向断裂伸长率，要求各水刺头之间牵伸越小越好，以保证纤网在水刺鼓之间不起皱为好。在保证布面缠结的前提下，水刺压力也不需太高，尤其是第一个水刺压力的设定至关重要：太高会使纤维缠结紧密，从而使断裂伸长率下降。因此，根据布面情况及时调整各道水刺压力，是开发立柱系列复合用水刺非织造布的难点所在。

在后续的烘干及卷取过程中，在布面不起皱的情况下，张力也应尽可能小一些，以进一步保证产品的断裂伸长率。

经过多次反复实验，本课题开发出了定量为140g/m²的聚酯纤维立柱系列复合用水刺非织造布产品，最终确定的制备工艺参数如表3所示。

表3　立柱系列复合用水刺非织造布制备工艺参数

纤维原料	定量 (g/m²)	锡林速度 (m/min)	工作辊速度 (m/min)	牵伸比	水压（MPa）				烘干定型温度 (℃)
					水刺1	水刺2	水刺3	水刺4	
聚酯纤维	140	1100	110	1.2	65	70	80	80	120

3 汽车内饰复合用水刺非织造布的性能测试结果

3.1 顶篷系列复合用水刺非织造布的性能测试结果

根据国标 GB/T24218 － 2009 非织造布单位面积质量的测定,采用 CP224C 型电子天平对顶篷系列复合用水刺非织造布单位面积质量进行测试,通过计算标准差系数(CV)来表征其均匀性;根据国标 GB/T3820 － 1997 纺织品和纺织制品厚度的测定,采用 LFY-205B 数显式纺织品厚度测试仪对顶篷系列复合用水刺非织造布进行厚度测试;根据国标 GB/T18840 － 2002,采用 YG028 万能材料试验机对顶篷系列复合用水刺非织造布进行拉伸断裂强度和断裂伸长率测试材料;测试结果如表 4 所示。

表 4　顶篷系列复合用水刺非织造布性能测试结果

纤维原料	定量（g/m²）	定量CV值（%）	厚度（mm）	断裂强度（N/5cm）		断裂伸长率（%）	
				MD	CD	MD	CD
涤纶／粘胶	65	2.4	0.38	120	160	36	38
涤纶	55	2.7	0.35	120	160	40	41

由表 4 的测试结果可以看出,两种顶篷系列复合用水刺非织造布的定量、厚度、断裂强度、断裂伸长率完全满足要求,定量 CV 值远小于 5%,说明产品的均匀性也非常好。从表 4 的测试结果还可以看出,全聚酯纤维水刺非织造布的断裂伸长率大于聚酯／粘胶混合产品,因此,在生产过程中,可以根据不同断裂伸长率的要求选择不同配比的纤维原料。

3.2 遮阳板系列复合用水刺非织造布的性能测试结果

同样根据上述测试标准,对遮阳板系列复合水刺非织造布性能进行了测试,其测试结果见表 5。

表 5　遮阳板系列复合用水刺非织造布性能测试结果

纤维原料	定量（g/m²）	定量CV值（%）	厚度（mm）	断裂强度（N/5cm）		断裂伸长率（%）	
				MD	CD	MD	CD
亲水性涤纶	120	2.0	0.65	280	400	50	55

由表 5 的测试结果可以看出,遮阳板系列复合水刺非织造布定量 CV 值为 2.0%,说

明随着产品定量的增加,均匀性大大提高了。在水刺的过程中,由于采用的亲水性聚酯纤维,对水刺能量的吸收增大,随着水压的提高,产品的缠结度增大,断裂强度也远远大于顶篷系列复合用水刺非织造布。在生产过程中,由于最后一道水刺的水压略有降低,起到了类似针刺中修面刺的效果,所以几乎看不到水刺痕,外观质量完全能满足遮阳板复合材料的要求。

3.3 立柱系列复合用水刺非织造布的性能测试结果

同样根据上述测试标准,对立柱系列复合用水刺非织造布性能进行了测试,其测试结果见表6。

表6　立柱系列复合用水刺非织造布性能测试结果

纤维原料	定量 （g/m²）	定量 CV 值 （%）	厚度 （mm）	断裂强度（N/5cm）		断裂伸长率（%）	
				MD	CD	MD	CD
聚酯纤维	140	1.9	0.85	360	580	30	30

由表6的测试结果可以看出,立柱系列复合水刺非织造布定量 CV 值为1.9%,产品的均匀性满足了要求。但是,从产品的断裂伸长率来看,其纵向断裂伸长率大于指标要求,而横向断裂伸长率刚刚够,从多次测试结果来看,有时候横向断裂伸长率还达不到要求,这表明目前的制备工艺还不是很稳定完善,还不能充分满足产品对断裂伸长率的需求。如何根据产品的测试结果来进一步调整梳理和水刺工艺参数,在保证断裂强度的情况下尽可能增大产品的纵横向断裂伸长率,并使工艺稳定,是我们以后生产中继续要解决的问题。

4 结束语

通过原料的选用、梳理成网和水刺加固工艺参数的优化,本课题开发出了顶篷、遮阳板和立柱系列复合用水刺非织造布,经过性能测试,各项指标均能满足汽车内饰材料的要求。但是在制备及测试过程中也发现,与经编布、聚氨酯泡沫等其他材料复合时,水刺布存在断裂伸长率低的缺陷,这也成为了开发汽车内饰用水刺非织造布的技术难点,也是制约水刺非织造布在汽车内饰复合材料上使用的一个主要原因。

随着汽车工业的发展,内饰材料的用量也越来越大,在成功解决汽车内饰用非织造材料的断裂伸长率低的问题之后,将对汽车内饰提出更高的要求,如要求汽车内饰具有抗菌性、阻燃性、防紫外线、透气性好等功能，这将为汽车内饰用水刺非织造布的开发提出更高的挑战，我们也希望通过努力开发出多功能的汽车内饰用水刺非织造材料。

参考文献（略）

浅谈汽车内饰材料的生产工艺及其设备的发展趋势

黄金涛　鞠永农　柳红春

（仪征市海润纺织机械有限公司）

随着我国汽车业的飞速发展,产业用非织造内饰材料的需求量也在逐年增加。汽车内饰材料的类型有很多,其生产工艺经过几十年的发展,也趋向于成熟。近年来,汽车复合材料在内饰材料中所占的比例越来越大,也带动了这个领域的技术快速国产化,并对其生产设备的技术和制造提出了更高的要求,为相关设备的创新提供了条件。

1 汽车内饰材料简介

1.1 发展现状

汽车内饰材料在汽车领域的应用起源于 20 世纪五六十年代,当时主要用作汽车顶篷等非结构性部件。随着汽车技术的快速发展,内饰材料以其独特的优点在汽车业的应用领域不断拓展,如保险杠的梁、仪表板、隔音板、行李箱、座椅内衬、汽车门板、车门立柱等等。但是,不同的汽车内饰材料是由不同的生产工艺来完成的,那么其生产设备也是截然不同的机械设备。

比较常见的内饰材料通常采用针刺法或热熔法制造出来的,其中,绒面针刺非织造布可以用在汽车的顶篷内饰、座椅套、杂物斗、行李箱套等地方,而汽车内看不到的顶篷、门板等内部增强材料或隔音减震材料,可以采用针刺法生产的麻毡,也可以采用热熔法制造的废纺毡等来制造。

1.2 发展趋势

现在汽车内饰材料的发展进入了一个崭新的阶段,即汽车复合材料的快速应用。随着各国对汽车碳排放和燃油消耗的重视,逼迫汽车业不仅要提高燃油利用率,还要减轻汽车的重量,所以复合材料作为汽车内饰的可能越来越大。

实际上,汽车门板、门立柱、顶篷等内饰材料,也向复合材料方向转变。也就是说,单一的内饰材料不能满足新技术的需要,这就需要多种材料和工艺相结合来共同生成一种新型材料。这种新型复合材料主要应用在汽车的三个领域:汽车底盘、车身覆盖件和次结构部分。

汽车复合材料的发展,结合了化工、机械制造、材料学等多方面先进技术,从工艺上主要分为热塑性复合材料和热固性复合材料,它们的性能不同,但快速成型和自动化方面是它们共同的发展方向。

随着环保健康的理念在全球推广,内饰材料必将向着安全、环保、轻质、低成本等方向发展。随之而来的是新工艺的产生和拓展,这将促使设备在功能和技术上必须满足工艺创新的要求。

2 汽车内饰填充材料生产线

2.1 生产工艺简介

汽车内饰材料在国内的发展已有几十年了,生产工艺也在不断地更新换代,不过,针刺法和热熔法仍然是其主流的生产工艺。其中,利用废弃的棉纺织品,采用热熔法生产的汽车内饰填充材料,就是典型的内饰材料生产工艺之一。其工艺是将回收的棉纺织品打散、消毒等处理后,新生的纤维经过开松机的开松后输送到棉箱,再由成网机成型、烘房定型后成为产品。

这种内饰材料的粘固方法在国内最早采用的是撒粉成网技术,即经过开松后的废棉纤维在振荡棉箱初步成型后,通过撒粉成网机时将纤维铺成一定厚度的纤维网并附着上粉状粘合剂,这些蓬松的纤维网进入板链式烘房,高温将粘合剂熔化并将废棉纤维固联为一体,而上下距离可调的烘房链板将棉网压制成一定厚度的内饰填充材料。不过,在实际生产过程中,粉料粘合剂容易将纤维粘固在成网机的梳理刺辊上,这影响到生产线的正常运作,需要及时清理,另外,粘合剂不环保有异味,所以这种生产工艺逐渐被淘汰了。

随着国产低熔点纤维的技术成熟和产量的增大,它便逐步取代了粉料粘合剂,并被快速应用在这个领域。废棉纤维经过开松后,与低熔点纤维在混棉箱中经过搅拌混合在一起,由一台尘笼式气流成网机将两者的混合物铺网成型,成型后的纤维网进入烘房后,高温将低熔点纤维熔化便将废棉纤维粘固在一起形成了一种类似毡毯状的厚材料当前，采用这一工艺的典型工艺流程如图1所示，主要设备包括：开包机、开松机、振荡棉箱、气流成网机、烘房、风冷机、横切机等。

图1　热熔法汽车内饰材料生产线
1—开包机　2—粗开松　3—精开松　4—振荡棉箱和储棉仓
5—气流成网机　6—烘房　7—风冷机　8—横切机　9—切边机　10—输送平台

随着这种内饰填充材料工艺的成熟，近几年，许多国产设备开始走出国门，应用的工艺流程就是图1的工艺技术。

本生产线生产的废纺内饰材料属于汽车内饰的填充物料，是一个半成品，所以，它必须经过后续加工，根据需要将材料利用热加压等工序制成所需的形状和尺寸，以满足不同类型汽车填充的需要。这些属于后整理工艺，需用另外的设备来完成。

2.2 生产设备的技术现状

汽车内饰材料的种类很多，所需的设备也不同，现以图1中的生产工艺为例，介绍一下相关设备的技术特点和发展现状。

开包机、开松机、振荡棉箱、储棉仓等前道设备技术已经发展的很成熟，因此它们在非织造布行业内被广泛应用在不同的领域，性能稳定可靠。中间的烘房，属于板链式烘房的一种，加热形式有很多种，如电加热、油加热、天然气加热等，技术也已经很成熟，因为烘房的应用领域也很广泛。至于生产线中的风冷机和切边机，结构相对简单，电气控制单一，在此不作介绍。在这条生产线中，关键有两台设备的技术至关重要，一个是关系到纤维成网效果的气流成网机，另一个是关系到生产线自动化程度的横切机，因为它们关系到本生产工艺的成败和产品的生产效率及切边形状效果。

3 气流成网机的发展

3.1 技术现状

气流成网机,在国外又称气流铺网机,它具有处理再生短纤或长粗纤维的能力。由它成网的纤维可以经过针刺或热熔固化,生成床垫、隔音隔热材料、填充材料、农业用毡等厚克重材料。在汽车内饰填充材料中,国产设备利用废棉纤维经气流成网做成的产品厚度很难超过 50mm,现在,国内做大克重较厚的内饰材料所需的成网机仍需进口,来满足生产工艺的需要。

在国产非织造设备中,气流成网机的技术是比较薄弱的领域。在汽车内饰材料生产线中的成网机属于尘笼式成网机的一种,国产设备的性能可以满足一般性产品的工艺需求,而做宽幅产品或厚克重产品时,一些性能便达不到技术要求了。

3.2 发展趋势

气流成网机的技术发展主要体现在三个方面:薄克重、厚克重、宽门幅。在汽车内饰填充材料领域,主要体现在厚克重和宽门幅两方面。由于技术发展跟不上工艺的要求,迫使厚克重的填充材料改变生产工艺,现在有些较厚的内饰材料不得不使用折叠的工艺方法来制作。由于气流成网机不仅仅是机械制造和设计的问题,它还涉及到气流的流动状态,小的公司没有做实验的条件,这也是导致这台设备技术难以突破的原因之一。

从国外公司的宣传材料看,做内饰填充材料所需的成网机已经在厚克重和宽门幅方面有了新的突破,希望国产设备制造商盯紧主流技术,使国产气流成网机技术有个大的飞跃。

4 横切机的发展趋势

4.1 技术发展现状

横切机的主要功能是将产品横向截断,长度尺寸可以根据产品需要进行调节。横切机在非织造布行业中属于产品后整理设备,第一代产品没有 PLC 编程跟踪技术,也没有横向的切割飞刀,通常是有两只大的气缸带动横向切刀将内饰材料裁断,产品的纵向长度误差比较大。随着内饰材料生产速度加快,在横向切刀切断产品时,产品会有一个短时间的停顿,这对生产线的正常运行有不利的影响。

内饰材料连续性生产工艺的成熟,使生产线的车速不断提高,为了产品正常连续性生产运行,新的横向裁断设备就必须在裁断产品的同时有随产品同步向前移动的功能,这就促使横切机的技术向着自动化水平跟进。另外,客户对产品长度的需要不固定,而且对产品的切边也要求整齐、尺寸精确。这些都要求横切机在性能上必须有一个大的突破。

第二代设备的技术水平参差不齐,主要是制造商为了控制成本,采用的传动、导向、电气控制等主要部件的组合不同。从反馈的设备使用效果看,基本满足了生产线的自动化要求,不过产品的切边效果和尺寸控制存在一定的差距。

4.2 技术发展趋势及维护保养

随着生产工艺自动化要求的提高,新型横切机也引入了 PLC 程序控制,拥有了大车同步跟踪技术。这样,横向飞刀对产品的切口才能美观、整齐,才能使产品纵向长度尺寸误差控制在 2mm 之内。

废纺内饰填充材料的生产车速不断提高,以及成品尺寸对其长、宽、厚的严格要求,横切机必须向自动化方向发展,新型设备的技术水平在一定程度上体现了生产线的自动化程度。在机械方面,为了配合生产工艺的需要,新型横切机配备了直线导轨、同步带、伺服电动机等,与第一代横切机相比,截然不同。它的技术发展主要体现在 PLC 控制上,这是设备性能的技术核心。

自动化程度高的设备在使用时,必须注意及时保养。新型横切机的横向飞刀在切割过程中,会产生少量的粉尘,尽管大部分被飞刀下面的吸管吸走,但仍然有部分飞散在设备所在的空间,这就要求设备的维修和保养要及时合理,需要做到以下几点:要预先检验设备运行状态,诊断设备异常情况,将故障消除在萌芽状态;重要部位要重点检查;发现问题及时处理,跟踪状态,及时诊断;制定合理的维护保养计划;加强传动部件的润滑管理等。这样才能降低设备的故障率和配件消耗,保证生产稳定高效运行。

4.3 新型横切机的机构介绍和探讨

横切机主要有机架、横向小车、纵向大车、底帘输送、电气控制等部件组成,区别在于横向小车和纵向大车的导向机构及其传动形式不同,其次是电气控制的 PLC 编程的效果。图 2 是圆柱直线导轨导向的典型结构示意图。

机架的结构有很多,图 2 所示为常见的四立柱支撑结构。因为大车的运行导向是固定在机架上,来自大车冲击力的方向是纵向,而小车的导向是固定在大车的车架下面,其冲击力的方向是横向,所以机架要承受四个方向的冲击力。有些公司为了加强机架的牢固性,采用八根立柱的框架式结构,也是合理的。

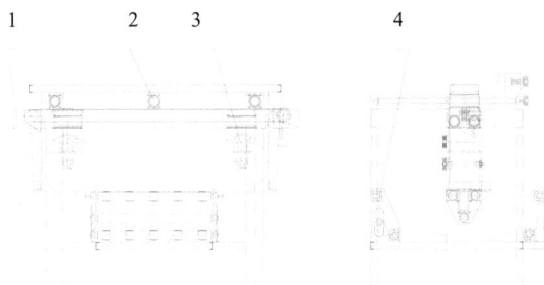

图 2　圆柱直线导轨型横切机示意图
1—机架　2—纵向大车　3—横向小车　4—底帘输送部件

横向小车的任务是带动飞刀尽快将内饰材料沿横向切断,切口是否整齐、美观主要由小车的导向形式决定。如图 3 所示,小车的导向是由平行的两根圆柱直线导轨来完成的,制作和安装较为简单。但是,圆柱导轨的长度比较长,存在导向柱产生弯曲变形的可能。横向小车的左右传动一般采用减速机带动同步带来驱动,速度达到 30m/min。

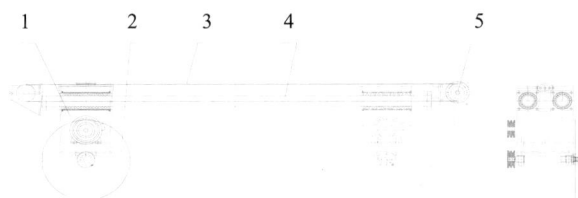

图 3　横向小车示意图
1—移动小车　2—横切刀　3—同步带　4—圆柱直线导轨　5—减速机

纵向大车的任务是在横向小车运动的过程中,保持与内饰材料的前进工艺速度同步,这样切割出的产品才能达到要求的规格尺寸。大车车架的导向也是由固定在机架上的两根平行的圆柱直线导轨完成的,但是驱动形式有多种,如链条、同步带、丝杠、齿轮齿条等。因为大车有一个同步跟踪的控制要求,通常由伺服电动机来驱动完成。整个大车的结构要牢固,因为横向移动小车的导向机构是固定在大车车架上的,而且底帘输送部件中的移动小车也是连接在大车车架的下面,所以,大车车架的可靠性必须得到保证。

底帘输送部件的主要功能是将成型的内饰材料平稳的由前向后传输,但它有一个独特的机构,即拥有一个可以移动的小车,目的是飞刀在横向切割的同时还有一个纵向移动的位移,而飞刀的底部位置要下沉到皮带表面之下,如图4所示,所以必须有一个可以移动的飞刀槽,因此形成了一个独特的机构。这个小车的车体与纵向大车的车架连接为一体,这样底帘的移动小车就与纵向大车保持同步。另外,飞刀槽下面的矩形管外接一个引风机,随时将切割的碎末排走,减少飞尘污染。底帘的输送皮带由单独的减速机驱动,与产品的生产车速保持一致。从图4可以看出,小车的移动和皮带的转动没有必然的联系,这便是该机构的独特之处。

图4　底帘输送部件示意图
1—固定传动辊　2—张紧辊　3—环形条带　4—移动小车　5—固定支架

该新型横切机的电气控制主要由3部分组成,横向小车和底帘的传输由交流变频器控制减速机来完成,纵向大车的控制是由伺服电动机来控制完成,目的是为了控制产品纵向长度误差。PLC控制需要解决的问题主要有两方面,一个是横向小车在飞刀切割完后的紧急制动问题,另一个是纵向大车的跟踪同步和快速回位问题。

第二代横切机的主要组成部分基本相同,不同之处主要是纵向大车和横向小车的导向和传动的组合不同。有的机型为了消除上面圆形直线导轨因受力而发生变形,采用了方形直线导轨和辅助滚轮的导向机构,方形直线导轨固定在槽钢的底面,槽钢的上面增加一对滚轮,它承担了一部分小车的重量,这种机构组合的优点主要是加强了横向导轨的强度。有的机型将横向大车的驱动方式换为齿轮齿条的组合,大车的运行导向依然靠固定在槽钢底部的方形直线导轨来保障,而槽钢上面固定有齿条,伺服电动机带动的传动轴上安装两齿轮,它承担一部分大车的重量,更重要的是作为大车的驱动齿轮,驱动大车前后移动,这种传动机构简洁紧凑,运行也较为流畅,但安装和加工要求较高。

综上所述,横切机要想达到功能要求,需做到下面几点:小车导向要灵活,大车导向要可靠;机架要牢固,无晃动现象;PLC 编程控制需与生产工艺结合,及时修正;生产线在运行前,必须进行空机调试工作。

4.4 一种新型横切机简介

随着设备制造商对生产工艺的深入探讨,为了控制成本,相关设备的机构也在不断改进。我们对适合本设备的导向机构进行了组合比较,改进了原有横切机的相关机构,设计出一款新型设备,以满足市场的需要,该新型导向机构如图 5 所示,其导向组合采用上面是带座圆柱直线导轨和下面导向轮的组合,结构简单,加工精度要求较低。横向小车导轨的支撑采用工字钢,这样驱动小车的同步带可以放置在工字钢一侧的空间内,结构更加紧凑。工字钢下面采用导向轮的目的是节省成本,如果追求导向更加精确,可以换为圆柱直线导轨。

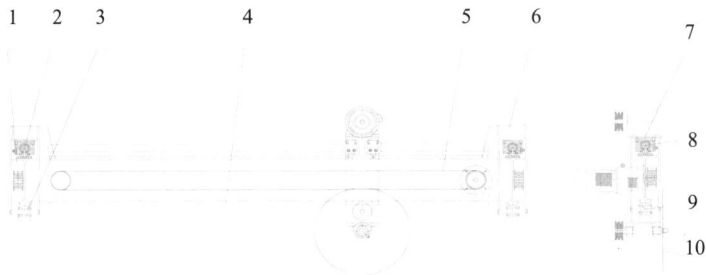

图 5 新型导向机构示意图

1—同步带轮 2—带座圆柱直线导轨 3—滚轮 4—导向条
5—同步带 6—大车架 7—横向小车 8—纵向导轨 9—滚轮 10—横向飞刀

该机型的大车导向机构与上面的小车类似,因为大车需要左右两根平行的导轨,所以工字钢的下面不需要导向机构,且大车的传动采用左右两根同步带的形式,使大车的移动更加平稳流畅。其机架和底帘输送机构跟上面的阐述类似,机构合理,只作局部改进。

　　这种导向机构的主要特点有：设备的整体结构更加紧凑；导向机构组合简单、可靠；相关零件加工难度低，安装方便；便于维修和保养；设备运行平稳，噪音较小等。

5 结语

　　目前，国产汽车内饰材料的生产工艺相对成熟，生产线自动化要求不断提高，其设备的加工精度要求也越来越高。而随着汽车行业对环保要求的提高，汽车内饰填充材料也趋向于轻质、环保、可回收、安全和低成本方向发展，这就要求其生产工艺也需要不断创新。同时，新的工艺对设备的创新和发展也带来新的机遇和挑战。

参考文献（略）

甲醛清除和防污复合功能汽车座椅面料的开发

唐焕林　朱清峰　李瀚宇

（中国纺织科学研究院，北京中纺化工股份有限公司）

随着家用轿车销售节节升高、市场竞争日趋激烈，家用轿车的内饰已成为吸引客户、扩大销售的重要因素。与皮革材料相比，纺织材料以其透气、环保、成本低等特点越来越受到消费者和生产商的关注。另外，通过对汽车内饰纺织品进行功能性整理，克服其本身固有的不耐脏、易起静电等缺点，可生产出具有负离子、吸湿、抗静电、防污染等特殊功能的内饰产品，进一步提高驾驶的舒适性。

车用装饰织物固定在车内，往往伴随着整个汽车的寿命。汽车座椅套不像服装一样经常洗涤，所以车内织物的防污性能倍受关注。随着人们环保意识的提高，消费者对驾驶室内的空气质量越来越关注。新车驾驶室中常弥散着异味，实质是车内材料散发的有害气体，其来源主要是新车内装饰材料、油漆、胶水、粘合剂中挥发的甲醛、丙酮、二甲苯等有毒气体，其中甲醛占很大比重。本文通过复合整理方法，开发出一种具有清除甲醛、防污复合功能的汽车座椅面料，克服了二氧化钛类光触媒需光照才能发挥清洁作用，并且加速基材老化的缺点。

1 试验

1.1 材料与仪器

材料：夹层汽车座椅面料（100% 涤纶），防污整理剂、甲醛捕捉剂（北京中纺化工股份有限公司）。

仪器：实验用轧车 MATHISAG（瑞士），实验用焙烘机 DK-5E（日本）。

1.2 整理工艺

织物→1浸1轧（轧液率70%~80%）→烘干（100℃，2min）→焙烘（160℃，2min）。

1.3 测试

防水性能：按照AATCC 193《抗湿润性：防水／乙醇溶液》测定。

防油性能：按照AATCC 118－2007《排油：耐烃试验》测定。

甲醛去除性能：按照QB/T 2761－2006《室内空气净化产品净化效果测定方法》进行测定。具体方法如下：试验在密闭的容积为$1.5m^3$的测试舱中进行，将$3m^2$样布挂在测试舱内；将相同的甲醛释放源（不间断缓慢释放）分别放入两舱内，开启风扇，使释放源与舱内空气混合均匀，趋于平衡，关闭风扇，检测舱内空气中的甲醛浓度为初始浓度。其中甲醛投放量约为GB/T 16127－1995《居室空气中甲醛的卫生标准》中规定居室内空气中甲醛最高容许质量浓度（$0.08\ mg/m^3$）的10倍，即$0.8mg/m^3$；24h后分别采样并测定两舱内空气中的甲醛质量浓度；计算甲醛去除率。

甲醛去除性能的持续性：同一块样布，按QB/T 2761－2006中方法，重复进行20次甲醛去除试验，记录每次的甲醛去除率。

布面残留甲醛量：按照GB/T 2912.1－1998《纺织品甲醛的测定　第1部分：游离水解的甲醛（水萃取法）》中的方法，测定甲醛去除性能持续性测试后的布样的甲醛含量。

2 结果与讨论

2.1 甲醛捕捉剂用量对甲醛去除效果的影响

单独使用甲醛捕捉剂对织物进行整理，其用量对甲醛去除效果的影响如图1。

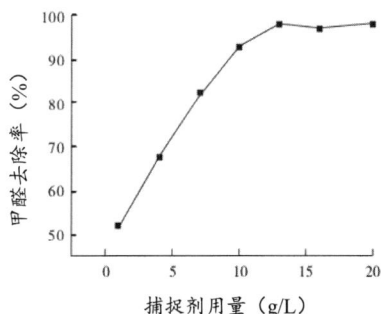

图1　甲醛捕捉剂用量对甲醛去除效果的影响

由图 1 可知，随着甲醛捕捉剂用量的增加，织物的甲醛去除率不断增大。当甲醛捕捉剂用量为 13g/L 时，去除率达到最大，为 98%。此后再增加甲醛捕捉剂用量，甲醛去除率基本不变这是因为该去除甲醛的方法需要甲醛与甲醛捕捉剂接触并发生反应。当甲醛捕捉剂用量较小时，织物单位面积上甲醛捕捉剂的量少，空气中的甲醛与甲醛捕捉剂接触发生反应的概率小，一定时间内可消除的甲醛量较少。随着甲醛捕捉剂用量的增加，织物单位面积上甲醛捕捉剂的量增大，甲醛与甲醛捕捉剂接触的几率增大，去除率随甲醛捕捉剂的用量增大而增大。当甲醛捕捉剂用量达到 13g/L 时，24h 内空气中的甲醛已经几乎被完全消除（去除率98%），此后再增大用量，甲醛去除率也不再提高。

2.2 防污整理剂用量对防水防油效果的影响

由表 1 可知，随防污整理剂用量的增大，织物的防水性和防油性都随之提高。在 25g/L 时，防水性和防油性都已达到 7 级，完全可以满足实际使用需求。此后只有大幅增加防污整理剂用量，防水性和防油性才能达到 8 级。

表 1　防污整理剂用量对防水防油效果的影响

防污整理剂（g/L）	防水性（级）	防油性（级）
5	4	4
10	5	4
15	6	5
20	6	6
25	7	7
30	7	7
35	7	8
40	8	8

2.3 复合整理中各助剂用量的确定

复合整理中，甲醛捕捉剂用量对防水防油性的影响和防污整理剂用量对甲醛去除率的影响如表 2。由表 2 可知，甲醛捕捉剂用量对防水效果影响较大，对防油效果基本没有影响。随甲醛捕捉剂用量的增大，防水效果下降。当甲醛捕捉剂用量增大到 20g/L，防水效果陡然下降 2 级多。如编号 6 与编号 10 数据对比，加入 20g/L 甲醛捕捉剂后，防水性能由 7 级下降到 4 级，防油性能没有下降。这是由于甲醛捕捉剂为亲水性物质，势必降低防水效果。

表 2　复合整理中助剂用量对各项性能的影响

编号	防污整理剂（g/L）	甲醛捕捉剂（g/L）	防水性（级）	防油性（级）	甲醛去除率（%）	编号	防污整理剂（g/L）	甲醛捕捉剂（g/L）	防水性（级）	防油性（级）	甲醛去除率（%）
1	0	0	0	0	5	11	30	0	7	7	3
2	0	11	0	0	94	12	30	11	7	7	77
3	0	13	0	0	98	13	30	13	7	7	81
4	0	15	0	0	98	14	30	15	7	7	91
5	0	20	0	0	98	15	30	20	5	7	92
6	25	0	7	7	3	16	35	0	7	8	3
7	25	11	6	7	82	17	35	11	7	8	73
8	25	13	6	7	88	18	35	13	7	8	79
9	25	15	6	7	93	19	35	15	7	8	88
10	25	20	4	7	93	20	35	20	7	8	87

另外，防污整理剂用量对甲醛去除效果也有负面影响，如编号 5 和编号 20 数据对比，甲醛捕捉剂用量同样是 20g/L，加入 35g/L 防污整理剂进行复合整理后，织物对甲醛的去除率由 98% 下降到 87%。这是由于防污整理后，防污整理剂在织物表面成膜，一定程度上阻碍了甲醛与甲醛捕捉剂的接触，一定时间内甲醛去除率有所下降。每次试验中甲醛质量的投放量约为 $0.8mg/m^3$，当去除率 > 90%，空气中残留甲醛质量浓度即可低于 $0.08mg/m^3$。综合考虑防污性、甲醛去除性能及持续性，确定防污整理剂用量为 30g/L，甲醛捕捉剂用量为 15g/L，整理后织物防水和防油性能均可达到 7 级，24h 对甲醛的去除率可达到 90% 左右。

2.4　甲醛去除性能的持续性研究

将经防污整理剂 30g/L、甲醛捕捉剂 15g/L 整理后的汽车座椅面料进行甲醛去除性能持续性试验，20 次重复试验的甲醛去除率如表 3。由表 3 可知，在所重复的 20 个试验周期内，各次试验中同一布样对甲醛的去除率基本维持在 90% 左右，说明经甲醛捕捉剂整理后的织物，对甲醛质量具有持久的去除能力。

表 3　甲醛去除性能持续性试验数据

编号	甲醛去除率（%）	编号	甲醛去除率（%）
1	91	11	91
2	90	12	89
3	92	13	92
4	89	14	87
5	92	15	89
6	88	16	92
7	90	17	90
8	90	18	90
9	93	19	89
10	89	20	91

2.5 布面残留甲醛量在甲醛去除性能持续性

试验中，按每次甲醛投放量 12mg（试验舱内甲醛质量浓度 0.8mg/m³），去除率 90% 计算，20 次重复试验中，3m² 样布累积吸附或消除甲醛 216mg。为证明该布样对空气中甲醛的去除作用为消除而并非物理吸附，对甲醛去除性能持续性试验后的样布进行布面甲醛残留量测定，结果为未检出。由此证明，被吸附到布样上的甲醛已被完全消除。

3 结语

采用防污整理剂 30g/L 和甲醛捕捉剂 15g/L 对汽车座椅面料进行复合整理，经检测，该面料防水和防油性能均能达到 7 级；24h 内，3m² 面料可清除 1.5m³ 空间内 90% 以上的甲醛。经此复合整理后的汽车座椅面料具有较高的防污和甲醛清除性能。

参考文献（略）

第六章　土工用纺织品

- 国内外土工用纺织品的发展现状及前景

- 我国改性沥青防水卷材胎基的发展

- 河道生态修复整体解决方案的探讨

- 高性能聚酯布在道路中的应用技术

- 农用非织造材料的回收及其生物可降解纤维的应用

- 土工织物垂直渗透特性的研究进展

国内外土工用纺织品的发展现状及前景

赵永霞

（中国纺织信息中心）

土工用纺织品是产业用纺织品中的重要品种，在水利、公路、铁路、海港、建筑等现代土木工程的各个领域发挥着重要作用，其发展在很大程度上依靠政府的政策引导与推动。随着社会的不断发展、人口的日益增长，将有大量工业和基础设施投入建设和改造，土工用纺织品将得到持续发展。现阶段，我国土工用纺织品产业已初成规模，但与欧美等先进国家和地区相比，行业的整体技术水平及配套的标准体系建设等仍处于较低阶段。

土工合成材料是土木工程应用的合成材料的总称。作为一种土木工程材料，它是以人工合成的聚合物（如塑料、化纤、合成橡胶等）为原料，制成各种类型的产品，置于土体内部、表面或各种土体之间，发挥加强或保护土体的作用。《土工合成材料应用技术规范》将土工合成材料分为土工织物、土工膜、土工特种材料和土工复合材料等类型。

1 土工用纺织品的分类及要求

1.1 按加工工艺划分

按加工工艺，土工用纺织品可分为纺织型、非织造型、合成型和复合型四大类。其中，纺织型土工用纺织品主要包括编织型、机织型和针织型土工布；非织造型主要包括针刺土工布、纺粘土工布和热粘合土工布等。

1.2 按应用划分

按应用，土工用纺织品可分为过滤（又称反滤）、排水、隔离、加强（又称加筋）、防渗、防护等功能（表1）。

表1　土工用纺织品的应用分类

应用领域	用途
排水	隔离与过滤,以保证细颗粒不堵塞排水管或土工合成材料复合系统
斜坡防护	防止护堤上水土流失
膜防护	阻止尖锐石头或岩石刺穿隧道和污水处理设施中的土工膜
未铺设路面的土路	起基础隔离、加固、稳定作用
铺设路面的道路、港口铺设、机场滑行道和停机坪等	防止加覆盖材料时软土层塌陷;用作软地层的底基层,以提高铺设能力,在沥青涂面层中起增强作用
铁路	置于压载物下,以减少泵中的污泥
河流与灌溉	作为斜坡防护系统中的隔离和过滤系统

1.3 按原料划分

按原料,可分为天然纤维土工布、合成纤维土工布等,也有采用两种或以上不同材料组成的土工复合材料,如复合土工膜、塑料排水带等。

1.4 按产品造型划分

按产品造型,土工制品可分为平面状和立体状。前者如带状土工布、土工膜、席垫、土工网等;后者包括土工格栅、土工模袋、土工格室、成型塑料片(块)等。

总的来说,织造土工布特别适合增强、加固和隔离之用,对控制侵蚀,进行护堤或其他防护的工程,有时必须用强度很高的织造土工布,而一般以反滤和排水作用为主的工程则不宜采用。短纤维针刺土工布是目前应用最广泛的非织造土工布之一。纤维经过开松混合、梳理(或气流)成网、铺网、牵伸及针刺固结最后形成成品,针刺形成的缠结强度足以满足铺放时的抗张应力,不会造成撕破、顶破。由于其厚度较大、结构蓬松,且纤维通道呈三维结构,过滤效率高,排水性能好。其渗透系数达 $10^{-2} \sim 10^{-1}$,与沙粒滤料的渗透系数相当,但铺起来更方便,价格也不贵,因此用作反滤和排水最为合适。还具有一定的增强和隔离功能,也可以和其他土工合成材料复合,具防护等多种功能。

短纤针刺土工布加工技术具有适应性强、技术容易掌握等特点,在国内具有一定的机械制造基础;长丝纺粘技术是非织造布中发展最为迅速的一种工艺,在土工布领域这种工艺也以很快的速度发展,其各项力学性能优异,水力学性能大体和短纤针刺土工布相当,渗透系数与短纤针刺土工布在同一数量级,重要的是,其纺丝速度高,单机产量远高于短纤针刺设备。目前虽国产厚型的涤纶纺粘设备已基本过关,但在技术上与国外新颖的纺粘设备有差距。

除此之外,针织经编土工布近年来发展很快,另外热粘合非织造土工布、化学粘合非织造土工布在国外也有一定的用量。土工布的机械性能包括抗拉强度、接合强度、抗撕裂强度、顶破强度、刺破强度、抗压缩性能等。抗拉强度是土工布的基本性能之一,无论在铺设还是在起增强作用时,土工布都必须具有抗拉强度。其他各项强度也都是在现场实际受力时必须具有的性能,而抗压缩性能直接影响反滤和排水性能。如土工布以反滤功能为主,则必须具有保土性、渗水性和防堵性。由于非织造土工布具反滤和排水的特点,因此在水力学性能方面要特别重视其有效孔径和渗透系数。要利用非织造布多孔的性质,使孔隙分布有利于截留细小颗粒泥土又不致于淤堵,这必须结合工程的具体要求予以满足。

2　国内外土工用纺织品的市场发展

土工用纺织品在很大程度上仰仗公用工程的建设,包括建筑、公共交通设施等的建设。随着人口的不断增长,将有大量工业设施投入建设和改造,土工用纺织品将得到持续发展。另外,矿业、页岩气及其他资源的开采也对其具有较大的市场需求。

2.1　市场总体情况

基础建设及气候变化是土工合成材料的重要驱动力。据预测,2013~2023 年,全球基础建设的投入将以年均 4% 的速度增长,至 2023 年将达 4.8 兆亿美元。其中道路建设将占据最大的比例。在一些新兴国家和地区,对公路、铁路系统及其他基础设施的投资仍然方兴未艾。而在发达国家,在基础设施方面的投入则主要由市场主导,包括铁路系统、海岸线维护、对现有水源和能源相关设施的更新以及新能源建设工程等。

美国著名的市场咨询机构 Freedonia 集团预测,鉴于全球在道路、建筑品质以及环境保护等方面诉求的增强,以及其他应用领域的拓展,全球土工合成材料的需求量在 2017年将达 52 亿 m^2。在中国、印度和俄罗斯等地,大量的基础设施被规划并将相继投入建设,加上环境保护法规与建筑施工规范的演进,未来一段时间内这些新兴市场有望获得稳健增长,其中中国地区的需求增长预计将占全球总需求量的近一半。发达国家同样具有增长潜力。比如在北美地区,增长主要来自于新的施工规范以及环保法规的驱动,西欧及日本的情况与之相当。另据市场研究公司 Transparency Market Research 的研究报告,未来 4年,全球土工用纺织品市场将以 10.3% 的复合年增长率继续增长,市值将从 2011 年的 32亿美元增至 2018 年的 64 亿美元。从数量来看,全球土工用纺织品的需求将由 2011 年的

19.04 亿 m^2 增至 2018 年的 33.98 亿 m^2，期间复合年增长率将维持在 8.6%。道路建设已成为土工用纺织品最大的应用领域，2011 年市值约为 15.02 亿美元。目前，亚太地区已成为全球对土工布需求最大的地区，2011 年占全球需求的 41% 以上。未来 5 年，道路建设特别是中国、俄罗斯、印度、巴西等新兴国家建筑施工的需求不断增加，将带动土工用纺织品的需求继续快速增长。不过，在预测期内，常用的原料如聚丙烯、聚酯的成本波动将对市场增长产生不利影响。据预计，2018 年欧洲土工用纺织品市场需求将达到 16.477 亿美元，而未来 5 年北美市场的销售额复合年增长率预计为 9.9%。另据调查，印度全境的公路中，只有约 2% 达到四车道规格，道路系统亟需改善。

2.1.1 美国等发达地区

目前，美国市场约有 50 家土工合成材料产品制造公司。2013 年，美国 / 加拿大土工合成材料市场规模为 22 亿美元，与 2012 年相比增长了 3%。2013 年初颁布的美国 MAP-21 运输法案能够满足应用于运输基础设施建设和流域管理的地理空间相关技术的要求，该法案的生效能够缓解部分公路和桥梁建设项目的不确定性。MAP-21 法案推进了创新项目的使用，包括数字化三维建模技术，不少机构和服务公司将其广泛应用于基础设施项目的设计和管理中。按照 MAP-21 法案，政府将拨款 1050 亿美元用于改善美国的地面交通设施。2013 年，该法案帮助美国土工合成材料市场实现了正增长。

美国州际高速公路系统是目前世界上最综合性的公路体系，其巨大的规模、迅速的发展以及后续的完善改变了交通道路的使用情况。美国 2014 年土工合成材料市场，实现 4% 的增长速度。但煤灰厂缺乏监管是该市场存在的显著问题之一。据国际产业用纺织品协会统计，在 2012 年，美国共有 535 个煤灰厂对衬垫有需求，这就意味着未来 5~7 年美国土工合成材料市场可能会产生 300 万~350 万美元的销售额。

2.1.2 阿拉伯地区

Trans Pareny 公司推出了一份名为"阿拉伯联合酋长国（UAE）与海湾合作委员会（GCC）的土工用纺织品与土工格栅的发展"报告。报告指出，随着建设项目的增多，UAE 和 GCC 所辖地区的土工用纺织品将呈现出积极的发展态势。据介绍，GCC（不含 UAE）地区的土工用纺织品市场达 1.01 亿美元，预计到 2019 年将超过 2 亿美元，2013~2019 年的年均增长率达 10.3%；从数量上来看，2012 年的市场需求量为 5200 万 m^2，2019 年将达 8680 万 m^2，2013~2019 年的年均增长率为 7.6%。

由于在排水子系统以及公路建设等领域具有广泛的用途，非织造布成为土工用纺织品中的绝对主力。据统计，2012 年其用量超过 65%。GCC 地区大量的基础设施建设，特别是道路和排水系统的建设与改造推动了今后几年非织造土工布的市场发展。

在 GCC 和 UAE 地区,道路建设和水土流失防治工程是土工用纺织品最大的两个应用领域,2012 年其用量超过 60%。今后几年,水土流失防治仍是增长最快的应用领域之一。从 2013~2019 年,UAE 地区在防治水土流失方面对土工用纺织品的需求预计将以每年 7.9% 的速度增长。

2.1.3 中国

土工用纺织品的发展与国家基础设施领域内的投资密切相关。近年来我国不断加大铁路建设的力度,尤其是在中西部地区,为土工布行业的快速发展提供了强劲的发展动力。此外,在 2010~2020 年间,国家将投资约 4 万亿元用于节水工程项目,此措施也为土工用纺织品行业带来了广阔的市场。据统计,从 2006~2010 年,我国土工用纺织品的产量以年均 35% 的速度增长,预计到 2015 年将达到 73 万吨。

"十二五"期间我国在基础设施上的巨额投资将带动土工用纺织品行业以超过两位数的年均增长率增长。南水北调东线一期和中期工程全长约 2900km,需要的土工膜、土工布的总量预计超过 2 亿 m^2。垃圾填埋场的建设、高铁高速公路恢复性增长都将带动纺织品在土工及建筑方面的增长。据中国产业用纺织品行业协会数据,2013 年我国土工用纺织品行业面临较好的外部环境。一是国家继续加大交通基础设施投资,水利投资也稳步增长,这些都是土工用纺织品领域的传统市场,为行业提供了稳定的客户;二是企业积极开拓环境工程市场,在垃圾填埋、尾矿处理、石油勘探、工业防渗和生态护坡等领域取得很好的业绩,全年企业订单都比较饱满,环保行业已成为土工材料的新增长点;三是随着我国对外承包工程项目的增长,国产土工材料已走出国门,配套许多大型项目,企业通过参加国内外展览和会议等多种方式拓展国际市场,也取得了较好成绩。

2.2 市场发展趋势

非织造布被大量应用于土工及建筑领域,根据预测,2013~2023 年,土工用非织造布将以年均 10% 的速度增长,其中尤以亚太和中东地区增长最快。目前我国土工用纺织品用量已超过 3 亿 m^2,其中约 40% 为非织造产品。从应用领域来看,道路(包括公路和铁路)建设仍是非织造土工布最大的应用市场。在土工用非织造布中,纺粘产品占据最大的份额,其次为针刺产品,此外还有热粘合及湿法成网非织造布等。当对产品的过滤性能具有较高的要求且对厚度有一定要求时,短纤非织造布更具有优势。聚丙烯(PP)和聚酯(PET)是土工用非织造布中两种最常用的原料,前者由于适应性强和较高的性价比，在各种结构的产品中被广泛应用；后者因为独特的性能，多用于一些对性能要求较高的领域，如低蠕变和高尺寸稳定性。

根据调查，PP 非织造布由于具有较高的性价比仍然占据最大的市场份额。非织造土工布用于水泥路面的铺设并不鲜见，但将其应用于粘结层之间仍是一个比较新颖的做法。一般情况下，土工用纺织品作为过滤层置于天然土层和路基之间。2006 年，德国成功将非织造布置于水泥路面和水泥加固层之间，从而降低了水分渗入，同时将承压应力降至最低。德国在将非织造布作为夹层应用于道路铺设方面已积累了超过 25 年的经验，德国高速公路的出色品质充分印证了这一举措的成功。

3 土工用纺织品的产品和技术发展动向

3.1 市场的新要求

大部分机织土工用纺织品根据使用要求的功能不同，可选用 PET、PP、玻璃纤维、玄武岩纤维、芳纶或碳纤维为原料，这些纤维具有较高的抗张强度和较长的使用寿命，多用于道路、码头、铁路、堤岸及其他领域；土工用纺织品用非织造布通常以 PP 和 PET 为原料，主要用作屏障，比如过滤和隔离作用。此外，以天然纤维制成的非织造布非常适于用作草坡的覆盖材料，这样在草籽生产的过程中可自然降解并成为肥料。韧皮纤维的品质不均匀，已被用于一些特殊非织造产品中，此外小部分再生纤维也开始在土工用纺织品中得到应用。

除用于加工产品的原料，涂层材料在加强土工用纺织品性能和功能方面起着重要作用，这些涂层材料主要包括聚氯乙烯、沥青、胶乳、塑料溶胶、硅酮以及其他类似材料。随着社会环境的变化以及应用领域的不断拓展，市场对土工用纺织品提出了新的应用要求，这在我国《产业用纺织品"十二五"发展规划》中也有所体现。

（1）更高的性价比。随着市场的发展，人们开始寻找价格更低的产品。从国外土工布产品的原料来看，除涤纶、丙纶外，还采用聚乙烯纤维、黄麻及其他特种纤维，因此生产商在土工布的功能开发中，应当考虑产品用途的要求，根据产品使用性能来进行纤维原料的选取和搭配。不过，在保证产品质量的前提下，可以适当配入一些廉价纤维原料，以降低成本。

（2）生态环保土工用纺织品。发展生物可降解土工布、生态型垃圾填埋用复合土工布膜，提高土工用纺织品生态相容性，减少环境破坏，如可将 PLA 用于对耐久性要求不高的领域；推广秸秆、树皮、椰壳、汉麻等天然纤维土工布在人工栽培、生态修复、沙漠化治理等工程中的应用；另外，还将采用再生 PP、PET 等作为原料。

（3）功能性土工布。开发高强定伸长土工布，提高高铁专用结构土工布材料在不稳定工作温度下的持久耐磨性；加强防水卷材基布技术研究，提高防水卷材的强力、热稳定性及使用寿命。

（4）高技术土工合成材料。带有光纤传感器（地基工程用）和相关监控系统的智能土工织物开发，一体化提供土壤加固、结构安全监控和防渗、排水土工合成材料，提高非织造成布、排水板、膜等多种材料的系统性复合加工工程技术。

3.2 产品的新技术

荷兰皇家 TenCate 公司位于美国的生产基地开发了一种用于公路和铁路加固的土工用纺织品 Mirafi®RS280i，该产品集高模量、介电常数、分离性及优异的界面协同性于一身，是 TenCate 公司 RSi 产品系列中的第三款也是最后一款产品，其他两款分别为 RS580i 和 RS380i，前者具有高工程性和高强力，主要用于基层加固和软地基的稳固，伴有较高的透水率和土壤持水量；后者比 RS580i 更轻，作为一种经济型方案，用于对公路加固要求不那么严格的领域。此外，TenCate 公司开发的"垂直阻沙土工用纺织品"获得了"2013 年 Water Innovation Award"大奖，被认为是一种无以伦比的创新理念，尤其适合荷兰特殊的地理环境。垂直固沙土工用纺织品是一种可以阻止管涌形成的创新方案，其基本原则是纺织品的过滤单元只允许水通过，而沙土无法通过。利用土工用纺织品阻隔在圩田上形成的管涌，从而保证沙土留在堤坝下避免造成溃堤。据介绍，这种解决方案源于该公司的 Geotube 土工管袋系统，将其与 GeoDetect 传感技术相结合，有望在增强堤坝的同时提高成本效益。

GeoDetect R 是全球第一种智能土工布系统。这一系统能够在土壤结构发生变形的早期给予警告，包括装有光导玻璃纤维的土工布，以及特殊的仪器设备和软件。如果在路基和围堤上出现极微小的沉降，而且温度和张力也出现了变化，那么这些都会在早期被探测到并被记录下来。这样就能够采取必要措施，避免出现缺口。该系统在海堤、道路和铁路的建设以及在护岸、隧道、地下结构和管线的建造时被安装进围堤内。

将光纤应用于土工用纺织品中可以赋予一些特殊的功能，比如监测机械变形、应变、温湿度、孔隙压力，探测化学侵蚀，结构完整性与土工结构健康状况的测评等。尤其是在对几十米到数公里范围内机械形变的分布式测量方面非常有效。集成了分布式光纤传感器的土工用纺织品通过对纤维进行分布式应变测量，可提供从几十米到数公里范围内任何位置的土工结构信息，包括土壤临界位移、坡度等，其空间分辨率可控制在 1m 以内。

将分布式布里渊和 POF 光时域反射（OTDR）传感器集成于土工用纺织品中已被德国一些工程和欧洲项目 POLYTECT 采用。后者专注于研究多功能技术纺织品在应对自然灾害方面的发展，之前已开始研究如何通过新型的功能性纺织品对砖石结构及土方进行改造，以保护地震中的古老建筑的安全以及土方对抗滑坡。这一具有新构造的先进纺织品集成了光纤传感器，可提升土方和土工结构的延展性与结构强度，从而避免结构性损伤。在纺织品中，传感器监测应变、形变、湿度并侦测可能发生的化学侵蚀。

在将光纤与土工用纺织品进行集成时，需保证机械量的精确传递能够被测试，比如在应变方面，从土壤到纺织品然后到光纤。这样，需要保证光纤与纺织品的集成是稳定且无损的。德国萨克森纺织研究所（STFI）开发了一种集成技术，可使传感纤维牢牢附着在纺织品上，且集成过程不影响纤维的光学和传感性能。涂层和光缆材料的应用可有效保护脆弱的单模石英纤维在与纺织品集成以及安装在建筑设施上免遭折断。基于此，Fiberware 公司开发了一种新型的玻璃纤维光缆，以满足对传感纤维在牢固性以及精准传递应变方面的要求。之前，Alpe Adria Textil 公司已开发了含有低损耗全氟化 POF 的新型土工格栅。在一系列应用测试中，证明配置 PF POF 的土工用纺织品适用于建筑工地；配有 PFPOF 的土工网垫已成功应用于德国波罗的海沿岸的蠕滑边坡 Kap Arkona。分布式 POF OTDR 传感器在土工和建筑领域的成功示范引起了土工领域的广泛关注，由此出现了第一款商业应用产品——由德国 Glötzl 公司开发的 GEDISE 土工纺织品用分布式传感器。

3.3 装备的新动态

为了生产出满足使用需求的土工用纺织品，需要选用合适的装备及工艺，非织造设备制造商迪罗、安德里兹，织机设备提供商意达、多尼尔就是其中的代表。片梭织机生产大型包装聚丙烯裂膜条织物、土工布和农用土工布具有无与伦比的经济和质量优势。意达集团的 P7300HP 高性能全能片梭织机是土工用纺织品生产理想的解决方案，其在产品质量和经济性方面均具有较大的优势。P7300HP 型织机有 280~655cm 的 8 种工作幅宽，同时也是把 655cm 幅宽作为标准幅宽的唯一织机生产商，在生产工业织物时具有决定性优势。如能够生产大幅宽农业用布和土工布以减少缝接。目前，道路建设等领域对短纤非织造布的需求持续增长。多年来，迪罗集团已成功向土工用纺织品行业提供了多条完整的生产线，旗下 Temafa 公司可提供开纤准备、开松和混合装备，

Spinnbau 公司提供梳理成网装备,而 Machines 公司则提供交叉铺网、牵伸及针刺装备,各司其职,强强联合。该集团推出的"Dilo-Isomation 工艺"旨在确保纤网质量均匀,从而降低纤维消耗;迪罗牵伸机 VE 改变针刺后纤维方向,以达到产品纵横向强度一致。随着非织造布生产线的大量安装,需要大量热粘合、热熔合、化学处理以及烘干等装备与之配套。在土工用纺织品领域,拉幅定形机是保持产品幅宽或进行横向拉伸以获得均衡的纵横向强力比的理想装备。迪罗集团已经同德国 Brückner 公司展开了紧密合作,计划装备一台双带式烘干机以进行测试并对其技术理念的适用性进行验证。由安德里兹旗下 Perfojet 公司开发的 Spunjet 技术可用于生产新一代非织造布,在蓬松度、柔软度、悬垂性、拉伸强度方面均表现出色。和热轧机相结合,客户可以在多种缠结和整理方案中进行选择。SpunjetBond 是在线的纺丝成网长丝水力缠结系统,可以被用在土工布的非织造布生产中。

针对针刺产品市场,安德里兹推出了采用 TT 输出系统的 Excelle 梳理机,目前该梳理机还适用于交叉铺网。它可输出纵横向强力比低于 3∶1 的高度均匀的纤网。通过采用 TT 梳理系统,交叉铺网机可加工具有均衡纵横向强力的各种克重的产品,针刺毡的伸长率可从低到高,而拉伸强力则保持在高水平。由江苏迎阳无纺机械有限公司、南通大学、宏祥新材料股份有限公司共同研发的"高强高效非织造土工合成材料装备与技术"项目以宽幅、高强、高效、复合型土工布生产技术装备为目标,开发了高强高效针刺非织造土工布生产线和宽幅高效非织造布复合土工膜生产线系列成套生产装备。该项目设计的新型开松和梳理机构能满足 38~150mm 长度纤维土工布加工的特殊要求;设计的新型开松和梳理机构,能满足超长短纤维土工材料的特殊要求;开发的双轴结构减小宽幅高速针刺机,运行过程中振动小,确保了机器运行的安全性和稳定性。

据介绍,"宽幅高效非织造布复合土工膜生产线"项目采用冷压复合技术实现了8.5m宽幅非织造布土工膜的均匀复合,可保持非织造布基材、膜材的基本物理、化学性能不变;采用机械液压挠度补偿机构,提高宽幅非织造布复合土工膜的复合均匀性,适应高强度宽幅非织造布复合土工膜的质量要求;采用逐点温控技术,以保证每个加热区的烘焙效果一致,解决了宽幅非织造土工材料的均匀热烘定形问题。近年来,多层土工布复合针刺非织造材料不断发展,典型的多层土工布复合针刺生产线的生产工艺是将预刺成型的非织造材料分为 3 层放卷,使其再次经过刺针的穿刺后相互缠结为所需厚度的非织造针刺材料。其中,底层布料由主动放卷机放布,放卷速度与针刺机的喂入速度同步,上面两层布采用被动放卷,目的是让布料平整不重叠地进入针刺机的针刺区,3 层布料经过针刺机刺针的穿刺后成为一体，从而达到一定厚度非织造材料的使用要求。当然，需要放卷的针刺布料是由另外的生产线提供的，这种分段式生产高克重非织造材料的生产工艺近年来很流行，因为这样可以减少设备投资，且能生产出一定厚度的非织造材料。该生产线配置的针刺机必须是大动程针刺机，动程一般在 60~80mm 之间。如果动程继续加大，其针刺频率就降低很多，针刺布的出布速度就慢，直接影响产量。

4 结语

土工用纺织品行业的发展离不开政府的政策引导与推动，虽然我国土工用纺织品产业已初成规模，但与欧美等先进国家和地区相比，行业的整体技术水平仍处于较低阶段。比如，日本、美国等发达国家的土工与建筑用纺织品行业会投入大量的人力物力用于工程设计和气候试验基础实验，对大气环境对产品的影响、海洋环境对产品的副作用等进行了一系列基础性研究工作，为后续的产品质量和技术含量提升提供了基础研究保障，而我国在这方面的研究和投入却非常少。此外，常规产品质量仍亟待改进，加工技术还有很大的提升空间。

除了硬件不够"硬"，软件"配套"也未跟上，比如标准缺失是目前我国土工用纺织品行业发展的最大困扰之一。国外根据产品原料、应用领域、功能、加工工艺等不同建立了较全面、完善、细分化的的标准体系，且还在持续更新和修正中。相比而言，我国在这方面要滞后很多，目前建立的标准主要包括应用技术规范、产品标准和测试标准等 3 部分，所用的土工合成材料测试标准主要参考 ISO 及 ASTM 标准而制定。必要的测试是对产品质量及工程质量的监控，也是对人民生命财产的负责。检验工程质量，保证施工安全，是工程应用的重要组成部分。经过多年的实践检验发现，通过土工合成材料的实验室检测或现场检测可以了解土工合成材料的产品及工程特性以正确确定设计参数。土工合成材料的检测指标一般分为物理性能指标、力学性能指标、水力性能指标、耐久性能指标、土工合成材料与土相互作用指标等。随着土工用纺织品在工程建设中更广泛的使用以及先进检测手段的应用，我国的测试标准也将不断完善。

参考文献（略）

我国改性沥青防水卷材胎基的发展

曾世军

（大连华阳化纤科技有限公司）

含苯乙烯 - 丁二烯三嵌段聚合物（SBS）及无规聚丙烯（APP）的改性沥青防水卷材一直是最主要、应用最广泛的建筑防水材料。在欧美等发达国家，最初是以无碱玻纤毡为主要胎体（简称玻纤毡）。随着聚酯长丝纺粘针刺非织造布技术与装备的发展和成熟，从 20 世纪 90 年代初，开始使用聚酯长丝纺粘针刺胎基布，由于其优异的性能，发展十分迅速。目前聚酯长丝胎基布在这类改性沥青防水卷材中的应用比例已超过80%，其余的为玻纤胎或玻纤增强聚酯胎。长丝纺粘针刺胎基布在欧美等发达国家，虽然已经生产、发展及应用了二十多年，但至目前为止，仍然被国际公认为性能最佳的改性沥青防水卷材胎体。

1 我国改性沥青防水卷材的发展

1.1 胎基布发展

在我国，改性沥青防水卷材是 20 世纪 80 年代中后期，从引进欧洲技术及设备开始发展起来，最初也是以玻纤胎为主要胎体。20 世纪 90 年代中期，湖南益阳的核工业部湖南无纺布厂（现湖南中核）、仪征无纺布厂（现汉高德瑞）、江西合达非织造布公司（现江西国桥），相继引进了欧洲的聚酯长丝纺粘针刺胎基布生产线，德国赫斯特也在上海建立独资企业（现上海杰斯曼）安装建立一条 4.5m 幅宽聚酯长丝纺粘针刺胎基布生产线。但因投资巨大，产品价格昂贵等因素，我国的聚酯长丝纺粘针刺胎基产业没能因此发展起来。

1997 年以后，我国出现了涤棉非织造布＋玻纤网格布以胶粘合而复合胎基布（简称复合胎),因工艺设备简单,成本低廉,被众多中小企业用于生产复合胎沥青防水卷材,用量大幅增长,占据了大量市场。由于性能较差,我国已不提倡使用以此为胎基的防水卷材,但目前仍有部分企业采用复合胎,生产普通的沥青防水卷材。

2000 年前后,随着沈阳龙源无纺布有限公司及河北安国前进无纺布有限公司等众多短纤聚酯胎生产厂的相继投产,掀起了国内短纤聚酯胎生产应用的热潮。基于国内聚酯纤维生产制造水平的提高和市场竞争压力的增加,2005 年前后,再生聚酯纤维(短纤)开始大量应用于聚酯胎的生产,凭借性价比高,进入门槛低得到空前发展,逐步取代涤棉非织造布－网格布复合胎体占市场主导地位。从而形成了目前改性沥青卷材胎体以短纤聚酯胎为主、涤棉非织造布－网格布复合胎体和长丝聚酯胎为辅的市场格局。

1.2 长丝胎基本优点

聚酯长丝胎基布采用纺粘直接成网、针刺固结的工艺,纺丝熔体经高速气流拉伸,在高喷头拉伸的作用下,使形成的长丝纤维具有较高的取向度、结晶度及结构稳定性,并赋予其较高的拉伸强力和较大的剩余拉伸率。从胎基布的破坏机理发现,长丝胎基的断裂形态主要为持续长丝的断裂,而短纤胎基的断裂主要表现为布结构的破坏和短纤维的滑移。这也是长丝胎基布的拉伸强力、撕裂强力、顶破强力、延伸率及热稳定性等指标明显优于同克重短纤胎基的主要原因。因此,以聚酯长丝胎基布为胎体的防水卷材与以聚酯短纤胎基为胎体的防水卷材相比较,长丝胎基布具有以下优点:

(1)以长丝胎基布为胎体的卷材,在实际使用中具有更好的抗外界负荷,均匀分布外界应力以及更好的抗形变能力,使用寿命持久性也远高于以短纤胎基为胎体的卷材。

(2)按照现行的我国弹性体或塑性体改性沥青防水卷材国家标准(GB 18242-2008 及 GB 18243－2008)来衡量,长丝胎基可以比短纤胎基克重更低、厚度较小,可轻松达到可溶物含量的标准要求,而短纤胎基则因为克重高、厚度大而较难达标。在延伸率指标上,无论 I 型、II 型的卷材,采用长丝胎基的卷材轻易达标,而采用短纤胎基的则较难达标。热老化试验时,采用长丝胎基的卷材较易达标,而采用短纤胎基的则较难达标。

(3)由于长丝胎基布具有较好的强力、均匀性、热稳定性及可浸渍性,使其在卷材生产时对改性沥青浸涂工艺具有比短纤胎基更好的适应性,可大幅提高卷材的生产速度和效率。

另外,聚酯长丝纺粘针刺胎基布的生产流程短,生产速度快,单机产量远高于短纤针刺胎基的生产,并且单位产量的投资更小、综合耗能更低,符合产品向低成本、低能耗、轻量化方向发展的趋势。

2 聚酯长丝纺粘技术的进步

我国聚酯长丝纺粘针刺胎基布的生产及应用,之所以没能够迅速发展起来,并非是相关行业没有认识到长丝聚酯胎的优异性能,而主要是基于以下两个方面的因素:一是国外发达国家的技术垄断以及高昂的设备价格。引进一条欧洲产的 4.5m 幅宽的生产线,投资达 1 亿多人民币,而且并不完全保证其产品的质量。二是受制于我国自主化的聚酯长丝纺粘针刺非织造布技术及装备的发展水平。

我国聚酯纺粘法技术的发展,起步相对较晚。20 世纪 90 年代中后期,绍兴利达无纺有限公司在相关政府部门及大专院校的支持下,自主研发建立了一条幅宽为 2.1m 的聚酯纺粘针刺试验生产线,尽管幅宽较小,技术也尚不够成熟,但毕竟走出了聚酯纺粘法国产化技术发展的第一步,具有重要的意义。90 年代后期,大连华阳化纤科技有限公司也开始投入聚酯长丝纺粘法的技术及装备的研发工作,利用其多年从事聚酯长丝高速纺(POY、FDY、HOY 等)技术与工艺研究、装备研制及工程承包建设方面所积累的技术基础和经验,使其在聚酯纺粘法的多项关键技术方面获得了突破。2002 年,大连华阳与广东锦龙无纺有限公司(现广东斯乐普特种材料有限公司)合作,共同承担了中国纺织工业协会重大科研项目《国产薄型聚酯纺粘法生产技术与装备的研究及产品开发》,建立了第一条国产化的 3.2m 幅宽的聚酯纺粘热轧生产线。该项目于 2004 年通过了中国纺织工业协会鉴定,被评价为"该项目填补了国内空白,属国内首创,该设备管式牵伸的核心技术处于国际领先水平"。在此基础上,大连华阳又研发了基于小板管式气流牵伸工艺的国产化第二代聚酯纺粘法技术与装备,并运用该技术于 2005 年在斯乐普建立一条幅宽 7m 的聚酯长丝纺粘针刺土工布生产线,该型生产线被大连华阳定名为 Hua Yang FNZC- Ⅱ型生产线。

2005 年 ~2011 年,大连华阳、大连合纤所、绍兴利达、沈阳非织造工程中心等单位,先后为山东、河南、河北等多家客户建立了十多条聚酯纺粘针刺土工布生产线,不仅为推动我国土工行业的发展,为我国包括南水北调工程在内的重大工程项目建设作出贡献,同时也促进了我国聚酯长丝纺粘针刺非织造布技术与装备的发展与进步。但是这些生产线的产品,尽管可以满足土工布材料的使用要求,部分指标仍然不能满足改性沥青防水卷材胎基布的要求。

与聚酯长丝土工布相比,用于聚酯长丝胎基布的长丝纺粘针刺非织造布需要具备以下特点:

(1)强力要求更高,强力的均匀性更好,一般强力的均匀性 CV 值要小于 5%,且不能有较低的强力单值;

(2)克重均匀性要求更高,一般克重均匀性 CV 值要小于 5%;

(3)为了保证卷材的延伸率需要在保持其高强力的条件下具有更高的断裂伸长率;

(4)纵横向强力比小于 1.2;

(5)更好的固结牢度;

(6)更好的热稳定性及尺寸稳定性。

因此,满足聚酯长丝纺粘针刺胎基布的要求,必须在纺粘针刺技术及装备本身的各个环节包括纺丝系统、侧吹风冷却系统、气流牵伸、分丝摆丝、负压成网、针刺固结、自动化控制等方面以及针刺布的后整理技术获得新的技术突破。

3 聚酯长丝胎基布及装备开发

3.1 合作研究项目

2007 年,大连华阳化纤科技有限公司与安国前进无纺布有限公司合作,共同开发聚酯长丝纺粘针刺胎基布技术,并且承担了中国纺织工业联合会科技指导性项目《高强聚酯长丝胎基布产品及其装备开发》。安国前进无纺布有限公司是我国最早开发和生产短纤聚酯胎基的厂家之一,目前其短纤聚酯胎基生产是国内产量最大,质量最好的龙头企业。该公司研发力量雄厚,测试手段和设备先进齐全,并且具有多年短纤聚酯胎基生产及产品开发经验,特别是对后整理技术有独到理解和认识,与大连华阳形成前后互补的优势。

经过历时 4 年多的艰苦研发,该项目在纺丝、牵伸、分丝、摆丝、成网、针刺固结及后整理的定型、浸胶、烘干等各关键技术环节均取得了突破,2011 年安国前进无纺布有限公司建成了我国第一条具有自主知识产权的、完全国产化的高强聚酯长丝胎基布生产线,各项指标达到甚至超过国外进口或国外设备生产的同类产品水平。

由于该聚酯长丝纺粘针刺部分生产线是大连华阳公司在其 HuaYang FNZC-II 型的基础上,进行了多项重大技术改进,研发应用了多项创新性技术,因此该生产线被大连华阳公司定名为 HuaYang-III 型生产线。

3.2　项目研发意义

该技术与装备的成功研制及高强聚酯长丝胎基布的国产化生产和应用,其意义深远:

(1)防水行业是关乎到我国众多行业基本建设工程水平及质量的重要行业。随我国经济的迅速发展,对防水材料的需求持续高速增长,但是作为最重要的防水材料之一,改性沥青防水卷材产业,却存在着严重的原材料结构不合理局面。发达国家普遍生产及应用的长丝聚酯胎基布,我国因为没有国产化装备,不得不购买国外产品或引进国外设备生产。该项目通过自主研发,掌握聚酯长丝纺粘针刺胎基的关键核心技术,实现技术及装备的国产化,降低装备投资成本及产品生产成本,改变我国改性沥青防水卷材材料不合理的局面,推动防水卷材产业的产品升级换代及健康发展。

(2)我国是产业用纺织品生产及应用大国,但不是强国,作为产业用纺织品众多领域之一的聚酯纺粘法技术与装备发展起步较晚,也相对落后,我国现有的国产化聚酯纺粘针刺非织造布生产线以土工布、过滤材料等产品为主,品质指标更高的长丝聚酯胎基技术被发达国家所垄断。该项目研究的目的还在于,通过该技术的研发,打破国外技术垄断,填补国内技术空白,并且从中获取研发经验和技术积累,培养具有创新精神和能力的研发人才,从而持续推动聚酯纺粘技术及装备的进步。为我国由产业用纺织品大国向产业用纺织品强国迈进作出贡献。

(3)建设资源节约型、环境友好型社会,是我国经济发展的一项重大战略任务。该项目实施,为创建"两型"企业打下了基础。传统的胎基布浸胶工艺,多采用丙烯酸配方,虽然浸胶效果好,但污染环境、设备清洗难。该项目采用改性淀粉配方替代丙烯酸,既减少了不可再生资源的消耗,又达到清洁环保降低成本的效果。

(4)该项目还为相关胎基生产企业及设备制造企业带来可持续发展的动力,为相关企业及企业所在地区带来显著的经济效益和社会效益。

3.3　实际应用效果

到目前为止,大连华阳公司已经承接了22条该型聚酯长丝胎基布生产线,其中15条已顺利开车投产,其余正在建设过程中。

与国外同类产品及技术与装备相比较,国产高强聚酯长丝胎基布的质量指标完全达到甚至部分指标超过国外产品,产品幅宽方面也超越国外。国外主流生产线以4.5m幅宽为主,制成4幅1.02m幅宽的胎基布,国产线则幅宽以6.6m为主,制成6幅1.02m幅宽的胎基布。但在生产速度上,国产线与国际先进水平相比尚有差距,国外生产线针刺频率可达 1600 次 /min，生产速度可达 13m/min 以上，国产线针刺频率一般为 900 次 /min，生产速度为 5.5~7.5m/min 左右。

经过进一步的技术改进和创新研发，大连华阳在相关针刺设备制造厂家的努力配合下，近期已经推出新的高速生产线，HuaYang FNZC-Ⅲ G1 型和 HuaYang FNZC-Ⅲ G2 型。其中 HuaYang FNZC-Ⅲ G1 型针刺频率可达 1300 次 /min，生产速度为 8~10/min；HuaYang FNZC-Ⅲ G2 型针刺频率可达 1400 次 /min，生产速度为 9~11/min。提高生产速度，不仅可以提高产量、提高生产效率，而且可以降低单位产量的能耗，从而进一步降低生产成本。

随着我国经济的持续发展，城镇一体化步伐的加快，基础设施建设的不断发展，防水行业将迎来巨大的发展机遇，从而将持续增加防水材料，特别是高性能、工程专业防水材料的市场需求，我国高强聚酯长丝胎基布产业的发展方兴未艾，潜力巨大。

参考文献（略）

河道生态修复整体解决方案的探讨

崔占明

（中产协土工用纺织合成材料分会）

1 河道生态修复的必要性

1.1 河道生态修复的定义和主要措施

河道修复是指使用工程的、生态的或是综合的措施，使河流恢复因人类活动的干扰而丧失或退化的全部或部分自然功能，这些功能例如：保持水土、调节小气候、维护生物的多样性、保持和谐自然的风景和环境等。河道生态修复的工程措施是指通过建设的方法消除那些与生态环境不协调或有害的存在，例如：污水处理、底泥清除疏浚、人工湿地、引水调控等；生态措施是指通过生态构建方法，在修复区域内有重点、分层次的进行生态修复以及生态移民等，例如：天然湿地的修复，生态护岸、护坡，生物措施。

1.2 河流型态的自然性和人为性

众所周知，由水流通过对泥沙的侵蚀、搬运和堆积，形成蜿蜒曲折的自然河流，形成了河流的浅滩、深潭、弯道、落差等独特的多样性的型态。在平面上，它是蛇形的、多弯的；在断面上，它也是不规则、不对称的。河流的这些型态结构由于大自然的冶炼，更有利于稳定、消能、净化水质、保护生物的多样性以及降低洪水的灾害性和突发性，更具有其原有的种种自然功能。

然而，人类为了生存，为了发展，却按自己的意志去"改造自然"，全世界约有60%以上的河流已被人类进行了人工改造，包括筑坝拦截河流，筑堤约束河流，对弯道进行裁弯取直，对河槽进行护坡护底，许多河道被渠化，于是在平面上河道变成了直线化，在断面上河道变成了几何规则化，河床与边坡硬质化，河流在纵向和横向均变成不连续。这些人为导致的变化使河流型态多样性大大降低，引起生物群落多样性下降，从而影响了河流生态系统的健康,反过来又影响了人类自身的利益。

1.3 河道生态修复的重点－－河岸带

河岸带是指高低水位之间的河道以及高水位以上直至河水影响完全消失为止的地带,也可以泛指一切邻近河流、湖泊、池塘、湿地等水体,且有显著资源价值的地带。河岸生态系统是联系陆地和水生两大类生态系统的纽带,边缘效益显著,对河流变化极为敏感,所以它是河流生态修复的重点。在传统的水利工程设计思想影响下,河道的护岸、护坡工程主要考虑工程结构的安全性及耐久性,故多采用砌石、混凝土或钢筋混凝土等硬材料,这样河道的硬化就隔断了水生态系统和陆地生态系统的联系,改变了自然河岸的生态功能和结构,破坏了河流的生态过程,从而导致河流自身净化能力和恢复能力的降低,水体污染严重,鱼类等水生物栖息地消失等一系列问题。

1.4 河道生态修复的必要性

综上所述,因人类活动造成了河流生态系统的连续性遭到破坏,水生态系统孤立化,水循环短路化、绝缘化,从而导致了水生态、水环境恶化,为了纠正人类活动中的偏差和错误,为了社会经济的可持续发展,河道生态修复必须提到日程上来,成为今后河道整治的主要内容。

2 河岸生态修复的种类和材料

2.1 河岸生态修复的种类

河道断面大致可以分为 U 形、梯形、矩形、复式等几种类型,U 形断面一般为天然河道的断面,不规则、不对称;梯形及复式断面具有边坡;矩形断面河岸为直墙。根据上述"河岸带"的概念,河岸生态修复应当包括护岸、护坡乃至护底、护脚,对于有堤防的河道,也应包括堤防。故此,目前已有"生态护坡""生态护岸""生态堤防"种种称谓,其实都是河岸生态修复的内容。仅以"护岸"为例列举其不同种类:护岸种类可以分为非生物材料护岸及植物(生物)型护岸两大类,河岸生态修复应选择亲水性和透水性较强的非生物材料,以下是常用的几种:

(1)天然材料护岸。包括木桩、竹笼、石笼、石积(无规则堆积)护岸等。

(2)生态袋柔性护岸。是一种软体环保材料建造的,主要功能是取代传统的高耗能、高污染的钢筋、水泥、石块等硬体边坡。

（3）绿化混凝土护岸。是一种无砂大孔混凝土，由粗砂砾料或碎石、水泥加混合剂压制而成，它既有透水透气性，又有较大的抗拔力，可以长草生根，满足植物生长。

（4）土工合成材料护岸。例如三维土工网，三维植被网，土工织物袋，土工格栅等。

（5）格宾网护岸。是用金属丝编织成的六角形网眼网笼，内填块石，耐腐蚀、抗冲刷，柔韧性、高适应性强，具透水性，可种植物。

（6）其他类型护岸。净水石笼护岸，结构有水体自净功能，适用于污水河道。

生物护岸主要是植物护岸，有水生植物（如芦苇、水竹、水菖蒲等），湿地植物（如柳、杨、水杉、水松等），边坡植物（河道常水位以上种植，如簸箕柳、池杉等乔灌木）。动物护岸也有，如萤火虫护岸，鱼巢护岸等。

2.2 河岸生态修复的材料

以上各种类型的护岸实际上是以材料分类的，以往涉及到使用的生态修复材料，除以上材料外，还有生态砖、鱼巢砖等构件；石笼席、天然材料垫、土工布包裹、土工格室、椰壳纤维栅、间插枝条、木框墙等，至于植物品种就更多，要适合当地的土壤、气候、地下水质等因素，因地制宜的选择。

3 河道生态修复中的几个问题

河流是人类生存和发展必不可少的要素，是水环境的重要载体，也是自然环境的重要组成部分。千百年来人类为了生存和发展，一直朝着"除水害、兴水利"的目标努力，从大禹治水到李冰父子修建都江堰，都是我们引以为自豪、流传百世加以称赞的壮举，这就不能说人类就不能去改造自然，一动就破坏自然、破坏生态，而是要如何解决好改造自然和适应自然或融入自然这个矛盾的问题。传统的河道治理中，由于片面强调防洪、排涝或兴利输水，不考虑对水生态、水环境的影响，于是以筑堤修库、加固堤防、疏浚淤泥、硬化衬砌等手段为主，给河道带上了沉重的"枷锁"和"盔甲"，结果适得其反，牺牲了河道可持续发展的空间，损伤了河道的健康，破坏了生态系统，污染了水环境，缩短了河流的生命，退化了河道应有的功能。这就当然要把河道生态修复作为人类当今的必然选择，这也是落实科学发展观、创建和谐社会，提倡以人为本、人与自然和谐相处的必由之路。但我们还必须解决好以下几个矛盾的问题，才能使今后的河道整治不犯错误或少犯错误。

3.1 河道生态修复与已有河道建设成果的矛盾

建国以来,我国在大、中、小河流上已经建设了许多水库、闸坝、堤防,进行了衬砌、护岸、险工加固、河床疏浚、裁弯取直、开辟渠道,新挖河道等一系列工程措施。这些已有的工程在防洪、除涝、引水、通航、灌溉、发电等方面发挥了很好的功能,产生了巨大的效益,虽然这些设施有负面影响,也约束了河道生态修复,但绝不能简单地加以一概否定。用机械性的拆除以恢复生态,事实上在国外已经发生过,例如:美国在2000年拆除了赛特尔大坝,日本在境川把原来已经裁弯取直的河道重新恢复到原有样子,它们都过于依赖了人工的做法,忽略了经济、社会发展的影响,忽略了自我生态修复的能力,于是其可持续性遭到质疑,也应引以为戒。我国是发展中国家,资金少、起步晚,因此我们不可能回到原来的我们也说不清的生态目标,我们只能立足河流生态系统现状,积极创造条件,充分发挥生态系统的自我修复功能,尽量减少人为对河流生态系统的胁迫,并尽可能地投入一部分资金,在河道综合治理的前提下更多地考虑河道生态修复。若是过于强调突出生态修复,忽视河道原有建设成果和功能,力图"创造"一个新的生态系统,那岂不又是一个"改造自然"的新翻版?目前我们可采用新一代可呼吸土工材料加以改造修复。

3.2 防冲防渗与透水透气的矛盾

河道两岸的堤岸对于防洪和输水都有至关重要的作用,当洪水发生时要求堤岸经得起冲刷,当河道输水时,要求不能渗漏流出堤岸以外,但河道生态修复却需要采用很多透水透气的生态材料去构筑堤岸,以便种树植草,有利于植物生长,这自然是相互矛盾的。为此,在生态护岸设计时,一定要首先考虑堤防的牢固及岸坡的稳定,尽量把生态材料及植物栽种设计在正常水位以上,在石笼、生态砖、鱼巢砖等结构附着的土坡下,为了防止水流和波浪的淘刷,要设计反滤层,对有防渗要求的部位,可以采用既能防渗又能种植的膨润土防水毯、保温保湿绿化毯、打孔型高强土工格室。

膨润土防水毯简称GCL,是一种新型环保生态复合防渗材料,它由二层土工合成材料间夹封优质防渗钠基膨润土,通过针刺复合而成。根据工程需要,还可以在防水毯上粘复HDPE膜,以适应特殊环境的铺设。本产品整体稳定性好,抗拉强度高,中间夹封的防渗膨润土属无机材料,吸水后高度膨胀,形成不透水的凝胶防渗体,具有如下特性:

(1)密实性钠基膨润土在水压状态下,形成隔水膜。本产品在5mm厚的情况下,它的渗透系数是 $5×10^{-11}$m/s 以下,相当于1m厚压实粘土的抗渗效果。

(2)柔韧性本产品具备很好的柔韧性,可适应于不同地形,特别是沉降造成的变形。

（3）自保性遇水后，钠基膨润土颗料膨胀率可达 15 倍左右，而且不怕冻胀破坏，具有较高抗拉强度，同时具有自我修补 2mm 裂缝的修复能力，从而继续保持其防水能力。它是目前市场上唯一一种可以用钉子钉的防水材料。

（4）结合性。由于它是土工聚合体，增加了摩擦力，提高了与地基和保护层的结合能力；

耐久性。因为钠基膨润土是天然无机矿物质，不会出现老化、腐蚀现象，耐久性很强，据测试本防水材料的正常使用寿命可达 50 年以上。

（5）环保性。由于原材料为天然无机材料，生产过程也有严格的环保管理和测试，本产品对人体和环境无害，属于新型环保防水材料。

（6）易施工。本产品可直接在潮湿土层基面上施工，将本产品覆盖铺设，其上加盖土石类保护层即可完工，施工简单，工期短。

（7）性价比高。本产品价格适中，施工方便快捷，性能远高于其他防水材料。

（8）基于以上特点，膨润土防水毯现已广泛应用于各项工程项目中，其中典型的工程案例有：奥运龙形水系防渗工程、北京清河导流渠和仰山大沟环境治理防渗工程、北京元大都遗址公园水景防渗工程、郑州郑东新区 CBD 中心湖防渗工程、太原汾河城市河道整治二期防渗工程、北京大兴新凤河河道治理防渗工程、北京平谷将军关河道治理防渗工程等。

3.3　行洪与种植的矛盾

对有防洪功能的河道，传统的理念是河滩地与堤岸上是不允许种植的，不要说是树木、灌木，就是滩地上的高杆农作物（如玉米、高粱等）都视为阻碍行洪应当清障的。现在生态修复要种草、种树、种乔木、种水生植物岂不矛盾？解决此矛盾可有多种处理方法，但最根本的原则应当是保证行洪河道在其防洪标准下有足够的行洪断面。例如：我国黄河郑州河段就种植有 500m 宽的防浪林，它既是保证大堤安全防止波浪冲刷的防护工程，也是恢复黄河生态、绿化黄河、防风固沙的生态工程，因为该处堤距平均在 10km 左右，防护林宽度只占两岸堤距 5%，不会对 3km 宽的排洪河槽有什么影响。又如德国的莱茵河，沿河森林茂密、湿地发育、水质清澈，许多河段没有堤防或只有自然生态的堤岸，一些沿河城市只有临时的防洪护岸设施，只有当预报上游来洪水时，才设置临时堤防防洪。此外，国外还多采取退堤、拆堤给河流以空间等措施，结合洪水管理来协调防洪与生态修复的矛盾。这些新的理念和方法都是可供我们借鉴的。保温保湿绿化毯、打孔型高强土工格室、营养土工布等新材料都能很好的起到绿化、固沙、水土保持的作用。

3.4 绿化与硬化的矛盾

一些河段，特别是城市河道已经形成硬护岸，多为混凝土护岸、护坡或浆砌石挡土墙，为了美化城市，营造景观，需要种树、种花、种草，可是岸边已成硬化堤岸，两岸空间又很狭小，在这种情况下，一是改造河岸、设置亲水平台或台阶，二是利用大型盆土、槽土进行美化环境的种植，在有空间的堤防之外增加绿化带等补救措施，可以缓解矛盾。

除上述矛盾外，还有土壤种植与河岸稳定，堤防坚固与生态构件松散体护岸，河道中壅水与效能、凹岸淘刷与凸岸淤积、险工防护与深潭浅滩的形成之间等等矛盾，都是在生态河道修复中需要考虑和解决的问题，也是河道整治规划设计中需要解决的一系列新课题，本文仅是抛砖引玉，提出问题以便与同仁深入探讨并解决之。

参考文献（略）

高性能聚酯布在道路中的应用技术

孟令晋

（宏祥新材料股份有限公司）

已经建成或即将建成的高等级公路,随着使用年限的延长都将陆续进入破损阶段(事实上,部分高等级公路已经出现大面积损坏)。为恢复路面使用性能提高、提高道路通行能力而进行的高等级公路的罩面工程,今后将成为高等级公路建设与管理部门的一项十分艰巨的任务。

对于新建公路中半刚性基层材料、贫混凝土基层材料、碾压混凝土复合式路面的收缩裂缝或缩缝,目前也是一大难题,如何减少裂缝和延缓这些裂缝反射到面层上来,是建好高质量公路的关键。

为延缓反射裂缝,已有一些研究成果,提出了一些延缓反射裂缝的方法,包括:沥青碎石联结层、级配碎石过渡层、土工布沥青膜的应力吸收层等。但由于各方面的原因没有很好推广应用,主要是材料和经济性问题。工程界一直在研究寻找一种新的材料,能够较经济地解决此难题。无纺土工布在道路路面结构中的应用为此打开了一个广阔的前景,同时高性能聚酯布更是远远高于土工布。

1 高性能聚酯布的应用及特点

高性能聚酯布应用在高速公路,道路建设、旧路改造、水利工程、铁路建设等重点工程,采用全新的技术、更高的工艺和配方生产的高性能、高标准、高规格的产品,克服了原有材料的缺陷,提高了纵横向拉伸强度等各项基本性能和技术指标,明显提高了其低温抗裂性、抗疲劳性、抗反射性,表面平整、厚度更加均匀,与沥青混合料相容性更强,在沥青路面结构层下边铺一层高性能聚酯布可减少和延缓新老路面搭接和半刚性基层,导致路面断裂,防止水分浸入造成基层破坏。高性能聚酯布的特点如下:

（1）和普通防裂布相比，延伸率更低，拉伸强度更高，保证产品更长使用寿命。

（2）化学性能稳定，能防止各类化学侵蚀和气候变化，应用范围更广。

（3）在 205℃ 以下不会受到破坏，沥青的最佳温度设 55~168℃，稳定性不受影响。

（4）良好的相容性，从而形成有效的防水面层，及时表面有裂缝情况下也可以防止表面水向基层渗透。

2 高性能聚酯布对道路的意义

（1）加高性能专用聚酯布的沥青混合料的抗车辙能力有较大的增强。通过车辙动稳定度数据可以发现，加高性能专用聚酯布的沥青混合料的动稳定度相对于普通沥青混凝土可以提高 80% 左右。

（2）加高性能专用聚酯布的沥青混合料的抗疲劳特性有明显的提高。通过疲劳试验数据可以发现，相对于普通沥青混合料而言，加高性能专用聚酯布的沥青混合料的抗疲劳作用次数可以提高三倍左右。

（3）加高性能专用聚酯布的沥青混合料具有良好的防渗透性能。通过渗透速率可以发现，加高性能专用聚酯布渗透速率相对于普通沥青混合料可以提高 50%，而适当增加粘层油的用量，防渗透性能会更佳。

3 选用高性能聚酯布的实验论述

3.1 防止反射裂缝

在改扩建项目中，由于新扩建的路基与老路基的沉降不同，必须在新老搭接部位的道路基层与面层之间加上一层土工织物，使面层与基层之间形成间层，防止因沉降造成的剪切裂缝。

在防治反射裂缝类材料中，高性能专用聚酯布独有具备的极大初始模量，不仅能够起到防治反射裂缝的效果，同时，起到一定的加筋作用，这是其他应力吸收类材料没有的性能。同时，高性能专用聚酯布和粘层油结合后形成一个完整的防水层，防止了水对路基的破坏。

综合上述，加铺高性能专用聚酯布可以做到：

（1）减少基层与面层的结合力。研究表明，有了间层、原二层界面处的结合力明显减少。沥青层面底部拉引力较不设间层时减少20%。

（2）间层为具有较大延伸性材料，基层张裂通过间层可使应力扩展至更宽范围，从而缓冲裂缝处应力集中。就是设有弹性的间层起到了吸收部分拉伸能量的作用。

（3）防渗作用。高性能专用聚酯布浸透沥青，可在基层与面层之间形成一层防水层，即使面层出现裂缝，也能防止地表水渗入基层。

3.2 低温施工情况

在极端的低温下（0℃以下），由于热沥青冷却很快，增加施工难度，在施工过程中要求沥青洒布车不要距高性能路面专用聚酯布铺装线距离太远，应边洒布沥青边铺装高性能路面聚酯布。沥青洒布应与高性能专用聚酯布铺筑、胶轮机碾压、摊铺沥青混合料几个环节紧密结合，详细的施工组织规划在冬季施工中是必须的。高性能专用聚酯布技术指标见表1所示。

表1　高性能专用聚酯布技术指标

项目	单位	测试值
单位面积重量	（g/m^2）	160±6%
厚度	（mm）	0.90
最大拉伸强力（纵向）	（N/5cm）	＞460
最大拉伸强力（横向）	（N/5cm）	＞420
在最大拉伸强力下的拉伸伸长（纵向）	（%）	30.0~25
在最大拉伸强力下的拉伸伸长（横向）	（%）	32.0~27
200度热收缩（纵向）	（%）	≤1.7
200度热收缩（横向）	（%）	≤0.1
5%形变强力	（N/5cm）	230
5%形变强力	（N/5cm）	170
12%形变强力	（N/5cm）	385
12%形变强力	（N/5cm）	270
CBR顶破强力	（kN）	1.6
撕破强力	（kN）	＞0.16

3.3 试验数据

（1）车辙对比试验。

表 2　与土工格栅对比车辙试验数据表

试件类型	45min 变形量 (mm)	60min 变形量 (mm)	动稳定度 （次 /mm）	平均值 （次 /mm）
普通试件	5.720	6.403	959	932
	4.264	4.960	905	
土工格栅（大）	6.198	6.811	1028	997
	6.953	6.301	966	
土工格栅（小）	7.022	7.593	1143	1086
	7.325	7.960	1029	
聚酯玻纤布	5.141	5.552	1532	1429
	7.417	7.892	1326	
高性能专用聚酯布	2.265	2.599	1886	1772
	4.876	5.256	1658	

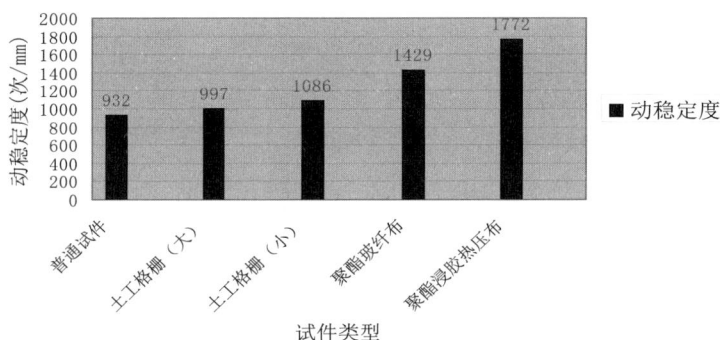

图 1　车辙试验数据柱状图

根据不同试件的动稳定度数据表 2 绘制车辙数据柱状图见图 1。从图 1 可以发现：夹有高性能专用聚酯布的试件的动稳定度最大，夹有玻璃纤维布的试件次之，不采用任何措施的普通试件最差。通过试验数据我们可以定量的进行分析，夹有高性能专用聚酯布、聚酯玻纤布及土工格栅的试件动稳定度分别提高 90%、60% 和 30% 左右，说明夹有土工材料的试件具有较好的抗车辙能力和较好的高温稳定性。从效果上来讲，夹有高性能专用聚酯布效果更佳。

（2）极限疲劳强度。

表3 不同土工材料试件的极限疲劳强度和疲劳次数

试件类型	极限疲劳强度（kN）			平均（kN）	疲劳次数（次）		平均值（次）
普通试件	2.234	2.107	2.148	2.163	2107	1825	1966
土工格栅（大）	2.339	2.171	2.341	2.284	3146	3414	3280
土工格栅（小）	2.381	2.243	2.313	2.312	3713	3419	3566
聚酯玻纤布	2.342	2.124	2.194	2.220	2093	2265	2179
高性能专用聚酯布	2.406	2.312	2.427	2.382	4958	4682	4820

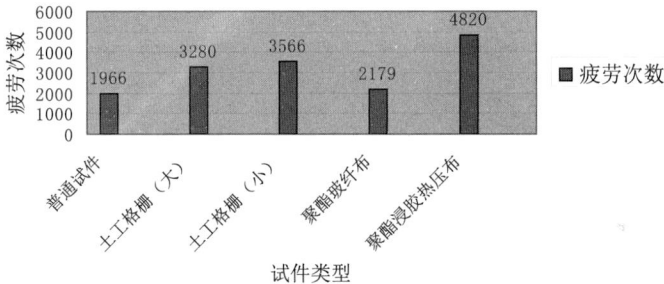

图2 疲劳次数数据柱状图

根据表3不同试件的极限疲劳强度和疲劳次数数据绘制如图2所示的柱状图。从图2可以发现：不夹有任何土工材料的普通试件的疲劳次数最少，夹有聚酯玻纤布的试件次之，夹有高性能专用聚酯布的试件最大。通过试验数据可以定量的进行分析，夹有高性能专用聚酯布、聚酯玻纤布及土工格栅的试件疲劳次数分别提高了2.5倍、10%和70%左右，说明夹有土工材料会不同程度的提高整体结构的抗疲劳特性，加有聚酯纤维布的效果最好。

（3）抗拉强度。

表 4　不同试件的拉力强度

试件类型	最大拉应力（kN）		平均值（kN）	抗拉强度（MPa）
普通试件	5.92	4.60	5.33	2.13
	4.29	6.52		
土工格栅（大）	4.86	4.14	4.41	1.76
	4.67	3.96		
土工格栅（小）	3.98	4.14	4.23	1.69
	4.36	4.44		
聚酯玻纤布	4.04	3.76	3.69	1.48
	3.60	3.36		
高性能专用聚酯布	4.07	3.84	4.04	1.62
	3.98	4.26		

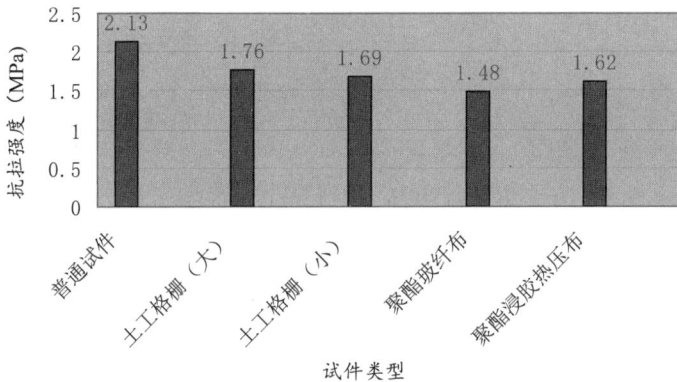

图 3　抗拉强度数据柱状图

根据表 4 中不同试件的抗拉强度数据绘制抗拉强度数据柱状图（图 3）。从图 3 可以发现：不夹有任何土工材料的普通试件的抗拉强度最大，夹有土工格栅的试件次之，夹有聚酯玻纤布的试件最差。通过试验数据可以定量的进行分析，夹有高性能专用聚酯布、聚酯玻纤布及土工格栅的试件抗拉强度分别降低 25%、30% 和 20% 左右，说明夹有土工材料会不同程度的减少整体结构的抗拉强度的，但减少的幅度不是很明显。而相关研究表明，实际沥青路面的最大拉应力在 1.0MPa 左右，这说明夹有土工布和土工格栅的路面尽管抗拉强度有所降低,但是其仍满足沥青路面的抗拉强度的要求。

4 结论

本文通过对高性能聚酯布的论述,得到以下结论。

(1)高性能玻纤聚酯防裂布具有较高的抗拉强度和较低的延伸率,可以有效的减缓道路结合处和裂缝处的作用力,延缓反射裂缝的产生,延长道路的使用寿命,降低裂缝在道路中延伸扩展和向上反射,极大降低了道路的修复周期和养护的成本;同时也是半刚性基层收缩裂缝修补较为理想的材料。

(2)可经受改性沥青混合料的的高温施工,在同热沥青融合后形成并提供了一个连续不间断,不变形的有效防水层,可有效的防止水分渗透,避免水分渗透导致的路面与路基层的损坏,同时也防止雨水,由面层下渗导致基层挤浆和路面损坏。为以后的道路建设提供了更好的发展空间。

参考文献(略)

农用非织造材料的回收及其生物可降解纤维的应用

严姣　焦晓宁

（天津工业大学）

农用非织造材料是在对传统农用薄膜、塑料等材料的使用中出现的功能性缺点和环境污染等研究的基础上发展起来的新型农业生产改良材料，可提高重复利用率，减少经济投入及环境污染，在现代农业中起着重要作用。按照用途分类，农用非织造材料可分为遮盖材料、基布材料、灌溉排水材料、装运与工程材料、个人防护用品，其主要作用如：保温防寒作用、遮光作用、防霜作用、防病虫害、水土保护、无土栽培及排水灌溉。农用非织造材料常采用短纤热粘合法和化学粘合法、针刺法以及长丝纺粘法等方法生产，其中长丝纺粘法因其生产工艺简单、加工流程短、非织布强度高而应用最广。由于农用非织造材料的广泛应用，加上资源短缺和环境恶化等问题日益严重，因此关于农用非织造材料废弃后的回收处理引起了人们广泛的关注。

1 废弃农用非织造材料常用的回收方法

目前，关于传统的塑料残膜的回收处理较为有效的方法是利用残膜回收机回收。但是也存在一些问题：技术不过关，生产效率较低；不直接产生显著的经济效益，因而农民较难接受等。农用非织造材料相比传统的塑料薄膜，强度高、耐日晒性好，耐气候和老化性能强，使用过程中不易破坏，完全废弃时不会产生大量碎片分散的现象，所以比较容易回收。可以采用人工与机械相结合的方法，加大废旧地膜的回收力度。

现在最常用的农用非织造材料的回收再利用方法主要有 3 种，分别是物理回收、化学回收和能量回收。

1.1 物理回收

农用非织造材料使用的纤维主要是涤纶和丙纶，还有天然纤维材料等。目前废弃涤纶回收主要采用物理回收法，即通过简单的机械分离（切割、撕松、开松等）、熔融造粒、与新鲜原料混合成新材料加以利用的方法。虽然对纤维的力学性能有一定的损伤，但因其投资小、操作简单迅速，所以应用很广。

丙纶的物理回收是将丙纶粉碎后用作土壤稳定剂或混凝土添加剂，也可通过破碎、脱胶、除杂、干燥后得到干净的丙纶，将其熔融、掺混、塑化后制成仿木材料等中低端产品。

农用天然纤维原料主要有粘胶纤维、木浆纤维、天然棉和麻类等，目前对纤维素纤维的回收再利用主要采用物理方法，即通过机械加工，通过切割和开松技术等将废料切割成小块，再采用角钉、钩齿、针布等开松设备对其进行开松除杂，制成散纤维，使其再生成初始状态后再进行利用。

1.2 化学回收

涤纶的传统化学回收是利用化学试剂将合成纤维废料解聚成为低分子物，如二甲酯、乙二醇、对苯二甲酸和聚酯单体，然后再通过纯化将这些单体制成新的化学纤维的方法。化学降解法包括水解法、醇解法、氨解法、胺解法和热解法等，已经有成功的PET降解实验，但尚未工业化。近年来，一些新工艺和新技术的出现，使得涤纶化学回收技术有了较大进步。如超临界技术，即在超临界条件下，水、甲醇等对聚酯高聚物有很高的溶解能力，其极性使得酯键很容易断裂，水解为乙二醇和对苯二甲酸，以达到回收的目的。

丙纶的化学回收通常是在催化剂的作用下将聚丙烯低温裂解，得到相对分子质量低的烃类，通过精馏分离出丙烯、烷烃等物质。还有通过改性进行回收利用，常见的有填充、共混、增强、增韧等方式。也有利用煤直接液化技术和废旧聚丙烯的混合物转变成气态、液态产物，此技术不仅降低了煤液化的氢耗量，也为聚丙烯废弃物的回收找到了一种好的方法。

纤维素类的化学回收主要是将这些废弃材料经过除杂除尘之后，制取硝酸纤维素、粘胶纤维、醋酸纤维等纤维素产品，用于制作火药、涂料、人造丝、绝缘材料等。锦纶6的废料成分主要为己内酰胺高聚物及其低聚物，可通过酸法或碱法解聚成己内酰胺，以供回收利用，但费用较高。聚乙烯是通过不可逆聚合反应制得的，所以其回收只能通过交联改性,才能达到再利用,即在经过处理的聚乙烯废料中加入交联剂使其形成三维网状结构,使其性质由热塑性变成热固性,通过改性不但改善了聚乙烯的力学性能及耐候性能,也增加了材料的应用范围。

聚丙烯腈废丝用二甲基亚砜(DMSO)回收是一种较合理的回收方法,利用溶剂DMSO 在一定条件下有选择地溶解聚丙烯腈纤维,其过程工艺简单,不污染环境,且DMSO 易回收再利用。陈继华采用催化氧化法即在温度 350~600℃,通过催化剂的作用,将废弃聚丙烯腈分解成二氧化碳和水,此过程抑制了空气中的 N_2 形成高温 NO_x,在石油化工领域处理废气运用较多。

1.3 能量回收

能量回收是将纤维废料中热值较高的化学纤维通过焚烧转化为热量,作为热源用于火力发电等。焚烧使固体废弃物变成惰性残余物,并对燃烧余热加以利用。合成纤维的热值一般在 30MJ/kg 以上,聚乙烯和丙纶的发热量高达 46MJ/kg,超过燃料油 44MJ/kg 的热值,但是,焚烧处理会产生大量底灰和有害气体,空气污染严重,这种方法受到越来越多的限制。

1.4 土地填埋

土地填埋是将大块的废弃材料回收送至垃圾填埋厂填埋,小部分残留在作物土壤中,通过翻地、整地与下层的泥土混合。填埋法虽然处理简单,但废弃物渗透液可能引起地下水污染,受到一定的限制。材料中可降解成分越多越好,可以加快土地的重复利用,所以该法比较适用于易降解的农用非织造材料。

2 采用生物可降解纤维生产农用非织造材料

生物可降解纤维在一定条件下可以完全被生物降解。生物可降解非织造布制品在微生物的作用下能缓慢分解为二氧化碳和水,对环境无害。生物可降解纤维主要分为天然纤维及其衍生物类、微生物合成高分子类、化学合成高分子类。

目前,传统的废弃农用非织造材料的回收利用还存在一定的技术缺陷,高分子废弃物对环境的污染越来越严重。因此,采用生物可降解纤维生产农用非织造材料有良好的应用前景。

2.1 天然纤维及其衍生物类的应用

天然纤维具有可持续性和环保性,可参与自然界的生态循环。农业上使用较多的为棉、麻、丝、椰壳、秸秆、粘胶等。这些纤维分布广泛，来源丰富，有良好的生物降解性，符合环保要求。使用生物可降解纤维生产农用非织造材料，废弃后的处理简便易行，且符合环保要求。

2.1.1 在无土栽培基质上的应用

生物可降解纤维尤其适合用于无土栽培基质，不仅能够满足无土栽培基质的要求，而且在作物成熟后还可随土壤降解，被广泛应用。刘洪凤等将 85% 的稻草秸秆纤维和 15% 的粘胶纤维经预混、开松后，采用气流成网成形，再经针刺加固形成连续的无土栽培基质，稻草纤维由纤维素纤维组成，同粘胶纤维均有良好的吸水性，同时稻草纤维内有大量的微孔，有很好的保水保肥效果，完全能满足作物对空气、水的需要，两种纤维均可天然降解，不会破坏生态环境。用秸秆型非织造布与肥料、草籽复合形成草坪基质、立体绿化基质等，秸秆纤维回潮率大，吸放湿快，纤维本身含有大量的植物养分，平均含氮 0.6%、磷 0.3%、钾 1%、碳 40%~50%，可自然降解并改善土壤的性状。

英国 Fisons Plc 公司生产的非织造布，其中一种是由 47.5% 木质材料和 42% 肥料，再添加其他一些纤维制成，用作种子基质和生长基质材料。日本 Asahi 公司开发了 Bemliese 纤维素长丝纺粘非织造布，由棉绒制成铜氨纤维，铜氨纤维的回潮率可达 12%~13%，有超强的吸液性和优良的生物降解性，适合做无土栽培基质。

2.1.2 在非织造地膜上的应用

传统塑料地膜的原料主要以聚乙烯为主，另有部分聚氯乙烯，由于产量大成本低而不被反复使用，在自然条件下不易降解，地膜大量残留在农田里，减少了土壤中水分渗透量，影响通透性，降低土壤肥力水平，抑制农作物生长发育并使之减产。随着非织造布在农业生产中的应用日益广泛，可降解非织造布地膜受到了极大的关注。

高玉杰等选用草浆及少量木浆，添加适当助剂或辅料，利用湿法成网技术制成的地膜，其各项使用性能与塑料地膜相当，并且该地膜经历降解的时间约为 105 天，显示了较好的降解性。王朝云等以苎麻落麻、黄麻等麻类纤维为主要原料，含麻量一般为 50%~100%，配以其他植物纤维，采用梳理成网与气流成网相结合的工艺，并通过化学粘合法，制出力学性能良好的麻地膜。麻纤维吸湿与散湿快，断裂强度较高且湿强更高、断裂伸长率极低、耐磨、透湿透气性好。该麻地膜在田间铺放 50~70 天开始出现破裂，埋土超过 60 天后可完全破裂为 5cm 以下的碎片或呈丝状，最终可在田间完全降解。

程士润利用稻秸秆纤维与废蚕丝为原料，用聚乙烯醇 / 淀粉溶液为粘合剂，湿法成网制备地膜，可以在自然状态下发生降解，秸秆纤维中含有大量的钾元素，可以提高土壤中钾元素的含量，蚕丝纤维有较好的强伸度、吸湿性好，分解产生的蛋白质可以改善土壤特性，提高土壤含氮量。刘陶等用亚麻和蚕丝纤维的纺织下脚料制备麻/丝非织造布农用地膜，具有很好的保湿和保温作用，并且土壤的含氮量随地膜的降解而提高。

黄晨等将棉、丝纤维混合梳理成网，经过水刺加固后浸渍在 4% 的明胶溶液中制备出可降解地膜，棉纤维吸湿性好，耐强碱，耐有机溶剂、隔热耐热。该地膜与常规农用地膜相比，具有较好的物理性能和降解性，并且降解后可为土壤增肥。

吴星娥等通过在壳聚糖内添加剂和表面施胶两种方法对红麻全秆地膜进行处理，可提高地膜的湿强。壳聚糖在短时间内即可被酶分解成低分子物质，整个生物降解过程对环境无污染。另外，壳聚糖具有抑菌防腐作用，能提高作物的抵抗力，在农业上应用广泛。Bahram 等发现淀粉基生物可降解地膜大约在播种 3 周后开始发生破裂，认为可以取代传统的聚乙烯地膜。

2.2 其他可生物降解类纤维的应用

生物可降解纤维除了天然纤维及其衍生物，还有两类分别是微生物合成高分子类、化学合成高分子类。聚烃基脂肪酸酯（PHA）属于微生物合成高分子类，是很多微生物合成的一种细胞内聚酯，它是多种微生物在能量和碳源过剩时的储备物质。PHA 这种天然高分子材料在通常条件下很稳定，但在土壤、湖泊、海洋等自然环境中其力学性质会发生大幅下降，很容易生物降解。PHA 膜优良的生物可降解性，常被用于农业上的包装材料。

聚乳酸纤维属于化学合成高分子类，是由玉米、小麦等淀粉原料经发酵、缩合、聚合而得到的聚合物纤维，原料来源充分而且可以再生。并且 PLA 纤维在合适的自然条件下易生物降解，可分解为二氧化碳和水，完成自然循环，不会污染环境。聚乳酸纤维因优良的可生物降解性被用作农业材料，如农业上防虫、防兽害的盖布。由于合成类生物可降解纤维存在技术难、价格昂贵等问题，目前用该种纤维做农用非织造材料较少。

3 结语

非织造布因工艺简单、成本低且对原料适应性能好，在农业领域有多方面的应用，是农业发展使用材料的一个重要方向。开发农用非织造材料既要考虑实际的应用需求，还要结合绿色环保要求，不断开发新材料和新的生产技术，更好地解决农用非织造材料废弃后的回收处理及可持续发展。今后，生物可降解纤维在农用非织造材料中的应用将逐步扩大。另外，我国是纺织大国，各类纺丝废弃物越来越多，如果通过回收用于生产农用非织造材料，特别是又具有可生物降解性时，则即可高效利用资源，又可减少环境污染，值得大力推广应用。

参考文献（略）

土工织物垂直渗透特性的研究进展

姜红　雷国辉　杨明昌

（河海大学，南京水利科学研究院）

　　土工织物具有质量轻、运输方便、价格低廉、生产技术成熟等优点，已广泛应用于岩土和环境工程的诸多领域，例如，土工织物加筋用以加固软基、边坡和支挡结构物，土工织物发挥保土透水功能用于堤坝或卫生填埋场的反滤结构，编织成袋或管袋充填浆料用于堤岸防护、筑堤围堰、污泥脱水等。

　　在工程实践中，对土工织物物理力学特性与渗透特性的深入认识是其成功应用的关键。目前，国内外对于土工织物加筋作用的研究已较为系统和深入，但相比而言，对于土工织物垂直渗透特性方面的认知却明显不足。而日益增加的土工织物的工程应用中充泥管袋的固结排水与稳定问题均对掌握土工织物垂直渗透特性的研究现状进行分析，提出了迫切要求，如黄骅港和天津港大型充泥管袋筑堤工程。为此，本文对土工织物垂直渗透特性的研究现状进行分析，指出存在的问题，并提出研究展望。

1　土工织物的垂直渗透特性

1.1　垂直渗透特性的表示方法

　　（1）渗透系数表示法。该法依据达西定律提出，存在以下缺点。一是达西定律只适用于层流，而测试时透过土工织物的水流只在很小的水头差范围内才表现为层流，白建颖等通过试验结果分析得出，对于机织布和编织布，当流速小于 0.05cm/s 时水头差仅为 3mm；对于非织造布，当流速小于 0.5cm/s 时水头差仅为 5mm，即在试验过程中流体是极易偏离层流的，此时达西定律不再适用。Sluys 等也提出，只有在较小的水头差下才能保证层流状态，且这种水头差已小到用常规测试仪器难以准确测得，对于实际工程并没有什么意义。二是土工织物的厚度一般很小，而水头差通常比厚度大很多倍，如果土工织物的厚度测量不准或者变形产生的微小差异，均会导致水力梯度的较大变化。该法的优点是土工织物的渗透性与土的渗透性可以直接进行对比。

（2）透水率表示法。该法用于描述渗流速度与水头差的关系，可避免采用渗透系数描述土工织物渗透特性带来的测量误差。

（3）流速指数表示法。该法可将不同土工织物的渗透性进行比较，简单可行，同时不受层流、紊流的影响，但是不能与土的渗透性进行比较。

1.2　垂直渗透特性的测试标准

目前，国内外针对土工织物垂直渗透特性的测试尚无统一的标准，从表1可以看出，从测试所使用的仪器到试验数据的处理方法，各个标准之间存在差异。

表1　土工织物垂直渗透特性测试标准比较

测试标准	渗透特性评价指标	水头差（mm）	最小过水直径（mm）	取值方法
GB/T 15789—2005	流速指数、渗透系数、透水率	≥70	50	从流速—水头差的二次拟合曲线上取50mm水头差的流速值，以5块试样的平均值作为流速指数，也可以取100mm、150mm的水头差进行计算，同时也给出了渗透系数、透水率的计算公式
SL/T 235—2012	渗透系数，透水率	1~150	25	取渗透流速与水力梯度关系曲线上线性范围内的试验结果，计算渗透系数平均值，也给出了透水率的计算公式
JTGE 50—2006	流速指数，渗透系数，透水率	≥70	50	从流速—水头差的二次拟合曲线上取50mm水头差的流速值，以5块试样的平均值作为流速指数，同时也给出了渗透系数和透水率的计算公式
BS 6906—3	流速指数	0~250	40	以5块试样在100mm水头差下的平均流速作为流速指数，也可取50mm、150mm水头差下的流速指数
ASTMD 4491（无垂向压力）	透水率	0~75	50	取4块试样在50mm水头差下透水率的平均值
ASTMD 5493（有垂向压力）	透水率	0~75	50	从透水率—水头差的关系曲线上取50mm水头差对应透水率，并取4块试样在层流时（即关系曲线为水平段）的透水率的平均值
ISO 11058—2010	流速指数	≥70	50	从流速—水头差过原点的最佳二次拟合曲线上取50mm水头差的流速值，以5块试样平均值作为流速指数

2 垂直渗透特性试验的影响因素

2.1 试验的用水条件

水温和水质会对土工织物渗透试验结果产生影响，相关规范对于水的供给要求（如温度、含氧量、水质等）进行了相应的规定。对于温度的影响，现有的规范中均将20℃作为标准温度，此时水的动力粘滞系数为1，测试试验水温，采用相对于20℃水温校正系数对测试所得流速进行校正。

有研究者指出，由 Darcy-Weisbach 方程，可以得到素流情况下流量与水头损失的关系式，再由 Hagen-Poiseuille 方程，可以得到层流情况下流量与水头损失的关系式，两个方程结合可以得到表示总的水头损失的 Forchheimer 公式，从中可以看出仅有粘滞系数是与水温相关的。所以，水温只是对于层流有影响，而对于素流没有影响，国际标准及我国国家标准中也都提到了这一点。因此现行的温度校正系数对于流速进行了多余校正，是不合理的。试验时为了消除温度修正带来的误差，宜将水温保持在 18~22℃之间。

对于水质的影响，一方面水中的杂质若积聚在土工织物的表面容易堵塞织物孔隙，从而降低织物的透水性能；另一方面，溶解在水中的气体极易在渗透仪内部形成气泡积聚，而且在通过土工织物时容易被织物纤维吸附而在其表面形成截留气泡，从而引起织物有效孔径减小，导致织物的渗透性降低。对于水中的杂质，自然采用过滤的方法来处理。而气体的处理方面，使用蒸馏水可以大大降低这一因素的影响，但是此种方法的成本较高，因此一般不予采用。目前采用的主要方法是反向渗透法，ASTM 中还提出可以采用真空除氧法。

2.2 试样的饱和程度

在非饱和状态下的渗透系数有时会比饱和状态下的渗透系数小几个数量级。因此，试验进行前需对试样进行饱和处理。比较简单的方法是将试样置于含有湿润剂（烷基苯磺酸钠）的水中，并轻轻搅动驱走空气，浸泡至少12h，但在试验过程中，湿润剂会产生泡沫（烷基苯磺酸钠是一种人工合成的洗涤剂，具有起泡能力强的特性），从而影响试验结果。

因此，有研究者提出了一种新的有效方法，即先把试样放在去离子水（除去了呈离子形式杂质后的纯水）中浸泡，然后把水放在 15kPa 的负真空压力下至少 6h，这样可有效消除气泡导致试样非饱和对试验结果的影响。此外，在试样安装后向仪器内注水排气的过程中，又很难避免气泡吸附在试样表面，因此水中装样的方式也逐渐被采用。

2.3 仪器的结构设计

对土工织物垂直渗透性的测试,尚没有标准统一的测试仪器。起初一些学者都是根据测定土渗透特性的渗透仪的原理,利用自制的简易装置进行垂直渗透特性的测试。随着土工织物的广泛应用,在对测试过程中影响因素分析的基础上,测试仪器结构本身及测试方法都有了长足的改进和完善。

土工织物渗透仪大多数存在试样与渗透仪内壁之间漏水或者试样夹持器处侧漏的问题,因此为了保证试样与仪器内壁之间的密封性,多采用蜡、膨胀胶、密封胶或油泥等进行密封,显然这样的方法并不能完全保证试样边缘流态的稳定性。仿照旁压仪由两侧平衡腔和中间量测腔组成的原理,对于仪器的测试部分进行相应改装,当前已被广泛采用,这种方式可以避免试样边缘流态不稳定的现象,保证有效的透水面积。

试验过程中,试样两侧水头差测试的准确度也是影响试验结果的重要因素。目前主要有测试局部水头差或全局水头差两种。局部水头差是指试样两侧的水头损失,而全局水头差是指整个测试系统的水头损失,显然,局部水头差更能反映流体通过织物时的水头损失。穆占领等指出,对于多孔材料垂直渗透性测试仪器,测压管应设置在离试样端面2cm以外,以避免因试样阻滞而产生的涡流对于水头测试的影响。因此,土工织物垂直渗透仪的测压管也应设置在离试样两侧一定范围内。

土工织物在实际工程应用中不可避免会受到上覆压力的作用,而垂向压力作用下土工织物会发生压缩,从而影响其渗透特性。因此,测试土工织物在垂向压力作用下渗透特性的仪器相继产生,ASTM 也给出了相应的测试标准。为了使垂向压力在试样上均匀分布,在试样两侧设置刚性滤板,其是测试仪器的一个重要组成部分。Rudolf 等从可重复制造性、耐腐蚀性、承压能力这三方面,对 8 种不同材质滤板进行了对比试验分析,发现聚甲醛(POM)是一种较为理想的滤板材料。

3 垂直渗透特性的研究成果

3.1 无垂向压力作用时的垂直渗透特性

目前,对于无垂向压力作用时土工织物垂直渗透特性的研究已经取得了一些成果。不同学者利用自制的仪器对于不同种类的土工织物开展试验,并对试验所得的数据进行处理分析。试验结果显示,用于描述土体渗透特性的达西定律并不能完全适用于土工织物的渗透特性，尤其是对于有纺土工织物。因为土工织物的孔隙分布不规则，且孔隙大小和形状各不相同，水在织物孔隙内的流动状态是极其复杂的，不是绝对的层流，也非绝对的紊流。那么，应该用什么样的方式去描述土工织物的渗透规律呢？

常仕维运用修正的达西定律去描述土工织物的渗透特性，认为对于水头损失 Δh 和流速 v 而言，$\lg\Delta h$ 与 $\lg v$ 呈线性关系，这一关系在 Sluys 等的试验结果中也得到了证实。如果利用水力学管流理论分析，当水流通过由织物形成的孔隙时，产生的水头损失为沿程水头损失，与流速 v 成正比；当水流进入孔隙或从孔隙流出时，均会产生局部水头损失，且这种局部水头损失与 $v2$ 成正比。当流速较小时，后者相对于前者可以忽略，表现为层流；当流速逐渐增大时，一部分层流状态的流体转化为紊流状态，其比例随着流速的增加逐渐增加，此阶段的水头损失为 av 与 $bv2$ 的和（a 和 b 为试验常数）；当流速继续增大时，前者相对于后者可忽略不计，即水头损失基本与 $v2$ 呈线性关系，表现为紊流。国家标准和国际标准就是采用通过原点的二次曲线对水头差和流速的关系进行拟合，然后从该曲线上确定水头差为 50mm 时的流速，也有采用二次曲线来对水头差与流速的关系进行拟合，其中白建颖等指出，对于机织布、针织布和非织造布几乎所有的测试点都在拟合曲线上，即相关系数接近 1。

3.2 有垂向压力作用时的垂直渗透特性

对于非织造土工织物而言，织物纤维排列杂乱无章，丝与丝之间以针刺或粘结连接，孔隙分布不规则，结构蓬松，具有一定的厚度。在垂向压力的作用下，土工织物发生压缩，纤维重新调整定位，引起内部孔隙减小，水流通道减少，从而使其渗透性降低，这一点在一些测试结果中已得到证实。其中任之忠等提出用折减系数对非织造土工织物渗透参数进行修正的方法，指出非织造土工织物垂直渗透参数的折减系数一般取 0.05~0.07，压力小时取大值，压力大时取小值。

机织针织土工织物与非织造土工织物在微观结构上有着本质的区别，它是由经纬两个方向的丝交织而成。其中机织布由合股丝交织而成，因此每束丝的纤维之间也存在孔隙；而编织布由裂膜丝、管膜丝或条膜丝交织而成，孔隙只是织物纵横丝交织的部分，因此其孔隙率较非织造土工织物小得多，透水性也差得多。白建颖等给出了土工织物的微观结构图，在垂向压力作用下，机织针织土工织物的厚度变化并不明显。有研究者从试验温度的选择、试验用水的脱气处理、土工织物的饱和方法以及试验中所用的滤板等几个方面对 ASTM 的测试仪器及测试过程进行了改进和完善，并对测试结果进行分析，得出垂向压力对于机织针织土工织物的渗透特性是没有影响的。王保田等的试验结果却表明机织针织土工织物的渗透特性随着垂向压力的增大而减小,显然两者的结论是不同的。

以上两种结论的差异,可能是由试验所用机织针织土工织物的加工工艺不同导致的。机织针织土工织物经纬两个方向(经向是指沿着机器纺织的方向,纬向是指垂直纺织机器的方向)上丝的挺直程度是不同的,一般而言纬丝要挺直许多,经丝随着单位面积质量的增加,弯曲程度增大。而且丝越薄,织成布后丝越挺直,织出的布也就越平整,法向压力对于布的结构基本没有影响,从而对其渗透特性基本没有影响。对于不平整的布,或是说厚一些的编织布,法向压力使布有一定的压缩,孔隙也会相应减小,即布的结构发生了变化,进而使其渗透性降低。

3.3 拉伸应变对垂直渗透特性的影响

在实际工程应用中土工织物往往处于受拉状态,而拉伸通常会对土工织物孔径特征产生影响,进而影响土工织物的透水性能。因为各类土工织物在微观组成上存在本质区别,所以拉伸应变对其孔径影响的规律也是不同的。佘巍将拉伸应变对土工织物孔径影响的研究成果进行了分析,结果表明,短纤针刺非织造土工织物单向拉伸时等效孔径减小,导致透水性能降低;而热粘非织造土工织物和条膜有纺织物单向拉伸时等效孔径增大,导致透水性能增加;根据应变对孔径的定量影响,提出了织物受拉时孔径的计算公式,并根据试验测试值对计算公式进行修正。试验程序是先对土工织物进行一定的单向拉伸,再用拉伸后的织物进行后续的渗透试验,很明显这种方式存在拉伸后织物回缩的缺陷。

Zhang 等将拉伸装置与渗透装置相结合,有效地解决了拉伸后织物回缩的问题。针对有纺土工织物,在两种试验条件(经向拉伸,纬向固定或者自由;纬向拉伸,经向固定或自由)下开展了 13 组试验,结果发现其渗透特性是各向异性的。对于经向拉伸而言,透水率随着拉力的增大先减小后趋于稳定,稳定后的值仅为无拉伸作用时的 10%~25%。而对纬向进行拉伸,透水率则随着拉力的增大而持续增加。这一结果可以从制造工艺方面去理解,有纺土工织物纬丝相对经丝一般要挺直得多,经丝随单位面积质量的增大,弯曲程度亦增大。进行单向拉伸时,经丝要先经过由曲到直的过程,丝的宽度不变,而丝变得平整,孔隙自然减小。而纬丝一开始就比较挺直,拉伸将导致其丝的宽度持续变小,丝与丝交织处的孔隙变大,透水性自然增大。

3.4 覆土条件对垂直渗透特性的影响

土与土工织物的相互作用将会改变(主要是降低)土工织物的渗透性参数,甚至产生淤堵。目前,对于覆土条件下土工织物渗透特性的研究一般是进行加压过滤试验、梯度比试验或是标准悬挂袋试验。现有的试验结果表明,土工织物在覆土条件下的渗透性能大大低于其在纯水条件下渗透性能,这是由于织物孔隙会被部分堵塞,而且织物与土的交界面会慢慢形成一层滤饼,滤饼一旦形成,土工织物渗透性将急剧下降。

覆土条件下土工织物的渗透特性主要取决于土与土工织物两者的物理性质,而压力仅仅起到增加排水速率的作用。Satyamurthy 等则认为土工织物的开口孔径与土的特征粒径的比值对于土工织物的保土排水性能起主要作用。土的性质及其与土工织物的相互作用是影响渗透特性的主要因素,其渗透机理相当复杂,这方面的研究仍有待深入。

4 结语及展望

随着土工织物在岩土工程、环境工程等领域的广泛应用,国内外关于土工织物垂直渗透特性的研究有了长足的进展,现有的研究均是考虑单一因素的影响,且只是定性的分析其影响规律。但实际工程应用中土工织物所处的状态是极其复杂的。由于试验仪器与试验过程的复杂性,还未能综合考虑垂向压力、拉伸应变及覆土条件等多种因素的影响。测试标准的统一以及测试的状态与实际应用状态的一致性,还有待于测试仪器的不断改进及测试方法的不断完善,对于土工织物垂直渗透特性,以下几个方面还有待进一步研究。

现有的研究中均认为水头差是渗透速率的决定因素,而并未涉及在相同的水头差作用下,织物上所受到的水压力对渗透速率的影响。这对于层流是适用的,但对于紊流而言,水压力对土工织物垂直渗透性的影响还有待于进一步的研究。

在试验数据的分析过程中,有的学者采用对数曲线拟合,有的学者采用二次曲线拟合,也有学者提出了分段拟合的方式(即分层流段、紊流段和中间过渡段)。也就是说对两者关系的描述还没有达成共识,试验数据处理方法的规范化仍值得探究。

在垂向压力对于土工织物垂直渗透特性影响的研究方面,多数的研究仅仅是针对非织造土工织物的,而对土工织物的研究很少,而且从现有的研究成果中可以看出,物理特性不同的有纺织物,垂向压力对其渗透特性的影响不同。因此,垂向压力对土工织物垂直渗透特性的影响有待于进一步的研究。

现有的关于拉伸应变对于土工织物垂直渗透特性影响的研究中只进行了织物单向拉伸条件下的试验,因此有必要进行相关试验对土工织物在双向拉伸甚至环向拉伸情况下的垂直渗透特性进行研究,以使试验工况与实际应用工况尽可能保持一致。

参考文献（略）

第七章 其他产业用纺织品

- 温敏智能纺织材料的研究进展

- 木棉纤维吸油材料研究进展

- 建筑用纺织材料的应用研究进展

- 帐篷隔热技术与材料

- 非织造布抛光磨具的生产技术与发展趋向

- PLA 非织造布的土壤悬浮液加速生物降解与自然土埋

  降解行为分析

温敏智能纺织材料的研究进展

吴金丹　钟齐　王际平

（浙江理工大学）

近几年,具有环境刺激响应的高分子材料越来越受到人们的关注。当受到外界环境刺激时,此类高分子材料会做出响应,例如发生膨胀／收缩、溶解／析出、亲水／疏水的改变等,因此有着极其广泛的应用。而这里提到的环境刺激,则可以分为物理和化学两类:物理刺激包括温度、光线、电场或磁场的改变;化学刺激则主要是 pH 值的变化。

由于温度的控制极易实现,且当使用温度作为刺激方式时,响应的引发无须加入其他化学助剂,使得温敏高分子材料在众多的环境刺激响应高分子材料中脱颖而出。目前,研究最广泛的是具有低临界相溶温度（LCST）的温敏高分子,其在低温下与溶剂相互溶解形成单一相,加热后则会变为不相溶的两相。由于温敏高分子所具有的特殊温敏性能,使其在众多领域都具有广泛应用。目前,研究者对其应用研究主要集中于生物、医药领域。由于一部分温敏高分子的 LCST 位于室温和人体温度之间,因此其在纺织领域也具有潜在的应用价值,可以利用其制备具有拒水、保温、可调节透气性等多种功能的智能纺织材料。本文介绍了温敏高分子的分类和其特殊的相转变过程,以及温敏高分子 LCST 的调控方法,最后根据含温敏高分子的智能纺织品的功能,介绍了各类智能纺织材料。

1 温敏高分子的分类

具有 LCST 的温敏高分子材料主要可分为三大类。

第一类是高分子链中含有酰胺基的高分子,如聚（N- 异丙基丙烯酰胺）（简称 PNIPAAm）、聚（N- 乙烯基己内酰胺）、聚（2- 乙基 -2- 噁唑啉）。PNIPAAm 的 LCST 在 32℃左右,与人体的体温相近,因此在生物医药领域具有广阔的应用前景。此外,PNIPAAm 的转变区域极窄,通常在 1℃内即由亲水、膨胀状态转变为疏水、收缩状态,其转变剧烈且有一定程度的转变迟滞,即在升温和降温过程中的转变温度存在差异。

第二类是高分子主链或侧链中含氧原子的高分子,如聚环氧乙烷、聚甲基丙烯酸酯等。与含酰胺基的温敏高分子相比,聚甲基丙烯酸酯类温敏高分子不存在转变迟滞,并且其玻璃化温度(T_g)普遍较低,大多位于 0℃以下,因此应用其制备的智能纺织品手感柔软、舒适度高,在智能纺织品领域具有更好的应用前景。而且通过改变侧链乙氧基数量或将多种聚甲基丙烯酸酯类温敏高分子共聚,便于调控 LCST 以满足实际应用需要。

第三类则是高分子链中含有磷原子的高分子,如聚(2 - 乙氧基 - 2 - 氧 - 1, 3, 2 - 二氧磷杂环戊烷),其转变温度为 38℃,并且转变过程只有极小的迟滞。Wang 等将聚氧乙烯和异丙基乙烯磷酸酯、磷酸乙基乙烯共聚,并利用该类温敏高分子包覆 Au 纳米颗粒。一方面温敏高分子可以提高 Au 纳米颗粒的稳定性,另一方面还能使其在水溶液中具有可逆的温度响应特性。通过改变共聚物中不同类型温敏高分子的比例,可根据实际用途需要来调节转变温度。

2 温敏高分子的相转变过程

温敏高分子材料最特殊的性质就是在升温过程中,高分子会经历由单一相到两相的相转变过程。以聚(2 - 甲基 - 2 - 丙烯酸 - 2 - (2 - 甲氧基乙氧基)乙酯),简称 PMEO2MA 为例,其相转变过程为:当外界温度低于 LCST 时,水分子可以和 PMEO2MA 中的羰基形成分子间氢键,从而导致 PMEO2MA 吸水膨胀,并和水形成单一相;当外界温度超过其 LCST 时,原有的分子间氢键就会断裂,新的分子内氢键会在 PMEO2MA 内部的羰基之间产生;伴随着分子间氢键的断裂和分子内氢键的形成,处于膨胀状态的 PMEO2MA 会快速失水收缩,并与水分离,形成两相结构。

3 温敏高分子 LCST 的调控方法

如何调节温敏高分子的 LCST 使其能够适应纺织品实际应用的需要是至关重要的。针对温敏高分子,共聚其他单体是最简单调节其 LCST 的方法。由于温敏高分子的相转变是通过其高分子链由亲水性向疏水性的转变来实现的,因此若在聚合过程中加入其他亲水的单体,则共聚物的亲水性较原温敏高分子会增加。这将直接导致在升温过程中,温敏高分子由亲水向疏水的转变延迟，亦即 LCST 升高。同样，若引入其他疏水的单体，则共聚物的亲水性会降低，导致其 LCST 降低。对于具有不同 LCST 的温敏高分子，还可以通过在共聚过程中调节单体的配比来实现 LCST 的调控。

此外，尽管温敏高分子的相对分子质量对 LCST 的影响不明显，但当相对分子质量很小时，末端基会对 LCST 产生很大的影响。例如，末端基为芘基的 PNIPAAm，由于芘基在升温过程中具有很强的聚集性，因此其 LCST 会由 32℃ 降低到 22℃。如将 PNIPAAm 的末端基换为氨基，由于氨基具有较强的亲水性，当相对分子质量较小时 （3000g/mol），其 LCST 则会显著升高到 45℃；当相对分子质量增加到 16300g/mol 时，LCST 又会回落到 34℃。由此可见，末端基团对 LCST 的影响规律仅限于温敏高分子的分子量较小时才适用。

随着相对分子质量的增加末端基的影响就会逐渐减弱此外温敏高分子所处的环境，例如水溶液中是否含有盐或其他溶剂，对其转变行为也会产生影响。例如，在 PNIPA-Am 的水溶液中加入甲醇，随着甲醇摩尔分数的增加，其 LCST 首先会降低，当摩尔分数达到 0.35 时，其 LCST 会降低到最低值（－8℃）；而后，随着摩尔分数的继续增加，其 LCST 又会升高。

4 不同材质温敏纺织品的制备技术

在日常生产和生活中，常用的纺织品种类包括棉、麻、丝、毛、化纤等，根据其不同的特性，可应用于不同的场合。例如，棉具有良好的吸水性，可用来作为智能储水织物的基材，接枝 PNIPAAm 后的棉纤维可以吸收 340% 的水分，大大超过了未接枝的棉纤维（25%）和 PNIPAAm 聚合物（100%）。涤纶具有机械强度高、力学性能良好、化学稳定性高等优点，常用来制备调温抗浸织物。

低温下，由于聚合物的体积膨胀闭塞了织物的孔洞，静水压测试的高度达 18.2cm，而未接枝织物的静水压为 0。尽管目前的温敏纺织品中应用最多的是棉和涤纶织物，将高分子引入其他织物表面，赋予其温敏特性也是智能温敏纺织材料当前研究的热点。聚丙烯非织造布由于其多孔性、比表面积大、机械性能优异等特点，被广泛用于伤口敷料研究。在接枝了 PNIPAAm 的织物上进一步修饰抗菌活性分子，可使敷料具有温敏响应性质的同时，具备良好的抗菌性能。天然蚕丝纤维则具备良好的生物相容性和促细胞生长活性，可用于制备在温度刺激下细胞粘附和分离的载体。37℃时，PNIPAAm 和丝胶蛋白纤维的复合水凝胶表面 L929 细胞生长良好,培养 7d 可得到细胞片,将环境温度降至 20℃时,仅 0.5h 细胞片即可在载体表面脱落,得到的细胞聚集体可用于组织工程的细胞移植。

不同种类的温敏织物的制备技术不尽相同,主要是因为纤维的化学组成不同,因而在织物表面产生聚合物接枝位点的方法也不同。蚕丝和羊毛是天然蛋白质纤维,纤维表面带有活性侧基,如羟基、氨基、羧基、巯基等,可直接用于接枝温敏聚合物。纤维素基纤维表面含有大量的羟基,可用作进一步修饰的反应位点,也可对羟基进行改性,产生反应活性更高的位点。

对于表面不含反应性官能团的涤纶锦纶等纤维,主要采用碱解胺解等技术将其降解,产生氨基、羟基、羧基等基团。但是此类方法需要较高的反应温度和大量的碱、胺,还会导致纤维强度变差。因而,等离子体处理成为目前对合成纤维改性的最温和有效的方法。

5 含温敏高分子的智能纺织材料

随着材料科学的发展,人们对纺织品提出了更高的要求。纺织品作为人体皮肤与外界环境接触的介质,不仅要保暖、美观,还要具备保健治疗、保障安全等功能。其中响应型纺织品材料受到越来越广泛的关注,尤其是温敏纺织品,通过对外界温度的响应,织物的性质发生转变来帮助人体适应环境的剧烈变化。

5.1 智能防水、抗浸织物

温敏高分子在水环境中,会吸水溶胀,呈水凝胶状态。如将温敏高分子引入织物表面,溶胀后的温敏高分子可以起到防水的作用。例如,顾振亚等将具有温敏性能的 N - 叔丁基丙烯酰胺和丙烯酰胺的无规共聚物 [Poly(NTBA - co - AAm)] 通过涂覆的方法,利用交联剂将温敏高分子固定于棉织物上。通过原棉布和涂覆了 Poly(NTBA - co - AAm)后的棉布 SEM 照片,可以清晰地观察到,涂覆后的棉布纤维,表面明显覆盖了一层温敏高分子。当浸入水中时,织物上的温敏高分子会吸水溶胀,将织物上的孔隙堵塞,阻止水分由织物表面向织物内部渗透,从而实现良好的抗浸、防水功能。而当温度升高超过其 LCST 时,由于温敏高分子的转变行为,其平衡膨胀率会减小。

除了涂覆的方法,接枝也是采用较多的制备温敏纺织材料的方法。例如,卢玉和等利用氩微波低温等离子体引发、紫外辐射聚合将 N - 异基丙烯酰胺(NIPA)和 2 - 丙烯酰胺 - 2 - 甲基丙磺酸(AMPS)的二元共聚物 [P(NIPA/AMPS)] 接枝到超高相对分子质量的聚乙烯(UHMWPE)织物上。当温度超过该类织物 LCST 时,其溶胀比会突然减小,显示出温度响应特性。与此同时，吸水后的试样，其静水压会有极大的提高，显示出了极好的防水性能。

5.2　智能调温纺织品

当外界温度升高到超过温敏高分子的 LCST 时，温敏高分子会将水分子从其内部排出，从而导致其体积会随温度改变而发生剧烈的变化。基于此，温敏高分子还可实现织物的智能调温。例如，Mid 技术公司将温敏高分子和泡沫材料复合，研究开发了具有温度智能响应特性的潜水服 SmartSkin。与常规潜水服仅采用氯丁橡胶类泡沫材料不同，SmartSkin 的氯丁橡胶内侧加入了一层温敏高分子材料和泡沫材料的复合材料。利用温敏高分子随温度变化体积改变的特点，控制织物对水的透过率，从而实现潜水服的温度调节。在常温下，该类智能潜水服的保暖性能和常规潜水服相近，但是在海水温度极低的情况下，该类基于温敏高分子的智能潜水服，具有更好的保暖性，对于体温的保护性能提升了 70%。

5.3　智能透气、可呼吸纺织品

由于 PNIPAAm 的 LCST 为 32℃，接近人体温度，因此其在生物医药等领域应用前景广阔。不仅如此，由于其 LCST 恰好位于人体温度和外界温度之间，因此很多研究人员也采用 PNIPAAm 来制备可智能调节透气性的纺织材料。例如，Kulkarni 等利用 PNIPAAm 的温度敏感性和壳聚糖的 pH 敏感性，制备获得了兼具温度和 pH 敏感性的微凝胶。并且在实验中发现，共聚物的 LCST 会随着 pH 值的减小而降低：pH 值为 7 时，其 LCST 是 33℃，而当 pH 值降低到 4 和 2 时，其 LCST 亦显著降低到 30℃和 26℃。Pavla 等通过交联剂 1，2，3，4 -丁烷四羧酸的交联作用，将 PNIPAAm 和壳聚糖的共聚物（PNCS）微凝胶固定于棉织物的表面。

通过含 1% 和 3%PNCS 微凝胶的棉纤维 SEM 图像，可以清晰地看到将 PNCS 微凝胶引入棉纤维后，棉纤维的表面形貌发生了明显变化：交联的 PNCS 微凝胶颗粒在纤维的表面清晰可见；并且随着 PNCS 微凝胶加入量的增加，单位面积内微凝胶颗粒的数量会显著增加。织物表面的微凝胶，一方面可以作为温度传感器用来感知温度的变化，另一方面也可以作为阀门来控制水蒸汽的透过率：当温度发生改变时，棉织物表面的多孔结构会发生改变，随着温度升高到 LCST 以上，温敏微凝胶会收缩、塌陷，使空隙的尺寸明显加大，从而提高水蒸汽的透过率，实现智能控制织物的透气性。

在对含温敏微凝胶的棉织物性能的实验研究方面，通过调节外界温度、相对湿度和温敏微凝胶的含量，测试了不同条件下含温敏微凝胶的棉织物的水蒸汽透过率和水分含量，获得的实验结果和理论预期保持一致：通过在棉织物上引入温敏微凝胶，获得的改性棉织物具有了温敏特性，其水分含量和水蒸汽透过率都会随温度改变而变化。

在日常生产和生活中，除了棉织物，涤纶织物也是使用较为广泛的织物材料之一。因此，将温敏高分子引入涤纶织物，将其改性也是温敏智能纺织材料的研究方向之一。Pelagia 等将 PNIPAAm 和丙烯酸的共聚物（PNIAA）微凝胶、PNIAA 和壳聚糖共混后的微凝胶，通过 UV 辐射法引入聚对苯二甲酸乙二醇酯（PET）纤维。当引入 PNIAA 微凝胶后，纤维的表面形成了一层连续、紧密的微凝胶层。而当 PNIAA 和壳聚糖的共混微凝胶被引入 PET 纤维后，在纤维表面形成的是具有圆形结构、不连续的微凝胶层。改性后的 PET 纤维具有温度敏感性，在低相对湿度(65%)和低温(20℃,低于其LCST)条件下，两种改性后的 PET 纤维由于空隙的增加和微凝胶的吸水特性，其水蒸汽透过速率会提高；而当外界温度高于其 LCST 时(40℃)，由于 PNIAA 由膨胀状态转为收缩状态，微凝胶处于疏水状态，在低湿度下可协助水分的蒸发，水蒸汽透过速率会大大提高。当相对湿度提高到 95% 后，由于纤维的干燥主要是通过水分的蒸发来实现的，因此在高相对湿度条件下，PET 纤维的水蒸汽透过速率会比在低相对湿度下显著减小；此外，当温度由低温（20℃,低于其 LCST）升至高温（40℃,高于其 LCST）时，未改性和改性的 PET 纤维的水蒸汽透过速率也都会提高，但是两者之间并无显著差异，这可能是因为在高相对湿度条件下，水分蒸发不易进行。

5.4 智能储水纺织品

温敏高分子在温度低于其 LCST 时，处于亲水的状态，具有极佳的吸水性能，能够吸收几倍于自身重量的水分而形成凝胶；而当温度升高到超过其 LCST 时，温敏高分子会由亲水状态转变为疏水状态，释放前期吸收的水分。Xin 等将 PNIPAAm 接枝于棉织物，利用 PNIPAAm 的温敏特性和高吸水性，制备获得了智能储水纺织品。通过该类智能储水纺织品的光学显微镜、SEM 和 AFM 照片可以看出，接枝 PNIPAAm 后的棉纤维和未接枝的棉纤维相比，纤维表面很明显地覆盖了一层 PNIPAAm 高分子膜，使其直径较未接枝的棉纤维增加了 3 倍。在 SEM 和 AFM 照片中，可以清晰地观察到未接枝的棉纤维具有光滑的表面，而接枝 PNIPAAm 后，纤维表面的粗糙度显著增加，且纤维直径的均一性也变差。

接枝 PNIPAAm 后的纤维，其吸水性较未接枝的棉纤维有了极大的提高。例如，将未接枝的棉纤维放置于相对湿度为 96%、温度为 23℃ 的密闭环境内,其能够吸收大约相当于自身重量 25% 的水分;在相同条件下,纯 PNIPAAm 高分子能够吸收 100% 的水分;而与之形成鲜明对比的是,接枝 PNIPAAm 后的棉纤维可以吸收 340% 的水分,大大超过了未接枝的棉纤维和 PNIPAAm。此外,该类棉布仍具有温敏性能:当温度升高到 34℃ 时,其由亲水、膨胀的状态转变为疏水、收缩的状态,纤维内的水含量会由 340% 急剧减少到 24%;继续升温到 40℃,纤维的含水量不再发生变化。因此在干旱的沙漠地区,如将该类智能储水纺织品埋于地下。由于夜间温度较低,PNIPAAm 处于亲水状态,可以吸收空气中的水蒸汽,并将其存储在织物中;而当白天气温上升并超过其 LCST 时,原先储存的水分会被排出到土壤中,供给植物生长必需的水分,实现水分的智能存储和释放。

5.5 智能控释纺织品

温敏纺织品可用作功能分子(如药物、香水、除菌剂、精油、营养素等)的控制释放载体。目前,具备温度响应性的功能分子控释纺织品大都基于温敏性凝胶体系,其中 LCST 在生理温度范围内的温敏性聚合物受到极大的青睐。温度较低时,织物表面水凝胶亲水性好,吸水溶胀将功能分子包裹其中;而温度升高(高于 LCST 时),聚合物表现疏水性质,水凝胶收缩,释放出负载的功能分子。胡金莲等以聚四亚甲基醚二醇(PTMEG)和异佛尔酮二异氰酸酯(IPDI)为底物、2,2 -二羟甲基丙酸(DMPA)作为扩链剂,合成 NCO 封端的聚氨酯,然后与甲基丙烯酸羟乙酯(HEMA)反应,制备得到乙烯基封端的聚氨酯前驱体。之后,通过自由基聚合将上述聚氨酯前驱体与 NIPAAm 共聚得到温敏性水凝胶。经由该温敏性水凝胶体系修饰的织物对维生素 C 具有温度响应型控制释放的特点。该类温敏纺织品还可做成面膜,吸收营养液并在体温附近释放,清洗后可反复吸附-释放,多次使用。Lee 等将 N -羟甲基丙烯酰胺与 β -环糊精共聚,得到的共聚物(CD - NMA)可用于棉织物的芳香整理。织物在室温下存放 7d 后仍具有香味,而未经处理的织物香味仅能维持 2d。Ishida 等合成了聚(2 -乙氧基乙烯基乙醚)和聚羟乙基乙烯基醚嵌段共聚物(EOVE200 - HOVE400),当 EOVE200 含量为 20% 时,LCST 为 20.5℃。当温度低于临界温度时,共聚物发生凝胶-溶胶转变,所负载的维生素 E 释放。负载的功能分子的释放速率可以通过改变水凝胶的交联度实现调控。交联剂使用量高的水凝胶其孔结构小,分子不易扩散,相对分子质量大的药物如万古霉素比小分子药物如咖啡因更难释放。

5.6 智能医用纺织品

越来越多的纺织品被应用于医学治疗和医疗保健等方面，例如医用绷带、伤口敷料、手术缝合线、人造血管等。温敏聚合物改性后的织物既可吸收伤口的渗出液，又可将负载的药物释放，促进伤口的愈合。相比于传统的纱布，这种温敏型智能敷料具有独特的优势。Chen 等将表面等离子活化处理与 UV 光引发接枝聚合手段相结合，在聚丙烯（PP）非织造布表面接枝温敏性 PNIPAAm，之后利用戊二醛交联技术引入壳聚糖凝胶层，得到 3 层结构的伤口敷料材料。该敷料第 1 层为壳聚糖凝胶，作为阳离子天然多糖，壳聚糖具有良好的生物相容性和抗菌活性，对大肠杆菌和金黄色葡萄糖球菌的抑菌率分别达 85% 和 91%，但主导伤口组织修复的成纤维细胞仍能保持良好活性；敷料第 2 层为温敏性 PNIPA-Am 层，当温度低于其 LCST 时，PNIPAAm 层溶胀极易剥离，不会对新生的皮肤造成伤害；敷料第 3 层为 PP 非织造布，其提供良好的机械性能，多孔特性能保证渗出液的及时排出，并防止二次感染的发生。在接枝了 PNIPAAm 的织物上复合 Ag 纳米粒子，利用 PNIPAAm 的温敏特性使 Ag 粒子可控释放，也能使敷料具有智能响应的抗菌性能。Liu 等利用自由基聚合，在纤维素非织造布表面接枝了乙烯基封端的聚氨酯大单体 VPUA 和 PNIPAAm，进一步修饰壳聚糖也能得到温敏的抗菌织物。在组织工程和再生医学上，纺织品材料也常用来作为细胞生长的三维支架。具有温敏性质的非织造布支架可以提供结构可控的孔结构、良好的力学强度和弹性以及生物活性因子控释的载体。Lee 等利用具有温敏性能的 PNIPAAm 和海藻酸制备获得了具有多孔、梳型接枝结构的材料。由于具有多孔结构、较大的表面积和较高的链运动能力，其在膨胀中能够快速达到平衡，并且在温度超过 PNIPAAm 的 LCST（32℃）时，迅速对温度作出响应。

6 温敏纺织品的接枝新技术

随着技术的发展，温敏纺织品的制备方法也日益丰富。传统的夹层法、涂层法、共混纺丝法等存在稳定性差、强度差、水洗性差等诸多缺点。化学改性方法是指通过化学键将温敏聚合物或凝胶体系共价键接到织物表面，主要有两种思路：一种是织物活化后通过表面的活性基团接枝或原位生长聚合物；另一种是通过交联剂使聚合物在织物表面形成网状交联体系。前者可通过物理或化学方法对织物表面进行活化处理，包括等离子体法、高能辐射法、纤维素羧甲基化法、碱解 / 胺解法等，然后将温敏聚合物接枝到织物表面或引发乙烯基类功能单体在织物表面聚合。后者则是通过选择合适的交联剂,采用特定的工艺将聚合物凝胶键接到织物表面。

6.1 低温等离子体处理技术

低温等离子体处理技术是指在空气、氩气、氮气等气体氛围中,通过电场作用产生等离子体活性成分,进而在材料表面产生活性基团。此技术最大的优势在于:它可以应用于任何表面,包括不含官能团的聚酯、聚丙烯等纤维。通过改变气体种类、电场强度、气体压力、处理时间等可以调控改性后表面的亲水性、官能团种类和密度;等离子体处理仅发生在材料表层(几十纳米),而不会对织物的本体性质产生影响;反应不需要有机溶剂和其他化学品的参与,因而是一种环境友好、能源消耗低的技术。作者课题组邓黎明等运用低温等离子技术处理涤纶织物,并通过引发 PNIPAAm 聚合使织物表面具备温敏性,通过改变环境温度调节凝胶的亲疏水性质,实现水通量的"开关效应":当温度由 32℃升高到 35℃时,其水通量会有一个明显的跃升。并且,水通量的跃迁程度与接枝的程度有关:随着接枝率的增加,其水通量在温度升高到超过其 LCST 时的变化量会降低。因此该类智能织物具有良好的可控透湿性。Chen 等在采用等离子体技术处理涤纶和聚丙烯非织造时,通过添加自由基聚合促进剂四甲基乙二胺(TEMED)和交联剂 N,N-亚甲基双丙烯酰胺(NMBA),有效提高了接枝聚合效率的同时将表面聚合物链交联,提高了改性表面的机械强度。

6.2 辐照接枝法

辐照聚合通常是在高能射线辐射下,产生自由基引发乙烯基类单体聚合来制备高分子化合物。该聚合方法有以下优点:不需要引发剂,所得产物纯度较高;聚合反应可在常温或低温下进行;聚合反应速率和产物分子量可通过改变剂量等进行调控。Ikram 等利用 γ 射线辐照聚丙烯非织造布,随后引发 PNIPAAm 和丙烯酸 AA 聚合,得到温敏性织物。聚合物的分子量受辐照剂量、单体浓度、单体投料比等反应条件调控。温度对聚合过程影响也较大:当聚合温度在 30℃左右,聚合物表现亲水性质,溶胀使得单体能扩散进入体系保持聚合进行,接枝度较高;高于 30℃时,聚合物疏水而收缩,使得单体扩散性受到限制,接枝度迅速下降。

6.3 交联成膜法

尽管等离子体和辐射接枝技术逐渐发展成熟,但此类设备价格昂贵,限制了其在工业领域的应用。交联法是通过选择合适的交联剂,将聚合物凝胶通过化学反应键接到织

271

物表面,形成稳定的网络结构。在纺织工业上,多元羧酸常用来做抗皱整理,其原理就是通过交联来减少纤维之间的氢键作用。其中 1, 2, 3, 4-丁烷四羧酸(BTCA)是最有效的一种交联剂,也可用来制备温敏聚合物凝胶改性的纺织品。Liu 等以 N- 叔丁基丙烯酰胺和丙烯酰胺为单体采用溶液聚合得到温敏性凝胶,以 BTCA 作为交联剂将该凝胶共价键接到棉纤维上。在环境温度的刺激下,织物通过水凝胶的溶胀-收缩来改变透水透湿性质。

6.4 原位引发聚合技术

目前,越来越多的研究采用表面引发可控自由基聚合技术来制备温敏纺织品,其优点是分子量可控、分子量分布均一、单体选择范围广、易于制备嵌段聚合物等。表面引发原子转移自由基聚合(ATRP)技术是目前研究较多的表面改性方法之一。胡卫林等人通过 ATRP 技术在真丝织物表面接枝甲基丙烯酸羟乙酯(HEMA),通过改变单体浓度、反应温度、pH 值等条件可以调控接枝量。Jiang 等通过棉织物表面接枝引发剂,引发 PNIPAAm 单体的聚合,得到的织物表面亲疏水性质可随温度变化,接触角从 0°(25℃)增加 150°(60℃)。

7 温敏纺织品发展中存在的问题

总体来讲,纺织品行业目前存在产品附加值低和功能单一的问题。为了解决这些问题,越来越多的研究致力于智能纺织品的开发。其中温敏纺织品的研究目前仍然处于起步阶段。主要的困难在于如何同时保持功能涂层的稳定性、织物原有的服用性能以及聚合物温敏响应的高效性。聚合物涂层的稳定性纺织品使用环境复杂,在长期的紫外辐射、汗液浸渍、洗涤熨烫和穿着磨损等过程中维持功能涂层的稳定性和温敏响应的高效性并非易事。

传统工业上的方法是通过后整理技术(浸轧、烘焙、涂膜等)将聚合物物理吸附到织物表面,但此类织物耐洗性差。多次洗涤后容易使功能整理剂减少,织物功能性逐渐消失。而采用化学接枝复合的方法,则能将温敏性聚合物通过共价键键接到织物表面,可以很好地解决稳定性和耐洗性等问题。由于织物表面聚合物在环境温度的刺激下体积剧烈溶胀,导致强度的显著降低,往往通过进一步交联来提高其机械强度。但是,目前的研究大部分还仅限于对织物温敏功能的研究,较少关注温敏涂层的稳定性问题。作者课题组考察了接枝 PNIPAAm 的涤纶织物的耐洗性,接枝量为 18.6% 的织物在洗涤

5 次后失重率达 2.5% 左右。

此外，通过热重分析还发现该织物热稳定性良好，不影响涤纶的染色工艺。织物的服用性能温敏纺织品作为消费品在具备新颖功能的同时还必须满足消费者使用的基本要求，如安全、舒适、美观、保暖及耐磨等。因此织物表面修饰的温敏涂层不能降低织物原有的可穿着性能（柔软度、白度、悬垂性、力学强度等）。但 PNIPAAm 等多数温敏高分子往往会导致织物手感变差，主要原因是 PNIPAAm 一类聚合物的玻璃化转变温度（T_g）大都较高，在室温环境中处于玻璃态，脆而硬，所以将其修饰到织物表面，会使织物手感变硬。因此选择低 T_g 的聚合物，使其在室温环境中处于橡胶态，则会减少对织物的穿着性能的不利影响。聚合物的 T_g 主要与其分子结构有关：含 C-O-C、Si-O 和 C-C 等结构的聚合物分子链柔顺性好，T_g 相对较低；反之，含酰胺键等极性基团的聚合物分子链则呈刚性，T_g 较高。在此方面，作者课题组做了大量的工作。采用 ATRP 法将 PNIPAAm 接枝于涤纶，获得的涤纶具有良好的温敏性能：在 25℃时（温度低于其 LCST），其接触角为 0°，表现出良好的亲水性能；升高温度到 50℃时（温度高于其 LCST），接触角急剧增加到 120°，接枝 PNIPAAm 的涤纶由亲水性转变为疏水性。并且当温度重新降低到 25℃时，其接触角亦会恢复到 0°，表现出优异的可逆性。采用等离子体技术在涤纶表面接枝 PNIPAAm 后，通过 NIPAAm 温敏性质实现开关效应，即织物透气性随温度的变化而可智能地调节。但是，当 PNIPAAm 接枝量为 20% 时，织物的白度下降近 15%。同时，织物的静水压变大，弯曲长度变大，说明织物的透水性和柔软度变差。为了解决聚合物使织物手感变差的问题，作者课题组利用聚甲基丙烯酸酯类温敏高分子 T_g 较低的特点，通过将该类温敏高分子接枝或交联涂覆于织物，使织物在具有温敏性能的同时，仍能保持良好的手感和舒适性。温敏响应的灵敏度功能性聚合物往往比较昂贵，从成本考虑，在达到温敏响应性质的同时织物表面聚合物修饰量越少越好。而且织物表面聚合物的修饰密度过高反而无法给聚合物的溶胀与收缩行为提供足够的空间，影响织物温敏响应的效率。因此，如何在聚合物接枝量不高的情况下，保持温敏聚合物高效温敏响应特性是一个棘手的问题。一般而言，聚合物链或水凝胶固定在材料表面后，链段运动受限，会阻碍其高分子链构象的转变，导致其对环境刺激响应性能降低。温敏水凝胶材料通过对温度进行响应，发生溶胀—收缩，通过凝胶体积发生变化来实现织物的温敏特性。然而，宏观尺寸的水凝胶响应缓慢，其干态膜会导致织物手感变差。而微、纳米尺寸的微凝胶体系不仅可以增加比表面积以提高响应的灵敏性，而且对织物的可穿着性能影响也较小。

而且，织物和聚合物的吸湿性也会影响织物响应的效率。从原理上来讲，温敏聚合物只有在水相环境中才能发生相转变。对于修饰温敏聚合物的织物而言，来自于雨水、汗液以及空气中的水分都可以成为其温敏响应的驱动力。因此，相对而言，亲水性高的体系具备较高的温敏响应效率。

温敏智能纺织品是纺织行业的一项革新技术，具有良好的发展前景。然而，尽管温敏智能纺织品的研究已经取得了一定的进展，但总体来讲还处于起步阶段，目前仍有如成本高、效率低等诸多问题需要解决，应用仍有很大的距离。温敏纺织品的产业化前景会朝着多功能化、生态化、大众化的趋势发展。

参考文献（略）

木棉纤维吸油材料研究进展

吴淑焕　王向钦

（广州纤维产品检测研究院）

目前油类污染已成为人们广为关注的环境问题，如石油开采、加工运输过程产生的含油废水，机械制造工业中产生的冷却润滑液、乳化油废水，运输工业中的机车废水、洗油罐含油废水，粮油加工、皮革、造纸、纺织、食品加工（含餐饮）等行业产生的含油废水等。

含油废水已成为一种量大面广且危害严重的污染源，其处理的难易程度取决于油液的来源、成分以及存在形式。含油废水中的油液通常以浮油、分散油、乳化油和溶解油等4种形式存在，处理方法包括物理法、化学法、物理化学法和生物化学法。目前处理浮油主要使用物理吸附法，不仅能清洁水体环境，还可以回收浮油。

1 吸油材料的分类

吸油材料按构成材料种类的不同可分为无机吸油材料和有机吸油材料两大类。

1.1 无机吸油材料

无机吸油材料包括炭质吸油材料、天然无机吸油材料、人工合成无机吸油材料和功能化改性无机吸油材料。

常见的天然无机吸油材料包括活性炭、沸石、粘土、珍珠岩、蛭石、石墨和硅凝胶等。天然无机吸油材料一般呈颗粒状或疏松多孔结构，这类吸油材料的优点是来源广泛、价廉易得、制备方法简单，缺点是吸油和保油率低，吸油的同时也吸水，循环利用率低。

1.2 有机吸油材料

有机吸油材料包括天然有机吸油材料和化学合成有机吸油材料。常见的天然有机吸油材料包括麦杆、稻草、灯心草、洋麻、酒糟稻壳、棉纤维、木棉纤维、树皮和泥炭等。天

275

然有机吸油材料为疏松多孔结构，这类吸油材料的优点是价廉易得且可生物降解；缺点是受压漏油，体积较大。

化学合成有机吸油材料包括聚丙烯纤维、聚氨酯泡沫、丙烯酸酯、橡胶等。这类吸油材料具有良好的亲油疏水性，与天然无机和有机吸油材料相比，其具有更高的吸油性能，缺点是生物降解性差。

2 吸油机理

吸油材料根据吸油机理不同分为包藏型、凝胶型和自溶胀型三种类型。

包藏型吸油材料主要是利用自身微孔结构的毛细管作用吸附油污并保持在毛细管内。天然无机吸油材料多数属于包藏型，如石墨、活性炭、粉煤灰及膨润土等；天然有机吸油材料部分属于包藏型，如棉、木棉、纸浆和泥炭等；化学合成有机吸油材料属于包藏型的，有 PP 织物、PS 织物以及聚氨酯泡沫。包藏型吸油材料的优点是吸油速度快，缺点是保油性差，受压漏油。

凝胶型吸油材料的吸油机理与高吸水树脂的吸水机理非常相似，是利用分子间或物质间的物理凝聚力和在凝胶形成过程中产生的间隙吸收油分的，可以看作是以亲油基取代高吸水树脂中的亲水基。凝胶型吸油材料的优点是体积小、吸油量大、保油率高，缺点是吸油时需加热、吸油速度慢、价格高、难以生物降解。

自溶胀型吸油材料大多是由亲油性单体构成的低交联度聚合物，通过亲油基和油分子间产生的范德华力实现吸油的目的，主要为聚（甲基）丙烯酸酯和聚烯烃类高吸油性树脂。自溶胀型吸油材料的优点是吸油量大、受压不易漏油，缺点是价格高、难生物降解。

3 木棉纤维吸油材料研究进展

木棉纤维是锦葵目木棉科内几种植物的果实纤维，由木棉蒴果的内壁细胞发育生长而成，与棉纤维是由种子表皮细胞生长而成不同。其产地集中于南北半球的热带区域，主要包括非洲的尼日利亚、莫桑比克和坦桑尼亚，亚洲的印度尼西亚、斯里兰卡、柬埔寨、老挝、菲律宾、泰国、缅甸和中国，南美洲的厄瓜多尔等。木棉属的木棉种、长果木棉种和吉贝属的吉贝种是目前主要应用的木棉纤维品种，木棉树及其果实如图 1

（a）木棉树   （b）木棉果实

图 1 木棉树及其果实

所示。

木棉纤维具有壁薄、中空大的特点，未被压缩纤维的中空度高达 90% 以上，壁厚约为 1~2μm，接近透明。纤维的纵向外观呈圆柱型，表面光滑、不显转曲并且胞壁增厚过程没有规律；截面为圆形或椭圆形，中段较粗，根端钝圆，梢端较细，两端封闭。表面蜡质和木棉纤维的中腔结构是决定木棉具有优良吸油性能的重要条件。木棉纤维形态结构如图 2 所示。

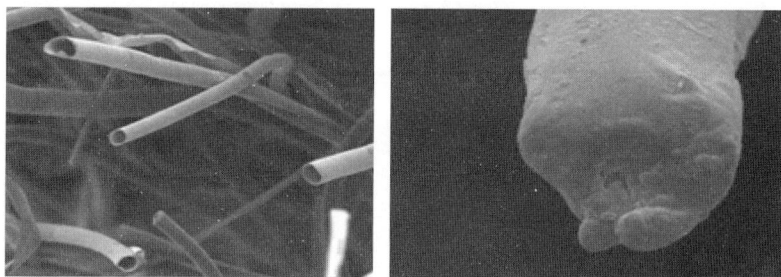

（a）纤维横截面   （b）纤维端部

图 2 木棉纤维形态结构

目前，关于木棉纤维的性能研究主要集中在三个方面，包括木棉纤维的理化性能、可纺性和吸附性。

木棉纤维作为吸油材料主要应用于陆地、海上以及各种业务用除油纱头和油泄漏事故应急储备，木棉纤维是使用量最大的天然吸油材料，约占天然吸油材料销售量的 80%；也是使用最早的吸油材料，它具有很高的吸油性，可吸收自重约 30 倍的油，是聚丙烯纤维的 3 倍,对植物油、矿物油无论是水上浮油还是空气中的油分都能吸收。

Teik-Thye Lim 等研究了木棉纤维表面的拒水亲油性,如图 3 所示,并研究木棉纤维经碱液处理前后的吸油效果,证明木棉拒水亲油的特性与木棉纤维表面的蜡质有关。Khan 等研究了木棉纤维、米糠、椰壳、甘蔗渣和聚酯纤维的除油能力,结果显示疏水性纤维能吸收 70% 的油,而亲水纤维仅能吸收 30% 的油,疏水纤维表面的蜡质被认为对除油效果有很大影响。Choi 对比了木棉和棉纤维等其他纤维对有害液体的吸收能力,研究结果表明木棉纤维的吸收能力要强于棉纤维,他还探讨了木棉纤维作为吸油材料的用途。M.A.Abdullah 等研究了木棉纤维的吸附特性,并分析了影响其吸附性能的纤维理化性能。Huynh 探讨了经过处理后的木棉纤维对液体中的重金属离子的吸收能力。孙向玲等研究了不同特性的液体在木棉纤维上的静、动态接触角,结果表明木棉纤维与机油、废油和色拉油的静态接触角均小于 60°,但其与水的接触角大于 130°;水会在木棉纤维表面形成稳定的液滴,不铺展,但机油、废油、色拉油则会在木棉纤维表面瞬间铺展。

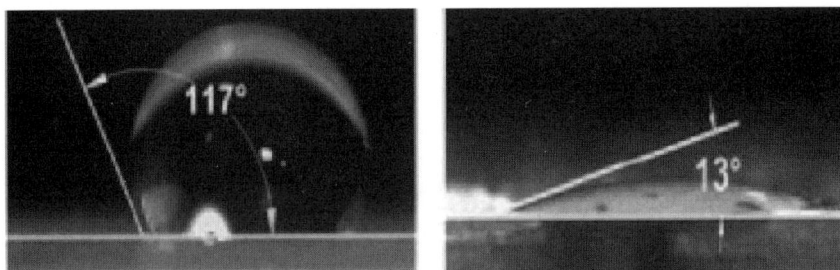

水与木棉纤维表面的接触角　　　　　　　柴油与木棉纤维表面的接触角

图 3　木棉纤维与液体的接触角

4　木棉纤维吸油性能

表征吸油材料吸油性能的指标有很多,包括吸油速度、饱和吸油能力、重复使用性能、保油能力和浮油回收能力等。其中吸油速度、饱和吸油能力和重复使用性是反应吸油材料吸油性能优劣最基本的指标。吸油材料的吸附动力决定了吸油速度,储油空间决定了饱和吸油能力,回复性决定了重复使用性。

周小三的研究表明,木棉的吸油过程如下:木棉投入到油液中后,油液首先在范德华力和木棉纤维间隙毛细作用力的推动下扩散进入木棉吸油材料,并在木棉纤维间隙间不断搭建液桥，直至木棉纤维间隙储油空间储油饱和。木棉在吸油开始的 0~10min 吸油动力较大，所以吸油速度快；在 10~30min 期间，吸油动力较小，速度较慢。

木棉的填充密度和油液的粘度及密度对木棉的吸油速度和饱和吸油能力有重要影响。木棉的饱和吸油倍率随着木棉填充密度的增加而减小。油液的粘度越大，其在木棉中的扩散速度越慢，木棉的饱和吸油能力越高；反之油液的粘度越低，其在木棉中的扩散速度越快，木棉的饱和吸油能力越低。木棉在吸附相同体积油品时，油液的密度越大，饱和吸油能力越高；油液的密度越小，饱和吸油能力越低。

木棉吸油材料在首次使用时结构比较疏松，具有较高的饱和吸油能力。但在二次使用时，由于木棉的回弹性较差，受挤压后木棉吸油材料变得密实，纤维间隙变小，孔隙率下降，所以木棉吸油材料的二次使用饱和吸油能力降低。但二次吸油以后，再次重复使用时饱和吸油能力与二次使用的饱和吸油能力相差不大。

5 结束语

随着人们环保意识的不断增强，使用可生物降解或废物再利用吸油材料的呼声越来越强烈，可生物降解及废物再利用吸油材料将成为吸油材料发展的重要方向。木棉纤维是丰富的可再生资源，具有价廉、可降解、无污染等优点，且具有良好的吸油拒水性，用于含油废水处理不仅可以解决油液对水域及其周边环境造成的污染，而且还可回收部分油品，减少能源的损失；同时木棉纤维天然可降解，有利于实现资源再利用，提高木棉树的附加值，增加种植经济收入，具有广泛的社会效益。

参考文献（略）

建筑用纺织材料的应用研究进展

米永刚

（西京学院）

建筑工业在国民经济中占据重要位置，是支柱产业之一，随着经济发展和人们生活水平的提高，对建筑质量和居住环境要求越来越高。近年来，世界各国都非常重视建筑用纺织材料的发展和应用，投入了大量人力、物力进行相关研究，开发了许多具有特殊功能的新材料，应用更广泛。在 2010 年举办的上海世界博览会上，许多发达国家的展馆都大量使用了建筑用纺织材料，如荷兰馆的智能纺织材料、德国馆具有面料涂层结构的外墙、日本馆的超轻膜结构的建筑材料等。纺织材料在建筑领域的使用前景比较好，发展的空间也很大。

建筑用纺织材料具有更加优越的性能，如防静电、阻燃防水、防霉和隔声等。但我国将纺织品应用在建筑领域起步较晚，发展缓慢，研究较为浅显，和发达国家相比有很大的差距。近年来，建筑用纺织材料被规划为我国纺织工业大力发展的工程项目之一，使用更加轻质、阻燃防水、耐用和节能环保等功能性的纺织材料必将推进我国建筑行业的发展，并将为我国现代化建筑提供支持。相信通过国家产业政策和相关措施，必将推进我国建筑用纺织材料快速发展。

1 建筑用纺织材料的结构特点及优势

建筑用纺织材料具有特殊的结构和优良的性能，如显著节约建筑材料、使建筑物向轻薄方向发展、缩短建筑的时间周期和降低成本等。但目前对建筑用纺织材料存在许多错误的观点，如认为它只能用于增强建筑材料，因此建筑纺织材料的发展受种限制，发展较慢。混凝土中加入维纶和玻璃纤维等纺织材料可增强材料的性能，如果掺入碳纤维则使建筑物的导电性增加，并且碳纤维由于其强度高，体积质量小，稳定性和抗腐蚀性好等优点还可以用作建筑物的加固。如具有质轻、负载能力强等特点的碳纤维建筑预应梁，减小了建筑物的质量和体积，提高了抗震性，施工简单，延长了使用周期，用途广泛，代表了建筑用纺织材料未来发展的方向。随着建筑用纺织材料的快速发展，大多数建筑物将使用具有更加耐用、廉价和轻质的纤维材料。

许多大型场馆建筑如体育场、会展中心、剧场和展览馆等使用了聚四氟乙烯、聚氯乙烯膜结构材料。在纺织面料表层涂覆这些膜结构功能材料，可以起到抗老化、自清洁作用，具有耐腐蚀、稳定性好、易清洁透气、防水阻燃等优点。目前聚四氟乙烯膜结构引领世界建筑发展的方向，北京奥运会和上海世界博览会大量使用膜结构材料，其优异的抗紫外性能，良好的声学性能使人们印象深刻，非常利于膜结构材料在我国的推广和发展。

木质素纤维易形成三维空间结构，能够吸附大量水分，可以用于高速公路的基材，因而提高了建筑材料的路面抗滑性、降噪性能，加快了施工进度，解决了路面易干裂问题，并且高速公路可见度较好，减少了车灯反射。

2 建筑用纺织材料的种类

纺织材料用于建筑领域具有多种优点，因此大大促进了建筑行业的发展。建筑用纺织材料有很多种类，一般纺织材料作为基体材料在建筑材料中使用，下面对建筑用纺织材料进行归纳总结。

2.1 纤维增强复合材料

传统的建筑材料具有质量和体积较大、强度低、不利于环境保护、浪费能源等缺点，因此可以用纤维增强复合材料来缓解这一状况。碳纤维、玻璃纤维及芳纶等纤维在纤维增强复合材料中占据的比例较大，这些纤维加工后就可以广泛用于建筑的梁、屋架的加固。此外将碳纤维用于制作水泥材料不但提高水泥的质量，而且改善了抗压、抗拉伸和抗弯强度等力学性能，提高了水泥的稳定性。改性聚丙烯纤维应用于砂浆/混凝土中可有效地提高混凝土基料与聚丙烯纤维的结合，阻止或减少塑性开裂，使混凝土的综合性能得到提高。另外，改性聚丙烯仿钢丝纤维对提高混凝土的韧性和强度，增加抗疲劳和抗弯曲性能，克服塑性形变具有很好的效果。

在装饰用建筑材料中可以使用竹、麻等高性能天然纤维材料，该材料在美观、舒适和强度等方面优势突出。此外还具有价格低廉、吸湿性好和可降解回收等优点。目前麻纤维材料在发达国家的使用范围则比较广，但在我国处于起步阶段，发展缓慢；而竹纤维材料在国外近期得到发展，发展还不成熟。竹纤维与热塑性树脂复合后具有廉价、较强的吸湿性和力学性能，并且无毒无害，在地板、墙体和天花板等具有广泛应用。

2.2 隔声隔热材料

纺织材料由于具有多孔的疏松结构和加工性好等优点，经过加工制成吸声隔声的复合材料在建筑领域有广阔的应用前景。隔声的目的是改善可听度和清晰度，保持声音的真实性，多层织物帘幕可以作为电影院、电台控制反射声和混响时间的材料，是应用最广泛的吸声措施之一。装饰用纺织品帘布将声音吸收、衰减，使声音变得清晰。研究表明麻织物的优异性能决定了其实用性好，在吸声方面具有良好的性能。隔热材料可以将织物包裹于房屋周围，不但防止湿气渗入，而且可以节约取暖费用。我国隔声隔热材料与发达国家相比差距很大，因此我们要加快发展，提高创新能力，开发出更具经济和使用价值的建筑隔声隔热材料。

2.3 帆布材料

帆布材料实用性较好，增长率较高，在我国发展迅速，不仅可以用于遮盖水、阳光，而且还具有美化的作用。最早的帆布主要材料为棉织物，使用寿命短且易老化，不能满足人们的要求。随着帆布材料的发展，长丝逐渐成为帆布的主要成分，未来将逐渐转变为长丝和短纤维共同作用。高强涤纶双轴向经编织物采用聚氯乙烯涂层制成的帆布材料，具有多种优点，如透气性好、阻燃防水、质量轻薄、使用寿命长等，因此发展较快，在建筑领域应用广泛。

2.4 膜结构材料

膜结构材料是一种新兴的建筑材料，使用范围比较广，由于其具有质量轻、美观、易于安装、拆除和经久耐用等优点，对于延长建筑物的寿命和增强多种功能具有重要经济和社会意义。它是以高强度织物为骨架，表面覆盖高性能涂层，具有良好的防水阻燃、质量轻、自清洁、抗老化、耐腐蚀等性能。膜结构材料其中一种是以涤纶织物表面涂覆聚氯乙烯涂层，由于这种材料在性能上存在老化性、尺寸稳定性和自清洁等问题，因此可以用于临时性的建筑；另一种是聚四氟乙烯作为涂层材料用于玻璃纤维织物，这种膜结构材料强度高并且力学性能好，具有优异的稳定性、自清洁性、使用寿命长和实用性等优点，而且这种材料透光性好，利于散热，不会造成建筑物表面和内部温度过高，因此可以用于永久性的建筑。北京奥林匹克运动会以及上海世界博览会就有大量的体育场馆和展览馆使用了膜结构材料。在实际生活中,一些购物中心、电影院、居民楼和学校等大量使用了该膜结构材料。预计今后膜材料在建筑中的应用比例会不断上升,达到6%左右。具有高强度、抗老化和耐久性等性能的膜结构材料在发达国家应用已有数十年的历史,而在我国处于探索和起步阶段,一些主要的膜结构材料还需要进口,因此膜结构材料在我国具有广泛的应用前景。

2.5 防水材料

传统的建筑防水材料存在一些缺点,如强力低韧性差使用寿命短和常常发生渗漏等,维修费用也偏高,造成巨大的经济损失。聚丙烯纤维、聚酯纤维、玻璃纤维等都可用于建筑防水材料,其中改性沥青防水卷材具有环保和应用时间长等优点,使用范围比较广,所占比例较大。该材料采用热塑性弹性体树脂或合成橡胶将沥青改性后涂覆到聚酯短纤针刺非织造布以及玻璃纤维上,在两面可以覆盖上聚乙烯膜,还需要涂盖上板层和铝箔等保护层,因此防水效果明显。聚酯纤维胎基的需求量很大,而国外使用范围较广的是玻璃纤维胎沥青毡,其中美国的使用比例达到了80%,而我国不到6%,可见玻璃纤维胎沥青毡在我国有着广阔的使用前景。

2.6 防污自洁建筑膜材

建筑材料受到外界的各种污染较为严重,如尘埃、工业废气、油性烟雾和汽车尾气等都会对建筑材料造成污染破坏和腐蚀。如果建筑材料仅靠雨水就能保持自洁或者自身具有自清洁性,那么将会带来巨大的经济效益,同时利于节约能源和环境保护。具有防污自清洁性的膜材主要是采用疏水结构的聚四氟乙烯和聚氯乙烯等。聚四氟乙烯建筑材料主要由玻璃纤维织物经聚四氟乙烯树脂涂层制成,其防污自洁性优异,表面污渍可以通过雨水冲刷除去,或者易于通过一般洗涤剂除去,使用寿命高于25年。聚氯乙烯建筑材料由涤纶织物加聚氯乙烯树脂涂层复合而成,价格低廉,加工性能好,使用寿命一般为7~15年。

2.7 建筑装饰用材料

用于装饰用纤维复合材料主要是玻璃钢和石棉增强水泥,具有防水隔热、轻质和耐腐蚀等优点,并且用于装饰墙面外观时,改变了建筑物外观的单调性,使建筑风格和色彩多样,具有很好的观赏性。其中,纤维增强塑料门窗是采用玻璃纤维与树脂通过特殊工艺将两种材料拉挤成不同形貌的门窗,具有自然美观、价格低廉、节能和稳定性好等优点。

3 建筑用纺织材料的发展潜力和策略

传统建筑材料一般为金属材料、混凝土和水泥等,纺织品不可能完全替代这些材料,但是纺织材料已成为建筑材料的重要组成部分。新型建筑材料如纤维涂层材料、智能水泥、纤维基混凝土及碳纤维房屋结构等在发达国家已经被推广应用,纺织材料在环保和节能的智能建筑中发挥了巨大作用。传统建筑材料与纺织材料相互结合、共同促进是未来的发展趋势。未来建筑用纺织材料将朝着功能化、多样化和美观等方向发展。如纤维增强混凝土使用诸如玻璃纤维、碳纤维等,突破了纤维简单的增强功能,增强了混凝土的强度和力学性能,起到轻质、阻燃和高强度的作用,提高了纺织纤维材料在建筑中的价值。在建筑用纺织材料的发展过程中,我们既要让各种资源得到充分的利用,杜绝浪费,也要将材料的性能提高,增加多功能化。

3.1 引进技术提高水平

建筑用纺织材料在我国起步较晚,发展缓慢,并且所占比例也小,无法满足当前多功能建筑用材料的需求。这就需要我们引进先进的技术,促进纺织材料在建筑领域的应用,相互促进,而且要提高生产的水平,保证高质量和高产量。加快建筑用纤维织物的发展,开发轻质耐用的高性能纤维材料,将各种具有多种功能的纤维材料应用其中。同时我们要努力打造健康有序的发展环境,加大对质量监管力度,促进建筑用纺织材料健康有序发展。

3.2 开发新型天然纤维

新型天然纤维具有多种优异性能并且利于环保,是纺织材料的一个发展趋势。玄武岩纤维目前还在开发和研究之中,其抗拉强度也很大,一般会在3500MPa,最高的使用温度可达980℃,当其废弃后可以进入大自然,不会对环境造成危害。因此这种材料可大量用于防火建筑材料及增强材料中,必将发挥其耐高温和环保等优势。

3.3 开发智能纺织品

智能纺织品从材料的智能特性和应用环境进行考虑用于建筑领域,利用纺织品或纤维的智能特性来构筑智能混凝土,使之具有感知、记忆、自修复等特性,并且对外界环境做出相应反应。当混凝土发生开裂时,纤维断裂时会释放出"粘结剂"把裂纹焊接在一起,能够修复断裂。这些性质可有效地预报混凝土的损伤、检测其内部结构的破坏,并能根据结果进行自修复,从而提高混凝土的安全性、耐久性和使用寿命,无需复杂的检测线路,节约人力和物力。

4 结束语

　　建筑用纺织材料包括纤维增强复合材料、隔声隔热材料、帆布材料、膜结构材料、防水材料、防污自洁膜材和装饰用材料。要使建筑用纺织材料得到快速发展,必须积极引进技术以提高生产的制造水平、有效利用新型天然纤维、开发智能建筑用纺织品,走传统建筑材料与纺织材料相互结合、共同促进的发展之路。

参考文献（略）

帐篷隔热技术与材料

杨敏　丁文瑶

（中国人民解放军总后建筑工程研究所）

随着社会的不断发展，帐篷这种灵活的建筑应用也越来越广泛，在军队集结、抢险救灾、救援维和、户外运动等行动中，均能够看到帐篷的身影。可是在建设可持续发展社会的今天，帐篷这种特殊的"建筑"，应该说其使用条件等特点决定了其"不节能"的属性，但是，随着越来越多新技术或新材料的应用，其隔热性能也有了很大提升，特别是气凝胶之类的新材料，更是使其发生了质的飞跃。

相对于固定建筑，帐篷这种特殊临时建筑更需要做好隔热措施，因为通常情况下，帐篷所处的环境更为复杂和恶劣。以美军为例，美军的全球化战略，使得美军士兵时常身处各种极端自然环境之下，因此，美军帐篷隔热的研究和应用一直处于世界领先水平。良好的帐篷隔热主要有两方面的优点：增强帐篷内部人员住用的舒适性，特别是极寒极热等极端条件下；降低内部环境控制所需的燃料消耗，达到节能的目的。

由帐篷的使用属性所决定的，帐篷隔热必须满足以下几点要求：良好的隔热性能是第一位的，还要体积小、质量轻，且使用灵活方便。目前，主要采取在帐篷上面加盖遮阳网，或者在帐篷围护结构加入隔热层的方式。前者已由最初的单一遮阳，发展到兼具伪装（军事上）甚至发电功能，而后者也从最初的多层絮片结构，发展到蜂窝结构、聚氨酯、气凝胶等多种新结构或新材料利用阶段，使帐篷的隔热性能大大提升。

1　遮阳网遮阳

在帐篷上加盖遮阳网，是一种最简单直接的隔热方式，通常能够有效降低太阳辐射 30%~60%，同时军用遮阳网还兼具伪装性能。美军《标准战术帐篷／方舱手册》中有 I 型和 II 型两种标准军用遮阳网。它们均采用支杆式结构，主要有两方面用途：为给养、弹药、车辆和装备等提供遮阳防护；加盖在帐篷上，可以大大降低帐篷内空调制冷的电力或燃料消耗。

美军现装备的遮阳网主要由美国 OakTree 公司生产，它的强度高，质量轻，其表面涂层具有防紫外、防可见光和红外侦视功能，能够阻挡 85% 的阳光，还有防火和防霉功能。它的使用寿命至少为两年，储存寿命更长，即使是在极端温度或气候、霉菌或油污的储存条件下也可以达到 5 年。

2009 年，美国陆军纳蒂克士兵中心同美国空军和海军陆战队一道进行了为期两年的"零计划（NetZero）"试验项目，其主要目的是研究帐篷系统节能，其中一项就是比较 Advanced Solar Cove（ASC）和 UltraLightweight Camouflage Net System（ULCANS0）两种遮阳网的性能。在伊拉克和阿富汗战争中，美军大量使用了 ASC 遮阳网，它能够有效减少约 60% 的太阳辐射，从而降低帐篷表面温度，同时，其网眼结构具有良好的抗风性能，减轻了支杆的负荷。ULCANS 的隔热性能更好，它能够减少 90% 的太阳辐射。

目前遮阳网的主要问题是市场上出售的遮阳网品种众多，且质量良莠不齐，但军品质量相对来说有保证。

2 太阳能发电篷布遮阳又发电

美军还将遮阳网的功能进一步扩展，研制出了既能遮阳又能够利用太阳能发电的篷布。美军驻阿富汗部队目前采用的美国 Powerfilm 公司研制的柔性太阳能发电篷布，采用以聚酰亚胺为基层的不定形硅技术，将光伏发电薄膜集成到帐篷上，非常轻便，并且粘连强度极好，即使强风情况下篷布整个被揭起，光伏发电薄膜也不会与基层脱开。该篷布能够为美军的照明设备、通讯设备、笔记本电脑和其他电子设备提供电能，使地面部队在供电方面基本上做到自给自足，同时，可减少 80%~90% 的太阳热辐射，大大提高了帐篷内的舒适性。

美军现装备的太阳能帐篷有 3 种，分别是 PowerShade、TEMPER Fly 和 QUADrant，它们大小各异，发电能力也不同。其中 QUADrant 的功率为 200W，TEMPER Fly 的功率为 800W，Power Shade 有 1kW、2kW 和 3kW 等不同功率型号，可适用于美军的 MGPTS、TEMPER 和充气帐篷等。

3 蜂窝隔热板遮阳

帐篷衬里是帐篷隔热的重要一环,过去通常采用多层聚酯絮片作为衬里来保温隔热,但是其质量和体积比较大,且隔热性能也有待提升。后来,人们设计出了多层蜂窝结构的隔热板,它的折叠体积小,质量很轻,而且隔热效果非常好。

美国陆军纳蒂克(Natick)士兵中心采用的美国 Fi‐Foil 公司生产的充气式隔热板,为多层蜂窝结构,其每平方码的质量小于 567g,非常轻巧,打开后能够迅速自动膨胀,展开和包装的体积比为 20:1,十分利于储存和运输。该隔热板具有良好阻燃性能,能有效降低 E‐CU 环境控制系统的电耗 65%。其使用也很方便,可直接系挂在帐篷内部。而且采用可生物降解型材料制造,非常环保。目前,该隔热板成功通过了在美军 TEMPER 框架帐篷和充气帐篷中进行的测试。

4 气凝胶遮阳

气凝胶被认为是隔热效果最好的固体材料之一,是近年来发展起来的一种热导率极低的新型隔热材料。它是由纳米量级超微颗粒相互连接构成纳米多孔三维网络结构,在网络的纳米孔隙中充满气态分散介质的轻质纳米固态材料。气凝胶是一种固体,但是 99% 都是由气体构成,密度仅为 $3.55kg/m^3$,仅是空气密度的 2.75 倍,其热传导率极低,只有 $0.013W/(m\cdot K)$,比空气的热导率还低。气凝胶呈半透明淡蓝色,重量极轻,因此,人们也把它称为“固态烟”,是优良的隔热和隔声材料。气凝胶最初是应用于 NASA 航天飞机发射系统的低温绝热材料,后来随着其生产工艺的改进和生产成本的降低,逐渐用于服装、建筑等其他领域。美国陆军采用美国 Aspen 公司研制的气凝胶隔热层,其主要是由低热导的纳米孔硅制成,具有良好的隔热性能,其厚度仅为普通隔热层的 1/8,在不影响帐篷包装大小的情况下,其质量只增加了 3%,但帐篷的隔热性能却提高了 40%。在对两个 6m×6.4m 的充气帐篷进行连续 90h 的油耗对比试验中,气凝胶隔热帐篷要比没有隔热的帐篷节约燃料 34%,此外它还能够有效地降低噪声和红外信号,具有重要的军事意义。但是目前存在的主要问题是其质地较为脆弱,生产成本较高。下一步 Aspen 公司将和 OutdoorVenture 公司共同研发,目标是生产出适合于大规模应用到美军帐篷上的气凝胶隔热材料。

5 聚氨酯遮阳

聚氨酯是另一种高效的隔热材料,目前,已广泛应用到固定建筑上。一种方式是将聚氨酯硬质隔热板与石膏板、外壁等一起构成墙体结构;另一种是利用聚氨酯现场喷涂的优点做建筑物保温。现在,人们将聚氨酯板安装在帐篷内部,或者直接喷涂到帐篷的表面,形成泡沫隔热层。其中,后者更加适用于帐篷,因为其喷涂后形成的软质连续壳体无接缝热桥,可严实包裹帐篷,隔热性能更好,还兼具防潮防水功能。

聚氨酯泡沫作为一种经济性隔热材料,不仅可以改善野营帐篷内的居住条件,而且节约能源,此外聚氨酯隔热泡沫在军事上也具有一定的电子防护作用。2007年5月,美军在阿富汗营区对喷涂了聚氨酯泡沫的帐篷与普通帐篷做了对比试验,当室外温度为38℃时,未作隔热处理的普通帐篷内部温度为37℃,而聚氨酯隔热帐篷内部的温度仅为24℃,大大低于室外温度,给士兵们创造了良好舒适的工作和休息环境,并且大大节约了电力供应和燃油消耗。在阿富汗的美军营地,共有1200顶这样的帐篷,总面积约为51万平方米的篷布上被喷涂上了聚氨酯隔热泡沫,这样每天可节约百万美元的经费。

6 隔热涂料遮阳

根据隔热涂料作用于传热方式的不同,将其划分为阻隔型、反射型和辐射型,目前应用最多的是反射型隔热涂料。热反射涂料的降温原理是通过涂料中的填料粒子将太阳光的红外辐射或将吸收的热辐射反射到外部空间,从而降低被覆物体的表面及内部温度。

目前,隔热涂料是建筑节能的有效措施之一。隔热涂料也可应用于帐篷这种特殊建筑。前述的军用遮阳网或伪装网就多采用表层涂覆隔热涂料,可吸收太阳光辐射,同时降低红外信号,在军事上具有重要意义。复合型隔热涂料是下一步的研究方向,也就是将阻隔型、反射型和辐射型进行多层复合,以便使隔热性能最优化。

7 相变材料遮阳

相变材料(Phase change material,简称PCM)应用于建筑物围护结构是近年来发展的新型建筑节能措施之一。把相变材料应用到相变墙体,由于相变材料具有蓄热特性,在温度升高时溶化吸收热量,而当温度降低时凝结放出热量,这样就可以实现在夜间充分储存冷量,削减部分白天的峰值负荷,从而减少建筑供暖或空调用电,同时,还可减小建筑物内的温度波动,提高室内的舒适度。现在使用的相变建材包括相变储能混凝土、石膏板和涂料等。

相变材料还被用于特种服装领域,在织物中加入相变材料可以增强服装的保暖功能,甚至使其具有内部温度调节功能。当人体处于剧烈活动阶段会产生较多的热量,利用相变材料将这些热量储存起来,当人体处于静止状态时,相变材料储藏的热量又会缓慢地释放出来,用于维持服装内的温度恒定。虽然目前将相变材料分别应用于建筑墙体和纺织品比较普遍,但是直接应用于帐篷这种特殊建筑上还比较少见。基于其良好的研究基础和技术储备,相信将相变材料应用于帐篷的围护结构,应该是水到渠成。

8 结语

在建设可持续发展社会的今天,帐篷这种特殊的"建筑",应该说其使用条件等特点决定了其"不节能"的属性,但是,随着越来越多新技术或新材料的应用,其隔热性能也有了很大提升,特别是气凝胶之类的新材料,更是使其发生了质的飞跃。我们有理由相信,依靠现代先进技术及材料,帐篷也可以像固定建筑一样实现高效节能。

参考文献 (略)

非织造布抛光磨具的生产技术与发展趋向

李改蕾　狄剑锋

（五邑大学，广东省高校功能性纺织品工程技术研究中心）

用粘合剂将磨粒固结成一定形状和强度的固结磨具、用粘合剂把磨粒均匀粘附在可挠曲的基材上制成的涂附磨具和用人造金刚石或立方氮化硼等超硬磨料所制成的超硬磨具是磨具的三大系列。比如，常见的砂轮是固结磨料磨具，砂带是涂附磨具。涂附磨具所使用的可挠曲基材主要有纸、布、钢纸、复合基体、非织造布和聚酯薄膜等。涂附磨具的基体不同，其所具有的性能也有所差别。如用纸基底做成的砂带，由于抗拉强度低，多用在木材加工和抛光加工等轻载场合；而用布基底做成的砂带，则具有柔软性好与强度高等优点，可以按照不同使用对象制成不同纤维、不同厚度、不同组织与密度的品种，在现代工业中应用最广泛；纸和布的复合基底兼有二者的优点，如致密性较好、强度高和延展率特别小等，主要被用来制作大型、高速、重负荷砂带。与砂纸相比，以非织造布为基材的涂附磨具——非织造布抛光磨具的性能优异，清洁作用强，但磨削作用弱。据资料报道，粒度为 220~240 目的非织造布抛光辊使用寿命长，可抛光 $(2~4) \times 10^6$ m 的人造板，且使用成本仅相当于同粒度砂带的 10%~15%，又可为下道工序节省 30% 的油漆用量。近年来，非织造布抛光磨具因其优异的性能得到广泛应用，不仅用于金属材料的精密磨削、清理、抛光和去毛刺，而且用于皮具的砑光、木材的精磨、玻璃和陶瓷的抛光整理。

1 非织造布抛光磨具的技术要求

工业发达国家的涂附磨具销售额独占固结磨具、涂附磨具及超硬磨具三大磨具系列之首。这些国家的涂附磨具产值占磨具总产值的 40% 甚至 50%，而我国仅占 10%。这是因为涂附磨具在我国虽具有一定的市场需求，但是国产的涂附磨具产品在实际应用中还存在一定的问题。与国外同类产品相比，我国的产品品种少，磨料分布不均匀，耐磨性差，柔韧性和弹性差,而具有高性能、高品质可进行高精密加工的非织造布抛光磨具大部分还依赖进口。对非织造布抛光磨具的技术要求是:质地软,厚度大,耐水、耐油,强韧耐用,防磨屑堵塞作用强;基体上磨料分布均匀,加工尺寸稳定;散热性能良好,使工件表面在研磨时不会因过热而发黑、变色或留下残胶;加工表面质量高。

2 非织造布抛光磨具的生产技术

近年来,科研人员对非织造布涂附磨具的非织造基材、磨料和粘合剂三大组成部分进行了大量的研究。本文分别从纤维原料的选择,磨料,粘合剂,非织造布的制造工艺以及非织造布抛光磨具的加工等方面进行简要阐述。

2.1 纤维原料的选择

由于非织造布作为涂附磨具材料的承载体,故制造纤网所用的纤维原料必须具有较高的耐磨性、耐热性、干和湿断裂强度、耐酸碱性,以确保磨具具有较长的使用寿命和良好的抛光性能。常用的纤维为聚酰胺纤维和聚酯纤维。有研究项目对聚酰胺、聚酯、聚丙烯、聚乙烯醇缩甲醛、聚氯乙烯五种纤维做了耐磨和拉伸等实验,对比结果表明聚酰胺纤维和聚酯纤维的综合性能最好,其强度高、耐磨性好、软化点高、耐酸碱,适合做磨具用非织造布的纤维原材料。

除了常规纤维,其他新型纤维也将陆续成为非织造布涂附磨具材料的纤维原料。一方面,随着非织造布工艺技术的不断成熟,使得粗而硬的椰壳纤维,细而软的短棉绒,无机纤维和金属纤维(包括玻纤、碳纤、不锈钢纤维)等均可作为非织造布涂附磨具材料的纤维原料;另一方面,耐高温芳纶等化纤新品种也可作为非织造布涂附磨具材料的纤维原料。

纤维线密度的选择与磨料粒度的选择息息相关。一般磨料粒子大时,所选纤维也比较粗;粒子细时,所选纤维也比较细。由图1可知,磨料粒子的大小和纤维的线密度可在两条曲线之间选择。纤维线密度的选择还受到粘合剂含量的制约。

Lukic 等指出随着粘合剂含量的增加,1.7tex 细纤维和 11.0tex 粗纤维制成的非织造布其单位面积内磨料粒子数都有所增加,但细纤维制成的非织造布的磨料粒子增加量更多。在实际生产中,纤维线密度的选择要根据需求,综合考虑磨料粒度和粘合剂用量等条件。

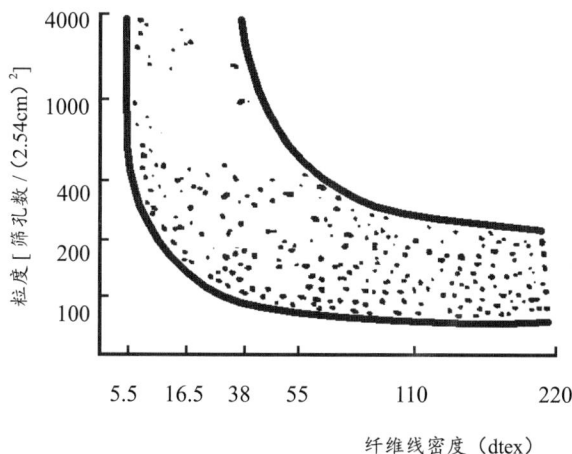

图 1 纤维线密度和磨料粒度的关系

2.2 磨料

磨料是磨具产生抛光的主体。磨料的性能必须满足磨具对其提出的三个要求：硬度高，磨料的硬度应大于被加工物体的硬度；具有一定的自锐性及抗破碎的能力；具有较好的热稳定性。

磨具的性能取决于很多因素，其中对磨具性能影响比较大的两个因素是磨料的种类和粒度的大小。在实际生产中，应根据加工要求与加工对象的不同来选择磨料的种类和粒度。磨料有天然和人造之分。在天然磨料中，比较常用的有石榴石、金刚石、石英和天然刚玉等；人造磨料又可以分为刚玉系列、超硬系列和碳化物系列等几大类，比较常用的有金刚石、碳化硅和刚玉等。涂附磨具常用的品种有 P 磨料、煅烧磨料、半脆刚玉、棕刚玉、白刚玉、黑碳化硅、锆刚玉。几种常用磨料的特性见表 1。

表 1 几种常用磨料的特性

磨料名称	特性
棕刚玉	棕褐色，硬度高，韧性大，价格便宜
黑碳化硅	黑色，有光泽，硬度高，性脆而锋利，导热性良好
白刚玉	白色，硬度比棕刚玉高，韧性比棕刚玉低，性脆而锋利，但磨料易碎裂

一般情况下，磨料的粒度以目数表示。磨料砂粒的平均直径越小，则目数越高；反之，

则目数越低。根据用途的不同,将非织造布抛光磨具常使用的目数范围列于表 2。

表 2　非织造布抛光磨具常用的目数范围

用途	目数
粗磨	16, 24, 36, 40, 50, 60
常用	80, 100, 120, 150, 180, 220, 280, 320, 400, 500, 600
精磨	800, 1000, 1200, 1500, 2000, 2500 等

2.3 粘合剂

粘合剂在磨具的抛光过程中起固着、支撑磨料的作用。粘合剂不仅影响磨料的均匀性,而且与抛光效果密切相关,因此使用的粘合剂类型将对抛光质量起到决定性的作用。在制作磨具的过程中要用到两种树脂,分别为粘合纤维与纤维的粘合剂和粘结纤维与磨料的粘合剂。前者的作用是使非织造布具有一定的强度,后者的作用是固着磨料。

要达到抛光要求,就要使纤维间具有一定的抗拉伸、撕裂强度和一定的断面压缩弹性,因此粘合纤维与纤维的粘合剂必须采用粘结强度和抗张强度比较高的粘合剂,如丙烯酸类粘合剂。

在抛磨过程中,抛磨轮因高速摩擦生热,其表面的温度高达 150~180℃,因此作为粘结纤维与磨料的粘合剂除了需具有良好的粘结能力外,还必须有较高的耐热性。另外,为了提高抛光材料的弹性和耐磨性,粘合剂的固化产物不仅要坚硬而且要有一定的弹性。目前,具有上述性能并常用于粘结纤维与磨料的粘合剂是热固性树脂,如酚醛及其改性树脂、环氧及其改性树脂、紫胶树脂、聚氨酯树脂等。几种常用树脂的性能见表 3。每种树脂都有其优缺点,研究工作者常常通过不同树脂的复配、不同固化剂的复配、树脂改性、固化剂改性、添加增韧剂和纳米粉体、开发新型树脂等方式来提高树脂固化物的性能。

表 3　几种常用树脂的性能

树脂名称	性能
酚醛树脂	固化物的强度和耐热性都很好,但脆性大
聚氨酯树脂	可提高抛光材料的柔软性和反弹性
环氧树脂	收缩率小,耐腐蚀性强,很强的黏结力,优异的力学性能和电性能

研究工作者从提高非织造布涂附磨具的耐热性、弹性、耐磨性入手进行了相关研究。通过聚酰胺和芳香胺固化剂的复配以及环氧树脂和聚氨酯预聚体的复配制备出了耐热性好、弹性优良的非织造布涂附磨具,芳香胺的加入量为 0.14 份(按质量计,环氧树脂为 1

份）时粘合剂浇注体的剪切强度、拉伸强度、弯曲强度分别达到 12.5MPa、52.59MPa 和 74.1MPa，与未加芳香胺的粘合剂相比分别提高了 81%、52% 和 15%；热失重率为 1% 时所需的温度是 333.8℃，与未加入芳香胺时相比提高了近 15℃。通过反应型环氧增韧剂 CYH‐277 和硅烷偶联剂复配提高环氧树脂粘合剂固化物的性能。结果表明，此种方法能显著提高胶粘体系对磨料的粘结强度，提高抛光轮的韧性、耐用性和耐热性，并使得抛光轮有很好的磨削效果。还通过在环氧树脂中添加甲乙酮肟封闭的 HDI 聚醚型和 IPDI 聚醚型预聚体来提高固化物的弹性和耐磨性。抛光测试结果表明，抛光磨具的使用寿命延长，并具有良好的弹性。

2.4 磨具用非织造布的制造工艺

磨具用非织造布的加工方法与传统非织造布的加工方法一致，即通过气流或机械的方式将纤维梳理成网，然后利用水刺法、针刺法或热轧粘合法进行加固，最后喷洒粘合剂，烘干后制成无编织的布料。每种加工方法都有其一定的特点。热轧粘合法非织造布因经过热辊加热、加压而能耐较高温度，可用于制作耐高温涂附磨具；针刺法非织造布的通透性好，力学性能优良，可用作高性能磨具基体材料；水刺法非织造布柔软、透气、悬垂性好，可用作柔性磨具基体材料。

2.5 非织造布抛光磨具的加工

2.5.1 磨料的喷洒

为了满足高速旋转磨削加工的需要，磨料需要牢固均匀地黏合在纤维上。为了使磨料在非织造布上均匀分布，磨料的喷洒方法非常重要，目前常用的有浸渍法、喷涂法和浸轧涂布法三种方法。

（1）浸渍法。首先采用一定方法（喷涂、浸轧、涂刮等）把粘合剂均匀涂覆在非织造布上，再采用静电或喷洒的方法将磨料均匀洒在涂有粘合剂的非织造布表面。用此方法制作的磨具的结合强度较差，磨料与纤维之间的接触点较小。因抛光加工时的磨削力较大，以至于在使用过程中磨料比较容易脱落，产品使用寿命不及喷涂法和浸轧涂布法加工的产品。浸渍法适宜于磨料比较粗的场合。

（2）喷涂法。首先使用喷枪或喷嘴等装置将事先混合好的磨料和粘合剂浆液喷涂在非织造布基体上，然后将若干层经过喷涂的非织造布基体叠合在一起，在适当的条件下进行固化，之后进行后处理并加工成产品。由于磨料和粘合剂的混合浆液的粘度大，并且磨料在纤维表面上以微粒状态存在，与其他两种方法相比，采用此方法进行喷涂，磨料在纤维上的分布不够均匀。研磨加工对表面光洁度要求较高,此方法加工的产品不适用于研磨加工。

(3) 浸轧涂布法。该方法除了用轧辊的压力来控制纤维上粘合剂和磨料混成的浆状物的含量与喷涂法不相同之外,其他的工艺如调浆、叠合、固化、形状加工的方法都和喷涂法一致。用此方法制作的磨具其纤维上的磨料分布均匀,磨料与粘合剂互相包含,与纤维的接触点较大,结合强度高,故磨料在使用过程中不易脱落,磨具的耐用性好,但是磨削力较差。

2.5.2 磨具的成型加工

根据使用要求,选择原料和调整各工艺后制成片状、带状、圆盘状等磨具。片状一般用于手工操作,轮状和带状可用于角磨机、直磨机等机器上。在磨具以手工打磨向以机械磨削为主的过渡中,磨具的成型加工起到了至关重要的作用。目前非织造布磨具按照形状分成工业百洁布、尼龙卷、尼龙盘和碟、尼龙轮、尼龙砂带、飞翼轮和异形品七类。

3 非织造布抛光磨具的发展方向

当前非织造布抛光磨具行业存在的比较突出的问题有: 中、低档产品过剩,但高档产品短缺; 产品的产量比较高,但种类较少; 产品出口总量较大,但产品的竞争优势弱。也就是说,我国在非织造布抛光磨具行业中已经处于生产和出口大国的行列,但离生产和出口强国还有一定的距离。我国应该通过引进技术,加快我国产品发展的步伐,生产出满足技术要求的产品,力求在国际磨具市场上占有一席之地。

非织造布抛光磨具行业今后的发展方向应针对现有的问题,调整侧重点。总的发展方向是: 纤维原料的选择局限性越来越小,向着性能优异的天然纤维和具有特殊性能的化学纤维新品种发展; 磨料向着深加工、高附加值方向发展; 粘合剂向着新型树脂的开发、常用树脂的改性方向发展; 非织造布制造技术趋向于生产效率高、工艺流程短、可用原料范围广、最终产品性能优的方向发展; 非织造布抛光磨具以增大产品的科技含量,向着高档次、高磨削速度、高精密度、超精密度、高性能方向发展。

参考文献(略)

PLA 非织造布的土壤悬浮液加速生物降解与自然土埋降解行为分析

吴淑焕　叶海先　严玉蓉　朱锐钿

（广州市纤维产品检测院，华南理工大学）

聚乳酸无毒无害，综合性能较好，特别是将其制成纤维、非织造布产品，可以替代现有的无法降解的聚烯烃和聚酯产品,制造成服装,尤其适合于内衣和运动衣;农用地膜、防草袋、防虫防兽害盖布，还可用作土壤、沙漠绿化保水材料、农药化肥缓释材料等；利用其良好的降解性、生物相容性，用作手术缝合线、包扎线、药物控制释放材料和卫生材料等；过滤领域常被用作茶叶、咖啡袋和食品包装等。

聚乳酸生物降解性能研究，大都采用土埋方式，所选用的土壤环境包括农业用土、活性淤泥、海水、农家肥和堆肥等，但是其所涉及降解周期长，同时由于环境的非稳定性，导致测试结果难以重复。而对于加速降解而言，可以模拟自然环境进行优势菌种的互配，但是难以获得自然环境中菌种间的有效配合效果。此外，有研究针对不同的基体聚合物采用特定的降解菌种进行测试，但是这与自然环境的差异大，同时对于未知样品，这种方式并不适合。土壤细菌悬浮液是直接从土壤环境中进行原位菌液的富集，可较为简单和直接地模拟自然微生物环境，同时富集菌种具有可保存的优势而受到人们的关注。采用土壤浓缩液进行材料的加速降解已在塑料体系中采用，但是对于纤维或者非织造布材料的研究相对较少。

本文系统研究了 PLA 非织造布在土壤浓缩液中加速生物降解的行为，为模拟自然环境降解提供一定的数据支撑。

1　实验部分

1.1　实验原料

PLA 纺粘非织造布，克重 $80g/m^2$，采用 Natureworks PLA 4032D 制备（ $\overline{M}_w$

=2.07×10⁵g/mol）。自然降解实验样品规格 200mm×300mm，模拟环境加速降解测试样品规格：250mm×50mm。模拟环境降解实验样品使用前，均连同培养基一起在 115℃下高温高压灭菌 20min。LB 肉汤培养基（执行 Q/HK3 标准；广东环凯微生物有限公司）、Ba(OH)₂（分析纯，执行标准 HG/T 2629－1994，天津市福晨化学试剂厂）、NaOH（分析纯，执行标准 GB/T 629-1997，天津启轮化学科技有限公司）和 HCL（分析纯，执行标准 GB/T 622－2006，衡阳市凯信化工试剂有限公司）未经进一步处理，直接使用。指示剂为二甲基橙和酚酞。

1.2 模拟环境加速降解实验

选取广州市番禺区芒果林地离地面约 5~15cm 处的土样，过筛获得尺寸小于 2mm 的土壤微粒，并去除明显的植物材料、石头和其他惰性材料。称取处理好的土壤样品 10g，加入已装有 90mL 营养肉汤的 250mL 三角瓶里，于（37±2）℃下摇床振荡培养 18~24h，得 I 代土壤细菌混合菌群液；用移液器移取 1mL 第 I 代混合菌群液到装有 100mL 营养肉汤的 250mL 三角瓶里，于（37±2）℃下摇床振荡培养 18~24h，得 II 代土壤细菌混合菌群液。

配制第 II 代菌液浓度为 1mL/200mL 的 LB 培养基，加入待测实验样品，固液比为1：25，采用高压蒸汽灭菌后置于 25℃恒温烘箱，每隔一定周期取出待测样品样条，用去离子水洗净，室温下干燥后待测试。

1.3 自然土埋降解

根据标准 GB/T 18006，选用具有相对稳定的林地土壤作为本次降解实验中自然降解的样品放置地点。本实验场地选取广州番禺大学城华南理工大学校区荔枝林地。每个放置样品坑深约 10~15cm，其中避免全为黄色或者含石块较多的区域，随后将样品平铺到样品坑中。

1.4 机械性能测试

利用 INSTRON5969 电子强力机 [英斯特朗（上海）试验设备贸易有限公司]，根据执行标准 GB/T 3923.1 于温度（20±2）℃，湿度 65% 条件下测试材料的机械性能，测试时样品夹距 150mm，拉伸速度 20mm/min，每一降解条件下待测样品数需三个，平行测试后结果取平均。

1.5 样品表面形态变化观察

采用 S-000N SEM 扫描电镜日本 Hitachi 观察降解前后聚合物样品的表面破坏程度。加速电压 20kV，测试之前样品表面经真空喷金处理。

1.6 红外光谱分析

利用 Nicolet6700 生产的傅里叶红外光谱仪（赛默飞世尔科技分子光谱部）对样品进行红外分析，每个样品在不同位置取三个点测试，然后再把同一样品的三个谱图分析之后做出平均谱图。测试扫描范围 400~4000cm^{-1}，分辨率 4cm^{-1}。

1.7 热性能分析

采用 Diamond DSC（美国 Perkin Elmer）测试样品的热性能，升温速率为 10℃ / min，温度扫描范围为 25~160℃，N_2 保护。

2 结果与讨论

2.1 自然降解和加速降解下 PLA 非织造布机械性能的变化

如图 1 和图 2 所示，PLA 非织造布的强度随着降解时间的增加而出现降低的趋势。对于非织造布材料而言，其强度主要受到两方面的影响，一是其纤维网中纤维相互间的粘结强度，二是纤维本体的强度。随着降解时间的增加，两组样品变化趋势均为第一阶段的突然降低，第二阶段的波动变化，组件降低。这分别对应于材料粘结破坏和纤维本体破坏，即在降解的初始阶段，PLA 非织造布首先发生粘结点的破坏。

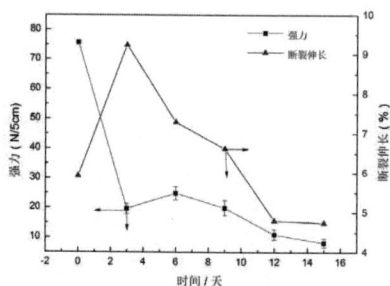

图 1　模拟加速降解环境下 PLA 非织造布机械性能的变化

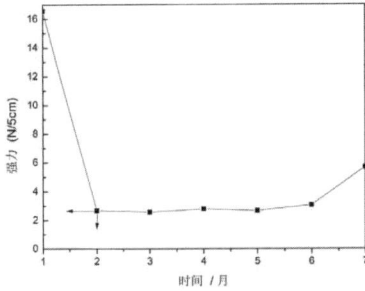

图2　自然降解环境下 PLA 非织造布机械性能的变化

2.2 自然降解和加速降解下 PLA 非织造布表面形态的变化

材料在降解的过程中，会伴随部分外观结构的变化，对比研究不同降解环境中 PLA 非织造布纤维表观变化，结果如图 3 所示。

（a）降解前　　　　（b）加速降解 15 天　　　　（c）自然降解 8 个月

图3　PLA 非织造布降解前后外观变化

从图 3 可以看出，在加速降解过程中，PLA 纤维表面从光滑均一的结构在降解后期出现了明显的裂缝，其断裂口也出现由韧性向着脆性变化的趋势。在纤维的表面，存在较多的孔洞和微裂纹，这是材料发生降解的明显现象。PLA 的生物环境降解过程是一个复杂的过程，其中包括水分吸收状态，酯基的慢速水解、扩散和溶解，小分子物质的产生和迁移等。PLA 的降解机理为整体溶蚀机理，在材料内部残留的降解残留基团会促使降解的进行。但是在水环境中，这些残留的基团可以得到部分稀释，从而使得这种本体侵蚀降解的过程有所改变：一方面是表面的残留基团被周围环境而稀释，另一方面，由于内部的液体环境导致降解残基的迁移而加速降解发生。所以在液体环境和固体环境中，材料的降解过程应该存在差异。

2.3 PLA 非织造布生物降解过程主链特征官能团的变化

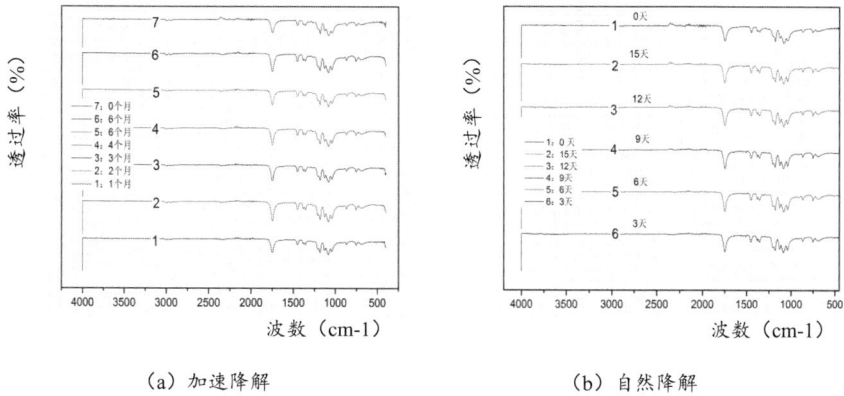

（a）加速降解　　　　　　　　　　　（b）自然降解

图 4　PLA 非织造布不同降解周期红外分

对于 PLA 而言，当其降解为厌氧降解过程，其降解中聚合物羰基吸收峰将从 1749cm^{-1} 迁移到 1758cm^{-1}，但是对于需氧降解过程，其羰基的位置不随着降解过程的进行而发生迁移。从图 4 可见，随着降解的进行，羰基位置没有明显的偏移，同时，峰的相对强度也没有出现明显的改变。从降解过程可见，该降解过程为需氧降解过程，同时其降解伴随着端酯基的水解过程，该水解过程直接产生小分子物质，而这些小分子物质在降解环境中存在，材料本身并不存在，因此，在降解过程中，不会出现羰基峰明显的变化。

2.4 PLA 非织造布生物降解过程中热性能的变化

在 PLA 的降解过程中，其降解分子链断裂可能发生在链中或者链段，如果涉及到分子链主链的断裂，则将导致材料热性能的降低。不同降解周期 PLA 非织造布热性能结果见表 1。

由表 1 可见，不同降解周期，PLA 的熔点变化不大，在加速降解中，经过 15 天的降解过程，熔点从 164.9℃降低到 162.7℃，而在自然降解过程中，经过 9 个月的降解周期，其熔点降低到 163.8℃。由此可见，PLA 的降解不是分子链主链的断裂，仅为链端引起的"反咬式"降解过程，该分析与材料机械性能、红外、SEM 等分析结果一致，即 PLA 非织造布的生物降解是由表及里的渐进性降解过程，降解主要发生在链端。

表 1　PLA 加速降解不同降解周期热性能

降解天数（天）	熔点（℃）	降解时间（月）	熔点（℃）
0	164.9	0	164.9
3	163.0	1	164.3
6	162.7	2	163.9
9	162.7	3	164.4
12	163.0	4	164.3
15	162.7	5	163.9
		6	163.7
		7	164.2
		8	164.4
		9	163.8

3 结论

如何快速且可重复地评价生物降解材料的生物降解性能对于目前开发和选择可生物降解材料具有重要意义。本文以聚乳酸纺粘非织造布为研究对象，对比研究了其在土壤细菌悬浮液和自然土埋条件下的生物降解行为。结果表明：自然降解和加速降解具有相似的变化趋势，降解初期由于非织造布中纤维表面部分粘结点的破坏，使非织造布表现出明显的机械强力降低的趋势；随后，由聚乳酸基体降解决定材料整体的降解行为，材料机械强力波动稳定降低。PLA 纤维的微观结构、红外分析和熔点测试分析表明，聚乳酸非织造布的降解主要发生在分子链链端，且表现出由表及里的降解过程，该降解过程为需氧降解，红外谱图中特征羰基峰未发生变化。

参考文献（略）

第二篇　专用设备及工艺技术

- 产业用针织机械设备发展现状

- 三维编织技术新进展

- 纬编轴向织物的开发与应用

- 国产大动程针刺机的发展现状和技术特点

- 针刺非织造布设备运行管理初探

- 针织技术在医用纺织品领域的应用与研究

- 表面处理工艺对碳纤维增强 PTFE 密封垫片性能的影响

- 双组分非织造材料的开纤工艺与评价方法

- 非织造布设备中锡林辊体的平衡分析

产业用针织机械设备发展现状

曹清林

（江苏技术师范学院）

产业用纺织品按照加工方法不同分为机织物、针织物、编织物、非织造布和三维正交非织造织物 5 种类型。对于其中的产业用针织物，根据其基本结构形态，可将其分为层状、管状和网状 3 种类型。层状类织物由于加工机器类型不同，又分为轴向和缝编两类，所以，产业用针织机械生产设备对应有轴向、缝编、管状和网状 4 种类型。采用针织方法生产的产业用针织物产品在应用中占有重要地位。例如，通过转钩型渔网机生产的有结渔网、采用少梳栉或双针床经编机生产的无结渔网应用于渔业捕捞、水产养殖、劳动保护、农业栽培防虫、遮阳以及用作包装材料等；采用具有花梳栉的双针床经编机生产的管状带分叉的经编人造血管；缝边机或双轴向经编机生产的土工布、广告布和灯箱布等；多轴向经编机生产的玻璃纤维和碳纤维复合材料等。

在所有产业用纺织品生产设备中，针织物产品的生产设备种类最多，结构最复杂。采用较多的如经编编织方法，相应的设备有少梳栉、双针床、轴向类经编机和缝边机等。产业用针织物产品的应用及开发、相应生产设备的研制与生产，西方国家处于领先水平。近年来，我国在这方面的技术水平有了长足进步，某些领域已经达到或接近国外先进水平，但在织物产品的应用开发与设计、制备设备的整体技术水平等方面仍有较大差距。本文通过对国内外不同厂家所生产的产业用针织机械设备产品的性能比较，发现存在的差距，找出发展方向，以期对行业发展有一定借鉴意义。

1 层状织物及生产设备

层状类织物是由两层以上纱线层、短切纤维、纤维网或各种底布等，通过缝缀线绑缚在一起构成的复合结构物。根据铺设纱线或纤维层方法的不同，生产这类复合结构物的设备又分为轴向类经编机和缝编机两种类型。

1.1 轴向类层状织物及经编机

将一组或多组平行伸直的增强纱线在织物的纵向、横向或是斜向按要求以一定角度衬入织物，再通过编织纱绑缚成整体的经编机称为轴向类经编机。按照衬入角度不同，只能衬入0°（纵向）和90°（横向）纱线的轴向类经编机称为双轴向经编机，除此之外，还可以衬入其他方向(一般有±20°、±30°、±45°)纱线的轴向类经编机称为多轴向经编机。

1.1.1 双轴向经编机

双轴向经编机可以生产单轴向或双轴向经编织物,单轴向织物是在90°方向衬入纬纱，再由导纱针上缝缀线经织针绑缚而成。双轴向经编织物是分别在0°和90°方向衬入编链纱（也称衬经纱）和衬纬纱,再由缝缀线绑缚确定彼此相对位置。

对于单轴向或双轴向织物，除了有0°或90°方向的衬经纱或衬纬纱，还可以在衬经纱和衬纬纱之间或者在它们的外表面衬入其他短切纤维、纤维网等,再通过缝缀线绑缚在一起构成具有多层结构的复合材料。

表1 国内外双轴向经编机主要生产厂家产品情况

生产厂家/国别	型号/类型	衬入纱线方向	机号	织针类型/运动形式	梳栉数（把）	最大工作宽度（英寸）	最高转速（r/min）	应用
利巴/德国	Copcentra HS/特里科	0°	6~24	复合针/上下运动	2	93、130、160、182、213、245	1800	单轴向、双轴向格栅结构复合材料基布，应用于涂层织物、土工格栅、树脂增强体、蓬盖类织物等
	Copcentra HS-ST/特里科	0°、90°	6~24	复合针/上下运动	2	93、130、160、182、213、245	1800	同上

续表

生产厂家/国别	型号/类型	衬入纱线方向	机号	织针类型/运动形式	梳栉数（把）	最大工作宽度（英寸）	最高转速（r/min）	应用
利巴/德国	Copcentra HS-ST-HV/特里科	0°、90°	5~7、10	复合针/（上下+前后）运动	2	108、130	1800	双轴向稀松复合材料,船身、集装箱、桥身、近海石油平台、管道、天线等的基材
	Copcentra HS-ST-CH/特里科	0°、90°	5~7、10	复合针/（上下+前后）运动	2	108、130	1800	同上
卡尔迈耶/德国	HKS-MSUS/特里科 RSP-MSUS/拉舍尔	0°、90°	18~32	复合针/上下运动	2	447、541	1400	服装衬、涂层基布、网眼窗帘胶带、印刷基布等
	RS-MSUS/拉舍尔	0°、90°	6~24	复合针/上下运动	2~3	447、541	1400	灯箱布和各种涂层基布
	RS-MSUS-G/拉舍尔	0°、90°	6~14	复合针/上下运动	2~3	447、541	1400	土工布
	RS-MSUS-V/拉舍尔	0°、90°	6~18	复合针/上下运动	3,其中一把为衬经梳	447、541	1000	生产与非织造布结合、密实半开放或开放结构的复合材料
润源/中国	RSM3/1-F/拉舍尔	0°、90°	3~9	复合针/上下运动	3	130	1500	风力发电叶片用复合材料织物
	RSM2/1/拉舍尔	0°、90°	18	复合针/上下运动	3	138	1500	同上
常州八纺机/中国	GE2S-2/拉舍尔	0°、90°	12、16	复合针/（上下+前后）运动	3	101	1000	风力发电叶片用复合材料织物：a玻璃纤维织物、b碳纤维织物、c碳纤维和芳纶纤维混合织

从国内外双轴向经编机主要生产厂家所生产产品的情况（表1）来看，国外主要是德国的利巴公司和卡尔迈耶公司（2013年两家公司合并），国内分别是常州市润源经编机械有限公司和常州市第八纺织机械有限公司。

1.1.2 多轴向经编机

玻璃纤维多轴向经编织物，常见的是在0°、±45°和90°方向分别衬入4层玻璃纤维丝，再由导纱针上缝缀线经织针绑缚而成。该类材料较多应用于风力发电叶片等，作为叶片整体结构的衬底材料，通过环氧树脂等材料经模板模压成形。碳纤维多轴向经编织物，也多是在0°、±45°和90°方向衬入4层碳纤维丝，由缝缀线绑缚固定。

碳纤维复合材料主要应用在航空航天领域，如需要耐高温的火箭尾管、箭体等，在飞机机身上也大量采用了碳纤维等各种复合材料。在具有相同或超过原来金属材料强度的同时，采用碳纤维等复合材料可以大为减轻重量，从而提高飞机的燃油效率。图1是由碳纤维和芳纶混合编织成的多轴向经编织物。

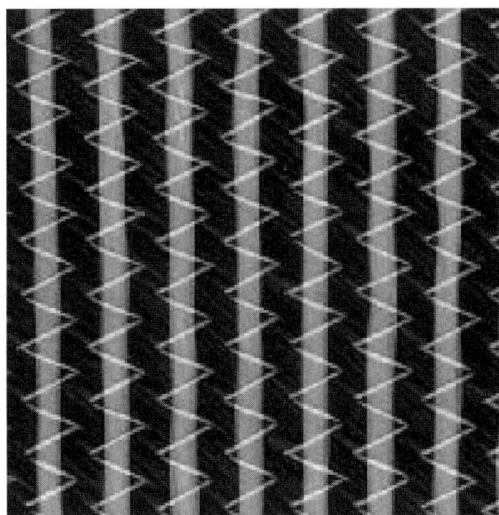

图1　碳纤维和芳纶混合编织多轴向经编织物

1.1.3 国内外轴向经编机比较与发展思路

（1）发展过程上的差异。轴向类经编机由德国利巴公司和卡尔迈耶公司于上世纪20年代开发，这两家公司也是全球生产其他类型经编机的主要企业，因此，目前全球经编复合材料生产行业大多采用的是这两家公司的产品。我国从2007年左右开始重视这类设备的研究与产品开发工作，2008 年，常州市润源经编机械有限公司和常州市第八纺织机械有限公司先后成功开发双轴向经编机和编织多层玻璃纤维复合材料的多轴向经编机。

随着近 10 年来国内外风力发电的高速发展，对叶片结构中所采用的以玻璃纤维为代表的各种复合材料需求更加旺盛。2005~2012 年是我国风力发电设备投入的高峰期，也是对以玻璃纤维为代表的各种复合材料需求的鼎盛时期，国内两家企业产品的成功开发，对满足编织需求，降低多轴向织物价格起到了很好的促进作用，并提升了玻璃纤维复合材料在世界市场上的竞争力。如今，我国生产的各种玻璃纤维复合材料不仅满足了国内需求，而且大量出口国外，成为该产业的主要生产国。2014 年，这两家公司分别研制成功碳纤维多轴向经编机，打破了外国企业对于这类设备在中国的垄断局面。

（2）各项综合指标存在差距。目前为止，国内企业的轴向类经编机产品包括了各类双轴向和多轴向机型，做到了与国外企业基本相同，但在编织织物质量方面，特别是织物质地的稳定性方面仍有差距，机器的可靠性、转速等方面还有待提升。对比国内外企业产品各项指标后，可以发现以下特点和差距。

利巴和卡尔迈耶公司的产品在机器结构上差异化发展，前者主要为特里科机型，后者为拉舍尔机型；机型虽然不同，但最终编织功能、效果基本相同。这反映了它们注重知识产权、自主创新的理念，而国内企业在自主创新方面仍有待加强，应避免产品结构的完全雷同。

整机转速方面，国外企业的产品比国内企业的产品高 20%~40%，主要是由于国内在材料、机械制造、装配调试和测试等方面的水平与外国先进水平存在的差距。

机器稳定性方面，国内产品的开机率比国外产品平均低 20% 左右，体现在最终单台机的产量和效益方面也就相应下降。

织物的品质方面，国内机器编织的轴向类织物的品质比国外产品平均低 1~2 个档次，相应价值也就较低。

（3）产品开发的关键点。为了缩短与国外产品在综合性能上的差距，国内企业加大了研发投入，虽然进入时间短，但发展快、成果显著，主要体现在以下几个方面。

加强系统集成能力，以提升整机性能。轴向类经编机由铺纬系统、传送系统、编织系统、牵拉卷取系统和控制系统组成，每个系统所采用的各种零部件都是通用件，在选用各种相同的通用件和系统的情况下，如何保证整机综合性能与世界先进水平同步，是企业在实际产品开发过程中的重要研究课题。

对铺纬系统的深入分析与研究是成功开发轴向类经编机的关键之一。双轴向经编机90°方向衬纬的铺设，多轴向经编机不同角度方向衬纬的铺设，是整机的重要运动，由气动元器件、伺服电动机、计算机控制系统等综合实现。加强对铺纬小车运动规律和如何提高铺纬精度等方面的研究是产品开发的关键。

碳纤维多轴向经编机对于边线切割精度和防爆措施有较高要求。铺纬过程中，需将铺设到位的纤维在边线位置切断，边线截留部分不会进行编织，为最终织物的毛边部分。由于碳纤维价格较贵，应尽可能减少毛边部分的截留。因此，要提高碳纤维多轴向经编机铺设系统、切割系统的精度，减少原料浪费。

对编织系统机械部分的优化设计是提升整机转速的关键。轴向类经编机的编织系统由织针、梳栉、送经和牵拉卷取系统组成，与其他类型经编机的编织系统不同，轴向类经编机织针的运动除了有上下运动（垫纱）之外，还有与被缝缀对象运动相一致的运动即前后运动，二者复合而成。织针的上下和前后运动、梳栉的运动等一般采用平面多连杆机构，为了提高整机运转速度，需对连杆机构的动力学平衡进行研究，在结构上采用重量轻、强度高的合金材料。所有机构的主动曲柄、整体曲轴结构，并提高结构精度及平行多组机构之间运动的同步性。

1.2 缝编类层状织物及缝编机

缝编是通过经编线圈结构对各种材料或它们的组合层进行缝制，或在机织布等底基材料上加入经编结构，产生毛圈效应，构成底布型毛圈织物。图3是短切纤维经缝编工艺加工后的一种织物。产业用缝编织物较多应用于人造革底布、高强度传送带、过滤材料、绝缘材料等。

国内外缝编机主要生产厂家是德国的马里莫公司（现已与德国卡尔迈耶公司合并）和国内的常州市润源经编机械有限公司。两家公司的产品结构基本相同，与轴向类经编机产品一样，国内产品的差距主要体现在转速、可靠性、稳定性等方面。缝编机产品市场相对较小，原因有以下两点。

（1）缝编产品多为产业用，用量没有服用或家用纺织品那么大，缝编单机效率又较高，这就决定了市场整体需要的缝编机台套数总量不会太多。目前，我国缝编机总的保有量约为300台（套）左右，织物产品已经基本能满足市场要求，因此，市场不会对缝编机有大量需求，但少量产品会有更新需要。

（2）缝编机的编织工艺与新近发展起来的双轴向经编机的编织工艺基本相同，缝编机可以生产的织物品种，双轴向经编机完全可以替代生产。缝编机受穿纱空间位置限制，梳栉数一般为1~2把，双轴向经编机的梳栉数则没有这种限制。所以，缝编机会逐渐被双轴向经编机取代。

2 管状类织物及生产设备

产业用管状类针织物主要用于人造血管基材，针织编织方法有纬编和经编两种。纬编人造血管容易卷边，缝合比较困难，容易发生纵、横向脱丝，缝合后容易开裂，因此目前这种编织方法已不再用于编织人造血管。而经编编织方法编织出的人造血管结构稳定性好，长期植入人体后不会发生过度扩张、脱丝、卷边和脱散等，易于手术处理和缝合，因此成为人造血管的主要生产方法。经编人造血管一般在双针床经编机上进行编织，但是梳栉的组成与普通双针床经编机有所不同，需要有多把花梳栉和地梳栉。国内外开发经编人造血管编织设备的厂家主要有德国的卡尔迈耶公司、上海汇舜针织机械有限公司和常州市润源经编机械有限公司。国内两家公司的产品已实现计算机控制的自动编织，并能满足编织不同组织结构的人造血管。每年全球人造血管编织设备的市场需求大约几十台套，容量不大，但产品的技术要求、附加值相对较高。

经编人造血管编织设备的发展方向主要集中在四个方面：一是能编织多叉型，即两叉以上的人造血管结构；二是能编织不等径结构，即在血管不同长度方向上，编织直径不等的异型管结构，以进一步满足人体不同部位不同血管的特殊结构需要；三是更高机号，织针机号越高，能编织的人造血管的组织结构就越细密，对后续预粘要求就越低；四是增加梳栉数，给编织组织结构更加复杂的人造血管提供可能性。

3 网状类织物及生产设备

网状类织物又称渔网，包括渔业用网、建筑安全网、植物遮阳网、体育用网等。组成渔网的基本结构为网线构成的镂空几何多边形，多边形的顶点称为结节。根据构成结节网线之间的相互位置关系的稳定性，结节分为有结型和无结型。有结型结节构成的渔网在受到外力作用时，多边形的形状可能会发生改变，但相邻结节之间的距离不会改变。无结型结节构成的渔网在受到外力作用时，多边形的形状和相邻结节之间的距离都可能会发生改变。

(a) 有结型结节 　　　　　　　　　　　　(b) 无结型结节

图2　不同结节类型及相应网状类织物

图2（a）是有结型结节构成的渔网，图2（b）是无结型结节构成的网状类织物。在各类网状织物中，有结渔网的结点相对稳定，对鱼体的伤害较轻，所以在渔业生产和养殖中普遍使用有结渔网，对应的市场需求量和设备需求量都较大。

3.1 无结型渔网设备

经纬交织无结型渔网由剑杆织机织造，其织机结构与编织一般面料的剑杆织机结构基本相同，只是机号较低，因此整机的发展水平与剑杆织机的发展情况有关。经编无结型渔网由少梳栉经编机编织，一般采用梳栉数 2~8 把的双针床或少梳栉单针床机型，机号 E2~E22，织针采用舌针或复合针。编织无结型网状织物的单针床少梳栉经编机，最早由卡尔迈耶公司开发，早期市场使用的均为该公司的产品。这类机器结构相对简单，国内有多个企业生产，价格相对也较低。国内市场使用的机器，除了少量二手机器是卡尔迈耶公司生产之外，其余基本上都为国产机器。目前，这类国产机器的成圈机械传动系统大多采用开式结构，凸轮、偏心轮、连杆机构等的润滑效果差，整机制造精度低，整机转速偏低，价格也较低（十几万元／台）。由于这类机器的整体市场需求不是很大，各个生产企业重视不够，导致其性能远不如其他类型经编机的技术发展水平。国内多梳栉经编机的最高转速已经达 1000r/min 左右，少梳栉经编机最高转速也已经达到 2000r/min。

3.2 转钩型有结渔网设备

有结型渔网由转钩型渔网机编织，为了实现打结编织过程，有结渔网机主要采用上钩、下钩和孔板 3 个主要机件的配合实现对网线的"打结"、横移等。由于整机有上钩和下钩两种钩针，而且在一个编织周期中，上钩牵引网线旋转两周半以实现打结，所以也称这类编织设备为双钩型渔网机或转钩型渔网机。有结渔网机按照结节是单节或双结可分为单结型和双结型渔网机，两者的不同点在于梭距、网目、机器的幅宽、线盘直径等略有差异，适合编织网线的粗细也有所不同，而运转速度都差不多在 10~30r/min。

国内有结型渔网机的主要结构仿制于 20 世纪七八十年代日本的同类产品，几十年来，机器的主要结构未作太大改动。由于整机的运动、配合复杂，编织机件的动作共有 7 个独立的运动机构，分别采用了平面连杆凸轮组合机构、空间连杆凸轮组合机构、平面连杆凸轮齿轮齿条组合机构等，因此在分析与设计过程中，对机构的结构、运动和动力学等方面的知识提出了很高的要求。正是这方面的限制，目前国内所有生产厂家生产的机器仍然是对以前引进设备的简单模仿，并没能对原有机器的结构进行大的改进或创新，所以整机的性能没有明显提升。目前生产上使用的有结型渔网机的整机转速大多在 20r/min 左右，生产过程中噪声很大，经线断头频繁，工人接头工作强度较大，整机生产效率较低。编织出的网片有较多漏针，出现网洞，需要再由人工进行修补，既增加了人工成本，又影响了产品质量。

4　结语

目前，我国是全球产业用针织设备的主要市场，经过 20 年来的发展，各类机型均可自主生产。由于国产机器价格较低，因此大多数机型已经完全占据国内市场，并向国外出口。国产设备的整机性能仍然有较大的提升空间，生产企业应加大研发力度，使整机综合性能达到国际领先水平。

参考文献（略）

三维编织技术新进展

胡芳

（中国纺织科学技术有限公司）

高性能纤维及其复合材料是战略性新兴产业,是我国重点发展的产业之一。就纺织复合材料而言,结构增强方式主要包括以下几种:

(1) 离散系统:靠短纤维分布在基体当中,结构整体性由纤维间摩擦力决定。

(2) 连续系统:使用长丝卷绕被增强的物体,层内和层间强度低。

(3) 平面系统:平面织物用于增强基体,层内强度高,层间强度受制于基体。

(4) 整体系统:网状整体,厚度方向有纤维增强,没有层间的差异。

显然,整体的增强系统在充分发挥材料的功能方面有明显的优势。除了机织、针织、缝合之外,编织在整体织物中占重要地位。三维编织技术是国外八十年代初发展起来的新型技术。它是依靠纱线的交互移动编织出复合材料零件预制品的新兴工艺。

编织被认为是生产低成本、有限产量复合材料的关键技术。编织设备的机械原理及其编织织物的本征特性有助于满足结构材料的工程性能。编织技术对混合材料体系和迅速、有限的生产运行是最为理想的。编织物广泛地用于多种工业领域,包括航天、汽车、民用基础设施、工程复合材料、船舶、时尚和纺织。高功能商业应用涉及到多功能的系带、医疗外科用支架、工程绳索、涡轮风扇外壳、飞机螺旋桨、可充气的结构材料、火箭喷嘴、自行车架和轮、硬壳式车辆底盘等。编织也用于制造工业产品,比如,增强的软管。由于工程设计和生产自动控制的不断进步,将会实现更多编织物的应用。

1 编织技术由来已久

编织设备已经经过多次改进,这一点由世界上众多的专利可见一斑。随着每一次的改进,产品也跟着改进。工艺参数影响编织产品的特性,随之对复合材料所用编织物的几何形状也有了完整的理解。

编织技术历史悠久，可以说是古老文明中第一种纺织工艺。有证据表明，绳索的生产可追溯到 17000 年以前。古代中国和日本的文献记载，绳索在公元前 4000 年就有应用。古代的编织是将 3 股或更多股的细线倾斜交错成绳。把三股细线按照梳辫子一样编织，是最简单的编织。模仿手工编织的机器称为编织机，最初的编织机诞生于工业革命之前，从简单到复杂，有多种类型的编织机。

在产业用纺织品领域，编织产业的主要产品是绳、带、缆、网，我国每年有 20 多万吨的产量。但是由于我国现代编织机尚无长足进展，所以在复合材料领域中的应用还在起步阶段。现代编织的定义首先是德国工业标准 DIN60000 给出的："二维或三维织物，线密度均匀，有封闭的织物外观，其编织的纱线在对角线方向相互交错，一直延续到布边。编织物可以是圆柱形、平面或多种其他界面。"

2 早期的编织设备

编织机的演变可以看成是一个不断改进的过程。机器的设计影响织物的体系结构，因此对分析和设计织物结构来讲，机器的设计十分重要。

2.1 五朔节花柱编织机

第一个编织机的专利是在 1748 年英国曼彻斯特发表的。第一台设备于 1767 年在德国巴门用钢铁制成，这种编织机生产薄壁的圆柱体织物，被认定为二维编织（也称为双轴编织）。这种二维类型的机器通常有 16 个或更多的抱平，多用于绳索和缆绳的制造。图 1 是典型的五朔节花柱编织机。与之相对的是三维编织，其纱线的运动是贯穿厚度的。

图 1　五朔节花柱编织机

该编织机具有典型的角齿轮，底部的正齿轮和顶部的槽齿轮。这些齿轮按照相反方向，驱动两组抱平架，使得纱线交错形成制品。编织成型的区域叫做折缝或者叫编织成型点。抱平的运动通过角齿轮完成。角齿轮的插槽能让齿轮传送链借助轨道板，沿着弯曲的路径通过抱平支架。轨道板类似交叉正弦波（反向）。根据设计，轨道板可以在角齿轮上面也可以在下面。轨道板的几何形状和角齿轮的类型，决定运行速度。现代的编织机可以有 3~144 个编织筒子，也可以是固定的支架。

2.2 二维五朔节花柱编织机

双轴编织机是最基本和最通用的二维编织机，纱线安排在两个方向上。在双轴结构中可以有多种循环形式。这些循环形式是由涉及到的工业部门或者复合材料类型来命名的，所以会有不同的名称，最通用的循环形式是 1/1, 2/2 和 3/3。此处，每根纱线在临近的纱线间穿插。这些方式分别称为：钻石、常规、赫拉克勒斯。

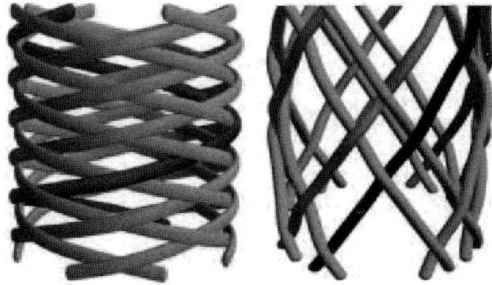

图 2 双轴钻石编织和双轴常规编织

例如，图 2 左边双轴钻石编织，右边为双轴常规编织，这些形式取决于在编织中使用的筒子架。

2.3 三轴编织机和三轴编织物

对五朔节花柱编织机的最简单的改进是插入一根固定的纱线。使用角齿轮和空心轴能够让纱线沿着编织方向相互交错。轴向纱是为了稳定织物，增加长度和减少

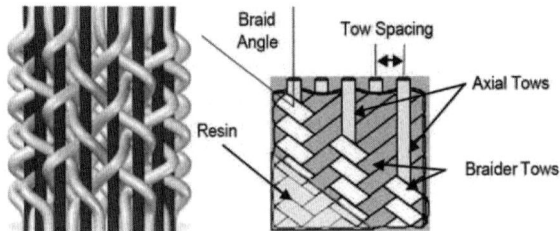

图 3 三轴 1/1 编织（左）和三轴 2/2 编织物（右）

伸长。可以用三维编织生产以上的花样。图3是带有轴向纱的钻石型和常规型编织物。在图3的情况中，轴向纱插入钻石型或常规编织（螺旋形）纱的结构中。

2.4 平面编织设备和平面编织物

对五朔节花柱编织机的另外一种改进产生了平面编织。只要筒子架的移动不是整个圆周，这样就产生了平面编织。完成这种平面编织需要适当改变轨道板，并去除一个角齿轮或改变两个角齿轮，同时适当调节定时器，让筒子架转到末端的角齿轮后，继续往相反的方向运动。这种方式生产的编织物纱线的数量一般是奇数。

图4为不完整循环筒子路径产生平面编织物示意图。对平面编织，有许多种花型。这种设备的专利在19世纪就有很多，包括可以编织黄铜线的设备。此外，还有扶轮编织机、饰带编织机等。

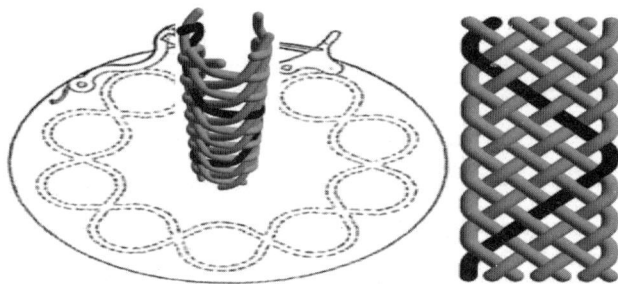

图4　平面编织和平面编织物

2.5 三维编织设备和三维编织

由于传统的复合材料在层与层之间没有纱线或纤维的联结，因而其几何特征和力学性能在一定程度上影响到产品的使用效果。基于航空航天领域对不分层复合材料的迫切需求，20世纪60年代，德国工业和科研单位把重点放在三维编织机的开发上，目的是生产复合材料预制织物，即碳纤维复合材料。从当时一直到现在，不断有专利申请，三维编织物性能的研究一直延续至今。因为三维编织机固有的复杂性，设计的机遇和挑战都存在。

在工艺设计时，按照所要编织的预制件形状、尺寸和所用纱线的细度来确定所用纱线的根数和纱线在机器底盘上的排列方式。所有参与编织的纱线可分为两个系统，一个是编织纱系统，另一个是轴纱系统。编织纱挂在机器底盘上可以运动的携纱器上，而轴纱则直接挂在机器底盘上。

在编织过程中,每个携纱器按一定的规律在机器底盘上沿不同的方向运动,从而带动编织纱运动,但轴纱不动。编织纱在三维空间中进行相互交织交叉的同时,把轴纱包围起来,从而形成一个不分层的整体结构(即预制件)。其中,轴纱对预制件的性能具有进一步增强作用。

机器底盘是三维编织机的关键机构,其构成形式主要有两种:一种是角导轮结构,另一种是行列结构。在角导轮结构中,纱锭被安放在角导轮的缺口中,角导轮的转动带动纱锭运动,同时将纱锭从一个角导轮传递到另一个角导轮上,从而使纱锭在整个机器底盘上产生有规律的运动,使纱线相互交织交叉而形成织物。在行列结构中,携纱器被安放在轨道的槽中,轨道按一定的规律运动而带动携纱器运动(沿行的方向运动)。同时,携纱器在轨道槽中也按一定的规律运动(沿列的方向运动),从而使携纱器从一个轨道的某一位置运动到另一个轨道的另一个位置上,即在机器的底盘上按一定的规律运动。因此,不同的携纱器按照不同的规律运动,使纱线相互交织交叉在一起而形成一个不分层的整体结构。

在 20 世纪 80 年代初,国外研究成功三维编织设备和三维异型整体编织技术。由三维异型整体编织成的复合材料克服了传统复合材料由于层间没有纱线通过而容易分层的弊病。它的出现引起了各国科技界的高度重视,一些发达国家如美国、法国、德国、俄罗斯等都投入了大量人力物力进行研究开发,特别是美国航空航天局,专门制定了一个发展先进复合材料技术的六年计划,准备投资 1 亿多美元来开发三维编织设备和自动化加工技术,以提高复合材料的强度和耐冲击性,并可实现一体成型。

总之,三维编织复合材料的织造技术基本上是从传统的纺织技术基础上发展起来的。各枚纱锭在角导轮的带动下运动,并在交点处从一个角导轮转移到另一个相邻的角导轮上。

该过程的持续重复循环,使每一枚纱锭都以相互连接的“8”字形的轨迹运动,从而使各根纱线相互交织交叉在一起而形成织物。它可以达到任意厚度,形成一个不分层的整体结构。

3 编织技术研究近况

3.1 编织基础理论的应用

在编织过程中,控制适当的张力是最重要的,它影响到产品的质量。同样,在复合材料生产中,要能预测和控制织物复杂的几何形状。计算机辅助工程(CAE)和计算机辅助制造(CAM)技术已经在实践中得到运用,使用伺服运动控制和计算机监视来保证产品质量。

有文献介绍了在编织过程中纱线张力对保证所需编织物几何形状的重要性,并强调作为增强织物,其形态的微小变化会影响到最终产品的性能。影响预制件几何形状的主要因素有:编织的形成点和编织角度与纱线张力和生产速度。工艺参数的变化需要在沿织物长度的方向,取得期望的编织角度,包括心轴的截面,在纱线达平衡状态时,需要固定的时间。这些预想的结果,就要借助 CAM 来实现设计意图。

3.2 编织物的分析技术

精确的预言编织过程是很困难的,需要了解纱线所用的纤维、纱线间的相互作用、纱线与所生产织物的拓扑结构。一般而言,纤维在纱线中多少会有一些捻度,织物中的纤维之间也存在摩擦,而且纱线具有卷曲的几何形状,都必须合理识别。

为了分析编织纺织品,必须首先考虑织物的几何形状。如果建立一个模型,则必须考虑纤维和纱线的不稳定性带来的不规则,所以,即使是较精确的分析,也要做一些简化。最近,研究者们从成型的角度研究编织工程,包括特殊的几何构型、运动学方程、机器运行参数的关系和摩擦的作用。根据成型因素和设备参数预测准确的几何形状,使得编织物可以事先设计、加工和分析。Potluri 和 Sagar 给出了一个模型,能预测在复合材料中,树脂的渗透性能和纤维的体积分数。

3.3 CAE 的现状与高功能复合材料的加工

CAE 已经在纺织工业应用了多年,编织也多次尝试了 CAM。三维编织机的出现需要按照机器的图案设计程序,预测纱线的路径。研究者已经开发了各种产能的 CAE 系统和常规的扶轮编织机器。最先进的 CAE 系统含有数字生成的预成型几何形状和输入给机器的相关图案指令。这一信息用于工程分析,比如,用有限元分析(FEA)在制造前预测预制件性能。

3.4 新方向——真正的三轴编织机和三轴编织

从 20 世纪 90 年代初期,奥本大学的一个研究小组提出了一个观点:编织机代表了多向织造的最高境界。所谓最高境界是指机器中有一半纱线,在任意时刻,在这些纱线之间都形成空隙,而另外一半纱线则穿过这些空隙。常规的织机,一个循环中穿过一根纱线,而在编织机一个循环中,是总纱线数目的一半在机器上运行。这一变化引发了我们的思索:如果大型的编织机在一分钟有 1~5 个循环,就能生产一个大型的圆筒,可以沿着纱线的走向,螺旋状切开得到一个平型的织物。

随着编织机越来越大,纱线穿插的数目拉起动作也变大。但纱线之间的摩擦变得太大,会导致仅靠筒子架沿着轨道活动所产生的张力无法让纱线滑进已经很紧密的编织物(图5)。所以必须采用其他方法,包括真正的三轴编织。

由真正的三维编织机生成的产品叫做真正三轴编织物,其结构是轴向纱与螺旋纱的交错,其结构与通常的三轴织物类似。这一结构与通常的三轴编织不同,原来三轴编织时,轴向纱线在编织纱之间没有卷曲(图5)。但是需要注意的是,有一些轴向纱与螺旋纱交错,而有一些不交错,交错的轴向纱代表真正的三轴结构。

图 5 真正三轴编织的 CAD 模型和真正的三轴编织绳

对真正三轴编织复合材料最初的研究发现,除了在高编织角度时轴向模量高,结构的稳定性高之外,真正的三轴编织物有效的刚性是编织角度的函数,与传统三轴编织的情况一致。在编织角度大于 45° 时,真正的三轴编织在轴向的刚度增加。这样,真正的三轴编织在某些应用中不能替代传统的三轴编织。

4.5 可视卷取装置伺服控制机器的开发

现在已经开发了在编织过程中在线观察和控制的平台,提高了对编织过程参数的理解,有利于改善质量和提高生产能力。编织物的制造过程可以通过调整编织机参数得到改善。精确的制造复杂形状的编织物复合材料部件。满足设计性能的要求,需要有通过机器参数调整,实现对预成型织物的预测和控制能力。

图6 的 CAE 系统是用于目前扩张的拓扑模型,包括动力学、时间响应、编织成型以及机器元件的瞬时行为。它是 4 轴计算机控制的卷取系统,包括 3 个伺服电动机、编织

机译码器、设定的运动控制、图像分析程序和机器使用通用串行总线的网络相机可视系统（UBS）。

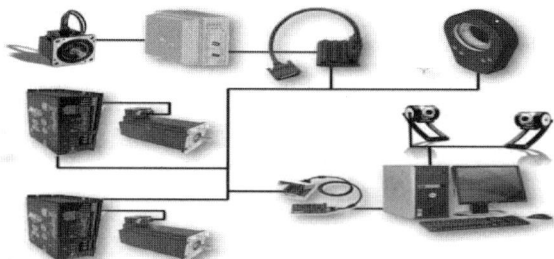

图 6　计算机控制编织系统

5 研发过程举例

目前，涡轮发动机使用的叶片壳（图 7）有两种设计。第一种是软壁风扇壳，用铝做成壳体，外面用干燥的芳纶缠绕。这种设计是为了在叶片破碎穿透铝制的壳体后，可被外面缠绕的纤维所阻挡，不致引起更大损失。另外一种形式是硬型的外壳，只用铝壳挡住叶片，让它返回。但是这种设计存在风险，一旦碎片穿透壳体就会造成二次损害。而用芳纶软壁壳体材料制作，在破裂后，芳纶有吸收能量的作用，减少伤害。

图 7　复合材料涡轮发动机使用的叶片壳

碳纤维复合材料壳体可以减少重量，但是它能否在叶片的冲击下表现出足够的韧性呢？A&P Technology 和 NASA Glenn 研究中心在 NASA 飞行安全和保安计划基金的支持下，推出了新一代碳纤维增强聚合物（CFRP），并将其作为叶片壳的核心材料。因为在这种壳体中，负荷的有效分布能让编织物结构很好地抵抗冲击。而且由于结构中所有的纤维都参与负荷，就产生了本征、结构韧性，在损坏时，吸收大量的能量。因此在重量较小的情况下, 能够满足对柔韧性的要求。这也、是商业飞行器和一级方程式赛车要用编织物作为风扇叶片保护壳的原因。

6 国内三维编织的研究和发展

我国开展三维编织复合材料的研究始于 20 世纪 80 年代末期, 一些企业和院校在国家的资助下, 开展了三维编织复合材料的研究工作。天津工业学院(原天津纺织工学院)1988 年引进了这种编织技术, 在此项技术上进行了开拓性的研究。

20 多年来, 天津工业大学研制出的工程用三维编织装备主要有计算机控制的大型三维编织设备、多台组合式三维编织设备, 解决了织造不同织物结构和不同形状制件的装备问题。开发出了多种规则形状的异型截面预制件(如工型梁、T 型梁、盒型梁等)的三维编织技术和变截面三维编织技术, 解决了织造不同形状、尺寸、织物结构的异型三维编织预制件的关键问题。同时, 开发出三维编织计算机辅助设计软件, 实现了三维编织工艺设计和编织过程仿真。

现在, 天津工业大学已经为我国航天、航空等部门的多个新型号航天器研制出多种急需的高性能三维编织复合材料制件, 研究成果填补了国内空白。

不过尽管如此, 我们和世界其他国家一样, 要攻克为降低生产成本, 实现完全的机械化、自动化生产以及满足批量生产复合材料预制件的需求不断努力, 让编织技术发生质的飞跃, 提升到一个新的高度。

参考文献(略)

纬编轴向织物的开发与应用

丛洪莲　雷惠

（江南大学）

轴向织物是指在织物中平直地衬入纱线的一类纺织品,又被称为无屈曲织物（Non-crimp Fabirc）。轴向织物使一些编织性能差的纤维得以在织物中应用,例如玻璃纤维、碳纤维等。轴向织物与树脂等复合形成的纺织基复合材料具有质轻价廉等优点,广泛应用于产业用领域,产品种类包括防弹头盔、防弹背心、防弹安全轿车、医用脚托、风力发电叶片、增强混凝土材料等。

根据编织方式不同,轴向织物分为经编轴向织物、纬编轴向织物和缝编轴向织物。目前纺织轴向织物中应用最多的是经编轴向织物,经编轴向织物中的衬纱可以保持伸直状态,最大限度地保留纱线的力学性能,国内外对经编轴向织物的研究众多;与其相比,纬编轴向织物在生产效率、工艺便捷性方面存在一定劣势,但是在织物性能方面,纬编轴向织物除了拥有经编轴向织物的性能优点之外,在织物成型性和延伸性方面具有独特优势,成为产业用领域的新宠。国内外对纬编轴向织物的重视程度不断提高,着力研究其工艺及设备的改进,提升产品的科技含量和附加值,来满足特殊领域的要求。

纬编轴向织物具有以下优点:原料适应性广、编织工艺灵活、可设计性强;试样编织时门幅的设定灵活度高、机号改变方便;无须进行整经,可以采用较少的纱管数直接编织;织物弹性和延伸性好,适宜加工复杂外形的成形产品,具有极好的模压成型性;可以成形编织,生产三维立体结构。

1　纬编轴向织物的类型

纬编轴向织物按照编织机器类型分为圆纬编轴向织物和横编轴向织物,不同编织方式具有不同的特点。横编轴向织物的优点是织物衬垫厚度可以任意调节,最大厚度可以达到 5 层（8mm），横机强大的收放针功能使其能够进行成型编织，在编织形状复杂和组织结构特殊的针织物方面有独特优势，无须裁剪即可编织三维全成型织物，如三通管、弯管等；但是横机机头采用直线往复编织，机速难以提高，编织效率比较低。圆纬编轴向织物可以解决横编织物编织效率低的缺点，在编织圆筒形时具有得天独厚的优势，但是圆纬编织物呈螺旋形，在一定程度上削减了纱线的力学性能，受到针筒直径的限制，幅宽较小。目前开发比较多的纬编轴向织物有：筒形双轴向纬编织物、多层双轴向纬编织物、多层多轴向纬编织物以及双轴向纬编间隔织物。

1.1 筒形双轴向纬编织物

筒形双轴向纬编织物是在圆纬机上编织的一类连续的圆筒材料。以平针组织作为绑缚系统，在经向和纬向衬入纱线形成稳定结构。编织时经纱通过固定在针筒上的经纱导纱管输入，纬纱通过固定在三角座上的纬纱导纱管随着三角的转动衬入。经纱和纬纱都垫入织针的针背处，织针上升穿过衬经衬纬纱线层，垫纱成圈编织的新线圈将衬纱固定在织物中，形成稳定的织物结构。由于织物的筒径大于织物内壁，导致织物发生起拱现象，织物起拱引发织物发生织缩，在织物表面产生褶皱。为了解决织物在编织过程中容易发生起拱和起皱现象，需要采用曲线针筒内壁的方法和间隙式感应卷布法对圆纬编机器进行改进。

1.2 多层双轴向纬编织物

多层双轴向纬编织物通常在横机上进行生产，横机的编织方式与经编相似，因此在编织的便捷性方面要优于圆纬编机，只需要采用改进的导纱器和衬纱装置，即可生产出性能优异的轴向织物。采用 1+1 罗纹组织编织捆绑系统，织物中包含 3 层衬纬纱和 2 层衬经纱，衬纱位于罗纹前后表层之间，每层衬纱的原料可以不同。罗纹组织具有良好的弹性和延伸性，因此织物的成形性好。可以作为模压头盔，医用脚拖等复杂曲面结构复合材料的基材。

1.3 多层多轴向纬编织物

多层多轴向纬编组织的绑缚系统采用平针组织，衬纱除了 0° 和 90° 外还加入了 ±45° 方向的衬纱，因此织物可以分担各个方向的负荷，提升了织物的整体力学性能。

1.4 双轴向增强纬编间隔织物

双轴向增强纬编间隔织物是在改进的横机上进行编织的，实现了轴向增强织物与间隔织物的有机结合。织物在前后针床分别编织平针组织,前后两片通过特殊的导纱器进行连接,经纱和纬纱平直地衬入前后针床的平针组织中。

织物的厚度可以通过前后针床之间的位置进行调节。由于采用了全新的间隔方式,可以编织不同厚度的间隔织物,用于质量轻、强度高的夹心结构复合材料。

2 纬编轴向织物的原料

纬编轴向织物中存在绑缚纱和衬纱。绑缚纱所用原料种类比较多,有常规化纤低弹丝、网络丝、牵伸丝,还有高性能纤维,通常情况下采用涤纶低弹丝或高强涤纶丝。衬纱应用较多的是高性能玻璃纤维、碳纤维、芳纶以及高强度涤纶等,其中玻璃纤维、碳纤维、芳纶的应用较多。在最近的应用研究中,高强聚乙烯纤维的研究比重在不断上升。在织物结构、复合方式相同的情况下,衬纱的类型对纬编轴向织物及其增强复合材料的性能影响较大。

2.1 玻璃纤维

玻璃纤维是一种脆性材料,强度高、绝缘性和保温性好,通常利用玻璃纤维作为衬纱编织纬编轴向织物作为复合材料增强体,复合树脂形成性能优良的结构材料,一般用作制造风力发电叶片。按照组分和性质的差异,玻璃纤维可以分为不同级别,目前常用的是 E 级玻璃纤维,但是其密度大,不利于叶片转速的提高,且易被无机酸腐蚀。随着 S 级玻璃纤维生产工艺的改进,E 级玻璃纤维终将被 S 级玻璃纤维取代。玻璃纤维编织的纬编轴向织物通常应用于风力发电叶片、增强混凝土材料等。

2.2 碳纤维

碳纤维是含碳量高于 90% 的无机高分子纤维。碳纤维的轴向强度和模量高、耐疲劳性能好、热膨胀系数小,耐腐蚀性好、密度小,是新一代优良增强纤维,其价格也远远高于玻璃纤维。随着纳米技术的发展,碳纳米结构材料应运而生,碳纳米材料具有更好的抗冲击性、抗弯强度和导电性,使碳纤维在复合材料领域发展的空间更加广阔。

2.3 超高分子量聚乙烯纤维

聚乙烯纤维由线型聚乙烯纺制而成,韧性较好,具有良好的耐化学药品性、耐腐蚀性和电绝缘性,耐热性差但耐湿热性较好,耐光性较差但价格较低。在纬编轴向织物中一般作为衬纱衬入织物系统内,其织物可应用于防弹背心、医用脚拖等对织物延伸性、成形性要求较高的产品中。

2.4 芳纶

芳纶是一种新型合成纤维,具有超高强度、高模量、耐高温、耐酸碱腐蚀、质量轻、绝缘性好、生命周期长等优良性能,价格相对较高。在纬编轴向织物中,芳纶既可以作为衬纱,衬入织物中,也可以作为编织纱线形成捆绑系统。芳纶纬编轴向织物多用于防弹背心、防弹头盔、安全头盔等军用领域。

3 纬编轴向织物的性能特点

纬编轴向织物的衬纱呈平直状态绑缚在织物中,织物具有良好的结构稳定性和力学性能。由于衬纱的组分、容纱量和线密度可以根据实际需要进行设计改变,因此纬编轴向织物的力学性能可以在一定范围内变化。

3.1 弯曲性能

纬编双轴向织物增强复合材料具有良好的弯曲性能。对于衬纱采用单一纤维的纬编轴向织物增强复合材料,玻璃纤维增强复合材料的弯曲比强度和弯曲比模量高于高强聚乙烯纤维增强复合材料,玻璃纤维与高强聚乙烯纤维层间混合织物增强复合材料的比强度和比模量介于两者之间。

3.2 拉伸性能

纬编轴向织物中的衬纱处于平行伸直状态,其对高强高模纱线力学性能的利用率达 90%,远远高于机织物。双轴向纬编复合材料具有很好的拉伸性能,较高的拉伸强度和弹性模量,且横向拉伸性能优于纵向。在拉伸破坏过程中主要破坏模式为纤维抽拔断裂和各层增强织物之间分层,层内有少部分的分层出现,其拉伸断裂为脆性断裂。采用芳纶作为衬纱生产复合材料时,其拉伸性能优于玻璃纤维。

3.3 剪切性能

纬编轴向织物中的绑缚系统通常采用罗纹组织或者平针组织,其在织物的任意方向上均具有延伸性。衬纱在织物中分层平铺,无交织屈曲,在受到外力作用时,会发生滑移和转动,产生自由剪切,衬纱可沿 ±45° 方向发生集束,因而抗剪切性能良好;而且其变形性比经编轴向织物更加灵活,模压成形性良好,避免了起拱现象。

3.4 冲击性能

冲击性能指的是复合材料吸收冲击能量的性能。不同材料的冲击性能由大到小为:高强聚乙烯纤维复合材料>芳纶纤维复合材料>玻璃纤维复合材料。利用两种纤维混合编织的增强复合材料的冲击性能介于两种单一纤维编织的增强复合材料之间。

3.5 平压性能

平压性能是衡量双轴向增强纬编间隔织物性能的一个重要指标。采用 E 型玻璃纤维作为衬纱和连接纱,高强涤纶丝作为编织纱编织的纬编间隔织物作为增强体形成的复合材料与泡沫夹层复合材料的平压性能对比可以发现,其平压强度是泡沫夹层结构的两倍,平压弹性模量是泡沫夹层结构的 4 倍。因此双轴向增强纬编间隔织物具有良好的力学性能和稳定性。

4 结论

纬编轴向织物不仅具有经编轴向织物的优点,而且其原料适应性广、幅宽变化灵活、打样方便、成形性好,在产业用领域具有独特的用途。目前开发较多的纬编轴向织物有筒形双轴向纬编织物、多层双轴向纬编织物、多层多轴向纬编织物以及双轴向纬编间隔织物。不同结构的织物有各自的优缺点,在生产实践领域,可以根据实际需要,取长补短加以利用。纬编轴向织物中对织物性能影响较大的是衬纱的原料,常用的衬纱原料有玻璃纤维、碳纤维、芳纶以及超高模量聚乙烯纤维等。随着科技的不断进步,更多的新型纤维将应用于纬编轴向织物的生产中,提高其科技含量和附加值。

参考文献（略）

国产大动程针刺机的发展现状和技术特点

鞠永农

（仪征市海润纺织机械有限公司）

针刺法非织造材料的生产工艺已经非常成熟，随着新产品的开发，相关设备的性能也在不断改进和发展。近年来，由于针刺法非织造材料的复合技术发展迅速，所以对适合这种生产工艺要求的大动程针刺机的性能提出了更高的要求。陶瓷纤维针刺毯是一种技术成熟的轻质耐火材料，其生产工艺经过几十年的发展也相当成熟，它需要的针刺机动程在已有机型中是最大的，多数超过 100mm。因此非织造复合技术的应用和推广，为国产大动程针刺机的发展带来了机遇。

1 国产大动程针刺机的现状

国产针刺机经过几十年的发展，不同频率的针刺技术已经比较成熟，能分别满足不同类型非织造材料的生产需要。大动程针刺机主要应用在高档厚克重的土工布或土工布复合加工，以及织物厚度较厚的陶瓷纤维毯等领域。

20 世纪 80 年代，国内引进的高速针刺机主要是 Dilo 公司和 Fehrer 公司的针刺设备，但国产大动程高速针刺机主要采用的是 Fehrer 公司的双轴单推杆的主轴箱机构，目前动程一般在 80mm 之下，针刺频率能达到 1000 刺 /min 之上，这类设备主要应用在高档厚克重土工布和土工布复合等领域。低速针刺机在国内有几种机构类型，各有各的技术优点和弊端，针刺频率普遍在 500 刺 /min 之下。而加工陶瓷纤维毯的针刺机动程要超过 100mm，不过针刺频率很低，一般实际应用频率在 100 刺 /min 左右；这类针刺机的机构相对简单，它的针板导向定位常见的主要有两类，一类是滑动导向套形式，另一类是少见的多摇杆机构。

2 国产大动程针刺机的技术发展

国产大动程高速针刺机普遍应用的是双轴单推杆的主轴箱机构,技术比较成熟,其机构动态平衡合理,能够满足机械设计中双轴动态平衡的条件,经过多年的实践检验,得到多数用户的认可。目前,这类针刺机的机型主要有双轴单板下刺和双轴单板上刺两种。不过,随着国产新型针刺机面世,其独特的针梁导向机构也能满足这个领域的工艺需求。

一种中速的大动程针刺机很早就进入市场,其机构是将上面高速机型的主轴箱去掉,仍然采用双轴单推杆机构,将连杆和主轴等放置在上机架内,使用润滑油润滑,尽管机构合理,但它的制造成本偏高、性价比低,订购的用户很少。

大动程的低速针刺机,多数采用单轴单推杆机构,尽管设备使用时有晃动,但能满足用户的生产需要。推杆导向套式的导向机构受到自身条件的制约,推杆处的导向铜套因极易磨损需要经常更换,这在一定程度上影响了非织造布的正常生产,所以在陶瓷纤维毯的生产线中,这类导向机构的针刺机陆续被客户淘汰。于是出现了一种适合低针刺密度的针刺机导向机构,它采用的是多摇杆机构,比较适合需要大动程针刺机的陶瓷纤维针刺毯的生产。通常,用于陶瓷纤维针刺毯的针刺机机型是上下两块针板对刺,而且剥网板随着上面针板也在做同步上下运动,目的是将蓬松的纤维进行拍压成型,让纤维网以一定的厚度通过针刺区。

3 两种非织造材料的生产工艺简介

3.1 多层土工布复合的针刺生产线

近年来,多层土工布复合针刺非织造材料不断发展,图1所示是典型的多层土工布复合针刺生产线设备配置方案,该生产线的工艺是将预刺成型的非织造材料分为三层放卷,使其再次经过刺针的穿刺后相互缠结为所需厚度的非织造针刺材料。其中,底层布料由主动放卷机放布,放卷速度与针刺机的喂入速度同步,上面两层布采用被动放卷,目的是让布料平整不重叠地进入针刺机的针刺区,三层布料经过针刺机刺针的穿刺后成为一体,从而达到一定厚度非织造材料的使用要求。当然,需要放卷的针刺布料是由另外的生产线提供的,这种分段式生产厚克重非织造材料的生产工艺近年来很流行,因为这样可以减少设备的投资,且能生产出一定厚度的非织造材料。该生产线配置的针刺机必须是大动程针刺机,其动程一般为 60~80mm 之间。如果动程继续加大,其针刺频率就降低很多,针刺布的出布速度就慢,直接影响产量。

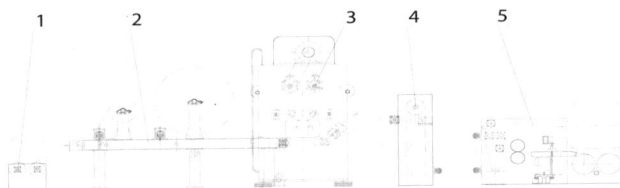

图1 多层土工布复合针刺生产线

1—主动放卷机 2—被动放卷喂入机 3—针刺机 4—容布器 5—纵横切成卷机

3.2 陶瓷纤维针刺毯生产线

3.2.1 陶瓷纤维概述

陶瓷耐火纤维是一种纤维状轻质耐火环保材料,具有重量轻、耐高温、热稳定性好、导热率低、比热小及耐机械震动等优点,因而在机械、冶金、化工、石油、陶瓷、玻璃、电子等行业都得到了广泛的应用。近年来,这种耐火纤维在高温窑炉方面的应用前景广阔,以这类耐火纤维制成的耐火毡、毯类制品,最高使用温度可达到1350℃。它以隔热效果好、使用简便、蓄热小等特征,普遍适用于各式窑炉中,表现出较高的节能性。

3.2.2 陶瓷纤维针刺毯的生产工艺

目前,电阻法喷吹成纤或甩丝成纤、干法针刺制毯是国际上陶瓷纤维毯生产的典型工艺技术。通过改变部分装置和更换原材料及配方,便能生产出传统的耐火纤维,也可生产多种矿物质无机耐火纤维,其生产工艺是以高岭土、工业铝粉、硅灰粉、石英粉等原料以及一些具有一定功效的辅料,按一定的配比均匀混合,送入电阻熔锅将其熔融,经引流、甩丝(或喷吹)成纤后,再经过除渣、集棉便成为陶瓷纤维;若铺网成形的陶瓷纤维继续经过针刺、固化、切边等工序,就形成各个规格的陶瓷纤维针刺毯,其典型的设备工艺流程如图2所示。

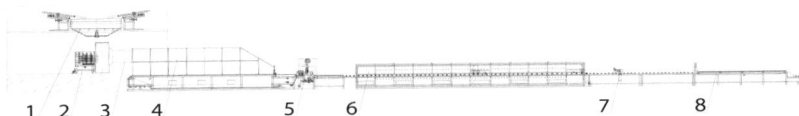

图2 陶瓷纤维针刺毯生产线

1—熔锅 2—甩丝机 3—除渣风道 4—集棉箱
5—针刺机 6—固化炉 7—纵切冷却机 8—横切打卷机

该陶瓷纤维针刺毯生产线的一个典型特征是用电量巨大,通常24h能耗电12000kW·h,其中,熔锅和固化炉耗电量最大。

在陶瓷纤维针刺毯的制备工艺中,熔锅是将高岭土、工业铝粉等原料采用电阻法加热熔化,使成为液浆状态的原料经钼流口垂直流下;甩丝机一般有 2~3 个甩丝辊头,甩丝头上方由熔锅流下的熔浆经过甩丝辊的高速旋转甩为纤维状,甩丝机喷吹嘴的高速吹风将纤维水平吹离甩丝辊,这时集棉箱的强大吸风形成的负压将纤维引入集棉箱内,集棉箱内杂乱无章的吸风将纤维均匀铺成纤维网,并吸附在集棉箱的水平输送帘上;厚度较厚的纤维网经过喂入机的压紧后,进入针刺机的针刺区,而针刺机的剥网板在纤维网刺针穿刺的同时将其进一步拍压,使纤维网成为一定厚度的针刺毯;通过这种工艺成型的毯再经过固化炉的加热,使纤维毯中的特殊成分进一步加热融化,让纤维间的缠结更强,最后经过冷却、切边制成一定长度规格的陶瓷纤维针刺毯。

随着生产工艺的不断创新,设备的功能不断完善,机械结构也在不断改进,其中适合这种工艺的大动程针刺机出现了几种类型,各有各的优点。传统的铜套导向机构已经陆续淘汰,取而代之的是多摇杆导向机构。

4 多摇杆导向型针刺机技术

4.1 技术简介

多摇杆导向型针刺机如图 3 所示,目前主要应用在陶瓷纤维针刺毯生产线中,其整体构架较为简单,加工和装配较为容易,但它的功能齐全,其主要特点是:上下同位对刺,剥网板随上针板同步也作上下往复运动,剥网板与托网板之间的距离可电动调节,下针板的针刺深度可电动调节,上下针板往复运动的导向为双套多摇杆机构。针刺频率为 150 刺/min,植针密度为 1500 针/m,针板动程为 120mm,剥网板动程为 60mm;针板加紧采用气缸压紧机构,更换针板时操作方便;上下两块针板的对刺间距可以电动调整。

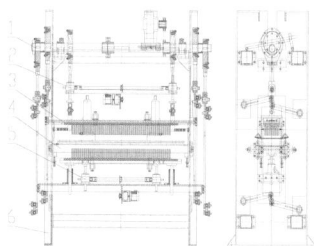

图 3　多摇杆导向针刺机总装简图
1—主传动系统　2—剥网板系统　3—上针板部分
4—托网板部分　5—下针板部分　6—整体机架

多摇杆导向机构在针刺机中的应用,打破了针刺机导向的常规设计,通常针刺机的刺针应该是垂直上下往复运动,但随着 Dilo 公司椭圆轨迹针刺机的出现,给针刺机的发展带来了新的启示。图 4 为多摇杆导向机构的结构简图,针板的上下运动仍由偏心轮带动,但针板的导向是由两套多摇杆机构组合完成的,其主要特点有:上下两套三摇杆机构的零件相互平行;摇杆的左右两端固定,中间摇杆上下运动;两套摇杆机构的中间处固定在同一块固定板上,固定板将针板梁连接在一起;分析机构的运行轨迹可知,针板在上下运动时会在水平方向有几毫米的偏移,这样刺针在上下穿刺的过程中,也在做一个类似椭圆轨迹的往复运动;各零部件的加工和安装精度要求不高。

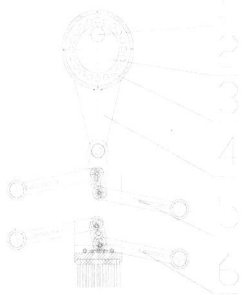

图 4　针刺机多摇杆导向机构之一
1—主轴　2—偏心轮　3—轴承　4—连杆　5—上摇杆总成　6—下摇杆总成

图 5 所示为一个类似的多摇杆导向机构,它与图 4 导向机构的区别在于摇杆固定不动的位置不同,定位点是在中间的摇杆中心,两边摇杆的末端分别与方形框架相连接,针板梁也是固定在这个框架上,这样针板就随框架一起做上下运动了。它的机构原理与图 4 的相似,针板上的刺针也是在作类似椭圆轨迹的往复运动。

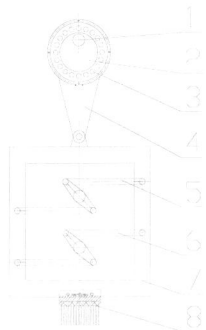

图 5　针刺机多摇杆导向机构之二
1—主轴　2—偏心轮　3—轴承　4—连杆　5—上摇杆总成　6—下摇杆总成

虽然这两种导向机构的原理类似,但具体的结构有所不同,其主要区别有:前者的摇杆固定点在两边有 4 个点,后者的在中间有 2 个支点,相比较而言,后者的加工误差比前者的更容易控制。连接针板梁和剥网板支架的方形框,前者的外形比后者的小,相比较而言,前者的重量比后者的轻一点;因为两者在机架上的固定点不同,针刺机相关机构的位置连接也是不同的。不过,两者控制各自水平方向偏移的方法是一样的,因此,这两种导向机构的使用效果类似,选择哪种机构完全取决于设备自身的结构和空间需要。

4.2　技术解析

这种导向机构的针刺机比较适合大动程、对针刺质量要求比较低的领域。不过,可以改变 3 个摇杆的长度来减少或增加针迹左右偏移的距离。如果适当增加两侧摇杆的长度,并尽可能减少中间摇杆的长度,针板在水平方向左右偏移的距离就很小,机构的这个特点可以应用在各种型号的预针刺机上。近年来,刺针走椭圆轨迹的预针刺机受到很多用户的青睐,因为它能减少刺针在前进方向对布面的划痕,以降低预针刺机的针痕对针刺布品质的影响。一般情况下,预针刺机留在布面上的明显针痕在后续的设备中难以完全覆盖掉。

无论是两端固定还是中间固定的三摇杆机构,在针刺机中应用的是它的上下导向作用,受制于机构自身的特点,它有水平方向很小的偏移。为了防止断针,这个机构最好用在植针密度不大的机型中。当然,对针迹要求不高的针刺非织造材料来说,也是适合的。从这种机构的示意图中可以看出,零件的数量多,相互关联的点也多,这给制造和安装带来很多积累误差,因此,如果本机构用在中高速针刺机中,每个零件的加工误差必须控制在精度要求之内,否则设备可能达不到预期的效果。

5　一种用于陶瓷纤维毯的新型针刺机简介

在陶瓷纤维针刺毯生产线中,只需要一台针刺机,但它对毯的形成起决定性作用。这类针刺机的发展也是由仿造开始的,刚开始的针刺机动程在 100mm 之内,随着针刺毯厚度的增厚,动程逐渐发展为现在的 120mm。由于针刺机的频率很低,主轴的轴承用普通的立式带座滚珠轴承就能满足。改变最大的是上下往复运动的导向机构,普通的铜套推杆导向机构因铜套更换太频繁,逐渐被用户淘汰掉。目前多数用户开始使用多摇杆导向机构的针刺机,或拥有类似导向形式的针刺机。

随着设备制造商对陶瓷纤维生产工艺的深入探讨,相关设备的机构也在不断改进,针刺机便是改进的重点。这类针刺机与常用针刺机最大的不同是剥网板要随上针板同步作上下往复运动,目的是将蓬松的纤维网拍压为一定厚度的形状。现在针刺毯的针刺密度也要求不断增加,这就需要针板增加植针密度。为此,研究人员对针刺机的相关机构进行了改进,以满足市场需求。

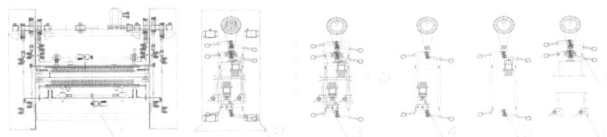

图6　针刺机及其主要机构示意图

1—正视图　2—左视图　3—主要机构组合图
4—上刺传动总成　5—下刺传动总成　6—托网板部件　7—剥网板传动总成

图6为新型针刺机及其主要机构示意图,示意图中的3是由4、5、6、7相应的部件组成的。本文利用麻毡针刺生产线的成熟生产工艺中先上刺后下刺的经验,将这台针刺机改为同步错位对刺的形式,即针刺机的刺针先从下面对纤维网进行穿刺,然后上面的刺针对其进一步穿刺,这样纤维之间的相互缠绕得到加强。这种机构组合的特点是:利用了原有的多摇杆导向机构;同位对刺改为错位同步对刺,即上下两块针板同时向中间相向运动;托网板升降由手动调节改为涡轮升降的电动控制;改变了剥网板到托网板的间距调整结构,剥网板的上下运动导向也改为多摇杆导向机构;主轴支撑轴承由2个增加为4个,改善了主轴的承受能力;植针密度增加1/3,以增大针刺密度。

6 结语

目前,大动程高速针刺机的发展受到材料、导向机构等因素的制约,提升针刺频率的难度较大。但是,近年来陶瓷纤维相关产业发展迅速,尤其是针刺毯的应用领域得到拓展,加快了针刺毯品质的提升,也推动了大动程针刺机的发展。虽然这个领域使用的针刺机为低速机型,但成熟的导向机构会被中速大动程针刺机利用。因此,大动程针刺机具有广阔的发展空间,将会在国产针刺机的类型中成为一个独立的新分支。

参考文献（略）

针刺非织造布设备运行管理初探

黎清芳

（福建南纺股份有限公司）

在全球非织造布行业中,针刺法工艺已成为应用最为成熟、最为广泛的加工工艺。随着针刺非织造布新产品、新技术不断问世,针刺非织造布的应用领域得到不断拓展,目前已被广泛用于土木工程、工业擦拭、合成革基布、环保过滤和车用内饰材料等领域。适用范围广、成本低、见效快、发展迅速等特点,使得针刺非织造布技术具有强大的生命力。但目前,我国在非织造布设备的维修维护技术方面还比较滞后,落后于设备的发展及应用,因此,做好针刺非织造布设备的运行管理,是适应行业发展需要的,也成为企业生产管理非常重要的环节。

1 针刺非织造布设备的状态维修工作

状态维修又称预知修理,是确保针刺非织造布设备正常运行的重要手段。所谓状态维修就是要预先检验设备运行状态,诊断设备异常情况,即在修理之前对设备状态"了如指掌",相比于传统的计划周期维修,更加符合实际情况,使维修有着更强的主动性与针对性。通过事先巡检、确定异常状况,进行事先维修,将故障消除在萌芽中。做好状态维修的前提是勤检测,检测是为了更及时发现故障征兆,对运行过程中的所有设备进行重点检查,并详细做好记录。重点检查重要部位,对重点部位进行高频率检查。对于不易产生问题的部位进行一般性质检查。在巡查过程中出现的问题,需要及时处理,跟踪状态,及时诊断。所以说,检测工作非常重要。对于非织造布设备的检测主要有两种方式,一种是依靠五官进行检测,也就是眼看、手摸、耳听、鼻闻等;一种是使用科学仪器检测设备运行状态。随着科学技术的不断发展,科学仪器的使用范围与准确性不断提高。

2 针刺非织造布设备的计划维修工作

单纯依靠设备状态维修势必影响设备长期稳定运行的可靠性,增加设备"奔溃"的风险。因此,设备维修也需要按照计划进行,即按是计划周期维修。计划周期维修指的是以时间为基础、具有预防性质、按照计划进行适时修理的维修方式,包括设备的保养、小修和大修,它并不需要深入考虑设备的状态以及是否需要修理。

这种维修形式非常注重计划性,是在设备运行状态基础上的修理计划。也就是说,在设备巡检过程中,对于发现有异常的设备,按照轻重缓急以及异常程度分类排队,适时、适度地进行修理。计划周期维修重视事前的检测、搜集信息,进行适时维修。首先要制定出年度保养、小修和大修的总周期计划表,再根据年度总计划表安排每次的工作计划和验收办法,包括所需计划维修的机台号、维修用时、维修内容以及维修后交接验收技术条件。

计划维修面要强调少停机,尽可能充分利用停机空闲时间安排计划,进行设备维修;另一方面,尽可能把所需维修内容考虑周全,并突破一天 8 小时工时限制,进行连续修理作业,降低维修停机时间与次数。编排维修计划还要做到适度维修,仅对故障部位进行拆卸、维修,只需要修理、更换受损零件,进一步降低机配件消耗以及停机时间,提升设备经济效益与设备运转率。

3 计划维修和状态维修相结合

计划周期维护与状态维修有着非常密切的共同点与联系。在计划周期维修模式基础上逐渐形成了状态维修模式,两者都致力于非织造布设备的管理、使用和维护,从而进一步提高机械设备的生产效率与利用率。

由于周期修理方式的局限性和针刺非织造布生产线单机台的特性,非织造布设备的维修不能按传统的纺纱织布设备那样全部采取计划性周期维修,只能采取部分周期维护和全过程状态维修相结合的办法进行管理。做到积极应对并快速处理生产中出现的各种突如其来的机械故障的同时,加强运行过程中的巡回检查,主动发现问题、解决问题。对每位维修人员划分责任机台,要求每天对各自的责任机台进行重点检修,技术员、保全队长做好故障处理纪录;对每一台设备、每一部件出现故障的时间、频率、处理办法建立档案,以便更好的进行预防性维修;对于易损、易坏、易产生质量问题、易引起安全事故的部位,应纳入计划维修范围,制定维修保养计划,做到重点部位重点检修。做好重要部件的计划维修是降低设备故障、提高机械效率的重要保障,经多年生产实践证明,这一维修方式是行之有效的设备管理办法。

4　针刺非织造布设备的润滑管理

润滑工作是减少机械磨损、降低动力消耗的重要手段,由于针刺非织造布生产线流程及设备的特殊性,这项工作尤为重要,因此,必须始终把润滑工作作为设备维修维护的重中之重来抓,需要严格按润滑系统图、润滑周期表和润滑检查表程序开展润滑管理工作。

设备管理人员必须非常明确各生产线、各设备的内部构造、润滑点和润滑要求,绘制所有机型的设备润滑系统图,标明每个传动部件的传动关系,以及各传动部件的油眼部位、加油顺序、加油油量、油品种类和加油周期,避免在加油过程中出现的随意加、盲目加、少加、漏加以及点到为止的现象,从而提高润滑工作的系统性、全面性和有效性,确保润滑的效果。为便于润滑的"五定"管理,把每条生产线按开清、梳理、铺网、针刺和附属设备分为五个部分进行循环,制定润滑责任机台、润滑周期表和润滑检查表,要求各责任机台维修人员必须严格按设备润滑系统图和润滑周期表进行润滑工作,在每次润滑加油结束之后,要求技术员按润滑检查表逐项检查,并做好记录,避免因润滑问题造成大的机械事故而影响生产。

5　提高维修人员的技能水平与综合素质,提升设备运行质量

随着科学技术的迅猛发展和机电一体化的普及针刺非织造布的装备水平也日益提高,传统的依靠经验、感官方式进行的设备检查方式已经无法满足现阶段高科技设备保养工作的需要。所以,积极打造一批高素质、高质量的维修团队,是进一步提升维修质量的关键,并且要不断对在职维修团队成员进行全面培训,打造一批符合企业实际发展需要,能够及时排除故障、准确判断设备异常、掌握新型检测方式的技能型高素质人才。

生产企业还要鼓励技术人员加强学习与研究,不断提高自身综合素质,提高计划维修和状态维修技能,掌握设备正确操作规程和设备性能及结构原理,做到快速、准确判断设备故障,并给出相应处理措施,最大限度保障非织造布设备良好运行,稳定生产。

6 结论

生产企业只有根据自己的装备特点，找到合适的设备维修方式，全面考虑设备运行的各个环节、统筹兼顾，才能提升设备基础管理，提高设备运转效率，降低设备故障率和机配件消耗，保证生产稳定高效进行。

参考文献（略）

针织技术在医用纺织品领域的应用与研究

张艳明

（五邑大学）

医用纺织品指大众保健和医疗机构中病人治疗用的各种纺织品,包括机织物、针织物、编织物和非织造布,其中非织造产品的比例超过 60%,种类多为用即弃型的普通医用纺织品,而机织、针织、编织产品所占份额虽少,但大多是高技术的医用纺织品,如人造血管、医用补片、组织工程支架等。和机织相比,针织技术有着许多特点和优势,如织物结构较松、柔顺性好、孔隙率高、结构设计灵活多变、可成形编织等,非常适用于高技术医用纺织品。本文将按照经编技术、圆机纬编技术和横机纬编技术的分类,介绍几种具有代表性的医用针织产品。

1 经编技术

1.1 经编间隔织物

经编间隔织物使用双针床拉舍尔经编机,前后针床各自编织两个表层织物,中间由间隔丝进行连接,形成三维立体结构,如图 1 所示。两针床之间的距离决定了织物厚度,机型不同厚度也不同,目前经编间隔织物的厚度可达 1.5~60mm,甚至更大。经编间隔织物的特点是结构稳定、质轻、吸湿导湿、弹性好、耐久性好、可循环使用,在医疗上主要用于防褥疮床垫、手术台垫、轮椅坐垫等。

长期卧床的病人容易产生褥疮。经编间隔织物良好的透气性和吸湿导湿性能够防止热量聚集,避免人体与织物接触面的温度过高,而且间隔层可以分散和降低人体产生的压力,从而预防褥疮。床垫的厚度根据使用要求来确定,间隔丝通常选用抗

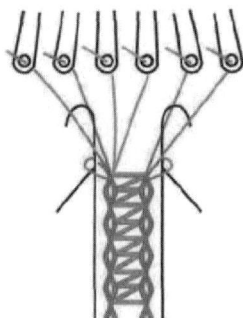

图 1　经编间隔织物编织示意图

弯刚度较大的涤纶单丝,当间隔距离为 40mm 时,选用直径为 0.19~0.20mm 之间的单丝比较合适。图 2 为床垫用间隔织物样品。

图 2　床垫用间隔织物

外科大手术中病人可能要连续几个小时不能动,长时间的压迫会导致身体某些部位产生疼痛,这对手术过程而言会有一定潜在的危险性。用经编间隔织物做成的手术台垫能够有效地分散和减轻这种压力。国外研究表明,这种手术台垫的最佳间隔高度为 6mm,可以降低作用在病人身体上的压力达 25% 以上。而且织物可在洗涤、消毒后重复使用,既降低了使用成本,又符合当前的环保趋势。

1.2 经编管状织物

经编管状织物可在双针床经编机或小筒径圆筒形经编机上进行编织,主要用于人造血管、血管外支架等产品。

(1)人造血管。人造血管用于替代原先狭窄、坚硬的病变血管。与纬编相比,经编人造血管的结构稳定性好，长期植入人体后不会发生过度扩张、脱丝、卷边和脱散，且易于手术处理和缝合。与机织相比，经编人造血管的顺应性较高、不易散边，有利于提高植入后的长期通畅性。另外，经编人造血管在编织好后，一般会采用波纹化处理和高温热定形，在人造血管圆周方向产生波纹，从而增加血管的纵向延伸性和侧向挠曲性，改善血管的顺应性，如图 3 所示。由于上述诸多优点，经编人造血管成为当今商品化的主要产品，也是目前临床中应用最多的一种人造血管。

人造血管要求原料性能稳定、在人体内环境中长期不降解，因此多使用聚酯、聚四氟乙烯纤维。经编人造血管一般在双针床经编机上进行编织，但是梳栉的组成与普通双针床经编机有所不同，需要有多把花梳栉和地梳栉。

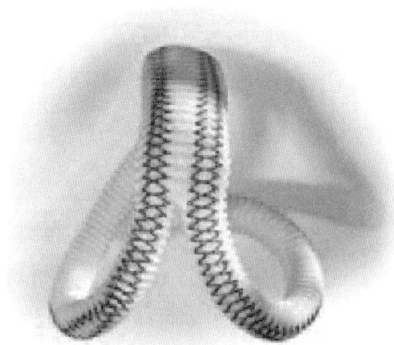

图 3　经编人造血管

（2）血管外支架。血管外支架主要用于动脉血管硬化的自体静脉移植手术，可延缓静脉桥的再狭窄。大量研究表明，承受动脉压力后静脉桥血管过度扩张而引起的管壁损伤是造成静脉桥内膜增生和粥样硬化的首要原因，在静脉桥血管周围放置血管外支架可以防止静脉桥过度扩张，提高静脉桥的远期通畅率。金懿明等采用脱散性小的经编结构，在小筒径圆筒形经编机上编织血管外支架。织物组织为开口经绒，原料为组织反应小、单丝抗张强度大、在生物体组织中强度保留率大的聚对二氧杂环己酮（PDS）单丝，支架直径控制在 6mm 左右。与编织和纬编结构相比，经编结构最大的优点是脱散性小，手术中易缝合。

1.3 经编网状结构

经编网状结构是经编方法的一大特色，其织物主要用于疝修补、心脏托持、吊带悬吊等外科手术中。

（1）疝修补网。疝气是普外科的常见病和多发病。疝修补术是利用人工网片来修补并加强受损的疝气缺口，要求永久植入人体。传统的疝修补网是合成纤维经编网，克重在 $60{\sim}120g/m^2$ 之间，相对较重，而且柔性也不够。新型的疝修补网为聚丙烯单丝经编网孔织物，纤维上涂镀钛金属薄膜，构成专门用于外科手术的钛网（TiMesh），网片内的空隙大于 $10\mu m$，有较强的抗感染能力，而且重量轻，标准型钛网重 $35g/m^2$，轻型的仅为 $16g/m^2$，目前这类疝修补网基本都依赖进口，价格昂贵。国内正在进行镀钛金属纤维的研究。图 4 所示为一种疝修补经编网。

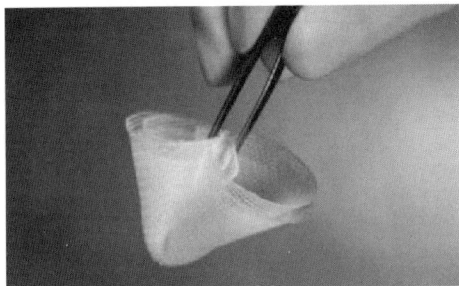

图 4　疝修补经编网

（2）心脏支撑装置。心血管疾病的长期影响会造成慢性心衰竭，心脏变得越来越大，对心肌增加压力。专利产品——心脏支撑装置（CSD），由美国 A-comCardiovascular 公司开发，它是一个按照心脏形状裁剪缝制并热定型而成的弹力经编网袋。织物所用原料为 PET 变形丝，采用经缎组织形成网眼结构，正反两面平滑，容易在心脏的表面滑动，并通过来回滑动调整出最合适的支持力。CSD 的弹力可将心衰竭患者的球形心脏重塑为健康的椭圆形。

（3）尿道悬吊。吊带悬吊术是治疗女性压力性尿失禁的一种有效方法，悬吊术中所用的吊带为经编网孔织物。目前市场上的大部分吊带均由聚丙烯制成，TVT® 与 IVS® 吊带是应用较广的大孔结构聚丙烯悬吊吊带，前者由单丝聚丙烯组成，后者为复丝聚丙烯。相较而言，单丝网片的排异反应更少，感染率更低。吊带疗效不仅与原料形态相关，而且与组织结构也相关。研究表明，孔径越大，吊带的柔性越好，越不易引起周围组织受损，而经编网眼结构在保证吊带一定强度、弹性和耐久性的同时能够获得大孔形态。

1.4 双罗纹经平结构

双罗纹经平是在双罗纹式对位的双针床经编机上编织的双面经编结构，织物抗脱散性较好，可作为人工胸壁的支架材料。人工胸壁用于肿瘤根治性切除手术后对大块缺损胸壁的修复重建。人工胸壁要求材料在术后 3 个月的时间内具有较高强力，之后被人体吸收。可吸收纤维聚对二氧环己酮（PDS）在人体内吸收周期长达 180 天左右，是比较理想的胸壁缺损修复材料。经编织物可任意裁剪，纤维之间间隙较大，利于移植后新生组织细胞在人工胸壁上生长、繁殖。庄辉等选用直径 0.15mm、线密度 160dtex 的 PDS 单丝，在 E18 的拉舍尔型双针床经编机上，采用双罗纹经平结构进行编织，然后用甲壳胺浆液作为涂层剂对人工胸壁涂层，增加织物的硬挺度和抗菌消炎性，最终制成比机织平纹更符合要求的人工胸壁材料。

2 圆机纬编技术

2.1 纬编管状结构

纬编管状结构主要用做人体腔道内医用支架，在人体管腔组织的修复、再生等方面起重要作用，组织为平针或平针添纱，在小口径圆机上编织。腔道支架分为永久性和可降解两大类，永久性支架主要是撑开狭窄的腔道起导流作用，可降解支架则主要用于腔道再生。

金属内支架金属。内支架为永久性支架，用于人体管腔狭窄或梗阻的治疗，能将管腔狭窄处扩张成形，使管腔保持畅通。针织医用金属内支架采用新一代生物医学工程材料——镍钛形状记忆合金丝制成，它不仅生物相容性良好，而且具有形状记忆功能。与编织等结构相比，针织医用金属内支架能均匀扩张，纵向柔顺性好、易弯曲变形，与管腔接触面积小、同质性好，而且纬编特有的脱散性可使其方便地形成各种不同长度。目前，这种内支架在德国、美国、瑞士、法国等均有临床应用，国内除极少部分为手工制作外，基本依赖于进口。张佩华等在自行设计研制的小口径针织圆纬机上使用医用镍钛形状记忆合金丝，采取双针编织技术，得到具有均匀线圈结构的内支架。

可降解支架。可降解支架在人体内能保持几个星期到几个月的强度，然后逐渐被人体组织所吸收，由于支撑力比金属材料小，目前主要用于气管等人体部分内管道的再生。人工气管支架可暂时替代被切除的气管，维持管腔的畅通，便于气管的再生。李毅等采用纬平针添纱结构，面纱为 24tex 聚乙丙交酯 PGLA 长丝，地纱为 30tex 医用丙纶单丝，在专用小口径单面圆纬机上进行编织，织成的管状织物先经甲壳胺（C）涂层和干燥定形，再对内层涂覆医用级聚氨酯（PU），然后在外层涂覆胶原蛋白/羟基磷灰石海绵体（C/HA），最后经冷冻干燥、真空热交联、辐射灭菌，制成人工气管支架。

2.2 纬平针结构

纬平针是针织物的基本结构,使用此结构的有牙周补片、心脏瓣膜缝合环等。牙周补片(又称牙周再生片)是一种用于治疗牙周疾病的微孔膜片,可以引导牙周组织再生。目前使用的牙周再生片大多为国外进口,临床效果以美国 Gore 公司和 Impre 公司生产的 GTR 生物膜为最好。国内尚处于研制阶段。牙周再生片使用生物可降解的聚乙丙交酯(PGLA)和聚乙交酯(PGA)为原料,采用纬平针结构,在单面圆纬机上编织,然后用甲壳胺浆液或壳聚糖进行涂层,以增加织物的硬挺度和抗菌性,涂层后再经干燥、剪裁、定形、环乙烷灭菌消毒、封装。

2.3 绗缝结构

绗缝结构是在上、下针分别进行单面编织形成的夹层中衬入不参加编织的纬纱,在有花纹的地方编织不完全罗纹或集圈形成绗缝,织物厚实、蓬松,尺寸稳定。利用此结构可开发具有天然抗菌抑菌功能的针织医用敷料敷料内层可用竹原纤维壳聚糖等原料,纬平针编织,在使用过程中直接接触伤口,除了吸收体液、附着药物外还对伤口起着主要的抗菌抑菌作用;中间层可用竹原纤维、棉等原料,以衬纬形式喂入,主要是增加敷料厚度,增大敷料吸水量与抗菌抑菌的作用;表层可用竹原纤维、壳聚糖、棉等原料,通过集圈形成敷料外观孔眼花纹,夹持和稳定 3 层组织结构,同时增加敷料的透气性,最终形成 3 层复合针织物结构。

2.4 纬编间隔织物

圆纬机的间隔织物结构和经编类似,也是由聚酯或聚酰胺单丝作为间隔丝将两片分开的织物连接起来而成。两层织物的间隔高度由圆机上针筒和针盘的相对高度决定,可在 1.5~5.5mm 范围内变化,变化范围小于经编间隔织物。圆机间隔织物已应用于床垫覆盖材料上,采用机号 18~32,筒径 106.68cm(42 英寸)的电子提花圆机进行编织。纬编间隔织物透气性好、导湿吸湿、抗压弹性好且弹性可控、温度调节性好、抗水洗,能阻止皮肤表面形成湿热系统,创造一个利于皮肤的微气候系统。

3 横机纬编技术

由于横机的可成形编织技术,其在医用纺织品加工领域一直具有重要地位,可用来加工紧身绷带和贴身服装。除了在整形外科广泛使用外,还用于残肢护理和加工纺织植入体,特别是矫形器领域的新型医用纺织品的发展和市场化对横机针织业具有重大意义。

3.1 纬编衬经衬纬结构

在纬编地组织基础上衬入不成圈的经纱和纬纱所形成,常用基础组织为平针和罗纹。

平针衬经衬纬结构。该结构可用于放疗支架的制作。放疗支架应用于恶性肿瘤及其瘤床残基的近距离放疗,作为放射性同位素(又称种子)的载体,便于控制放射剂量和实施手术,是一种极有发展前景的新型医用纺织品。原料可选用胶原、聚乳酸(PLA)、聚乙醇酸(PGA)、聚乙丙交酯(PGLA)等可降解的生物材料,首先在 16 锭编织机上制备若干菱形组织的导管,内径 1.0mm,并用 1.5% 的甲壳胺浆液涂层后以 70℃的温度热定形;然后使用具有专利技术的新型横机,将制备好的导管作为衬经衬纬纱编织进去,得到针织衬管复合结构的放疗支架。从织物正面到反面依次看到的是针编弧、衬纬管、衬经管、沉降弧。

纬编双轴向多层衬纱织物。该织物基础组织为罗纹,其轴向衬纱为玻璃纤维等高性能纤维,罗纹捆绑纱一般为涤纶等普通纤维,也可采用玻璃纤维,结构如图 5 所示。

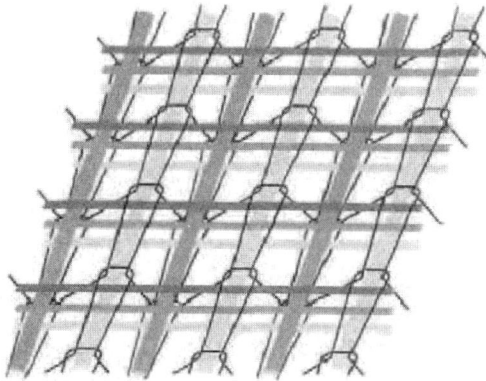

图 5　五层衬纱织物结构

纬编双轴向多层衬纱织物具有良好的可成型性能,用于医疗时可制成符合人体形状的骨科用夹板,例如手肘部和脚踝部。首先将织物用光敏树脂进行复合,并根据人体受伤部位的形状进行成型,然后用阳光或紫外光照射,光敏树脂产生凝固,与织物一起固化成型,成型后的材料与受伤部位形状一致,比普通条形夹板能更好地固定受伤部位。

3.2 横机间隔织物

横机间隔织物的层间厚度为5~25mm,变化范围小于经编间隔织物,大于圆纬机生产的间隔织物。由于横机的成形技术,使得横机间隔织物能满足最终的外形与编织要求,可用于绷带和矫形器的生产。矫形器主要用于运动系统受伤患者和车祸伤员对关节和肌腱支撑支架的需求。例如,为了使膝盖连接稳固,可在膝盖部位编织网孔结构以衬入有机硅树脂环,如图6所示。

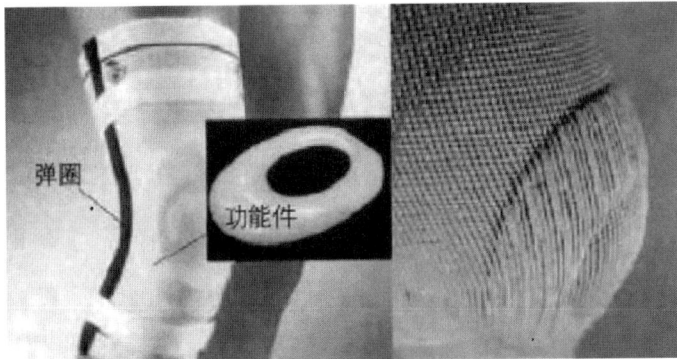

图6　横机间隔织物护膝

随着人口平均年龄的增长和运动受伤患者人数的增加,越来越多的人承受着关节、肌腱、肌肉或是脊柱损伤的痛苦,对关节和肌腱支撑支架的需求逐渐增加,功能性绷带尤其是矫形器的需求量也会越来越大。

4 结语

针织技术在医用纺织品领域的应用研究还很多,由于篇幅限制未一一介绍。针织技术是未来高技术医用纺织品研究和应用的发展方向之一,特别是在组织工程学科中的细胞支架研究。从组织和器官的形状及其所要求的力学特性来说,针织结构的细胞支架是当前常用、最合适的一种结构,也是最有发展前途的,将吸引更多的科研人员进行研究及探索。

参考文献（略）

表面处理工艺对碳纤维增强 PTFE 密封垫片性能的影响

施威　陈晔　阚松

（南京工业大学）

聚四氟乙烯（PTFE）是一种被广泛用于石化工业的材料,具有耐腐蚀,耐高压,耐高低温,耐气候,耐粘污等诸多优异性能。但其仍然存在着易冷流,耐蠕变性差,承载低,线膨胀系数大,导热差等缺点,限制了应用范围。对此,国内外众多学者在 PTFE 性能优化方面作了不少研究,普遍采用的是填充改性的方法优化 PTFE 性能。碳纤维具有高强度、刚度和良好的导热性,作为填充改性材料,可有效改善 PTFE 密封材料的抗拉强度、压缩回弹性能以及高温条件下的抗蠕变松弛性,并提高其使用寿命。

不过,由于碳纤表面反应活性低,与基体粘结界面中存在大量缺陷使得碳纤维增强复合材料的各项力学性能受到不同程度的抑制,同时也无法展现碳纤维自身性能。本文采用碳纤维对 PTFE 进行填充改性制备纤维增强密封复合材料。通过试验探讨和分析了碳纤维表面处理工艺及不同工艺对材料性能的影响。

1 材料制备实验

1.1 主要原料和工艺设备

原料。PTFE 聚四氟乙烯树脂,平均粒径 $30\mu m$;碳纤维,堆积密度 15~55g/L,硅烷偶联剂;市售氧化剂及其他常用助剂。

工艺设备。Instron3367 电子万能试验机;SX20 型箱式电阻炉;202-0 型电热恒温干燥箱;CET-3000 数码电晕处理机;SHR-10A 高速混合机;Y71-63 型液压机;RFX-96 型 PTFE 烧结炉。

1.2 制备工艺

工艺流程。将开松处理后的 PTFE 树脂与经过表面处理的碳纤在高速混合机中混合均匀；将混合料置于模具中，通过液压机以 20MPa 压力作用 10min，期间放气 3 次；将所得坯料放置于烧结炉中以 380℃进行烧结，保温 4h，制得试样。

碳纤的表面处理工艺有以下 4 种。

（1）气相氧化。将碳纤置于箱式电阻炉中，升温至 400℃进行氧化，维持 2h。

（2）液相氧化。将碳纤浸泡在质量分数为 30% 的双氧水中，加热至 100℃，维持 2h 后，取出清洗，再在干燥箱中以 50~60℃的恒温干燥 12h。

（3）等离子体处理。将碳纤置于低温等离子电晕机上，在 600W 功率下对其进行电晕处理 2min。

（4）偶联剂处理。将碳纤置于质量分数为 1% 的 KH-550 乙醇溶液中，升温至 80℃，浸渍处理 2h，再置于干燥箱中干燥 12h。

2 材料性能及其测试方法

2.1 抗拉强度试验

碳纤增强 PTFE 密封复合材料在常温下的抗拉强度按照 ASTMD 638－2003 标准执行，使用 Instron3367 电子万能试验机对试样进行拉伸。试样制作成哑铃型试样，尺寸如图 1 所示。

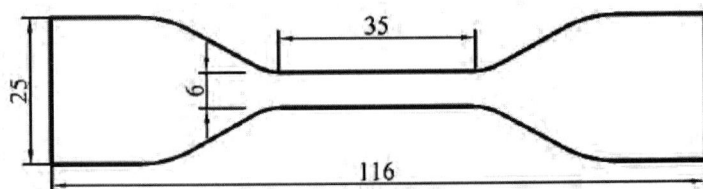

图 1 PTFE 复合材料拉伸试样

2.2 压缩回弹试验

碳纤增强 PTFE 密封复合材料的压缩回弹性能按照 GB/T 12622－2008《管法兰用垫片压缩率及回弹率试验方法》的标准执行。试样制作成面积为 $6.5cm^2$ 的正方形。

2.3　应力松弛试验

碳纤增强 PTFE 密封复合材料的应力松弛率按照 GB/T 12621—2008《管法兰用垫片应力松弛试验方法》的标准执行。测试条件设置在 200℃、35MPa。

3　结果与讨论

3.1　不同表面处理工艺对复合材料抗拉强度的影响

对碳纤增强 PTFE 密封复合材料而言，抗拉强度取决于碳纤与基体的粘结程度，相互间粘结的越好，抗拉强度越高，复合材料越能抵抗张力。

当填充了未处理的碳纤维后，复合材料的抗拉强度大幅度的减弱，其原因主要是由于未经处理的碳纤自身反应活性较低，与基体粘结较差，不能形成有效的复合体。除此，大量自由存在的碳纤个体使得原先连续性的基体被隔断，造成了抗拉强度远不及未填充时的强度。气相和液相氧化两种方法对抗拉强度均有小幅度的提升。偶联剂处理后复合材料抗拉强度有小幅度的降低，分析原因主要是由于烧结过程中，380℃的烧结温度使得 KH550 分解，导致碳纤与基体间产生大范围的弱界面层，影响两者间的粘结性能，导致了抗拉强度的降低。等离子工艺的处理较大幅度的提高了复合材料的抗拉强度，其原因是由于碳纤表面受到等离子作用，产生了—OH 和—COOH，与基体表面发生化学键合。同时，碳纤枝端被等离子蚀刻，使表面变得粗糙，更易于与基体材料的粘结，从而抗拉强度得到 8.02% 的提高。

3.2　不同表面处理工艺对复合材料压缩回弹性能的影响

对于密封材料而言，压缩回弹性能的好坏反映了其在弹塑性变形后，弹性补偿保证密封性能的能力，决定了其密封使用价值。国家标准规定了碳纤增强聚四氟乙烯垫片压缩率应为 8%~18%，回弹率 ≥ 40%。由图 2 和图 3 可知，填充碳纤之后，压缩率和回弹率均有明显改善，这主要是由于填充了碳纤之后，复合材料的弹性模量均有了不同程度的提高。其中，等离子处理工艺，对压缩率，回弹率改善最好，分别达到 11.02% 和 77.79%。

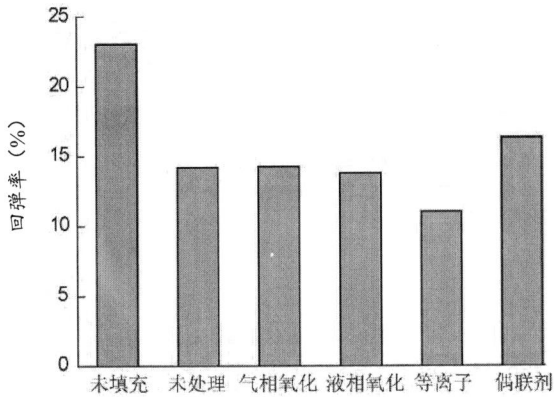

图 2 碳纤维不同表面处理工艺对复合材料压缩率的影响

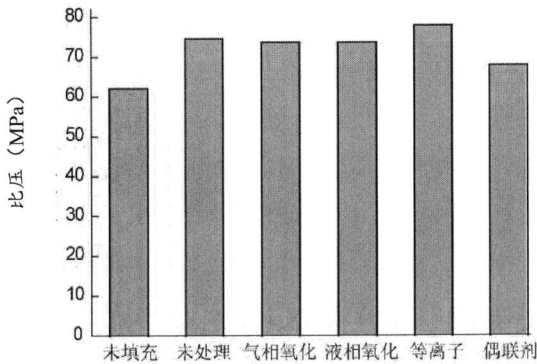

图 3 碳纤维不同表面处理工艺对复合材料回弹率的影响

进一步对等离子工艺处理后的复合材料和未填充碳纤的 PTFE 材料压缩回弹性能进行比较，如图 4 所示，为上述 2 种试样在整个压缩回弹实验环节中形变量与压缩比压的曲线，虚线代表未填充碳纤的 PTFE 材料，实线代表等离子工艺处理后的复合材料。以虚线段为例，从 O 点开始进行加载压缩试样，至 A 点结束，维持载荷不变产生一定的形变量，从 B 点开始卸载直至初加载荷，对应图中的 C 点，C 到 D 为初加载荷下保压阶段。从图中可以看出，经等离子工艺处理后的复合材料回弹曲线下的面积与曲线 O—A'—B'—C'—D'—O 的面积更接近，对应的卸载释放的功与整个压缩环节对试样所做的功就更接近,相应的弹性补偿能力越好,要远远强于未填充碳纤的 PTFE 材料。同时,曲线 B'—C' 段内,材料的蠕变量反应了材料的抗冷流性能。B'—C' 段为 0.0288mm,小于 B—C 段 0.1459mm,表征了经等离子工艺处理后的复合材料抗冷流性得到大幅度地提升。

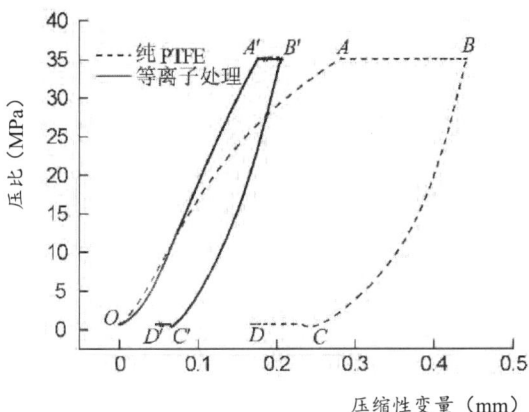

图 4　PTFE 密封材料压缩回弹性能曲线

针对抗冷流性能,测试了经其他几种处理工艺后的碳纤增强 PTFE 材料。从中发现,填充碳纤后的复合材料在抗冷流性能方面均有不同程度的提高,其中气相氧化和等离子处理过的碳纤对 PTFE 复合材料的抗冷流性有较大提高。

3.3 不同表面处理工艺对复合材料高温应力松弛率的影响

对于密封垫片材料而言,当加载螺栓载荷时,压缩应力使垫片发生变形,厚度减小,持续加压一定时间后,材料产生蠕变,使得残余应力减少,进而导致预紧力的减小,密封失效。根据国标规定的垫片应力松弛试验方法,在 200℃、35MPa 的条件下,对经不同表面处理的碳纤增强 PTFE 密封材料进行应力松弛试验。

试验表明,高温 200℃时,随着时间的推移,复合材料的应力下降逐渐趋于平缓,直至稳定不变。同时,填充碳纤之后的复合材料明显在应力松弛方面要优于未填充的纯 PTFE 材料,这是由于填充了碳纤后,使得原先 PTFE 基体内部线型结构变成纤维状网格结构,减少了内部晶格滑移,提升了材料的工作温度和工作载荷。图 5 为 6 种试样的应力松弛率对比。其中,未填充碳纤的 PTFE 材料的应力松弛率达到 63.39%,作为垫片使用时,无法保证在长时间内都有较大密封比压,这样引起密封失效危险的可能相当大。填充碳纤维后,材料的应力松弛率明显降低,特别是表面处理后的碳纤增强 PTFE 复合材料的应力松弛率保持在 45% 左右,完全能够保证垫片正常使用下的密封性能。液相氧化和等离子处理后的复合材料应力松弛率下降更明显,效果更好。

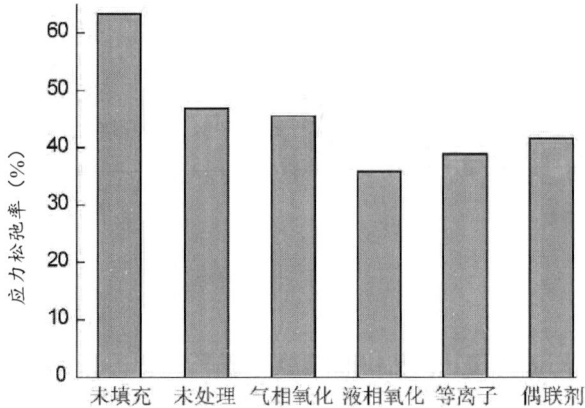

图 5   碳纤维不同表面处理工艺的复合材料应力松弛率对比

4 结论

碳纤维的填充能够改善原先纯 PTFE 材料的易冷流,耐蠕变性差,承载低等缺陷,使得改性后的 PTFE 材料的密封性能得到提高。本文所采用的 4 种碳纤表面处理工艺均可有效提高 PTFE 密封复合材料的压缩回弹性能,降低材料的冷流率和应力松弛率。另外,除了偶联剂处理工艺外,其余 3 种处理工艺均能显著改善密封复合材料的抗拉强度。相比于其他 3 种处理方法,等离子处理工艺能够得到密封性能相对优异的复合材料。抗拉强度可以提高 8.02% 以上,压缩率能达到 11.02%,回弹率能达到 77.79%,具有较好的抗冷流,抗蠕变性能。尤其是在 200℃下,可使复合材料的应力松弛率下降到 45% 左右,满足垫片在高温下的使用要求。

参考文献（略）

双组分非织造材料的开纤工艺与评价方法

卢延蔚 宋卫民

（天津工业大学，中纺新元无纺材料有限公司）

目前，成功应用的超细纤维非织造材料主要包括熔喷非织造材料和静电纺丝非织造材料。其中静电纺丝纤维直径在 40~2000nm 之间，而熔喷非织造材料的纤维直径在 50nm~10μm 范围内。但是静电纺丝技术因其生产效率低而不能满足商业化应用对产品或材料大批量生产的需求。此外，静电纺丝材料强力很低，需要能为其提供必要的机械强力的基布。而熔喷非织造材料除去和静电纺丝材料一样需要额外的非织造材料作为支撑以外，另一个难题就是能够成功进行纺丝的聚合物种类较少。双组分纤维作为生产超细纤维的另一种方法，无论是从生产效率还是材料的基本性能都明显优于静电纺丝材料和熔喷非织造材料。开纤后的双组分纤维直径也可以控制在 2μm 以内，其中不定岛海岛纤维开纤后纤维的直径可以在纳米级。

1 双组分纤维的分类

双组分纤维是指在同一根纤维上同时含有两种聚合物的纤维，它是由两种化学和 / 或物理性能不同的聚合物经过同一纺丝组件纺丝而成的。双组分复合纺丝技术已成为研究开发聚合物纳米纤维材料的重要技术途径之一，目前应用最成功的主要是橘瓣纤维和海岛纤维。

1.1 橘瓣纤维

橘瓣纤维是裂离型双组分纤维中最重要的一种，它是利用两种黏度相近但彼此互不相容的高聚物通过复合纺丝技术加工而成的，因纺丝时两组分交替排列，其截面形似于橘瓣，故形象地被称为橘瓣纤维。目前应用最多的是瓣数为 16 和 32 的橘瓣纤维。此外，此种纤维还有中空和非中空之分，组分的选用多为 PET/PA、PET/PP。

1.2 海岛纤维

海岛纤维又称基质——原纤型纤维，其两组分也是热力学意义上的非相容性聚合物。其中岛组分以原纤化纤维的形式分散在海组分中，从纤维的截面看，原纤化的纤维呈岛屿状分布，它的轴线与整个纤维的轴线平行。依据岛组分分布规律的不同，海岛纤维可以分为定岛型和不定岛型两种。定岛型海岛纤维的岛组分一般分布比较均匀固定，它既可以制作长丝也可以将长丝切断后得到所需长度的短纤维。对比国外较多应用的 108 岛定岛型海岛纤维而言，国内的工艺技术就相对落后，一般应用较多且工艺较为成熟的是 37 岛海岛纤维。不定岛型海岛纤维的岛组分分布既不均匀也不固定，而且岛纤维的粗细也不固定，所以一般而言不定岛型海岛纤维常作为短纤维使用，但是不定岛海岛纤维的岛数目可以达到 600 个，纤维原纤化后直径为纳米级。

海岛纤维常采用溶去基质海组分的方法得到超细纤维，所以海组分一般为有明确的溶解方法和溶剂的可溶性聚合物，如聚苯乙烯、碱溶性聚酯（COPET）、聚乙烯醇（PVA）、聚乳酸（PLA）等。岛组分的选择不仅要考虑到与海组分的热力学不相容，还要能够与海组分的的熔融温度和纺丝温度相适应，所以岛组分多选用聚酯（PET）、聚酰胺（PA）等。

2 双组分纤维非织造材料的生产方法

与熔喷非织造材料和静电纺丝材料不同，双组分超细纤维非织造材料的生产工艺主要包括两部分：非织造材料成形工艺和非织造材料开纤工艺。

2.1 非织造材料成形工艺

双组分超细纤维非织造材料的成形工艺与众多化学纤维非织造材料的成形工艺相同。海岛纤维多采用短纤维直接梳理成网，然后经机械或热轧粘合的方法对纤网进行加固得到常规非织造材料；而橘瓣纤维多以长丝的形式存在，多为纺粘型非织造材料。

海岛纤维非织造材料成形工艺只是海岛超细纤维非织造材料生产的一部分，成形工艺必须考虑海岛纤维开纤工艺对非织造材料结构和性能的影响。Nataliya Fedorova 和 Behnam Pourdeyhi-mi 对水刺加固和热轧粘合作为 PE/PA 海岛纤维非织造材料的成形工艺进行了研究。研究结果显示，当采用热轧粘合作为海岛纤维非织造材料的加固方法时，如果以海组分 PE 的熔融温度作为热轧温度，开纤处理之前非织造材料的强力主要是由海组分 PE 提供，随着开纤处理之后海组分 PE 被溶去,粘结点也随之瓦解,得到的超细纤维非织造材料的强力就会迅速下降;如果以岛组分 PA 的熔融温度作为热轧温度,虽不会出现粘结点瓦解现象,但是材料的断裂伸长以及撕裂性能同样并不理想。而以高压水刺法作为海岛纤维非织造材料的加固方法时,材料的结构均匀而且不会如热轧粘合法出现分层现象。此外,开纤处理后,超细纤维非织造材料的强力有明显的提升,这主要是因为开纤工艺使海岛纤维从一根常规纤维变成很多根超细纤维,纤维与纤维间的摩擦力、抱合力增大,缠结效率增加,使材料的机械性能明显提升。

2.2 非织造材料的开纤工艺

双组分纤维非织造材料的开纤工艺是其成为超细纤维非织造材料最关键的一步。如果开纤工艺选择不当或纤维开纤不完全,非织造材料的机械性能和功能特性将会有很大的离散性。目前比较成熟的开纤工艺主要有机械开纤和化学开纤两种工艺。

2.2.1 机械开纤工艺

海岛纤维是一种组分被另一种组分完全包围的结构,采用机械开纤方法使海岛纤维开纤比较困难;而橘瓣纤维是两组分交替排列,采用机械开纤方法比较容易使两组分裂离而成为超细纤维。

橘瓣形双组分纺粘水刺非织造材料是橘瓣纤维采用机械开纤的方法成功裂离的最典型、最成功的案例,它不仅将化纤中的复合纺丝技术与非织造纺粘技术结合在一起,而且采用了高压水刺剥离技术,将橘瓣形双组分纤维开纤、固结,是不需要经过复杂的纺纱织造工艺,就能一次成布的创新型新一代非织造布高端产品。最具代表性的是由德国 Freudenberg 公司研制的产品 Evolon。Evolon 是已经成功商业化的橘瓣形双组分超细纤维非织造产品,它利用高压水刺射流对 16 瓣 PET/PA 橘瓣型双组分纤维进行开纤而得到耐久性超细纤维非织造材料。纤维裂离后得到的超细纤维直径在 $2\mu m$ 左右。PET/PA 橘瓣型双组分纤维之所以能够通过高压水射流而得以裂离主要是因为 PET 和 PA 是两种互不相溶的聚合物,在它们的边界处存在弱边界效应,在高压水射流的冲击下很容易裂离。

作为一种既环保又具有高附加值的技术,很多科研工作者对水刺开纤技术倾注了极大的热情和心血。有研究发现,$1.50\times10^4\sim2.0\times10^4kPa$ 的高压水射流也只能使海岛纤维非织造材料的表面得到部分开纤,而要使海岛纤维非织造材料的表面得到完全开纤则需要 3.00×10^4kPa 以上的水针能量。水压的能量越高对设备的考验也就越大,同时也是一种能源和资源的浪费。而且形成的超细纤维非织造材料上下表层结构较为致密,中间较为蓬松,形成一种"夹生板"的结构,不利于产品的实际使用。

针刺开纤技术与水刺开纤技术一样同属于机械开纤的范畴,其优势是既可以对橘瓣纤维进行开纤裂离得到超细纤维,还能同时对纤维进行缠结加固,既简化了工艺流程、降低了生产成本,同时加工过程不会对环境造成污染。但是与水刺开纤技术的柔性相比,针刺技术对纤维的作用是一种刚性的冲击,作用过于强烈,在开纤固结的过程中很容易损伤纤维,故开纤效果不是十分理想。

2.2.2 化学开纤工艺

海岛纤维及其集合体的开纤工艺常采用化学开纤的方法,即常说的减量法。化学开纤主要包括溶剂开纤和水解(碱解)开纤。

化学开纤是利用碱或甲苯溶液对纤维中的海组分有溶解或萃取的作用,所以可以通过完全去除海组分达到海岛纤维开纤的目的。使用此种方法时需要根据纤维组分的不同来控制溶解液的浓度、温度及溶解时间。如果上述条件控制不当,会导致海岛纤维开纤不完全,超细纤维的优势无法凸显;或导致海岛纤维开纤过度,非织造材料强度明显下降并且造成不必要的能源和资源的浪费。

化学处理法中的碱处理法对橘瓣纤维的开纤作用也比较明显,但是橘瓣纤维的开纤与海岛纤维不同,它不需要完全溶去一种组分,只需两组分间能成功裂离即可。所以对于橘瓣纤维而言,碱处理的方法较之机械开纤工艺更为繁琐,需要控制好碱液浓度、处理时间以及处理温度才能得到开纤效果较为理想的超细纤维非织造材料。此外,有些机构也研究了橘瓣纤维的热处理开纤工艺,热处理法开纤工艺要求橘瓣纤维中的两种组分的热收缩性差异足够大才能达到良好的开纤效果,但是热收缩性差异大的不同聚合物往往难以满足双组分纺丝工艺的要求。

不同的开纤工艺各具优势。从长远来看,机械开纤的工艺流程较短,开纤的同时使纤维之间相互缠结加固,一定程度上简化了工艺流程并降低了生产成本。机械开纤无须溶去某一组分,避免了环境的污染以及资源的浪费。而化学开纤虽然会因某一组分的溶去而造成能源浪费,但是相较于机械开纤而言,其得到的纤维更细更均匀;尤其是随着碱溶性聚酯(COPET)的广泛应用及海岛纺丝技术的发展,化学开纤工艺造成的环境污染已逐步减少。

3 双组分纤维非织造材料开纤效果的评价方法

双组分纤维必须经过开纤才能成为超细纤维,产品的优良性能才能凸显。因此,系统的评价双组分纤维的开纤效果或超细纤维在纤网中的含量至关重要。目前,评价双组分纤维开纤效果的方法主要分为直接评价和间接评价两种方法。

3.1 直接评价法

评价双组分纤维开纤效果最直接的方法是测定开纤率,开纤率是指双组分纤维开纤的根数占完全开纤时纤维总根数的百分比。但是该评价方法适合用于纤维束、纱线或机织物等排列整齐的材料,而非织造材料纤维杂乱分布、相互缠结,难以获得较为整齐的表面和截面结构,并且开纤后的纤维细小,必须使用扫描电镜观察,增加了观测难度,而且花费昂贵。所以用开纤率来表征双组分纤维的开纤效果并不理想。

另一种直接表征双组分纤维开纤效果的方法是测定失重率,它是指溶解组分的量占原有材料总量的百分比,失重率常用于海岛纤维开纤效果的表征。但是在海岛纤维开纤的过程中失重的部分不仅包括溶解的海组分,有时还包括因开纤过度而失去的岛组分和纤维表面未完全除掉的油剂以及非织造材料在开纤过程中部分纤维脱落而引起的失重。所以采用失重率来表示双组分纤维的开纤效果往往偏大。此外,当失重率较小时,失重率不能完全代表开纤率。因为此时只有部分海组分被溶去,岛组分仍保持粘连状态并没有成为单根超细纤维。所以只有当海组分完全溶去,开纤率才能由失重率表征。

Yoon-Jung Kwon, Joonseok Koh 等研究了利用一种阳离子染料对开纤后的海岛纤维织物进行染色,再使用紫外光分光光度计测定染色后织物的色强度,并以此来表征海岛纤维的开纤效果。这种阳离子染料之所以能成功应用的原因是海组分 COPET 中的磺基(sulpho-group)能够被阳离子染料染色,而聚酰胺则很难被染色。

采用测量染色程度的方法来表征开纤效果比直接测量失重率的方法精确,与扫描电镜观察法测开纤率相比操作简单且节省费用。

3.2 间接评价法

双组分纤维超细化的目的是提高产品最终的性能,因此开纤前后产品性能的变化可以作为评价双组分纤维开纤效果的间接方法。

前文已提到,采用水刺法加工的 PE/PA 海岛纤维非织造材料开纤后,非织造材料的机械强力有明显的提升。因此以双组分纤维非织造材料的失重率为自变量,双组分纤维非织造材料的机械强力为因变量,可以建立相关函数关系,以此找出使非织造材料强力达到最大值的失重率。

与机械性能有所提升一样,双组分纤维非织造材料其他特殊的性能指标也可以间接表征其开纤效果。以过滤材料为例,过滤材料的过滤效率与纤维直径、非织造材料的孔径和孔隙率有关。而随着双组分纤维的一步步开纤,纤维直径越来越细,非织造材料的孔径变小、孔隙率变大,过滤效率随之提高。因此可以建立纤维开纤效果与非织造材料过滤性能的函数关系,在某一特定的过滤颗粒直径和迎面风速下过滤效率最高时的开纤效果即为最佳。

以上所使用的间接评价双组分纤维开纤效果的方法并不能够保证在某一指标最优的情况下,纤维是完全开纤的。但是从应用的角度分析,只要相关的指标达到甚至超过某一应用的要求,我们就可以认为此时的开纤效果是最好的。

通过分析可以看出,无论是采用直接评价法中用的开纤率法、失重率法和染色法,还是采用开纤前后产品性能的变化作为评价双组分纤维开纤效果的间接方法,在测试方法和表征开纤效果方面都存在一定的局限性,应视具体情况合理选择,对此各方还须进一步研究探讨。

4 结语

双组分纤维是指在同一根纤维上同时含有两种聚合物的纤维,目前应用最成功的主要有橘瓣纤维和海岛纤维。双组分超细纤维非织造材料开纤工艺有机械开纤和化学开纤两种工艺,应根据双组分超细纤维品种选择其开纤工艺。用于评价双组分超细纤维材料开纤效果方法有直接评价和间接评价两种方法,两种方法在测试方法及效果表征方面都存在一定的局限性,有待进一步研究探讨。

自从 20 世纪中叶双组分纤维被开发以来,不断发展的双组分复合纺丝技术已成为研究开发聚合物纳米纤维材料的重要技术途径之一。而双组分超细纤维在仿麂皮和超纤合成革上的成功应用给了人们莫大的启示,凭借其超细的纤维结构以及简单的生产工艺和较高的生产效率,双组分超细纤维必将在过滤材料、清洁材料、装饰材料等领域大放光彩。

参考文献（略）

非织造布设备中锡林辊体的平衡分析

卢振青

（青岛纺织机械股份有限公司）

在非织造布生产线设备中,大量运用转动的辊体包覆针布来实现对纤维的开松、梳理和转移。锡林是非织造布梳理机的关键件,也是主要的梳理件,因此锡林在生产中的稳定性已成为梳理机的关键要素,直接影响着产品的产量和纤维成网的质量。对于如何提高锡林辊体的平衡质量也成为梳理机设计和制造中需要认真研究的关键课题。

1 锡林不平衡的产生和影响

1.1 造成锡林不平衡的原因

造成锡林不平衡的原因有:辊体的材质不均匀;锡林的设计结构造成的不均匀;锡林在生产加工时,由铸造、焊接、机加工和装配过程中产生的偏差造成的不均匀;锡林在长期使用中磨损、变形造成的不均匀等。

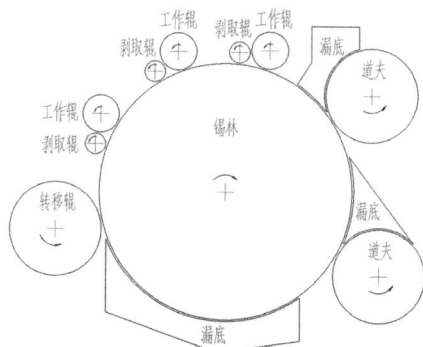

图 1　锡林相关结构简图

1.2 锡林不平衡的影响

各个辊子都是包裹着不同型号的针布，通过不同的针布齿形和辊体的相对转速，对纤维进行着转移和梳理，而且如图1所示，锡林被道夫、转移辊、工作辊、剥取辊和各漏底包围，并由于工艺要求它们之间存在一定的隔距，范围在 0.2~3mm 之间。若锡林不平衡不仅会对支撑锡林的轴承产生冲击，加快轴承磨损，使梳理机产生振动、噪声，严重的情况会使锡林和道夫、转移辊、工作辊、剥取辊和各漏底之间的隔距发生变化，影响产品的质量，更严重的还会使针布损伤，降低设备的使用寿命。

2 锡林不平衡的形式

平衡一般分为静平衡和动平衡，视辊体的形状、转速和工作条件等因素而定，选择原则见表1。

表 1　静平衡和动平衡选择原则

平衡方法	辊体长度 L 与辊体外径 D 的关系	工作转速
静平衡	$D \geq 5L$	任何转速
动平衡	$D \leq L$	转速大于极限转速

除表1所示两种情况外，当 $L < D < 5L$ 时，要根据辊体的支撑强度、刚性和转速等因素结合使用情况来决定采用静平衡或动平衡。

当锡林绕定轴以等角速度 ω 转动时，其各质量离心惯性力将形成一个合力 R 和一个合力矩 M，经简化有以下四种形式，如图 2 所示。

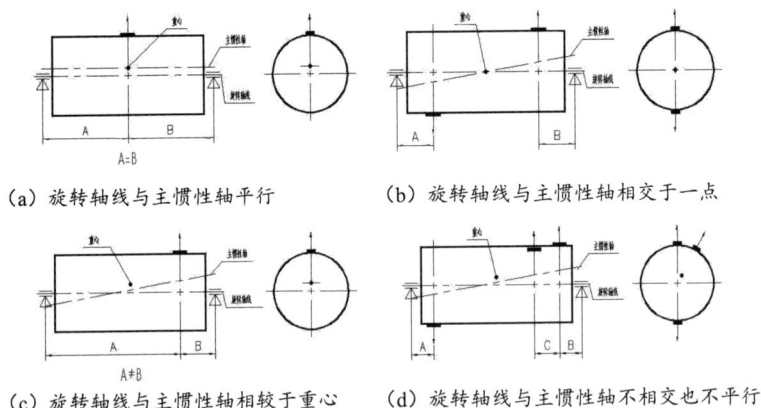

（a）旋转轴线与主惯性轴平行　　　　（b）旋转轴线与主惯性轴相交于一点

（c）旋转轴线与主惯性轴相较于重心　　（d）旋转轴线与主惯性轴不相交也不平行

图 2　锡林不平衡的形式

在图 2 所示形式中，（a）形式为典型的静不平衡，辊体旋转的主惯性轴和旋转轴线不相重合，但相互平行，重心不在旋转轴线上，旋转时便会产生不平衡的离心力；（c）形式为典型的动不平衡，辊体旋转的主惯性轴和旋转轴线相交，且交于重心上，此时重心在旋转轴线上，处于静态平衡，但旋转时会产生不平衡力矩；（b）和（d）形式是实际生产中最常见的形式，既存在静不平衡，又存在动不平衡，辊体旋转的主惯性轴和旋转轴线不相平行，而且重心也不在旋转轴线上，旋转时产生一个不平衡的离心力和一个力矩。

由于梳理机锡林的辊体长度 L 大于辊体外径 D，而且转速一般在 200r/min 左右，可视为刚性转子需要进行动平衡。可以在任意两个垂直于轴线的平面内同一半径上分别调整一组对称平衡重量来消除不平衡量，使锡林达到平衡。

3 锡林平衡方法的选用

所有造成锡林不平衡的因素都是随机的、不可避免的，而且无法用计算的方法得到，只能通过静平衡或者动平衡实验的方法来测定并校正，使不平衡量降低到实际使用时允许的范围内。

由图 2 可以看出，静不平衡只需在一个校正面上进行，而动不平衡需要在两个或两个以上的校正面上进行。校正方法有加重法、去重法和调整校正质量法。

（1）加重法。在已知该校正面上的不平衡量的反方向上加质量，使附加的质量产生的不平衡量与原不平衡量抵消。加重法常用焊补、螺纹连接、铆接、胶接等方法进行，必须连接稳固，不得有松动、位移等现象发生。

（2）去重法。在已知该校正面上的不平衡量的反方向上去掉部分质量，使去掉的质量产生的不平衡量与原不平衡量抵消。去重法常采用钻、磨、铣、挫、激光打孔等方法进行。

（3）调整校正质量法。在辊体预先设计好各种机构调整校正质量的大小和方位，产生加重或去重达到的效果。

在锡林的平衡中，多采用工艺相对简单方便的加重法，在锡林两侧平面上增加一定的平衡重量，使锡林达到平衡要求。

4 锡林的平衡精度等级及计算方法

国际上平衡精度等级分为 11 个等级，每个等级间以 2.5 倍为递增，从最高的 G0.4 到最低的 G4000，是国际标准化组织制定的国际公认的 ISO 1940 平衡等级。在本分级中，纺织机械处于 G2.5 平衡等级，一些高精的锡林辊、道夫辊应提高一个等级到 G1 平衡等级。

因此在梳理机锡林的设计和加工过程中,应按照 G1 平衡精度等级来进行计算和调整。允许不平衡量的相关计算公式如下:

$$mr=Me;\ e=1000G/\omega;\ \omega=2\pi n/60$$

式中: m——允许不平衡量, g;

r——平衡半径, mm;

M——辊体质量, kg;

e——偏心距, μm;

G——平衡精度等级, mm/s;

ω——旋转角速度, r/s;

n——转速, r/min。

综上所示,经三个公式合并整理,允许不平衡量 m 约为: $MG/rn\times10^4$ (g)。

试验所用 BG232G-25 型梳理机锡林质量大约 4000kg, 选择 G1 平衡精度等级, 转速为 280r/min 平衡半径 600mm 的情况下, 带入上式则有:

$$m=\frac{4000\times1}{280\times600}\times10^4=238(g)$$

计算出锡林的允许剩余不平衡量为小于或等于 238g, 平均分配到两平衡面上则每侧需小于或等于 119g。

5 锡林设计和加工时对动平衡要求应采取的措施

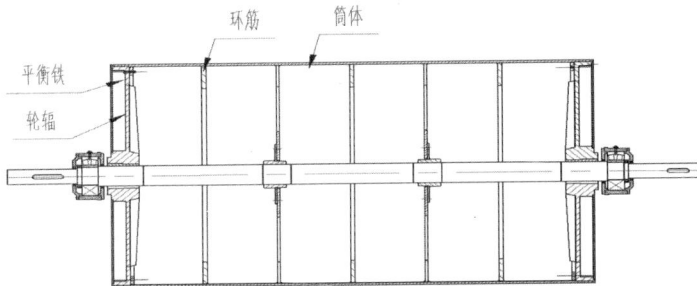

图 3 锡林结构简图

5.1 在锡林设计上采取的减少不平衡量的措施

一般来讲, 如图 3 采取的减少不平衡量的措施主要有: 筒体壁厚的设计在满足要求的情况下尽量薄，以减少锡林质量；环筋的分布要均匀；两端轮辐的设计要均匀；采用相对简单方便的加重法，以螺纹固定平衡铁；采用两平面校正平衡，此时两平面一定要在辊体重心的两侧，平衡半径尽量加大且两平面相对位置越远越好。

5.2 锡林加工工艺上采用的减少不平衡量的方法

在锡林加工工艺方面，为了减少不平衡，通常的方法是：以筒体内壁为基准加工外径；注意环筋高度的一致性，焊接时焊点的均匀性；平衡块在锡林上连接必须采取防松措施，不得出现松动位移的现象。

参考文献（略）

第三篇　标准与检测

- 我国非织造布机械标准体系研究

- 防弹材料保护套现状及性能测试分析

- 高强绳索的打结强力与拼接强力的实验研究

- 简析我国功能性纺织品标准的完善

- 芳纶在阻燃防护服中的应用及检测

- 聚丙烯非织造布光老化性能的评价方法

我国非织造布机械标准体系研究

亓国红

（恒天重工股份有限公司）

近10年以来，我国产业用纺织品产业得到了快速发展，其应用领域已涵盖了过滤与分离、医疗与卫生、安全与防护、土工合成材料、高性能纺织复合材料、交通运输、农业、建筑等多个行业，并带动了上下游相关产业的发展。随着我国综合国力的增强，工业化程度将得到进一步提升，产业用纺织品的需求量也将越来越大。可以说，一个国家产业用纺织品生产技术的发达程度已成为该国纺织工业技术进步的重要标志。作为产业用纺织品重要的组成部分，非织造布产品的开发和应用颇受重视，我国在《纺织工业"十二五"科技进步纲要》中也提出，要重点发展非织造布土工材料、过滤材料、农用纺织品、医疗卫生用纺织品、防护材料。因此，非织造布技术装备迎来了难得的快速发展机遇。

非织造布产业的快速发展得益于原材料的多样化和差别化，得益于纤网固结工艺的短流程和高速度，得益于不断创新的后整理技术，更离不开非织造布机械装备性能和品质的提升。目前，我国已形成以湖北仙桃、浙江绍兴、江苏常熟、湖北汉川和浙江桐乡为主的五大非织造布生产基地，纺粘、熔喷非织造布生产线有1000多条，80%以上为国产设备。针刺法非织造布生产线则更多，仅江苏常熟市任阳镇针刺机年生产能力足够装备300多条针刺生产线。国产非织造布设备在高速发展的同时，也存在良莠不齐的现状，一些技术含量低、产品质量差、能耗高的设备对非织造布行业的发展产生了不良影响。行业内部也一直在呼吁加快制定相关非织造布装备技术标准，以规范和引导非织造布机械市场。可见，加快非织造布机械及相关领域标准的研究，搭建和利用好技术标准平台，对促进非织造布产业的发展具有重要意义。

1 非织造布机械标准的现状与市场需求

1.1 国内非织造布机械领域标准现状

非织造布机械按纤维成网方式分为梳理成网法、气流成网法、纺丝成网法(包括熔喷、纺粘及其复合法),按纤维网固结方式分为针刺法、水刺法、热轧法、热风粘结法、化学粘结法等几大类。非织造布机械是一个相对"年轻"的纺织机械分支,在非织造布生产流程中,除了专有的成网和固网技术外,还大量借鉴了棉纺开清技术、化纤纺丝技术、造纸技术、印染及后整理技术,非织造布机械的发展有许多方面需要依靠标准进行规范和引导。

与非织造布产业的快速发展相比我国非织造布机械标准方面的研究显得不尽人意。目前,我国已发布实施的非织造布机械方面的行业标准有12项,这些标准主要涉及理机、交叉铺网机、针刺机、水刺机、热轧机、纺粘和熔喷复合法非织造布生产联合机等,基本上是非织造布机械主机类标准,对非织造布机械行业的发展、促进企业产品质量升级和对外出口贸易起到了应急性的作用。非织造布机械方面的国家标准则更少,只有两项采用 ISO 国际标准转化而来的基础标准,分别是 GB/T 7111.3—2002《纺织机械噪声测试规范 第3部分:非织造布机械》和 GB/T 17780.3—2012《纺织机械安全要求 第3部分:非织造布机械》。这两项 ISO 国际标准的出台,主要是欧盟在配合其市场进行 CE 合格评定时,发布的纺织机械安全和噪声系列标准的一部分,就其内容而言,远未包括目前的非织造布机械种类,因此,尽管我国将其转化为国家标准,但其发挥的作用及产业认知度等显现出明显不足。

造成我国现行非织造布机械技术领域的标准数量和整个行业的发展规模相比不甚相符的原因,一方面是由于非织造布机械借鉴了其它传统纺织装备技术,这些传统纺织设备的标准暂时可以参照,如棉纺开清设备、织物圆网烘燥机和烘筒烘燥机、印染后整理设备等;另一方面,则是由于非织造布机械的发展历史较短,标准的研制没有及时跟上。这也从一个侧面反映出加快研制非织造布机械标准的紧迫性。从我国现有非织造布机械标准的内容看,非织造布机械的分类、概念、术语等基础标准缺失严重;非织造布在线检测装置和非织造布后整理设备关系到行业向高端发展,而这方面的标准也基本空白。

1.2 国际非织造布机械领域标准现状

非织造布机械在国际纺织机械领域中也同样属于一个相对"年轻"的分支,但由于非织造布产业的快速发展,国际非织造布机械的相关标准正逐渐引起重视。目前,与非织造布机械相关的国际标准主要有两项,分别是 ISO 99023:2001《Textile machinery-Noise testcode-part 3: Nonwoven machinery》和 ISO 11111:2005《Textile machinery-Safety requirements-part 3: Nonwoven machinery》,我国均参照采用转化为相应的国家标准。

按照 GB/T 20000.2—2001《标准化工作指南　第 2 部分:采用国际标准的规则》的规定,采用国际标准的我国国家标准,与国际标准的一致性程度分为"等同""修改""非等效"等 3 种,并应优先等同采用。而我国在将上述两项国际标准转化为国家标准时,均是修改采用,而非等同采用。其中的原因,一方面是这两项标准中引用的 ISO、IEC 标准尚未完全转化为我国标准,但更主要的原因是这两项标准中提及的非织造布机械种类和结构与我国市场中的非织造布机械不完全对应。以目前对非织造布机械的认知来看,这两项国际标准还非常不完善,所以只能修改采用。此外,非织造布机械方面还有两项处于送审阶段的国际标准,分别是 ISO/CD 18599《Strips for water jet solidification(水刺机用水射流板)》和 ISO/CD 18600《Web roller cards-Terms and definitions(罗拉式梳理机术语和定义)》,目前正在进行跟踪研究。

从某种程度上来说,我国非织造布机械标准的总体水平与国际处于同步阶段,非织造布机械"年轻"的特点给我国提供了一个与国际发达国家同步研究该技术领域标准的契机。

1.3 国内市场对非织造机械标准的需求

为了解决我国非织造布机械标准缺失的问题,加快非织造布机械标准的研制,促进并适应我国非织造布产业的快速发展,经中国纺织工业联合会提出申请,国家标准化管理委员会于 2013 年 1 月批准成立了全国非织造布机械标准化分技术委员会,负责非织造布机械领域国家标准和行业标准的制修订。目前,国内市场对非织造布机械标准的需求主要集中在以下 5 个方面。

(1)加快非织造布机械术语和概念方面标准的制定。近年来,我国非织造布产业一直保持着快速增长的势头,而非织造布机械术语和概念的模糊对国内外贸易和交流产生了不利影响。例如,什么是上刺式(或下刺式)针刺机?是针板在纤维网上面叫"上刺式"还是刺针向上刺叫"上刺式"?又如,纺粘法非织造布气流牵伸装置中,窄狭缝的概念究竟是什么?"窄狭缝式气流牵伸装置"、"多套气流牵伸装置"、"小狭缝式气流装置",3 种称谓哪个更好?甚至,"非织造布机械"和"非织造机械"哪一个概念更适合目前我国非织造产业的发展,等等。

（2）优先制定非织造布专件标准。由于计划经济体制下长期形成的惯性思维，我国在标准立项时习惯优先制定主机产品标准，轻视专件标准。目前，诸如针刺用针、起绒针刺机用毛刷、水刺机用水射流板、水刺头、纺粘非织造布用喷丝板、成网机用网帘等专件，既是影响主机性能的关键件又是易损件、消耗件，其尺寸、规格的标准化对整个非织造布上下游产业的发展都有非常重要的意义。

（3）主机标准的分类和能耗指标应科学、合理。主机产品并非一定要按质量分级，根据用途的不同进行分级更为贴合行业实际。如针刺机的速度（针刺频率）并非越高越好，生产薄型针刺非织造布、玻璃纤维非织造布的针刺机的速度就不能过高，高速针刺机不能淘汰或代替低速针刺机。速度高只是反映了针刺机性能的一个侧面，但振动、振幅符合要求则是一个首要条件。

在能耗方面，目前相当一部分纺粘非织造布企业电能消耗达 17000 kW·h/ 吨，能耗太大，应及时对设备提出相应要求，从标准方面加以限制，淘汰落后设备，促进技术改造。水刺机的水耗指标也应根据原料和生产品种的差异有不同的要求，促使设备制造厂从机器结构、配套件的选用、水处理设备等方面进行技术提升。上海市质检局出台了 DB31/650—2012《非织造布单位产品能源消耗限额》地方标准，可以为将来非织造机械主机产品标准制定能耗指标提供借鉴和参考。

（4）制定标准应注重多专业学科的结合。现代科学技术的发展，使专业边界越来越模糊，同一产品中，机、电、气、光等多种技术交叉应用，只有对这些技术综合研究，在标准中全面、综合体现这些要求，才能制定出高质量的标准。

（5）标准应加强与相关行业的横向结合。首先，非织造布是产业用纺织品的一部分，目前仅占产业用纺织品总量的 30%。我国对非织造布产业用纺织品标准的研究要早于非织造机械标准的研究，前者目前已有近百个标准，分析研究这些标准对建设好非织布机械的标准体系具有重要意义。

2 非织造布机械标准体系的架构分析

2.1 建立非织造布机械标准体系的必要性

标准体系的规划和建立旨在使行业标准体系清晰，使工作更有效率、目的性更强，充分发挥标准对产业发展的技术支撑作用，增强企业实质性参与标准工作的能力，避免由于标准架构不合理造成与其它相关行业的冲突标准体系的建立必须充分考虑行业特点，首先应注重行业基础标准的范畴,基础标准旨在通过统一术语和评定手段,使各方提供的数据具有可比性和通用性。其次,在对产品分类时,应充分分析行业特点进行科学划分,以更好地服务于产品技术发展和贸易需要。另外,近年来,欧美各国站在生态、环保、低碳等道德制高点,通过制定有关技术法规、标准和合格评定程序,构建技术壁垒,已引起我国相关部门的重视,对我们建立标准体系也有一定的启示。

2.2　非织造布机械标准体系的架构

非织造机械作为纺织机械的一个分支,其标准体系可分为 3 个层次。第一层为基础标准,主要包括名词术语、尺寸、安全等方面的综合性要求,标准级别逐步向国家标准层面发展。第二层为通用标准,这些标准是为产品服务或与产品配套使用的,对产品的质量水平影响很大,以行业标准为主,部分可发展成为国家标准。第三层为产品标准,按照非织造布行业产品的现状,初步分为 8 类,即气流成网设备、梳理成网设备、纤网固结设备、联合机、卷绕设备、后整理设备、成形设备及其他设备,标准级别以行业标准为主,比较符合我国非织造机械及其标准结构的现状。标准体系框架如图 1 所示。

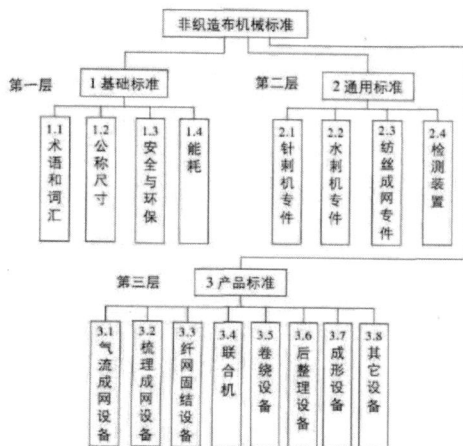

图 1　标准体系框架

2.3　非织造布机械标准体系分析

(1)非织造布机械基础标准的研制是目前的一个薄弱环节。在术语方面,"梳理机术语"已有国际标准送审稿,"纺丝成网法非织造布机械术语"行业标准已通过工信部的立项,预计 2015 年可以发布。在公称尺寸方面,不管是梳理机、针刺机、水刺机、成网机,目前都没有标准引导市场，造成幅宽系列杂乱，不利于行业规模生产。非织造布机械的安全和噪声方面已有两项经 ISO 国际标准转化而来的国家标准，但因为其内容不太符合国内非织造布机械的实际情况，需要对 ISO 标准加以关注，并按照 ISO 标准的工作程序及时进行提案，跟踪研究。非织造布机械的能耗测定和指标要求方面的标准目前还没有，由于影响机器能耗的指标涉及到很多工艺因素，这类标准制定起来比较困难，但应该关注近年来世界发达国家在此方面所做的努力。如欧盟推出了纺织机械蓝色能效标签，通过对机器能耗进行分级，指导纺织机械制造商明确设备对纺织品生产过程能效的影响；德国机械制造业联合会纺织机械协会也在致力于能效标准的制定，用来界定不同机型可比较的能效信息。

（2）非织造布机械通用标准的研制需要加强。经过近 20 年来的发展，我国在非织造布机械专件方面取得了技术性突破，诸如针刺用针、水刺机用镍网、起绒针刺机毛刷、纺丝成网法非织造布喷丝板等专件质量稳定，在国内外市场上均占有一席之地，制定这些通用件标准的时机比较成熟，企业也有一定的积极性。非织造布在线监测装置，尤其是纺粘法非织造布的表面疵点在线检测和品质（均匀性）在线检测装置，几乎已成为纺粘非织造布生产线的标配，但是，这些检测装置的高端技术还掌握在发达国家手里，需要行业内相关企业加大研发力度，目前，这类装置标准研制尚不具备条件。

（3）非织造布机械产品标准的研制需要科学规划。近年来，非织造布机械生产企业参与产品标准制定的积极性非常高，这一方面是由于新技术、新材料、新工艺的快速发展推动了非织造机械的技术进步，需要在产品标准中体现；另一方面，则是近年来国家实施标准化战略，企业参与标准制定不仅可以得到政府部门的资助，还可以在申报项目、技术中心评定等方面受益。在此情况下，产品标准立项时，应充分考虑行业特点，科学分类、分步实施，而不能一哄而上，甚至被个别企业所垄断，从而丧失标准的本质作用。

非织造布机械产品有两个特点，一是多以联合机的形式出现，并且联合机中的组成单元无法单独使用，这就相应地造成了非织造布机械产品标准中联合机多、单元机少的特点，如纺粘法非织造布生产联合机、熔喷法非织造布生产联合机、SMS 非织造布生产联合机、热风粘合非织造布生产联合机。二是非织造布机械产品生产线中，大量的机器和棉纺开清设备、印染轧染设备、烘燥设备、定形设备、整理设备类似但又不完全相同，需要深入进行市场调研。此外，还有一些加工非织造布的设备，如土工布覆膜机、非织造口罩机、非织造布纸巾（湿巾）机等，隶属于非织造布机械还是其他行业，目前尚无定论。这都需要进一步进行市场分析和调研，尽量避免与其他行业标准体系交叉。

3　非织造布机械标准化工作的重点发展方向

鉴于我国非织造布机械标准的现状,今后应在以下几方面加强该领域的标准化工作。

3.1　充实、完善非织造布机械标准体系

随着国内外市场一体化进程的加快和我国综合实力的增强,国内外非织造布机械的贸易将进一步扩大,国外公司在我国投资建厂以及我国在国外投资建厂都已屡见不鲜,充实、完善我国现有的非织造布机械标准和技术标准体系,并使之与国际技术法规及技术标准接轨,作为支撑行业发展的技术基础,是当前标准化工作的一项重要的任务。

3.2　加强非织造布机械专件标准的制定

随着我国市场经济的不断深入,工业领域的社会化、国际化配套将日益增多,专业化的生产保证了专件的质量,但也会造成了相关功能部件品种、规格的繁多和水平的差异。这不仅不利于用户选购,也会对非织造布机械的发展和产业化进程形成制约。通过非织造布机械标准体系的建立,尽快建立、健全符合国情的非织造布机械专件标准,对规范和指导非织造布机械专件生产和发展具有重要意义。

3.3　重视非织造布复合工艺装备技术标准的研制

在非织造布生产工艺中,湿法成网与梳理成网结合、纺粘成网与针刺固结、纺粘成网与水刺固结等复合技术近年来发展很快,拓展了非织造布的应用领域,但由于这些产品产业化程度还有待进一步提高,没能制定相应的技术标准作为支撑。进一步通过调查、研究和验证,尽快制定出相关标准规范也是当前的一项重要标准化任务。

3.4　注重非织造布机械能耗标准的制定与实施

非织造布机械快速发展带来的能耗问题不容忽视,应通过标准的研制,以标准手段促进非织造布机械向绿色制造的方向发展,在产品设计、制造以及为用户服务中体现科学的、可持续的、以人为本的发展战略,提高能源利用率,加强节能减排,走绿色制造之路。这不仅是应对未来贸易壁垒的需要,也是我国非织造布机械行业不断科学发展的必由之路。

4　结语

我国加入WTO后,国家提出了"标准、专利、人才"三大科技兴国战略,技术标准作为"新

经济"时代发展的必然产物,是技术成果的权力化和规范化,是国家实力的重要体现,也是 WTO 规则允许范围内一种新兴的非关税壁垒措施。"三流企业卖苦力;二流企业卖产品;一流企业卖专利;超一流企业卖标准",这早已成为产业界的共识。标准的基础是市场,近年来,我国非织造布产业一直保持快速增长的良好态势,企业参与标准研制的积极性很高,标准的制定已不仅仅是利益问题,而是促进行业技术发展的一个手段,是推动行业技术进步、提升行业发展的支点。通过对我国非织造布机械标准体系的研究,充实、完善非织造布机械标准体系,建立、健全非织造布机械的标准规范,搭建非织造布机械领域的标准平台,对加强非织造布产业上下游之间标准规范的衔接、促进非织造布机械产品质量的提升具有重要意义。

参考文献(略)

防弹材料保护套现状及性能测试分析

乔咏梅　康永涛　李燕

（西安超码复合材料有限公司）

随着社会的进步、科技的发展，人体防护材料先后经历了从天然植物纤维到金属材料再到高强度合成材料的变化历程。目前对位芳香族聚酰胺纤维（芳纶）和超高分子量聚乙烯纤维由于力学性能具有高强、高模、耐冲市等特点而被广泛应用于人体防护领域。用高性能纤维单丝或束丝进行织或通过特殊单向复合制成软质防弹材料，能有效地抵御枪弹或破片的侵袭。随着近年来软质防弹材料的大量应用，材料在使用中的一些缺点也逐渐暴露出来。如芳纶经紫外线照射后力学性能退化相当明显。另外，高强纤维单向复合的软质防弹材料中含有水溶性粘接剂，材料浸水后会失去防弹效果，为防弹衣的使用安全带来很大隐患；同时由于存在不耐老化的粘接剂，大大缩短了材料及产品的使用寿命。因此，必须对软质防弹材料采取防水、防紫外线等保护措施。

1 防弹材料保护套作用及现状

为避免防弹衣内部的防弹材料受外界环境的影响、延长防弹衣的使用寿命，需要在防弹材料外部包裹具有防水（湿气）和防紫外线功能的特殊保护布料层。

防弹材料保护套由遮光、防水的面料做成，该布料是将聚氯乙烯类（PVC）或聚氨酯类（PU）等高分子类化合物通过粘合作用涂布于纺织布基或无纺布基表面加工而成。布料的涂层胶不仅改善了织物的外观和风格，还使织物具有防水、耐水压、通气透湿、阻燃防污以及遮光反射等特殊功能。

目前，品质较好的防弹衣产品所使用的保护布料材质主要有两种，即 PVC 和 PU 涂层防水布。PVC 涂层防水布是用 PVC 加增塑剂和其他的助剂压延复合在布上制成，优点是价格便宜、色彩丰富、花纹繁多，缺点是容易变硬、变脆，不易保存；PU 涂层防水布的质地更接近皮质面料,由于不用增塑剂来达到柔软的性质,因此其不会变硬、变脆,涂层也比较柔软、有弹性、强度好、具有透湿和通气性能,耐磨、耐湿、耐干洗,其不足在于成本较高。

为确保防弹衣产品使用的安全性,必须为其防弹材料寻找合适的保护布料。

2 保护套材料性能研究

2.1 试验材料

150D×150D 基布的 PU 涂层布,面密度为 $100g/m^2$;150D×150D 基布的 PVC 涂层布,面密度为 $190g/m^2$。

2.2 主要设备

INSTRON5500 电子万能材料试验机;GB/T 3923.1—2013《纺织品织物拉伸性能》;YG(B)812 型织物渗水性能测定仪;GB/T 4744—1997《纺织品织物抗渗水性能测定静水压试验》。

3 试验结果及分析

3.1 外观比较

从外观看,PU、PVC 防水布的区别比较明显,PVC 布由于涂层较厚,因而布的厚度及面密度均比 PU 布大;而涂层材料手感方面,PU 的手感柔软一些,PVC 布的手感比较硬,因而布的柔软性也差一些。

3.2 防水布的撕破强力与涂层的关系

保护外套布料的经、纬向梯形撕破强力必须≥ 20N 才能满足使用要求。分别测试无涂层基布、PU、PVC 涂层防水布的撕破强力,结果如图 1 所示。由图 1 可以看出,两种涂层布的强度均满足使用要求。而同样的基布,PU 涂层由于涂胶层较薄,其撕破强力涂胶前后变化不大,而 PVC 涂层比 PU 涂层厚,整体比涂胶前的撕破强力大。相比较而言,PVC 涂层布的强度比 PU 涂层布高。

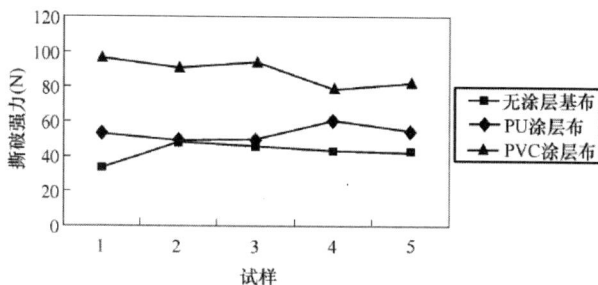

图1 不同涂层防水布撕破强力

3.3 两种不同涂层材料耐静水压比较

防水布的耐静水压越高，其防水性能越好。PU涂层防水布的耐静水压大于50kPa，PVC涂层防水布的耐静水压性能大于100kPa，说明PVC涂层防水布的防水性能优于PU涂层防水布。但均满足防弹衣行业标准GA 141—2010《警用防弹衣》中5.4.2防弹层保护套材料耐静水压≥18kPa的要求。

3.4 不同涂层材料的热合牢度比较

防弹材料保护外套除了防水布材料本身具有较好的防水性能外，还要看防水布加工而成的保护外套的牢固性能。分别采用高温热熔粘合、超声波粘合的热合方法，对PU和PVC涂层防水布的热合牢度性能进行比较试验，试验结果如图2所示。

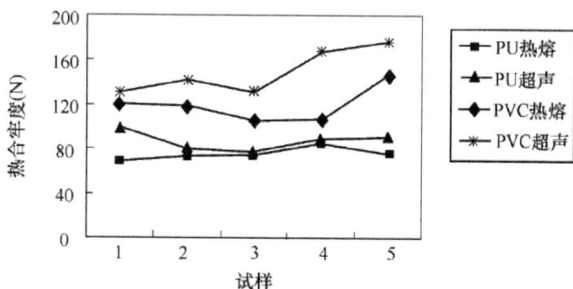

图2 不同涂层防水布热合牢度

由图2可以看出，两种热封合方式，PU涂层防水布的热合牢度均小于90N，而PVC涂层防水布两种热合方式的热合牢度均大于120N，尤其是第二种热合方式的强力大于140N。这是由于受高分子材料特性及成型工艺所限，PU涂层防水布比

PVC 的涂层薄、柔软，因此其涂层布的热合牢度相对较小。

3.5 两种不同涂层材料保护外套防水性能比较

为了进一步检验防水布加工成的保护外套的防水性能，还要对保护外套的密封渗水性能进行检验。按照 GA 141—2010《警用防弹衣》中 6.4 防弹层保护套性能检验方法，分别将 PU 和 PVC 涂层防水布三边用同样的方法封合后，注入 6L 自来水，悬吊后检测结果详见下表。

不同涂层防水布保护外套吊水试验结果

时间（min）	15	30	60	120	180
PU	涂层布	无渗水	无渗水	渗水珠	水滴流
PVC	涂层布	无渗水	无渗水	无渗水	无渗水

由上表结果可以看出，PU 涂层防水布保护外套由于涂层薄，热合牢度小，经长时间负重后，胶层会脱粘，因而造成漏水，保护外套失去防水功能。而 PVC 涂层防水布由于涂层厚，封合牢度大，长时间吊水后也无渗、漏水现象，达到了防水的效果，但同时由于涂层较厚，柔软性、舒适性、透气性较差。

4 实验结论

通过实验得出如下结论：

（1）PU 涂层防水布由于涂胶层较薄，其撕破强力涂胶前后变化不大，而 PVC 涂层防水布由于涂层较厚，涂胶后其撕破强力增大。

（2）PU 和 PVC 两种涂层的防水布均满足 GA 141—2010《警用防弹衣》中 5.4 耐静水压远远大于要求的 18kPa，但前者的热合牢度相对较小。

（3）在同样热封合及吊水试验条件下，PU 涂层防水布保护外套的防水持久性比 PVC 涂层防水布的差。

（4）PU 涂层防水布尽管涂层较薄，但柔韧性好、耐用，不易老化，且其热合牢度、防水遮光性能可以满足产品使用要求而 PVC 涂层防水布存在环境污染严重易变脆、易老化、不透气等问题。

5 结语

　　由于防弹材料的性能受湿度、紫外线的影响较大，很多防弹衣应用保护外套来保护防弹材料，保护外套作为一种特殊保护布套，成为现代软质防弹衣不可缺少的一部分。两种涂层布相比较，PVC 涂层布涂层较厚，手感粗硬、延展性差，长期使用涂层易变硬变脆、易脱落；PU 涂层防水布一般涂层较薄，质感柔软、有弹性，涂层附着力好，比较耐老化。GA 141—2010《警用防弹衣》标准中规定，防弹衣的使用年限为 8 年，这就要求防弹衣所有部件的使用年限必须超过 8 年，尤其是受环境影响较大的防弹层，其保护外套的使用寿命也需要达到相应年限。因此，在满足使用条件的前提下，考虑到成本、环境污染及防弹衣使用环境、实际效用等情况，本文认为选择柔软、耐老化的 PU 涂层布为宜。

参考文献（略）

高强绳索的打结强力与拼接强力的实验研究

尹延征 宋其晶 陈岩

（泰安鲁普耐特塑料有限公司）

以超高分子量聚乙烯纤维绳索为代表的高强绳索已经在多个领域开始使用并开始逐步取代现有绳索。但在户外运动、高楼救灾、渔业、航海、航空的系泊、连接、悬挂等用途中会将绳索进行打结或拼接使用，打结或拼接会对绳索强度造成不同程度的强力损失。需要对高强绳索的打结强力与拼接强力进行实验研究，寻找有效的打结与拼接方法。

绳索的打结方法不同，绳结的强度和牢固度也会有所变化。打结后的绳索在受力时，在绳索延伸方向上对绳结进行挤压，使绳结拉紧或滑移。对直径稍细、拉力较小的普通绳索，绳结基本能够满足其使用拉力要求。但是对于高强且延伸率低的绳索，绳索受力时绳结处缺乏作用力缓冲，产生较大受力而被挤断，绳索的最大拉伸强度降低。当高强绳索的表面摩擦力较小时，绳结则会产生滑移，使相互连接的两股绳索断开，会对使用者造成损失和伤害。

本文对高强绳索的绳结牢固度和强度进行拉力测试，得到相应数据，为高强绳索的打结方法提供一定数据支撑。

1 实验方法

测试样品：超高分子量聚乙烯纤维绳索，直径 4.3mm，线密度 6.4g/m。该类绳索表面光滑，摩擦力小，高强度低延伸。

测试方法：对绳索进行绳结处理后用拉力试验机进行拉力测试，考察受力情况。

测试条件：拉伸速度 200mm/min，式样长度 300mm。

2 试验数据

2.1 测试绳结的牢固度

采用插销式夹具,对连续绳索进行打结形成眼环后进行拉力测试,观察绳结是否滑移或挤断。打结方式分别为双八结、称人结、变形称人结、插芯法和穿心法。试验数据见表 1。

表 1 插销式夹具测试绳结的牢固度数据

编扣法	图片	绳结变化,拉力趋势	最大拉力值(kN)	占最大测试拉力值的百分比(%)
双八结		绳结牢固无滑移,在结处挤断,拉力呈上升趋势	4.29	54
称人结 / 单套结		绳结处基本无滑移,在结处被挤断。拉力呈上升趋势	3.195	40.2
变形称人结		绳结无滑移,在绳结处被挤断,拉力呈上升趋势	4.101	51.6
插芯法		芯最末端被挤断,绳未断纤维断裂。拉力上升趋势	7.502	94.4
穿心法		编扣滑移,绳未断纤维断裂	4.8	60.4

采用双半圆柱型夹具,在夹具末端打结,将绳索卷绕在夹具上进行拉力测试,观察绳结是否滑移或挤断。打结方式分别为单结、称人结和双八结。试验数据见表 2。

表2 双半圆柱夹具测试绳结的牢固度数据

打结方法	图片	现象	最大拉力（kN）
变形称人结		结处基本无滑移，在夹具处挤断	—
单结		结处有滑移，但在夹具处挤断	—
双八结		结处基本无滑移，在夹具中挤断	7.95

2.2 测试绳结的强度

采用插销式夹具，用较为牢固的双八结形成眼环，用绳结将两条绳索末端连接，测试拉力情况。打结方式分别为固定单结、双八结、渔人结、双渔人结、三渔人节、四渔人结、接绳结、双接绳结、平结和天蚕结（四扣）。试验数据见表3。

表3 插销式夹具测试绳结的强度

打结方法	图片	拉力趋势	拉力大小（kN）
固定单结		滑移严重，拉力在很小范围浮动	平均 0.2
双八结		受力后滑移，扣在绳头长度内连续反转，拉力呈波浪趋势，抛物线最大值不固定	最大 1.8
渔人结		结处滑移，直至完全脱出，拉力在很小范围浮动	平均 1.2
双渔人结		在测试后的渔人结基础上继续打结测试，绳结有滑移，拉力基本均匀	最大 2.517
三渔人结	同上类推	打三个渔人结，仍有滑移现象，绳结处拉紧纤维变黑，渔人结和夹具结处均有断裂	最大 3.216

续表

打结方法	图片	拉力趋势	拉力大小（kN）
四渔人结	同上类推	打四个渔人结后，滑移不明显，夹具处被挤断	最大 3.299
接绳结		绳结滑动剧烈，拉力在小范围内上下浮动直至完全滑脱	最大 1
双接绳结		在达到最大拉力后绳结滑动，拉力下降呈波浪趋势，且波形的最大值降低	最大 1.5 第二峰波 0.85 第三波峰 0.6
平结		绳结滑动严重，拉力曲线呈波浪形	最大 0.55
天蚕结（4扣）		绳结有少量滑动，八字结处也有少量滑动，但最终在天蚕结处断裂。拉力一直呈上升趋势	最大 3.6

3 实验结论

　　实验使用的高强纤维绳索的直径较小，在测试时均有打滑现象。使用双半圆柱型夹具测试的数值较为准确，为 7.95kN，确定为绳索的最大测试拉力数值。高强绳缆在打结之后强度明显下降，强度为最大测试拉力值的 50% 左右，其中称人结、八字结的强度较大，不容易滑移。以渔人结和天蚕结为例，在同一个结处连续打多个相同的扣会使绳结强度增大。简单结如单结、平结、渔人结、接绳结容易滑移，强度很小，不适宜于高强绳缆。补充实验用干法 UHMWPE 绳索，干法纤维要比湿法纤维的摩擦力更小，更易滑脱。用轮式夹具测试，尾端用双八结固定，在测试时八字结有少许滑移，但仍在夹具处被挤断。证明八字扣有足够的强度和牢固度。干法绳索测试两段绳子的结头强度，绳结会缓慢滑出。证明在相同绳结时，绳索表面越光滑，绳结的滑动越高，强力下降越明显。

　　以上测试结果对于较细直径的高强绳缆有一定的参考作用，直径较粗的高强绳缆在测试时，由于线密度过大，绳索刚度变大，不容易打结。一般采用编扣方式，绳索尾端在绳体横截面穿过形成一个扣，使用插销式夹具测量。若编扣过短，绳索在测试时会产生滑移，测量不准确从而造成试样浪费；若编扣过长则会使拉力试验机的长度增大，试验机造价提高,且占用面积增大。因此如何用较短的绳缆,减小绳缆的滑移,得到准确的测试数据是目前高强绳缆强度测试中面临的重要问题。

部分绳结测试强度占原绳索强度的百分比见表4。

表4　部分绳结测试强度占原绳索强度的百分比

绳结	图片	强度占原百分比（%）
八字结		70~80
平结		65~70
水结（适用于扁平绳）		65~70
渔人结		65~70
蝴蝶结 \ 中间结		70~80
猪蹄扣 \ 卷结 \ 双套结 \ 丁香结		60~65
称人结 \ 布林结 \ 单套结		75~80

参考文献（略）

简析我国功能性纺织品标准的完善

王亚妮

（宝鸡市纤维检验所）

功能性纺织品在纺织产业中一直保持上扬势头，一批批新型面料不断涌现，然而每伴随一类新型功能性纤维的出现，就需要对该纤维的理化性能进行测试与表征，对用其制成的纱线、织物以及制成品性能进行测试，如没有相关的标准指导与规范则难以科学客观地认定新型纺织品的各项物理、化学及使用性能。虽然功能性纺织品市场需求量很大，但由于市场不成熟，标准制定明显滞后于产品开发、生产与市场销售，且相关测试标准不完善，即有关标准的制定未能及时跟进，对一些新型纤维的生产和鉴别存在一定的漏洞和难度，出现产品功能性被夸大，而导致消费者的信任度下降。

随着中国加入世贸及对外开放政策的实施，国外的功能性纺织品大量进入国内，如我国没有该类产品的相应检测方法和评定标准，那么在国外被判为不合格的产品就会流入我国，损害我国消费者的利益，冲击我们的民族纺织业，因此建立健全科学评定纺织品功能的标准体系十分必要。

1　我国功能性纺织品标准现状

由于近年来纺织行业积极采用国际标准和国外先进标准，我国纺织服装产品质量标准已经从过去的单纯产品标准过渡到与国际纺织品市场相适应的纺织品商业标准、检测标准及质量认证标准体系，提高了出口产品的技术含量和环保标准，增强了我国纺织服装产品在国际市场中的竞争力，加快了我国由纺织大国向纺织强国转变的步伐，功能性纺织品标准体系正在积极稳步的建立与运行完善中。经初步统计，目前功能性纺织品现行标准达80多项，已经制定的功能性纺织品标准涉及防静电、防火、防蚊虫、防紫外线、发热内衣、抗菌、纳米等，还有抗血液穿透、防臭、芳香等高科技标准87项被列入拟制定计划行列。2009 年全国功能性纺织品标准化工作会议第一次召开,邀请全国的专家近百人,探讨并商议功能性标准的制定与实施,目前功能性纺织品标准已形成初步的体系和相应的规模,但仍存在较多问题。

1.1 标准缺失

我国对功能性纺织品检测技术的研究尚处于起步阶段,对于功能性标准的概念还处于被动接受的状态,一些功能性产品缺乏相应的标准,如户外纺织产品。尽管国内户外服装自 1998 年起才在北京、上海、广州、昆明等地悄然兴起,但发展迅速,到 2009 年我国市场上共有户外品牌 473 个,市场容量越来越大,引起服装业的关注。户外服装中功能性面料的使用受到越来越多的重视,然而现行标准中缺乏对户外产品的统一规范,使相关企业的生产和技术执法工作无法可依、无章可循。

1.2 缺少配套的检测方法和评定指标

新型产品的不断开发和涌现使现有的检测方法和评定指标不能满足,产品缺少相应的检测方法。有的产品初步规范了其检测方法,但没有产品功能性的评价标准,没有明确其功能性,更是没有达成共性度。

如一辆汽车除钢铁、塑料外最主要的部分就是纺织品,包括汽车顶篷、地毯、座椅面料、安全气囊、安全带、轮胎、后备箱内衬、背衬、护板、过滤材料、篷盖布等,且汽车对这些纺织品的要求很高。功能性方面要求隔热、吸声、防滑、强度高、尺寸稳定、色牢度和耐磨性好;装饰性方面要求美观、舒适、透气、防污、阻燃、吸水、抗老化、防静电等。至 2009 年 3 月份,我国成为世界第一汽车生产消费大国,然而在如此巨大的商机和利润前,虽已出台了一些与汽车用品有关的国家标准,如 GB8410—2006《汽车内饰材料的燃烧性》、GB/T 5455－1997《纺织品 燃烧性能试验 垂直法》等,但目前国内外汽车用纺织品检验标准一般都是使用 ASTM(美国材料与试验协会)、AATCC(美国染化工作者协会)和 SAE(美国机动车工程师学会)三个组织制定的标准。在如此庞大的消费者前没有具体的完善的国家行业标准来保驾护航,具体体现其功能性,汽车用纺织品的行业标准滞后、自主创新不足、不完善等因素阻碍了我国汽车用纺织品的进一步发展。

1.3 标准滞后

近年来,新型高科技产品层出不穷,相应的产品标准也复杂多样,标准的滞后造成了功能性产品鱼目混珠的现象,消费者无法辨其真伪,自身权益很难得到保障,也给质量监督机构和检测部门造成了很大的困扰。

国内标准滞后于国外相关标准:无论在制定时间上还是内容上,国内标准都是被动趋跟国外,随着国外标准的不断修订与提高,国内纺织品出口的门槛越来越高。另外,国外知名标准制定机构抢先制定一些本该由我国制定的功能性纺织品标准,并利用其广泛的国际知名度率先推广,我国纺织行业非但不能充分利用自己的首创性和产量优势,还会使我们的民族纺织工业错失许多发展机遇。

标准制定滞后于产品开发、生产与市场销售:标准滞后于产品开发、生产及市场销售已成为业内人士共同默认的事实,且现在的消费者也是深有体会。防紫外线性能评价标准是在标准制定前很长一段时间,由于当时我国局部地区长时间出现高温,紫外线辐射强度急增,人们对防紫外线纺织品需求迅猛增长,然而当时我国尚无此类产品的国家标准,各地市场上防紫外线伞、帽子、披肩等产品鱼龙混杂、真假难辨。

在各界的强烈呼吁下,《纺织品防紫外线性能的评定》国家标准才在 2002 年 9 月 5 日姗姗出台,并于 2003 年 2 月 1 日开始实施。

1.4 标准间交叉重复

现实施的标准间存在重复、冲突等现象,不同部门、行业之间制定同种产品及方法标准,相同内容的标准重复立项,出现同一产品存在一个国标和一个行标或两个不同行业标准的情况;另外,近年来部分行标上升为国标,原有行标未及时清理,出现一个行业内国标与行标同时并存的现象;有的标准之间还存在潜在冲突,大大阻碍产业链上下游企业之间的有效合作。成品布和成衣标准各种要求不一致,成品布和成衣的测试方法不一致,成品布和成衣的内在质量要求项目不一致,成品布和成衣内在质量指标要求不一致等。如现行有效的国标 GB/T 22848—2009《针织成品布》与现行有效的行标 FZ/T 72004.2—2000《针织品成布》之间就存在交叉重复问题,且二者间内在质量要求不一致;行标的《针织品成布》中染色牢度对一等品只要求达到 3 级,而针织服装大多在 3~4 级;针织服装产品要求耐光色牢度,甚至耐光汗复合色牢度,而《针织成品布》标准对此却并无要求。

1.5 缺乏功能性纺织品标准体系的系统研究

任何事物都不是孤立的,片面的,单一的,对任何一种体系的研究都缺少不了其内部的独特性和外部的共同性、联系性。近年来,一些科研机构、高校、标准化组织和企业开展功能性纺织品标准的研究工作，并不断有一些成果面世，部分功能性评价方法也实现了标准化。但从总体上看，大部分功能性纺织品仍缺少权威的、能被广泛接受的、经过充分科学论证的、简便易行的、重现性和准确性较高的功能性评价方法和标准，同时缺乏对其体系的系统研究，没有形成系统的、联系性的标准体系。

2 完善我国功能性纺织品标准体系的建议

2.1 提高执行功能性纺织品标准的主动性

首先，要提高纺织品功能性的认识，宣传执行功能性纺织品标准的重要性。纺织品功能性是我国社会发展到一定阶段的必然要求，企业、检测机构、消费者都应积极主动地学习，提高认识。其次，对纺织品的要求不应仅局限于跟在发达国家后面，我国有关专业机构应有针对性地进行科学研究，制定出适应市场、企业需求的各种功能性纺织品检测方法及指标，研制出适合我国企业使用的检测仪器。第三，我国企业应尽快适应新标准的实施，否则很可能被国际市场淘汰。企业应积极主动申请功能性纺织品认证，政府应从政策及资金上鼓励企业申请认证，尤其是中小企业应主动加强与检验机构的联系，及时送样检测，对不合格产品及时处理和整改，不让不合格品进入市场。

2.2 进一步完善功能性纺织品标准体系

在制定和执行纺织品强制性标准时应根据国内外纺织品市场发展变化，及时调整、完善标准体系，使之成为应对国际贸易壁垒的利器。事实上，各国制定相应法规、标准时，对功能性纺织品监控项目的确定并不完全统一，涉及各个国家的经济发展水平、产品的最终用途、检测方法的成熟程度及在实际执行过程中的可行性等问题。在执行纺织品强制性标准相关配套的方法标准时，应根据纺织品的不同要求做出相应调整。

2.3 注重功能性纺织品标准的实际效益

尽管功能性纺织品越来越受到消费者的青睐，越来越多的厂商投身于各类功能性纺织品的开发与生产中，但也有一些厂商为迎合消费者的心理，利用一些高科技概念，对其产品的某些功能进行过度热炒，其内容已超出产品功能本身，而消费者普遍缺乏这方面的常识，容易上当受骗。相关部门应十分注重功能性纺织品检测的时效性，主动、紧密跟踪功能性纺织品的开发、生产与消费，积极筹划功能性纺织品检测市场，充分利用本身的软硬件资源与合法地位，制定相应的产品标准，使得监管和检测部门能够及时对新出现的产品进行检测，澄清各类功能性纺织品的真实概念，在保护消费者合法权益的同时增加自身的盈利点。

2.4 增加具体的功能性评价

对用户而言,更重要的是最终产品的功能性评价。采用功能性原料加工成最终产品后,用户使用时的功能性如何,需要倾注更多的关注。例如目前市场上销售的民用防辐射服装,明示标注的大多是面料屏蔽电磁辐射效能,而服装的款式、结构、尺寸都会影响防辐射的效果,因此对服装穿着过程中的防辐射效果评价才是用户关心的。同样,对于检测机构来说,企业或是消费者更多关心的是产品是否具有某项功能性,没有具体的功能性评价,很难判定产品是否具有此项功能,且功能性如何。因此功能性测试方法标准要在全行业统一制定通用类标准,功能性评价标准应在大类产品范围内制定,适用范围尽可能广,涵盖产品尽可能多,通用评价标准不能适用具体功能性产品时,制定具体的功能性评价产品标准,需以直接面向消费者的最终产品为重点,解决市场热点产品的标准问题,分清轻重缓急,逐步丰富完善。

2.5 考虑标准体系建立的联系性

功能性纺织品的某些特殊功能主要是通过在纤维材料中添加或在产品的后整理中使用某些具有特殊功能的化学物质来实现的。但目前在功能性纺织品上使用的这些化学物质有相当一部分并未经过严格的生态安全性能的评估,特别是未经过长期跟踪分析的安全风险评估。事实上,目前已发现有些以前曾被广泛使用的功能性添加剂对人体或环境是有害的,并已被列入禁用范围。从消费者的安全和环境保护的角度看,这个问题的严重性无论如何评估都是不为过的。在完善功能性纺织品标准体系的同时,考虑可能存在的安全性隐患,结合具体的生态安全性能制定更有效、更全面、更实用的标准体系。

3 结语

要改善我国纺织产品标准落后的局面,一定要有自己的质量标准体系。目前对功能性纺织品的界定和评价尚无统一的国际标准或获得国际上公认的标准化程序,所有的功能性纺织品标志都是区域性的。因此,应加强对标准的研究,瞄准国际先进水平,并通过标准的研制,最终形成拥有自主知识产权的功能性纺织品标准体系,进而推广成国际标准。

参考文献（略）

芳纶在阻燃防护服中的应用及检测

张生辉

（陕西省纺织科学研究所）

世界各地每年都有成千上万因衣着不当而导致的烧伤事故，而最严重的烧伤往往是由于所穿的衣物着火造成的。服装燃烧而造成的皮肤烧伤程度常常比直接裸露在外的皮肤烧伤程度更为严重，为此，很多发达国家制定了严格的法规，确保在接近火源的工作中，包括住房内，必须使用阻燃织物，以免人们遭受火灾的危害。芳纶作为一种性能优异的防火纤维，逐渐成为目前阻燃防护服中广泛应用的高性能纤维材料，并得到快速发展。

芳纶全称芳香族聚酰胺纤维，是一种高强度、高模量、低密度和耐磨性好的耐高温阻燃纤维，技术含量、附加值高，力学、化学稳定性和机械性能优异，不但可以单独用作各种结构材料和功能材料，而且还可与其他材料复合使用。

1 芳纶的主要品种

芳纶主要有间位芳纶和对位芳纶，间位芳纶主要有美国杜邦的 Nomex、日本帝人的 Conex、中国泰和新材的 Newstar Mata-aramid 等；对位芳纶主要有杜邦的 Kevlar、帝人的 Technora 和 Twaron、泰和新材的 Newstar Pata-aramid 等纤维。

间位芳纶（国内称芳纶 1313）的极限氧指数（LOI）大于 29，在火焰中不会发生熔滴现象，离开火焰会自熄。在 400℃的高温下，纤维发生碳化，成为一种隔热层，能阻挡外部热量传入内部，起到有效的保护作用。在 260℃下持续使用 1000h 后，其强度保持率为原来的 65%~70%。

间位芳纶介电常数很低，固有的介电强度使其在高温、低温、高湿条件下均能保持优良的电绝缘体，用其制备的绝缘纸耐击穿电压可达到 100kV，是全球公认的最佳绝缘材料。

对位芳纶（国内称芳纶 1414）外观呈金黄色，貌似闪亮的金属丝线。纤维内部大分子沿纵向取向，取向度很高，生成了大约 100% 的次晶结构。具有极强的链间结合力，强度可达 28g/D 以上，是优质钢材的 5~6 倍；弹性模量达 540g/D，是钢材或玻璃纤维的 2~3 倍。不但可以耐酸碱，对橡胶亦有良好的粘着力。

芳纶 1414 的连续使用温度范围极宽，在 -196~204℃ 范围内可长期正常运行。在 150℃ 下的收缩率为 0，在 500℃ 的高温下不分解、不熔化，耐热性比芳纶 1313 更好，且具有良好的绝缘性能和抗腐蚀性能，生命周期很长，因而赢得"合成钢丝"的美誉。芳纶 1313 和 1414 的物理性能对比见表 1。

表 1 芳纶 1313 和芳纶 1414 的物理性能

纤维品种	密度 (g/cm³)	最大拉伸强度 (cN/tex)	断裂延伸率 (%)	初始模量 (cN/tex)	抗剪切能力	降解温度 (℃)
芳纶 1313	1.38	44~53	15~30	6.17~12.35	好	371
芳纶 1414	1.44	210~270	2.5~4.0	42~88	优秀	500

2 芳纶阻燃产品

芳纶具有很好的阻燃性能，目前是开发阻燃防护服的主要原料，在我国现在已经开发的有特警战训服面料，消防服面料，消防抢险服面料，森警防护服面料，石油、钢铁防护服面料。所采用的面料有纯间位芳纶，及加入少量的对位芳纶以及导电纤维，其中具有代表性的是 Nomex Ⅲ A、Nomex DeltaT 以及最新开发的国产泰美达－Ⅲ T 等面料。

Nomex Ⅲ A 是由美国杜邦公司开发的一种面料，也是最早应用于阻燃防护服装的面料，由 93%Nomex 纤维、5%Kevlar 纤维和 2%P-140 导电纤维的混合织物，该织物具有三种纤维的优异性能，在国内有相似的芳纶Ⅲ A 产品，与 Kevlar 纤维混纺，使织物具有良好阻燃性能的同时，可获得较高的强力和耐磨牢度；与导电纤维混纺，可获得良好的防静电性能。Nomex DeltaT 是由 75%Nomex 纤维、23%Kevlar 纤维和 2% 碳纤维的混合物。

烟台泰和新材料股份有限公司最新开发出一种泰美达－Ⅲ T 面料，公司利用其在间位芳纶、对位芳纶中的生产技术优势，新近开发了全球独有的芳纶基导电纤维，并将这三种产品按照特定比例混纺做成了芳纶特种防护面料，即泰美达－Ⅲ T 面料。该面料断裂强力、撕破强力高,阴燃时间、续燃时间可低达 0 秒,能够更好的为穿着者提供安全防护保障。由于该面料性能指标在国内外同类产品中杰出的性能,使得该产品正逐渐成为阻燃防护服中应用广泛的阻燃耐高温防护面料之一。国家消防装备质量监督检验中心进行测试比对,结果见表 2。

表 2　阻燃性能测试

性能	Nomex Ⅲ A 面料		泰美达—Ⅲ T 面料	
	经向	纬向	经向	纬向
氧指数(%)	26.1		39.5	
续燃时间(s)	0	0	0	0
阴燃时间(s)	7	7	0	0
损毁长度(cm)	51	54	38	36

除了以上产品外,还有芳纶 1313/ 阻燃腈氯纶 / 导电纤维、芳纶 1313/ 阻燃粘胶 / 导电纤维、芳纶 1313/ 阻燃腈氯纶 / 芳纶 1414/ 导电纤维等阻燃防护服面料的开发及应用。

据不完全统计,全球使用芳纶材料的灭火防护服目前可占到 70%,并有继续增长的趋势。我国最新特警战训服面料标准的制定,消防防护服、消防抢险服以及森警防护服标准的修订,进一步提高了国内阻燃防护服的防护性能,从外层面料、防水透气层到隔热层以及舒适层,间位芳纶和对位芳纶材料都得到了广泛应用,大大提高了我国阻燃防护装备水平。

随着我国经济实力的增强,人民生活水平的提高,社会整体安全意识的提高以及人性化的需求,个体防护服的要求也逐渐提高。一方面,芳纶可以使阻燃防护服在具有更可靠的热防护性同时,还拥有轻便、舒适以及美观等功能;另一方面,国内芳纶生产企业相关先进技术的突破,生产规模的迅速壮大,成本的降低,将进一步促进其应用,从而使芳纶材料在该领域防护服中的应用前景更为广阔。

3 阻燃防护服的检测

美国是世界上易燃织物技术法规体系最健全的国家,我国纺织品燃烧性能技术法规研究和建立起步较晚,但近些年发展速度较快,制定实施了不少国家标准和行业标准,具有法规地位的强制性标准在不断颁发。

续表

3.1 GB/T 17591—2006《阻燃织物》

3.1.1 适用范围

适用于装饰用、交通工具内饰用、阻燃防护服用的机织物。

3.1.2 燃烧性能要求

标准要求阻燃织物的燃烧性能应符合表 3 要求。

表 3　GB/T 17591—2006 的燃烧性能要求

产品类别		项目	考核指标		试验方法
			B1 级	B2 级	
装饰类织物		损毁长度（mm）	≤ 150	≤ 200	GB/T 5455
		续燃时间（s）	≤ 5	≤ 15	
		阴燃时间（s）	≤ 5	≤ 15	
交通工具内饰用织物	飞机、轮船内饰用	损毁长度（mm）	≤ 150	≤ 200	GB/T 5455
		续燃时间（s）	≤ 5	≤ 15	
		燃烧滴落物	未引燃脱脂棉	未引燃脱脂棉	
	汽车内饰用	火焰蔓延速率（mm/min）	0	≤ 100	FZ/T 01028
	火车内饰物	损毁面积（cm^2）	≤ 30	≤ 45	GB/T 14645—1993A 法
		损毁长度（mm）	≤ 20	≤ 20	
		续燃时间（s）	≤ 3	≤ 3	
		阴燃时间（s）	≤ 5	≤ 5	
		接焰次数（次）	> 3		GB/T 14645—1993B 法
阻燃防护服用织物（洗涤前和洗涤后）		损毁长度（mm）	≤ 150	—	GB/T 5455
		续燃时间（s）	≤ 5	—	
		阴燃时间（s）	≤ 5	—	
		熔融、滴落	无	—	

3.1.3 标志

标准对标志的要求有：每个包装单元的使用说明还应包括燃烧性能等级如：阻燃织物 B1 级（装饰用）；阻燃织物 B2 级（装饰用，耐水洗 20 次）；阻燃织物 B2 级（汽车内饰用）；阻燃织物 B2 级（阻燃防护服用，耐水洗 12 次）。

3.2 GB 8965.1—2009《防护服装 阻燃防护 第 1 部分：阻燃服》

3.2.1 适用范围

适用于服用者从事有明火、散发火花、在熔融金属附近操作和有易燃物质并有发火危险的场所穿的阻燃服。不适用于消防救援中穿用的阻燃防护服。

3.2.2 阻燃性能要求

面料阻燃性分为 A、B、C 三个等级。阻燃性能项目和指标见表 4。缝纫线的阻燃性能为按规定试验时，无熔融和烧焦现象。

表 4　GB 8965.1—2009 的阻燃性能项目和指标

测试项目	防护等级	指标	洗涤次数
热防护系数 TPP（kW·s/m^2）	A 级	皮肤直接接触：≥126 皮肤与服装间接接触：≥250	50
	B 级	—	
	C 级	—	
续燃时间（s）	A 级	≤2	50
	B 级	≤2	
	C 级	≤5	12
阴燃时间（s）	A 级	≤2	50
	B 级	≤2	
	C 级	≤5	12
损毁长度（mm）	A 级	≤50	50
	B 级	≤100	
	C 级	≤150	12
熔融、滴落	A、B、C	不允许	—

3.2.3 试验方法

阻燃性能试验方法按 GB/T 5455 执行；热防护系数测定按附录 A 执行。缝纫线的阻燃性试验按如下方法进行：高温烘箱加温至 260℃稳定后，将 100m 阻燃缝纫线放入烘箱 5min 后取出。

3.2.4 标识

产品标志应符合 GB 5296.4 有关规定，每套（件、条）服装应有认证许可标识及信息、产品执行标准、合格证、生产企业名称、厂址、产品名称、规格号型、材料组分、洗涤方法和检验章，每件产品应附有产品使用说明。

3.3 GB 8965.2—2009《防护服装 阻燃防护 第 2 部分：焊接服》

3.3.1 适用范围

适用于焊接及相关作业场所，可能遭受熔融金属飞溅及其热伤害的作业用防护服。

3.3.2 阻燃性能要求

防护服面料的阻燃性能应符合表 5 的要求。

表 5　GB 8965.2—2009 的阻燃性能要求

性能参数（洗涤 50 次后）		焊接服防护等级		
		A	B	C
阻燃性能	燃烧特征	燃烧不能蔓延至试样的顶部或两侧边缘 试样不能熔穿形成孔洞 试样不能产生有焰燃烧或熔融碎片		
	续燃时间（s）	≤ 2	≤ 4	≤ 5
	阴燃时间（s）	≤ 2	≤ 4	≤ 5
	损毁长度（mm）	≤ 50	≤ 100	≤ 150
抗熔融金属冲击性能		经 15 滴金熔滴冲击后，试样升温不超过 40K		
热防护系数（kW·s/m²）		服装与皮肤直接接触，≥ 126 皮肤与服装间接接触，≥ 250	—	

3.3.3 试验方法

面料阻燃性能的检测按 GB/T 5455 执行；抗熔融金属冲击性能的检测按 GB/T 17599 执行；热防护性能检测按 GB 8965.1 执行。

3.3.4 标志

每套焊接防护服上应有永久性标识，包括安全标志标识、合格证，合格证中的内容应有产品名称、产品类别、防护级别、生产日期、有效期、制造厂名、厂址等。防护服标志除满足上述要求外，还应符合 GB/T 20097《防护服一般要求》的规定。

特警战训服面料，消防服面料，消防抢险服面料，森警防护服面料等公安标准都在制定或征求意见过程中，在这些标准中都规定使用芳纶。我国对纺织品的阻燃要求有明确标准，虽然主要针对公共场所内使用的织物、交通工具内饰物、防护服提出的，但如能真正贯彻执行，将对减少火灾损失产生积极作用。

4 结语

目前芳纶阻燃防护服的推广使用还存在着许多不利因素，如使用单位的经济效益问题，产品质量问题，价格问题，强制性法规的执行等问题，但随着科学技术的进步，芳纶阻燃防护服本身质量的提高，芳纶国产化的深入，成本的降低，人们安全意识和自我保护意识的提高以及相关法规的出台，具有良好的阻燃性能和舒适性能的芳纶防护服将被相关行业广泛接受，对它的研究也会越来越深入。我们的未来不是梦，随着社会的发展和进步，各种火灾、自然灾害也不断攀升，我们相信这些防护装备今后将不断完善，更好地为人类抗御各类灾害服务。

参考文献（略）

聚丙烯非织造布光老化性能的评价方法

王向钦 漆东岳 杨欣卉

（广州纤维产品检测研究院）

聚丙烯非织造布按耐用性能分为耐久性非织造布（如服饰用、土木建筑用）和环保可降解性非织造布（如环保型购物袋、农用非织造布地膜等）。聚丙烯非织造布在使用过程中发生老化主要由太阳光中紫外线辐射所引起，对聚丙烯非织造布光老化性能的宏观评价方法有自然老化试验法和人工模拟老化实验法，微观分析方法有特性粘度法、差示扫描量热法、红外光谱法等，本文将对聚丙烯非织造布光老化的反应机理及其宏观和微观评价方法进行讨论。

1 聚丙烯光老化反应机理

自20世纪80年代开始，众多学者对聚丙烯的耐老化性能进行了广泛而深入的研究，发现聚丙烯的老化主要与大分子链上大量存在的叔碳原子有关，由于叔碳原子具有较强的失电子能力，在有氧的情况下仅需很小的能量就可以使C—H键断裂，形成活泼的叔碳自由基，在受到与聚丙烯中化学键键能相对应的紫外光能量的作用后，引起分子链各种反应发生，如链增长、链断裂等，最后表现为聚丙烯材料的变色、强度下降、表面龟裂等老化现象。

太阳光中部分波长的紫外线能量与聚丙烯分子中某些化学键键能十分接近，所以聚丙烯中的相应化学键可以吸收紫外线能量，导致化学键的断裂，从而引发光老化。部分太阳光紫外线能量与聚丙烯中典型化学键键能的对应关系见下表1。

Gardette 等对聚丙烯光老化的反应机理作了总结，其反应机理为：活泼的叔碳原子在吸收了紫外光能量后，与空气中的 O_2 发生氧化反应生成过氧化物，然后继续在紫外光能量的作用下进一步发生链增长、链断裂、链终止以及形成支链等反应，最后表现为宏观上的老化行为；不论聚丙烯光老化向什么方向进行，其最终产物中均有羰基的存在，所以很多研究人员采用羰基指数来表征聚丙烯光老化程度。这些研究成果为如何评价与衡量聚丙烯非织造布的光老化性能提供了一种新的思路，即通过各种手段分析光老化过程中的微观变化评价其光老化性能，现代化的分析仪器可提供更加稳定可靠的数据，使评价结果更加准确可靠。

表 1   部分太阳光紫外线能量与聚丙烯中典型化学键键能的对应关系

波长（nm）	光能量（kJ/E）	化学键	键能（kJ/mol）
290	419	C—H	380~420
300	398	C—C	340~350
320	375	C—O	320~380

2 聚丙烯非织造布光老化性能的宏观评价方法

聚丙烯非织造布光老化性能的现有宏观测试评价方法和标准主要分为自然老化和人工加速老化两种方式。

2.1 自然老化

自然老化评价方法是把样品在室外自然条件下暴露规定的时间,利用自然环境条件,包括日光、昼夜温差、雨水以及空气等对其进行老化试验,评价其光学性能、机械性能及其他相关性能的变化。自然老化试验接近于材料的实际使用情况,获得的耐候性能比较可靠。

20 世纪美国、苏联、日本以及欧洲发达国家都先后建立了高分子材料曝晒场,我国也在上世纪 60 年代初于广州和海南岛等地建立了曝晒场,用于研究高分子材料的耐候性能试验。目前,我国聚丙烯非织造布的自然老化性能测试标准主要采用 GB/T 3681—2011《塑料自然日光气候老化、玻璃过滤后日光气候老化和菲涅耳镜加速日光气候老化的暴露试验方法》,标准中有三种环境条件,可以根据实际的使用情况选择实验条件,有一定的针对性,但具有太多的不稳定因素,如气候变化、地理位置差异等,且时间较长。

由于自然老化试验中的自然环境条件是不可控的,试验的重现性和一致性很难保证,所以这种方法多用在特殊用途的特定产品上,且通常在其对应的实际使用地点附近进行测试,如大型工程项目使用的耐久性土工布、特定环境使用的可降解型非织造布等。

2.2　人工加速老化

人工加速老化评价方法是采用实验室光源（氙弧灯、荧光紫外灯或开放式碳弧灯），模拟材料使用条件，使样品在可控的温湿度条件下暴露规定时间后，评价其光学性能、机械性能及其他相关性能的变化。

现在我国聚丙烯非织造布的人工加速老化性能测试标准主要有 GB/T 16422《塑料实验室光源暴露试验方法》系列标准即等同采用 ISO 4892《Plastics-Methods of exposure to laboratory light sources》系列标准。标准以"加速"和"强化"为特点，标准总则中明确说明试验的结果仅能够用于某一环境下暴露材料相对耐久性的比较，不能用于判定相同材料在不同环境下的相对耐久性，故测试其光老化性能时通常根据产品使用者的要求设定实验条件与试验周期，并采用与对照样品的性能进行对比的方式对产品性能进行衡量。GB/T 16422 系列标准中包括了氙弧灯、荧光紫外灯以及开放式碳弧灯加速老化三种试验方法，可以模拟多种使用条件下的光照条件，且条件可控、时间更短、重现性和一致性更为可靠，适用于大多数产品。

自然老化和人工加速老化评价方法各有优缺点：自然老化试验更加接近实际使用情况，对于特定用途的产品光老化性能评价较为可靠；人工加速老化试验条件可控，可以实现在不同时间对多种产品的光老化性能进行对比，结果具有较好的重现性和再现性。由于试验条件不同，对同一样品的自然老化结果和人工加速老化结果不具有可比性。

3　聚丙烯非织造布光老化性能的微观评价方法

非织造布光老化性能的宏观变化与材料的微观结构变化密切相关，如相对分子质量的变化和新官能团的产生，都会最终表现为其物理性能的变化，光老化的微观结构变化可通过特性粘度、差式扫描量热（DSC）曲线、红外光谱等方式来评价。

3.1　特性粘度

特性粘度与高分子的相对分子质量存在定量关系，可以作为相对分子质量的量度，与非织造布的强度等物理性质线性相关，可以用于表征聚丙烯非织造布的光老化程度。杨旭东的研究表明，无论是在自然老化还是人工加速老化条件下，聚丙烯非织造布的断裂强力和特性粘度均有相同的变化规律。还采用特性粘度保持率作为光老化程度的指标，建立了基于累积紫外辐射能的寿命预测方程，如以下公式所示。

$$y = 100e^{-ax}$$

式中：y——特性粘度保持率，%；

　　a——为拟合常数，由试验点的值决定；

　　x——累积紫外辐射能，MJ/m²。

采用特性粘度来表征聚丙烯材料的光老化性能，可以减少测试聚丙烯非织造材料宏观性能时所产生的随机误差。

3.2 差示扫描量热法

采用差示扫描量热法（DSC）可以分析出高聚物的熔点和结晶情况，熔点的高低反应了材料熔融的难易程度，与材料的相对分子质量有关，而相同条件下得出的 DSC 结晶曲线的变化可以反映出结晶情况的变化，这些都可以从一定程度上反映出聚丙烯非织造布光老化的程度。解昊采用 DSC 研究聚丙烯非织造布在自然老化和人工加速老化过程中熔融温度和结晶情况的变化，发现自然老化时随时间变化，熔融温度几乎不变，结晶度和结晶速率逐渐提高；而人工老化过程中熔融温度不断降低，结晶温度也不断下降。

差示扫描量热法可用于分析材料光老化过程的结晶情况、相对分子质量等微观性能的变化，对于分析聚丙烯非织造布的光老化机理十分重要。

3.3 红外光谱法

聚丙烯高分子材料在光老化过程中必然会形成新的基团，而红外光谱可以分析出新生成的基团以及分子结构变化等，由于不论聚丙烯光老化向什么方向进行均有羰基产生，可以通过计算羰基指数来表征聚丙烯光老化程度，同时根据所产生羰基吸收峰的不同还可以研究聚丙烯的光老化机理，现在红外光谱分析已经成为研究聚丙烯材料光老化过程与机理最为重要的手段之一。

张晓东等通过红外光谱分析研究了几种耐候性聚丙烯的耐候性能，发现用羰基基团生成量的方法可以比较不同产品间的耐候性能；李宁等采用红外光谱分析对比了两种不同 PP 材料光老化进程的不同。这些研究成果为我们提供了新的思路，即采用更为直接的羰基指数来表征聚丙烯光老化的程度。王华全等采用红外光谱分析研究了聚丙烯材料光老化的诱导期，发现在光老化开始后的一阶段内，材料本身已经发生老化生成了新的基团，但宏观性能没有变化，这表明宏观性能具有一定的迟滞性，不适合用于机理研究。杨旭东等通过红外光谱分析发现，在辐照强度不同、辐照量相同的情况下，聚丙烯光老化的产物是不同的,研究表明人工加速老化过程中并非辐照强度越大越好,应将辐照强度控制在一定的范围内,使其光老化过程更接近自然老化,得出的测试结果才更接近真实。

4 聚丙烯非织造布的寿命预测研究

由于自然老化试验周期较长,人们希望通过建立人工加速老化和自然老化之间的对应关系模式,来预测聚丙烯非织造布在自然使用条件下的寿命,几十年来许多研究者进行了大量研究,但目前还没有形成一个可以广泛应用的预测模式。

虽然目前的标准中明确说明不推荐使用"加速因子",但这方面的研究并没有停滞。最初的研究采用时间为表征指标,即自然老化和人工加速老化某一性能达到一定预设值时所需的时间之比;在此基础上又出现了日照时间变换系数的方法,即在某一性能达到一定预设值时,日照小时数(除去夜间)与人工加速老化的光照小时数之比;随着研究的深入,发现引起聚丙烯材料光老化的是阳光中290~400nm波段的紫外线,于是出现了"能量等值"原理,即认为当吸收的紫外辐射能量相等时,聚丙烯的光老化程度是一致的。这些方法都基于一种思想:分子中化学键的断裂和产生都与吸收的能量有关,当吸收的能量相同时,发生的变化也应该是一致的。这种思想在20世纪90年代以前占据主流,但却忽略了一个重要问题,即能量的强度过大时光老化反应可能发生改变。

随着研究的深入,"能量等值"原理开始受到质疑:Philippart发现紫外辐射强度对聚丙烯的光老化过程会产生影响,杨旭东等采用UVA-351F40紫外荧光灯进行试验,发现当辐照强度不超过一定值(162.58W/m^2)时,聚丙烯非织造布人工加速老化与自然老化产物的羰基特征峰位置几乎一致,而超过后则有明显区别;解昊的研究则表明,自然老化过程中产生大量的羟基(—OH),而人工老化没有,并认为这是水分的作用。这些研究均表明,人工加速老化不应单纯从"加速"和"强化"考虑,也不应仅考虑聚丙烯非织造布宏观性能的变化是否相同,应该尽量选择合适的实验条件,使人工加速老化的微观过程更接近自然老化,这样"能量等值"原理才能真正适用。

5 结论

随着可降解型聚丙烯非织造布的出现,如何对其光老化性能进行全面的评价变得十分重要，而目前的标准已经难以满足市场需求，因此从聚丙烯光老化的机理入手，更为全面地模拟自然老化过程，使老化过程中微观性能的变化更接近自然老化，研发出可快速有效预测产品寿命的测试方法和评价标准将成为未来的方向。

参考文献（略）

第四篇　展会报告

- 2014 中国国际产业用纺织品及非织造布展览会

  评估报告（摘录）

2014 中国国际产业用纺织品及非织造布展览会评估报告
（摘录）

中国产业用纺织品行业协会

在 2014 年中国国际产业用纺织品及非织造布展览会（简称 2014 CINTE）上，参展展品不仅产品丰富，其质量和技术水平也在不断提高，反映出中国产业用纺织品行业的快速发展和强大的市场空间。

新产品及产品市场的拓展，伴随着新技术的相继问世，新产品来源于新型纤维原料的创新和稳定生产、工艺技术的自主创新和复合技术的广泛应用、引进设备的消化吸收和再创新。

中国产业用纺织品行业的发展进入一个以超细纤维、各项应用技术相组合、高新设备纷纷涌现的发展时期。技术创新成为产业转型升级的核心推动力。

原材料的多样化和差别化助推应用领域的拓展。除了传统的聚丙烯（PP）、聚酯（PET）以外，聚乙烯（PE）、聚乳酸（PLA）、聚苯硫醚（PPS）、聚丙烯酸酯（PA）等材料也被应用于纺熔非织造布生产中；芳纶 1313、聚苯硫醚（PPS）、聚酰亚胺（PI）和聚四氟乙烯（PTFE）等纤维，可以根据不同工况类型，应用在高温过滤非织造布的生产中；以壳聚糖纤维、海藻酸盐纤维、蚕丝蛋白纤维、棉花、木浆粘胶纤维等生物质和天然纤维制成的非织造布，深受医疗卫生市场的欢迎；超细纤维用于无尘布、汽车内饰、墙纸、皮革等产品，功能性较传统产品大大提升。

工艺技术的创新实现了新产品的开发，湿法非织造布在生产速度、原料适用性、产品应用领域方面有较大突破，以此技术生产的湿法芳纶、玻纤非织造布加速推动了结构增强材料和土工建筑用纺织品的发展；具有自主知识产权的涤纶纺粘长丝油毡胎基布，以其性能优势替代了传统短纤产品，促进了下游防水行业的技术进步。高温过滤非织造布加工工艺实现了纺粘、针刺、水刺、覆膜、后整理等多种工艺在线复合，围绕"超细纤维""高密梯度""精细过滤"等技术方向开发了新型过滤材料；运用湿法造纸、纤维梳理、水刺缠结三种工艺流程结合而成的可冲散非织造布，产品具有可冲散、可降解特性，遗留物可作为土壤改良助剂，且具有成本优势，在湿巾擦布、婴儿尿不湿、妇女卫生用品、一次性医疗防护用品、食品包装等领域广泛应用。

装备技术助推产业发展。国内企业引进了德国莱芬第四代 SSMMMS 生产线，特吕茨勒干法和湿法水刺设备，DILO 针刺设备等，用于生产医疗卫生、土工建筑等类型产品，大幅度提升了生产的效率、稳定性和产品质量；通过对引进设备的消化吸收，结合理论研究、数学建模和反复实践等再创新，国内企业通过对现有部分非织造装备进行了改进和完善，设备的稳定性、效率、能耗等水平不断提高、产品质量和性能不断升级，部分设备和产品已达到国际先进水平。

为鼓励自主创新，促进科技成果转化，中国产业用纺织品行业协会举办了"2014 中国产业用纺织品创新产品／技术"评选活动，遴选出近几年具有行业影响力和推动力的创新产品和技术。活动自 2014 年 4 月开展以来，共有 45 个产品类项目和 11 个设备类项目通过初步评选，并在展会中"创新产品展示区"展示。经专家评议、中国产业用纺织品行业协会审定了 10 个项目为 2014 中国产业用纺织品十大创新产品／技术。

第一节 十大创新产品／技术

一、"喷射平涂"工艺高吸水性亲水非织造布

昆山市宝立无纺布有限公司利用自主开发的具有国内先进水平的核心技术——"喷射平涂"工艺亲水技术，开发具有自主知识产权的功能性亲水无纺布产品，彻底解决了材料拒水或吸水慢的问题。"喷射平涂"高吸水性亲水功能非织造产品是利用聚丙烯纤维材料，通过亲水复合工艺后整理技术、抗菌工艺技术、超柔软技术而成的；实现聚丙烯纤维材料结构的改性，从而彻底改变聚丙烯纤维材料不能吸水的特质，实现产品多功能化。产品具备快速亲水、抗菌能力强、质地柔软、均匀度好，产品结构性能稳定等特点，广泛应用在医疗卫生领域。

其技术主要创新点：

（1）突破非织造布快速亲水，并将亲水时间提高为 1s 以下，以 10g 非织造布为例，横向柔软弯曲长度为 13.4mm，均匀度以 20g0.01m^2 为例单点克重偏差 0.02g。

（2）采用标准 SS 双模工艺设计纤维多层交叉分布成型，产品拉伸力强度增加三分之一，均匀度提高一倍。

（3）采用计量泵智能控制技术，将装置的响应速度从 220r/min 提高到 330r/min，产能提高 30%。

（4）项目研发给 PP 及 PVC 纤维材料，在制造工艺和产品工艺上带来技术进步；实现产品材料性能改变，从生产技术、产品工艺结构上面的改变升级，具有快速亲水性、工艺流程短、生产速度快，产量高、成本低、用途广泛趋向高端。

（5）通过在非织造布中设置亲水层，使非织造布的亲水速度快，柔性好，手感舒适且亲水性能稳定。穿透速度在 1s 以下，填补国内行业空白。

（6）所述的亲水非织造布，采用聚丙烯（PP）材料为原料，通过螺杆挤压喷射、成网、亲水试剂平涂、消毒烘干、轧机辊压成布、亲水工艺以及亲水布成型，最终得到所需的亲水非织造布。

（7） 发明废料自动回熔装置，电磁脉冲节能系统，从而达到对废料循环利用，形成低碳运行。提高产能 30% 以上，节能 30% 以上，废料零排放。

二、可冲散全降解环保水刺材料（散立冲）

可冲散全降解环保水刺材料属于水刺法非织造布，相比一般水刺法非织造布具有可冲散、可降解的特性，性能完全可以替代传统湿巾。杭州诺邦无纺股份有限公司通过自主研发，以其特定的技术工艺，突破了分散性与强力不可兼得的技术瓶颈，实现可冲散全降解型水刺材料的生产。产品成功打破了世界先进企业的技术垄断格局，在为企业自身带来竞争优势和市场效益的同时，促进了我国水刺非织造行业朝着更高端、更有技术含量和附加值的方向发展。

其产品主要创新点：

（1）通过自主设计的纤维预处理设备，对多规格纤维素纤维表面进行原纤化预处理，使其表面分裂出细小的微纤维，增加纤维与纤维之间的抱合点，经后道的低压水刺缠结后实现低缠结高抱合的特殊状态，由于其纤维表面原纤化后高抱合的结构特性，散立冲在湿态状态下具有较好的使用强力，可满足湿态擦拭的要求，又由于其低缠结的状态，因此在水力冲击下低缠结结构被水力作用破坏，纤维与纤维脱离，布状结构分散为纤维态，实现冲散性能。

（2）纤网成形后经过输送帘的输送，纤网在速比形成的张力下受到牵伸，纤网三维立体结构和蓬松度受到一定程度的破坏，并在预湿圆鼓的预湿作用下纤网三维立体结构受到进一步破坏,由于散立冲产品原料为 100% 纤维素纤维,又经过纤维表面原纤化,三维立体结构破坏后经烘干成型的产品纤维间的氢键作用较明显,使最终产品湿态下的厚度比常规水刺材料薄 15% 左右,不利于冲散性能的实现和作为湿巾材料来使用。诺邦无纺通过成形纤网三维结构重塑技术,在水刺前设计专用速差热辊 / 皮带装置,对进入水刺的纤网进行凝聚作用,重塑三维结构,增加纤网间的间隙,使其烘干后保持较好的厚度及较多的结构空隙,从而实现在水力冲击下有更多的水分子进入产品的空隙,对纤维形成更大的冲击作用力,加速布态结构分散为纤维态,提高可冲散性能。

(3)采用多道低压力水刺工艺和致密柔性拖网帘相结合,减少了原纤化后细小微纤维的流失,降低了水针对纤维的切断作用,保障了纤网结构的完整性,并得到高效的缠结。同时,在水针和致密柔性拖网帘双重作用下,在不破坏纤网表面平整度基础上,不仅增强了纤网的物理机械性能,还可以有效避免起毛现象,令产品达到柔软细腻的效果,在致密细小的水针网带与极细水针相互作用下,所得到的产品纹路细腻平整,比普通水刺产品手感更好,这项创新技术的成功应用,提高了产品制成率,使生产过程更加节能、降耗、减排,在增加经济效益的同时大大降低了对环境的污染。该项技术不仅赋予了产品更加独特的风格,使产品满足了在湿态条件下对使用强力的要求,又让纤维之间不过分缠结,保障了其在水力冲刷作用下能够迅速分解,解决了强力与分散性能矛盾的技术难题。

目前,国外的 Ahlstrom 和日本王子公司实现了可冲散材料的生产,而诺邦无纺成功解决了产品湿态下使用强力与水冲散性能之间的矛盾,开发出湿态下具有优异使用强力,丢弃后在水流冲击下能迅速降解的可冲散产品,成为全球第三家,也是国内第一家实现该类材料研发和生产的企业。目前,该产品已通过法国 CTP 测试机构按照 INDA/EDANA 2013 年发布的第三版《一次性无纺布及制品可冲散性能评估》的全部 7 项测试,成为全国唯一通过该 7 项测试的产品,领衔行业可冲散技术。诺邦散立冲与 Ahlstrom 产品相对比,其湿态强力、水冲散性、生物降解性等各方面的性能均更优,成为 Ahlstrom 在该领域的竞争对手,诺邦无纺散立冲已逐步进入国际市场,现已取代 Ahlstrom 产品至少 30% 的市场占有率,体现了诺邦无纺生产散立冲的技术优势。

该技术的成功开发,打破了世界先进企业的技术垄断格局,为企业自身带来竞争优势和市场效益的同时,也带领整个中国水刺非织造行业朝着更高端、更有技术含量和附加值的方向发展,为国内同行企业带来巨大的市场商机,带动出口,为振兴中国技术和民族经济作出巨大贡献。

三、高性能功能性过滤材料关键整理技术及产品应用

高性能功能性过滤材料是袋式除尘器的核心材料，江苏东方滤袋股份有限公司通过对其进行后整理，使滤料纤维包覆氟碳形成完整包覆的、均匀分散着聚四氟乙烯颗粒的膜结构，隔绝氧气、酸性气体接触纤维，从而使滤料不仅拒水和拒油等级显著提高，同时耐氧化水解，滤料不易破损，易清灰，不糊袋，不板结，且除尘系统压差小，延长滤袋使用寿命，尤其适应我国火力发电、钢铁、水泥等各个行业复杂尾气除尘净化。

其技术主要创新点：

（1）针对目前工业排放烟气富含氮氧化物等有害物质，自主发明了滤料催化分解氮氧化物技术，已形成滤料催化分解烟气中氮氧化物的专利技术"一种袋式除尘材料的催化分解整理方法"（申请号：201210340763.1），在滤料迎尘面涂覆 PTFE 乳液、有机硅改性丙烯酸酯、Pt/AL$_2$O$_3$ 等纳米颗粒催化剂、乙烯基三乙氧基硅烷等组成的泡沫乳液，固化后形成微细孔径分布的催化分解功能层，滤料除尘时能同时催化分解烟气中的氮氧化物，提升了 PM2.5 治理效果。

（2）为防止高温过滤工况条件下氧化、水解和结露等损伤滤料中纤维，自主发明了树脂全包覆纤维的功能性滤料制备技术，已授权发明专利 4 项："一种袋式除尘材料的拒水拒油整理方法"（ZL201110242155.2），"耐瞬时高温氧化的聚苯硫醚纤维滤料的制备方法"（ZL201210099155.6）、"耐高温水解的聚酰亚胺纤维滤料的制备方法"（ZL201210099165.X）和"耐高温水解的间位芳纶纤维滤料的制备方法"（ZL201210099166.4），在滤料纤维表面形成完整包覆的、均匀分散着聚四氟乙烯颗粒的膜结构，提高滤料拒水、拒油、隔绝氧气性能，滤料使用寿命达 3 年以上。

（3）针对现有传统针刺加工造成滤料基布强力损失 50% 以上的严重问题，自主发明了低损伤针刺技术，已形成新型刺针和针刺加固方法的专利技术有"用于生产含加筋层的厚型非织造材料的刺针"（申请号：201210340762.7）、"用于含加筋层的厚型非织造材料的针刺加固方法"（ZL201210340763.1），其采用全新的椭圆针叶刺针和特定的针刺机针板布针方法，针刺加工时可以将滤料基布的经纱或纬纱撑开，从而大大减轻基布纱线的损伤，基布强度损失率可控制在 15% 以下，与传统技术相比，强力损失率降低 70%，极大地延长了滤袋使用寿命。如图 1 和图 2 所示。

（4）针对传统针刺造成滤料孔径尺寸分布较大、除尘效率较差的缺陷，自主发明了滤料迎尘面致密缠结技术，已授权发明专利"一种耐高温过滤材料的制作方法"（ZL200910053818.9），深层针刺与表层水刺相结合，使滤料梯度缠结，实现致密缠结结

构的滤料迎尘面,保证了滤料强力性能和透气性能,除尘效率99.99%。

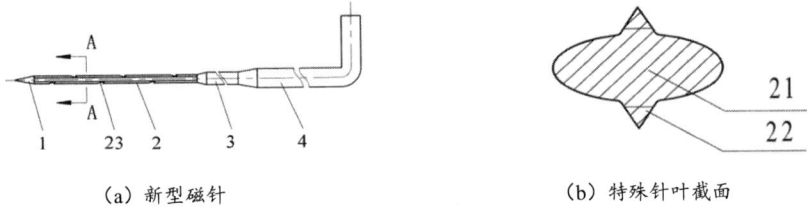

（a）新型磁针

（b）特殊针叶截面

图1 减轻损伤的新型磁针

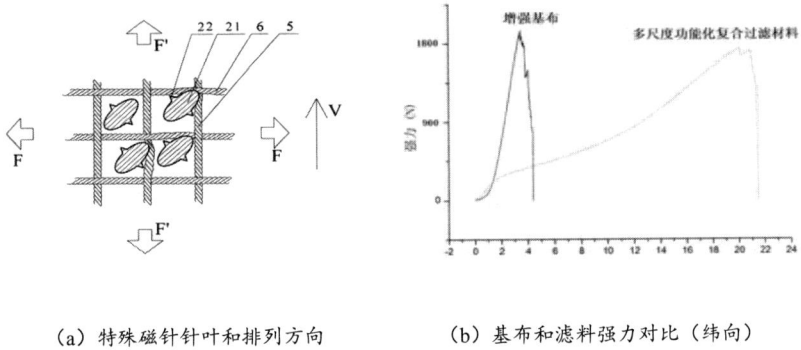

（a）特殊磁针针叶和排列方向

（b）基布和滤料强力对比（纬向）

图2 特殊磁针针叶和排列方向降低针刺过程对纤维和基布的损伤

四、PTFE 永久性建筑膜材

江苏纬凯科技股份有限公司开发的该产品分别以超细玻璃纤维和PTFE树脂作为基体材料和功能材料,首先将玻璃纤维整经、织造、热处理,形成适于后续加工的织物结构,然后通过多次涂覆、烧结,在玻璃纤维基布表面形成剥离强度好、平整光洁的PTFE涂层,所制备的膜材充分体现了超细玻璃纤维高强力、柔软性及PTFE的自洁性特点。产品具有重量轻,力学、阻燃、透光和自洁性能佳,成本低、工期短等优点,被广泛用于飞机场、体育场馆、训练房、游泳馆、展览厅等需要自然采光的公共场所。

产品运用自主研发的玻璃纤维基布热处理技术、浸渍涂层配方技术、多次烘培和烧结涂覆工艺技术,有效提高了膜材的强度、柔软性、耐折性、透光性和自洁性,产品技术指标均已达到国际同类产品先进水平。

五、DN250 高压输送管线技术研究及产品开发

北京五洲燕阴特种纺织品有限公司开发的DN250高压输送管由内胶层、织物增强层

和外胶层组成。纤维织物增强层是此软管的骨架层，承担承压和保形的功能；增强层中螺旋缠绕铜箔片的作用是导除软管输油过程中油与管壁因摩擦而产生的静电；内、外胶层起密封作用。与钢质油罐管相比具有质地柔软、环境适应性强、承压高、流量大、输送效率高、输送性能安全，应急能力显著提高等优点。

目前，输送软管的应用趋势已经由小口径低压逐渐向大口径高压方向发展，为使我国软质管线从中低压时代进入中高压时代，同时建立大口径高压软管产业化生产线，形成具有自主知识产权的高压输送管线成套生产技术。

本项目从设备的设计制造、材料选择、软管成型工艺到软管性能检验等成套技术进行了全面攻关，解决了一系列技术难题，形成了多项核心技术：

（1）独创性的设计了可编织斜纹筒布和人字纹筒布的三梭圆织机和可放置多只纬纱锭的圆织机，设计了可编织双层织物和2/2加强斜纹筒布的圆织机，成功实现了"斜纹双经双纬"、"两上两下加强斜纹"的编织工艺。

（2）纤维织物增强层工艺设计中，提出了"等预应力"的先进合纱工艺。

（3）独创性地设计了软管"一次挤出，两面成型"的成型工艺，设计制造出国内第一条聚氨酯输液软管生产线。

（4）独创性地设计了"共挤出"成型工艺，解决了软管因口径大挤出成型时胶料供给不足的问题。

（5）自主研究开发出软管密封性能检测装置和软管爆破压力检测装置。

（6）为满足不同使用要求，开发出"特定性设计方法"。

本项目的研究打破了国际上发达国家对我国的技术垄断，填补了国内空白，达到了国际先进水平，获专利3项，制定企业标准1项。自2011年以来，本项目累计新增产值6543万元，新增利税1123万元。

本项目的研制成功具有重大的军事效益和良好的经济、社会效益，同时拓宽了我国产业用纺织品应用领域，对我国纺织产业结构升级和解决军民两用急需具有重要的推动作用。

六、多向多层叠网造纸毛毯

在造纸厂的生产线上，成形网和造纸毛毯是赋予纸浆以生命的关键部件，它们都属于造纸用纺织品。上海金熊造纸网毯有限公司开发的"多层多向叠网造纸毛毯"，打破了传统造纸毛毯的生产方式，提高了生产效率，缩短了交货周期；提高了毛毯弹性的回复性、抗压实性和抗堵塞性，延长了毛毯的使用寿命，满足了高车速高线压造纸毛毯产品的使用要求。

项目产品以高强锦纶长丝为原料,经过整经、织造、片网定型、拼接缝制、环状螺旋基网叠合及定型、复合针刺和后整理等工序生产出多向多层叠网造纸毛毯。研发了拼接缝制、环状螺旋基网叠合及预定型工艺技术,开发了片网定型设备,提高了毛毯弹性回复性、抗压实性和抗堵塞性,延长了毛毯的使用寿命。

产品的主要工艺流程包括:单丝合股→整经→织造→片网预定型→拼接缝制(环状螺旋基网预定型 + 短纤维梳理成卷)→主针刺→后整理系统→成品检验→打包入库。

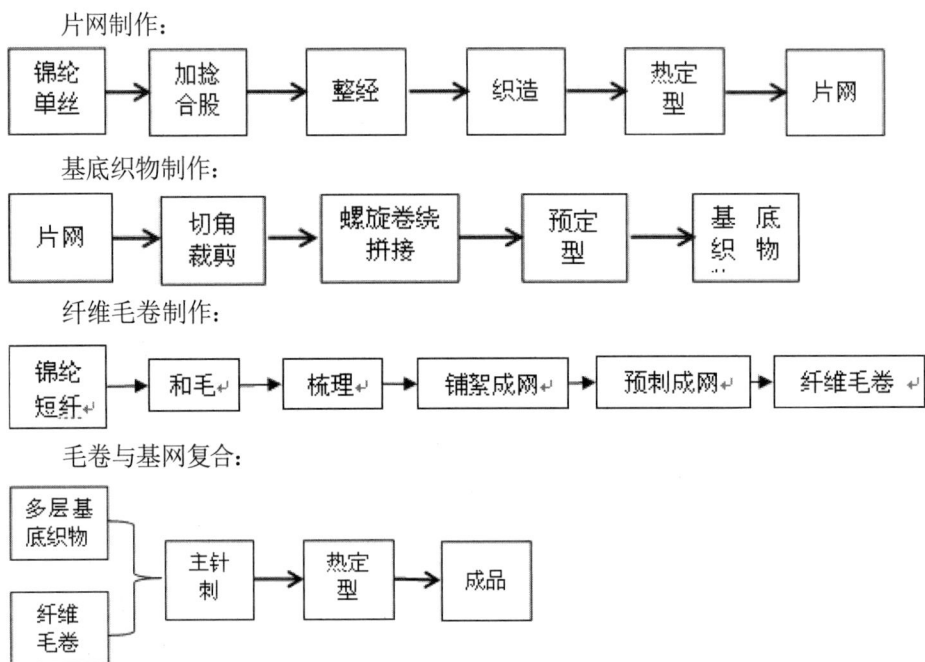

片网制作:

锦纶单丝 → 加捻合股 → 整经 → 织造 → 热定型 → 片网

基底织物制作:

片网 → 切角裁剪 → 螺旋卷绕拼接 → 预定型 → 基底织物

纤维毛卷制作:

锦纶短纤 → 和毛 → 梳理 → 铺絮成网 → 预刺成网 → 纤维毛卷

毛卷与基网复合:

多层基底织物 / 纤维毛卷 → 主针刺 → 热定型 → 成品

项目通过采用多向多层叠网造纸毛毯创新技术,将原来的环形织造基网改变成片状,并通过拼接缝制带螺旋状纹理,具有比环形织造产量高(2 倍左右)、设备投入成本低(约五分之一)的特点。以这种螺旋状基网叠合生产的毛毯由于改变了经纬线的排列方向其毛毯空隙容积保持性好耐压性能也好,从而使脱水效率更高、使用寿命更长。

多向多层叠网造纸毛毯与传统的造纸毛毯区别在于毛毯中的基网叠合方式的不同。不同经纬向基网叠合时,会产生一个角度,而这个角度的大小会影响毛毯的强力,多向多层叠网造纸毛毯中的基网叠合时相邻基网的经向会产生一定的角度,而且基网是由片网带有一定角度拼接缝制后而成的螺旋状环形基网。叠合基网之间达到何种角度才能最有效抗压,而且强度损失又最小,经线方向与实际运行方向成何种角度才能平稳地运行是项目的成功关键。项目组分析了叠合角度的大小与张力的变化,经过很多次的先锋试制、测试、改进、提高,寻找到了最佳的叠合角度,实现了工艺创新。

七、芳纶系列纤维及湿法非织造布产业化技术

烟台泰和新材料股份有限公司研究开发的"芳纶系列纤维及芳纶纸产业化技术",相继突破了聚合分子量在线控制、纺丝凝固条件控制、溶剂回收工艺控制等核心技术,形成了具有自主知识产权的低温溶液间歇聚合、一步法湿法纺丝的间位芳纶短纤维产业化技术,其工艺流程简单,生产效率高,生产技术独树一帜;突破了聚合工程、纺丝工程、溶剂回收等核心技术,形成具有自主知识产权的连续低温缩聚、干喷湿纺、溶剂连续回收的对位芳纶产业化技术,其工艺实现了聚合物分子量精确控制,具有纺丝过程连续稳定、溶剂回收效率高等特点。

八、海斯摩尔纤维及非织造布

海斯摩尔生物科技有限公司采用生物基纤维(纯壳聚糖纤维)为原料,根据壳聚糖纤维强度低、回潮率大的特点,攻克了水刺、针刺及热风非织造成网技术,实现了壳聚糖纤维的产业化应用。海斯摩尔非织造布因添加纯壳聚糖纤维,具有天然抑菌、快速止血、吸附螯合等功能,还具有生物相容性,生物安全性,生物可降解性等生物特性,已被广泛应用于医疗卫生、过滤防护等领域,开发出敷料贴、面膜、卫生巾、纸尿裤等产品。

产品因添加纯壳聚糖纤维,其技术含量包括:纺丝级高品质壳聚糖可控提取技术;高可纺性壳聚糖纺丝液制备技术;高效高密度挤出、纤维均匀成形技术;千吨级纯壳聚糖纤维纺丝工程与全流程节能、绿色清洁生产。在产品开发方面,更是开发纯壳聚糖纤维无卷曲、柔性梳理成条、低张力纺纱、活性染料染色与水刺、针刺及热风非织造技术,建立与拓展壳聚糖纤维混纺产业链;并获得"一种用于测定纺织品中壳聚糖纤维含量的方法"(ZL201010159468.7)和"一种壳聚糖纤维与纤维素纤维混纺织物的工业染色工艺"(ZL201110100433.0)两项专利。

九、高强聚酯长丝胎基布产品及其装备开发

大连华阳化纤科技有限公司开发的该产品主要用于 SBS、APP 等改性沥青防水卷材的胎体。由于其具有较高的抗拉强力、较大的延伸率、较好的热尺寸稳定性以及优良的可浸渍性、耐老化性、持久性等赋予了改性防水卷材优异的使用性能,是迄今为止国际公认的最佳改性沥青防水卷材胎体。而改性沥青防水卷材在国内外均是最重要、占比最高的

工程专业防水卷材之一，广泛应用于房屋建筑、高速铁路、高速公路、桥梁隧道、城市轨道、机场、港口码头、水利设施、核能设施、环卫工程、国防工程、能源及矿业工程等领域。

该项目以聚酯切片为原料，经结晶干燥、熔融纺丝、气流牵伸制成具有高强力、高伸长率及高取向结晶度、分子结构稳定的长丝纤维，同时经分丝、摆丝、负压成网形成纵横向分布均匀，具有三维立体结构的长丝纤维网，再经针刺固结成坯布，再经热定型、浸渍淀粉胶、烘干固化、分切卷绕，制成具有特定性能指标的胎基布，见下表。

胎基布性能指标

考核项		任务书指标		项目产品指标		完成情况
		$200\sim280g/m^2$	$150\sim200g/m^2$	$250g/m^2$	$200g/m^2$	
断裂强力（N/5cm）	纵向	≥800	≥500（纵、横向）	989	591	达标
	横向			951	506	
断裂伸长率（%）	纵向	≥35	≥30	43	48	达标
	横向			44	41	
浸渍性		无未浸渍处	无未浸渍处	—	—	达标
热尺寸稳定性（%）	纵向	≤1.5	≤2	0.7	1	达标
	横向			0.3	1	
生产线		建成年产5000吨聚酯纺粘长丝针刺胎基布		建成年产5000吨聚酯纺粘长丝针刺胎基布		达标

与国内外同类技术比较，产品主要技术指标优于同等克重聚酯短纤基本产品，浸渍环节基本实现零污染，可以满足国标和下游用户要求，具有技术优势。

十、双组分超细纤维纺粘水刺非织造布工艺技术与装备的研发

大连华纶工程有限公司承担的本项目采用双组分中空桔瓣复合纺丝直接成网技术，双吸风多段式摆丝成网技术，水刺加固与开纤技术，通过集成创新，将双组分聚合物（PET/PA6）按一定复合比，经共轭熔融纺丝、冷却、高速气流拉伸、摆丝铺网、经水刺开纤固结一次成布。它是一种融合双组分超细纤维纺粘非织造和水刺非织造技术的新一代高端产品，产品和设备技术属国内首创，填补了国内空白，居于国际领先水平。

其技术主要创新点：

（1）一步法双组分超细纤维纺粘＋水刺成布工艺，工艺流程短、投资少、能耗低。

（2）将双组分中空桔瓣复合纺丝直接成网技术、双吸风多段式摆丝成网技术、水刺加固与开纤技术集成创新,水刺开纤率高,开纤后单纤可达 0.075D。

（3）生产过程省去了海岛纤维的碱减量和甲苯萃取等处理环节,无任何污染现象产生,属节能环保型产品和高新技术。

（4）采用中空桔瓣型双组分纺丝组件和复合纺丝箱体、双吸风多段式摆丝铺网装置,以及高压水刺开纤、固结设备,生产双组分超细纤维纺粘水刺非织造布,产品强力高,纵横向强力比均衡。

（5）工艺技术与装备系国内首创,填补了国内空白,居于国际领先水平。

目前,双组分超细纤维非织造布技术主要以海岛型和桔瓣型为主,海岛型超细纤维非织造布技术是以海岛短纤维（PA6/PE 或 PET/COPET）为原料,经梳理成网、针刺工艺做成非织造布,再经甲苯萃取或碱减量处理,将一种组分溶去,生产出超细纤维非织造布。这种工艺不仅工艺流程长,设备配置复杂,而且环境污染也比较严重,另外,还要减损30% 的原料,造成了极大的浪费。

而采用桔瓣型涤 / 锦复合超细纤维非织造布技术,尤其是采用中空桔瓣型纺粘共轭纺丝 + 水刺一次成布的方法,较之桔瓣型复合短纤维（涤 / 锦复合）,经梳理成网后,再进行化学、物理处理,使之分裂、剥离,获得超细纤维非织造布的方法,工艺流程短,减少了相当量的工艺设备,并大幅度减少了设备的运行成本。

目前,国外仅德国一家公司可商业化生产双组分超细纤维纺粘水刺非织造布,而本项目产品纵横向强力和纵横向强度比、撕裂强度均高于国外同类产品,属完全自主知识产权。其工艺路线、产品和设备均属国内首创,填补了国内空白,处于国际领先水平。

第二节　展示区主要产品

一、交通工具用纺织品

1. P/C（涤 / 碳）复合隔热非织造材料

所属单位: 山东泰鹏新材料有限公司

P/C 涤 / 碳复合隔热非织造材料是由一些悬浮于惰性乳胶中的微小陶瓷颗粒构成的,它具有高反射率、高辐射率、低导热系数、低蓄热系数等热工性能,具有卓越的隔热反射功能。该产品不仅自身热阻大,导热系数低,而且热反射率高,减少自身对太阳辐射热的吸收,降低被覆表面和内部空间温度，是有发展前景的高效节能材料之一。在中国也仅使用于尖端科技高速列车的墙体隔热吸音材料和航空舰艇的壳体隔热防震轻体的环保材料。

为满足各项性能要求，产品总体结构设计实现四层复合一体结构。P/C（涤／碳）复合隔热非织造材料 100% 纤维，不含挥发性有机溶剂，对人体及环境无危害；它作为一种新型复合隔热保温材料，有着良好的经济效益、节能环保、隔热效果和施工简便等优点。该产品不仅自身热阻大，导热系数低，而且热反射率高，减少自身对太阳辐射热的吸收，降低被覆表面和内部空间温度，因此它被行家一致公认为有发展前景的高效节能材料之一。目前有 10 多家应用单位正在使用，受到一致好评，正在扩大生产。在中国也仅使用于尖端科技高速列车的墙体隔热吸音材料和航空舰艇的壳体隔热防震轻体的环保材料，创新采用碳短混合纤维应用于高速列车、舰艇吸音隔热材料，获得实用新型专利"动车组车体保温材料"（专利号：201120236577·4）。随着新产品的开发，推动了行业发展，带动了其他如船舶、火车、汽车、飞机等交通产业的快速发展。

2. 汽车用生态超纤材料

所属单位：福建华阳超纤有限公司

汽车用超细纤维材料系采用与天然皮革中束状胶原纤维的结构和性能相似的聚酰氨超细海岛纤维，制成具有三维网络结构的非织造布，再填充聚氨酯树脂，从性能结构及化学成分上达到天然皮革优良的触感和舒适度，是替代天然皮革的理想材料。然而普通超纤皮革不阻燃、不耐磨、不耐光老化，存在低温耐折、VOC、TVOC 不达标及尺寸稳定性差等诸多问题，而无法达到主机厂皮革上机使用要求，本项目在前期经过五年的研究，通过超纤皮革原料优选，工艺优化，配方调整复配。设计出更合理的汽车生态超纤材料研发技术，建立起了汽车内饰生态超纤材料的科学生产工艺方案，实现了汽车主机厂用生态超纤材料的技术突破，并在阻燃、透气透湿、强度、防水、防霉变、耐寒耐磨、耐碱耐光、耐化学性等性能上全面超越真皮，同样厚度单位质量仅是真皮的 2/3，生产的生态超纤材料的各项性能达到国外同类产品标准。同时确保 VOC 及 ELV 达到国家标准，完全可以替代天然皮革，已申获多项国家发明专利。广泛应用于汽车、轮船、游艇等工业产品的众多领域。

替代天然皮革后，将大幅度降低汽车内饰材料采购成本，内饰配件生产制造实现标准化作业，将更大程度地替代汽车内饰用天然皮革及其他车船用天然皮革产品，从而解决因真皮生产所造成的环境污染。

项目产品在生产制造过程中引入阻燃剂、水性材料，制造的超细纤维／聚氨酯／阻燃剂复合新材料，已经获得国家专利，为国内首创，达到国内领先水平。

本项目研发的超细纤维 / 聚氨酯 / 阻燃剂复合材料的三组分浸渍复合技术开发的三组分复合新材料,能够提高阻燃、透湿排湿性,和真皮媲美。水性 PU 处理技术使表面更环保生态,达到汽车内饰空气低 VOC 要求。专利防污抗菌技术,使产品易清洁且长期使用不发生霉变,环保生态。

3. 圣纱双组分吸音棉

所属单位: 称道新材料科技(上海)有限公司

圣纱吸声棉内部形成三维网状结构,且交织的纤维纤度范围极广,从直径为 $1~4\ \mu m$ 的微纤到直径为 $20~40\mu m$ 的较粗纤维。当声波振动通过纤维间的孔隙时,在摩擦损耗等作用下导致声波的能量转化成热能,从而起到不同频率声波的有效屏蔽与隔离效果。最新独家开发技术路线,形成独特的 Z 形端面宏观结构,可轻松按照性能与使用的要求调节材料的外观、手感、蓬松性等,且可按要求尽可能地提高等克重条件下的吸声效果。公司该系列产品主要包括纯 PP 易回收型吸音棉、 抗老化增强型吸音棉 等品种,主要应用于汽车、高铁、游艇、邮轮甚至飞机等交通工具;此外,在家电、机房、泵房、冷库、变电房、办公设备等亦有独特的隔热吸音效果。

4. 高密导湿环保型非织造材料

所属单位: 杭州萧山航民非织造布有限公司

本项目研发高密导湿环保型仿真皮革专用非织造材料的生产技术和产品。主要研究开发多组分纤维原料配方及其均匀共混技术,确定最佳的工艺配方条件;研究开发多组分纤维的成网高密针刺技术,提高多组分纤维非织造材料结构均匀性;研究、开发浸渍液工艺配方及连续浸渍技术,提高浸渍速度和浆膜的均匀性,提高非织造材料的吸湿透气性;开发、设计连续 、致密化工艺技术,提高非织造材料的结构致密性和力学能力。

项目研究解决了高密导湿非织造材料生产的高密针刺、PVA 浸渍预处理等关键技术。自主设计、定制了连续浸渍、热定型生产装置,开发了连续浸渍、热处理工艺技术,改善了非织造材料的结构和力学性能;开发了高校吸湿导湿透气非织造材料生产技术。形成了年产 500 万米皮革专用非织造材料的生产能力,产品一等频率达到 98% 以上。开发试制了多异纤维复合面密度为 $260g/m^2$、$250g/m^2$、$230g/m^2$、$220g/m^2$、$100g/m^2$ 和 $60g/m^2$ 等多个规格的皮革专用非织造材料新产品,并制定了 Q/HFZ01—2012 产品标准,使产品质量进一步提升。"80/20 高密导湿非织造材料"、"50/50 高致密非织造材料"、"锦涤复合皮革专用非织造材料"三个新产品已于 2011 年 12 月通过浙江省省级新产品鉴定验收,其工艺技术处于国内领先。

二、结构增强用纺织品

1. 玻璃纤维半刚性太阳能电池基板

所属单位：东华大学产业用纺织品教育部工程研究中心

半刚性太阳能电池基板我是国新一代航天器电源系统的关键材料，是一个可以承载电池片、承受空间环境介质侵蚀且重量极轻的载体，适合于我国航天器新型太阳电池阵，具有质量轻、使用寿命长、发电功率高等优点。防原子氧、拉弧及热疲劳损伤，适于低轨道。基板重量轻 30%~40%。工作温度可降十几度，光电转换效率提高 15% 以上，已成功应用于我国"天宫一号"航天器的半刚性太阳电池帆板，将进一步应用到"天宫二号""货运飞船"和大型空间飞行器和宇宙空间站中。如图 3 所示。

图 3　玻纤半刚性太阳能电池基板

2. 产品名称：热塑蜂窝复合板

所属单位：常州市新创复合材料有限公司

热塑蜂窝板是由两块较薄的面板（面板可以用 Multi-TP 或 Woven-TP 系列的板材），牢固地粘结在一层较厚的蜂窝状芯材两面而制成的板材，亦称蜂窝夹层结构。蜂窝板可代替许多常规增强材料，如建筑类板材，车用集装箱板，冷藏箱板等。

抗冲击强度：直径 20mm 球进行落球冲击，室温下冲击强度为＞100J；在 -20℃温度下为＞35J；

抗压强度：试样为 75mm×75mm 在 1.5MPa 的压强下测试，能承 1.5MPa 的压强，蜂窝板不会出现分层，断裂；

弯曲性能：厚度 15mm，宽度 100mm 的蜂窝板在跨距 600mm 的条件下承受 5kg 的压力，且蜂窝板不变形，不断裂。

抗环境，抗老化：在强紫外线辐射下抗龟裂能力很强，对油，脂肪，常用化学品有很好的抵抗能力；

导热系数、可应用与隔热材料，常温下导热系低于 3.5W/（m²·k）绿色环保克回收：

主要成分为玻纤和 PP 树脂,可 100% 回收。

3. 立体织物及其树脂基复合材料

所属单位:天津工业大学复合材料研究所

立体织物中贯穿空间各个方向的纤维提供了复合材料增强结构的整体性、稳定性和灵活的可设计性,提高了复合材料结构的层间性能和抗冲击损伤能力。立体织物不仅从结构和性能上强化了复合材料,而且易于实现复合材料结构件的近净仿形成型。具有低密度、高比刚度、高比强度、冲击损伤容限较高、抗疲劳性能好、耐腐蚀、抗老化等优异性能。可应用于航空、航天、国防、建筑、机械、能源、生物等高技术领域。

4. 产品名称:DN250 高压输送管线

所属单位:北京五洲燕阳特种纺织品有限公司

DN250 高压输送管由内胶层、织物增强层和外胶层组成,见图 4。纤维织物增强层是此软管的骨架层,承担承压和保形的功能;增强层中螺旋缠绕铜箔片的作用是导除软管输油过程中油与管壁因摩擦而产生的静电;内、外胶层起密封作用。与钢质油罐管相比具有质地柔软、环境适应性强、承压高、流量大、输送效率高、输送性能安全,应急能力显著提高等优点。

产品解决了城市居民面对突发事件饮用水的补给问题、解决城市内涝排水问题、城市火灾远程输水问题等一系列城市突发事件供排水困难问题,初步形成较健全的城市应急供排水装备保障体系,大大提高城市应急供排水装备的综合保障性能。在国防建设方面,作为国防现役装备,加强部队的快速反应能力,实现了饮用水及油料伴随保障的目的,建立了一种全新的机动、快速、高效的立体保障模式,具有重大的军事效益。

该技术产品国内只有本单位生产,已成功应用于城市应急给排水系统和远程抢险供水系统。在城市复杂的交通情况下,快速的将长距离的充足水源在最短的时间内输送至突发事件现场,大大提高了城市应急供排水装备的综合保障性能,是城市应急供排水的优化解决方案。该软管可广泛用于消防、电力、矿井透水事故抢险、远距离、大流量输水灌溉工作等公共安全应急领域。

在国防建设方面,本项目产品因其重量轻、承压高、操作方便、铺设撤收迅速、环境适应性强、储存使用寿命长和包装体积小等特点实现对装甲部队所需油料的快速补给等,加强了部队的快速反应能力,实现了饮用水及油料伴随保障的目的。该项目具有良好的应用前景和良好的社会经济效益。

图 4　高压输送管

5. 三维整体多层缠绕织物

所属单位：南京玻璃纤维研究设计院

三维整体多层缠绕织物图 5 编织技术具有高度自动化、适用性广和空间占有率低等显著优点。高度自动化能确保产品质量稳定、高生产率和低生产成本，适用于多种型材、管状类、少切削或无切削以及大尺寸等部件的制造。该技术张力控制简单方便、均匀，可采用大卷装。由于在设计上考虑到减少纤维摩擦能有效降低加工过程对纤维的损伤。用该项技术制造的产品，纤维无屈曲、结构合理，有别于现用的结构。该技术能按设计要求局部改变纤维取向，为今后纤维复合材料设计提供更多有用的选择。在厚度方向，其配置柔性的高性能纤维是用该项技术制造产品的又一特点。复合后的材料和部件整体结构、性能完整，且具有可裁剪性和高纤维体积含量的特点。

图 5　三维多层缠绕织物

三维整体多层缠绕织物编织技术构思巧妙、集机织针织技术之长,无论在自动化、高生产率还是适用性、产品结构性能特点上都明显优于已有技术。该技术解决了纤维增强复合部件大批量生产中经常涉及的制造成本经济性等难题。该技术的低生产成本优势为扩大纤维增强复合材料的应用、发展绿色产业开辟了广阔的前景。

6. 三维纺织结构复合材料

所属单位: 江南大学

三维纺织结构复合材料包括三维机织结构(三维中空夹芯结构、三维角联锁结构)、三维编织结构(三维四向、三维五向、三维全五向结构)复合材料等;具有质轻、高强、高模等特性。系列产品可广泛用于航天航空、军事、轨道交通、汽车、船舶、建筑、新能源、体育器材等领域。

三、安全与防护用纺织品

1. RECOS 面料

所属单位: 德州华源生态科技有限公司

采用公司先进的多组分纤维混合技术,将 Lenzing FR、Protex、Para-aramid 等多种纤维纤维进行混纺,结合公司设备与技术的优势,保证多组分纤维混合的均匀度。充分利用各种纤维的环保、阻燃、吸湿透气、染色靓丽等优势,使 RECOS 面料具有阻燃和舒适合二为一的功能,成功开辟了阻燃工装面料的新纪元。可通过 EN 11612 的 A/B1/C1、GB/T 21655.1—2008,应用于热防护工装,石油、化工、冶金、造船、消防、国防。

2. Lenzing FR 混纺针织舒适面料

所属单位: 德州华源生态科技有限公司

采用环保型再生纤维素纤维兰精公司的 LenzingFR 和天丝 A100 进行混合,采用特殊的工艺流程,最大限度的减少纱线棉结及细小疵点,使针织面料手感柔软,外观光洁无瑕疵。

目前市场上所用的防护服装多数是采用纯棉、涤/棉、CVC、棉/锦织物经过阻燃后处理获得阻燃功能,阻燃耐久性差。另有一些阻燃纤维混纺织物如阻燃腈纶,芳纶混纺织物虽然具有较好的阻燃持久性,但是由于其纤维特殊性,织物的穿着舒适性较差。

LenzingFR 混纺针织舒适纱线采用了纤维具有阻燃特性的方式,使织物具有更持久的阻燃性能,而且所采取的阻燃纤维属于环保纤维,不释放有毒气体,保证了服装的安全性。天丝及 LenzingFR 大大提高了织物的舒适性,自然凉爽,较高的吸湿性,亲水性及优良的透气凉爽性,卓越的湿度调控功能,有效减少细菌的生长,具有绝佳的肌肤亲和特性。

3. 防静电抗紫外线工装

所属单位：浙江蓝天海纺织服饰科技有限公司

该产品主要对吸湿排汗、抗静电和抗紫外功能面料进行了开发，防静电功能是许多行业的工装面料所必须具备的，如石油化工、煤炭、橡胶等行业，而吸湿排汗和抗紫外线功能是当前夏季所必需的，尤其是针对在户外工作的情况，长时间的紫外线照射可能导致皮肤发生病变，甚至引发皮肤癌，同时夏季的高温使人们的衣服总是湿漉漉的粘在身上，长时间将引起皮肤湿疹，这就需要开发集以上三种功能于一体的面料制成的工装为工作人员提供一层皮肤表面的防护层，使工作人员穿着舒适、安心、身心愉悦，提高工作效率。公司按照"混纺交织，优势互补，提升功能"的原则，采用抗紫外异型纤维、棉短纤进行混纺交织，导电长丝通过包覆纺纱后嵌入织造，使面料正面不显漏导电纤维，而面料导电效果良好。通过合理的混纺比，开发出具备手感柔软、挺而不板、高导湿排汗、良好的抗静电效果的高舒适防静电夏装制服面料新产品，是适应新时代工装要求的面料。

4. 电磁屏蔽导电织物

所属单位：天诺光电材料股份有限公司

随着现代科技的发展和人民生活水平的提高，高科技的电器产品得到越来越多的人青睐，手机、计算机、电视等给人们带来便利的同时，电磁辐射给人们的危害也越来越大。为了减少电磁辐射给人们带来的危害，电磁屏蔽材料的需求也越来越大。目前市场上制备电磁屏蔽材料的方法主要有化学镀、电镀、溅射镀等。其中，化学镀生产成本高，生产中产生的废水污染严重；电镀由于基材本身不稳定，造成操作困难，产品质量难以保证；溅射镀使用的设备价格昂贵，难以大规模生产。本产品采用磁控溅射和复合电镀相结合的方法，在涤纶、锦纶等织物表面镀覆多层金属，避免了上述传统方法存在的问题，可进行连续化、规模化生产。

该产品经中国航天科工集团第二研究院 203 所、中国上海测试中心等权威部门测试，屏蔽效能达到 70~80dB，表面电阻率达到 0.01~0.02Ω/□，达到国际同类产品的先进水平，填补了国内空白，满足了电子、通讯、军工、航天航空、医疗仪器以及重要精密仪器屏蔽件用导电织物的技术要求。该产品的研究成功，将进一步推动我国电子行业用屏蔽材料技术的快速发展，极大地提升了我国在该材料领域的整体水平，对我国新型电磁屏蔽材料产业的发展特别是满足国防、军事领域对高性能电磁屏蔽材料的需求具有非常重大的现实意义。

5. 特警战训服面料

所属单位：陕西元丰纺织技术研究有限公司

特警战训服面料采用我国自主知识产权的芳纶1313、高强阻燃维纶、阻燃粘胶及芳纶基导电材料等多种高新技术纤维材料及创新工艺技术,研发具有高性能、中低价位、多功能战训服面料,将作为现用特警战训服面料的升级换代产品,以提高我国特警战训服的个体防护性能。该面料已经作为新一代中国特警战训服装列装应用,且在公安部装备财务局委托中招国际招标公司以招标方式进行的"特警战训服主面料生产企业资格审定"中,各项检验指标名列前茅,获定点生产单位资质,为其推广应用提供了法律程序保障。

6. 消防抢险救援服面料的开发

所属单位:陕西元丰纺织技术研究有限公司

消防抢险救援服为消防人员在抢险救援过程提供了安全保障。近年来,各地区、各种突发自然灾害较多,如雪灾、洪灾、火灾、地震等等,各种抢险救援环境都十分恶劣,在日常生活中也存在各种不可预测抢险救援环境,然而我国在消防防护领域稍显落后,无法保障消防员的生命安全。消防抢险救援服面料的开发针对不同地区、不同抢险救援任务、工作环境,采用国产高新技术纤维材料混纺、通过研究新技术、研究制定新型纺纱、织造及后整理工艺,开发适合抢险救援防护服的多功能防护面料,提高消防救援服的安全防护性和穿着舒适性,大幅提高我国消防救援服系列装备水平,为消防人员在抢险救援时提供安全保障。开发的消防抢险救援服面料已经完成了公安部消防局10万米抢险救援服面料的采购招标任务,另外,公司应用泰和新材芳纶纤维、奥地利兰精阻燃纤维开发的消防灭火服面料和里料也已通过了国家消防装备质量监督检验中心检测,各项指标优异,为未来产品结构调整和国内高端市场开拓打下了坚实的基础,市场前景良好。

应用高性能芳纶阻燃纤维与进口锦纶基白色导电纤维进行混纺,达到阻燃性能、防静电性能双重功能的同时,又具有很好的穿着舒适性;设计小比例混合的纺纱工艺流程,提高纤维混合均匀度;研究探讨不同助剂染色方法及纤维状态下的染色方式,保证染色后纤维状态不混乱,满足后道纺纱工艺技术要求,确定出锦纶基导电纤维材料的染色技术工艺;研究面料的组织结构设计及织造工艺技术,以保证织物的高强力指标;对防油拒水等后整理工艺进行研究,优选助剂材料、确定后整理工艺技术参数,保证防静电性能不受影响,使面料防油拒水性能优于标准要求。

7. 魔幻变色带

所属单位:浙江三鼎织造有限公司

发光带广泛应用于建筑装潢、交通运输、航空航海、夜间作业、消防应急、日常生活及娱乐服装等领域,而且可极大的降低事故的发生。目前主要有以下几类发光方法,其中一类为利用反光材料制成的交通指示牌、交警服装等，它在作用时必须要有入射光源，这使得其应用受到了限制；另一类为利用能吸收紫外光的纤维制成的防违商标等，但其发光单一。本产品利用发光纤维丝与其他丝线合理搭配，结合织物组织设计，使产品在光线照射后出现不同的发光反应，从而达到多种变色的目的。

8. 经编核辐射防护织物

所属单位：江南大学

该织物采用经编与衬纬组织，使铅丝纱线紧密排列的同时也具有织物可柔软变形等性能。穿着舒适，质量较轻，同时有效对辐射进行吸收。生产效率高，成本较低。可应用于核电站工作场所，核事故、反恐警察部队等。

四、产业用纺织品专用原料

1. 聚酰亚胺纱线

所属单位：江苏奥神新材料有限责任公司

聚酰亚胺（PI）纤维具有优异的热稳定性、耐辐射性能、不燃烧性能和良好的力学性能，可在高温、放射、高腐蚀等恶劣的环境条件下长期使用，主要用作金属冶炼、水泥生产、火力发电、垃圾焚烧等领域高温恶劣工况下袋式除尘器的滤料，在260℃以下可连续使用，除尘效果优异，使用寿命是其他滤料纤维的 3 倍以上。

由干法纺丝工艺生产的聚酰亚胺纤维纺制而成的聚酰亚胺纱线具有性能优越，经济附加值高等特点，可以替代芳纶1313纱线在高温防护领域的应用，用于开发新型特警战训服面料、消防服面料、消防抢险服面料、森警防护服面料、石油和钢铁防护服等面料，进一步提高国内阻燃防护服的防护性能及我国阻燃防护装备水平。聚酰亚胺纱线可以使阻燃防护服在具有更可靠的热防护性同时，还拥有轻便、舒适以及美观等功能。随着公司相关技术的突破及生产规模的迅速壮大,成本的降低,将进一步促进聚酰亚胺纱线的应用。

2. 聚酰亚胺纤维

所属单位：长春高琦聚酰亚胺材料有限公司

本产品创新的聚合物结构设计，本项目所设计的聚合物化学结构中不包含酮酐单体，每种单体均可在国内采购，特殊的联苯二酐单体为公司自有产品；独特的纺丝原液制备技术，掌握产品核心原材料生产，实现聚合从结构到生产的核心技术的掌控，并加入适当比例的催化剂，大幅度改善胶液的溶解行为和表观粘度，获得高分子量、高均相的纺丝原液，有效避免胶团粒子的生成；创新性的开发了由聚合后原液直接纺丝、干燥、酰亚胺化、高温牵伸的连续生产新工艺；研制了聚合反应釜、纺丝机、牵伸炉、亚胺化炉等关键生产装备,集成创新了千吨级聚酰亚胺纤维成套技术和装备,工艺技术先进可靠,生产运行安全稳定,打破了国外的技术垄断,扭转了大型除尘器高温、高端滤料依赖进口纤维的被动局面,具有显著的经济和社会效益。

该项目产品所开发的高温过滤袋已在大型水泥窑尾袋式除尘器实现了工业化应用,主要技术性能指标及使用效果达到国外同类产品的先进水平。该产品还可在高温隔热辊等多种高附加值复合材料方面广泛应用。此外,该产品还可以用于功能性服装领域,并已通过瑞士 OEKO-Tex®100 标准测试及授权标签,为纺织工业提供新型纤维材料,市场应用前景广阔。

3. 磁控溅射抗菌纤维

所属单位: 天诺光电材料股份有限公司

市场现有抗菌制品主要以添加有机抗菌整理剂为主,占据较大的市场份额,但其安全性、稳定性、耐久性等方面存在明显缺陷;无机抗菌材料具有较好的耐热和安全性,且抗菌能力强、耐久性好等特点,是未来市场研究热点。无机抗菌纤维制备技术主要有化学镀、熔体直纺、物理技术,但也存在一些缺陷如,化学镀方式污染重,熔体直纺金属粒子分散性差、抑菌性能不稳等。

本产品采用先进的表面处理和磁控溅射技术,在化学纤维表面实现金属化,使材料具有抗菌能力强、耐久性好、安全、环保、性价比高等特点。磁控溅射源的设计,抛弃了传统的"跑道环"形式的磁场设计理念,重新设计磁场分布和一系列结构设计,从而使溅射靶材表面产生所要求磁场,达到非平衡磁控溅射的效果;产品采用的单纤维混合技术,解决了极低的混合比例下抑菌银纤维分布的均匀性问题,避免出现抑菌"盲区"。采用本产品制备的面料经权威部门测试,水洗 50 次前后对黄色葡萄球菌、大肠杆菌、白色念珠菌的抑菌率都在 99% 以上,达到国际同类产品的先进水平。

4. 液相增粘熔体直纺技术

所属单位: 浙江古纤道新材料股份有限公司

目前,国内外生产涤纶工业丝普遍采用的工艺路线为:通过熔融缩聚得到低粘聚酯熔体,冷却切粒得到聚酯切片,再经过干燥、固相缩聚(SSP)获得高粘度的切片,然后再送入螺杆挤压机进行熔融纺丝。这种方法能耗大、生产成本较高。

本项目开发的液相增粘熔体直纺技术,将常规熔融缩聚所得到低粘熔体直接输送到液相增粘设备进行增粘,短时间内可将熔体粘度增至 1.0dL/g 以上,所得到的高粘聚酯熔体直接输送至纺丝设备生产涤纶工业丝。与现行的固相增黏熔融纺丝工艺相比,产品性能处于同等水平,单位产能设备投资成本低,占地面积减少,工艺流程缩短,生产效率提高,能耗大幅度下降,具有明显的技术与经济优势。此技术是全球涤纶工业丝生产领域一项重大技术创新,已形成了自主知识产权体系。产品已涵盖普通高强、超高强、普通低缩、超低缩、抗芯吸、拒海水型、活化型、有色型等多种类型,广泛应用于织带、土工材料、车用纺织品、输送带、灯箱广告布、海洋缆绳等领域。

5. 拒海水型涤纶工业丝

所属单位:浙江古纤道新材料股份有限公司

依托公司新开发的液相增粘熔体直纺技术,浙江古纤道新材料股份有限公司在此基础上成功开发出了一种功能性的涤纶工业丝:拒海水型涤纶工业丝(图6)。与同类产品相比,该产品具有强度高、模量大、抗蠕变性能好、耐海水腐蚀、湿态耐磨性能优异等特点。同时,此产品采用液相增粘熔体直纺技术生产,使其具有较大的成本优势。该产品通过了浙江省技术市场促进会组织的专家鉴定,认为工艺技术达到了国内领先水平。产品通过了挪威船级社(DNV)、美国船级社(ABS)的认证,已获得欧美市场的广泛认可。

图6   拒海水型涤纶工业丝产品

6. 芳纶系列纤维产业化技术

所属单位:烟台泰和新材料股份有限公司

本产品突破了聚合工程、纺丝工程、溶剂回收等核心技术,形成具有自主知识产权的连续低温缩聚、干喷湿纺、溶剂连续回收的对位芳纶产业化技术,其工艺实现了聚合物分子量精确控制,具有纺丝过程连续稳定、溶剂回收效率高等特点。芳纶创新技术突破及芳纶系列产品国产化,有效促进了我国芳纶原料生产技术升级换代以及芳纶国产装备设计开发水平的提升,实现了芳纶关键原料国产化,加快了关键装备的国产化进程。国产芳纶系列产品实现了在国防军工、民用航空、轨道交通、电子信息、安全防护、纺织行业、环境保护等领域的全面应用,打破了各行业所需芳纶产品完全依赖进口的局面,有效推动了相关产业的快速发展。

五、医疗卫生用纺织品

1. 可冲散全降解环保水刺材料

所属单位: 杭州诺邦无纺股份有限公司

本产品通过自主设计的纤维预处理设备,对多规格纤维素纤维表面进行原纤化预处理,使其表面分裂出细小的微纤维,增加纤维与纤维之间的抱合点,经后道的低压水刺缠结后实现低缠结高抱合的特殊状态;通过成形纤网三维结构重塑技术,在水刺前设计专用速差热辊/皮带装置,对进入水刺的纤网进行凝聚作用,重塑三维结构,增加纤网间的间隙空间,使其烘干后保持较好的厚度及较多的结构空隙,从而实现在水力冲击下有更多的水分子进入产品的空隙对纤维进行更多的冲击作用力;采用多道低压力缓和柔水刺工艺和致密柔性拖网帘相结合,减少了原纤化后细小微纤维的流失,降低了水针对纤维的切断作用,纤网得到高效的低缠结。不仅使产品满足了在湿态条件下使用强力要求,又让纤维之间不过分缠结,保障了在水力冲刷作用下能够迅速分解,解决了强力与分散性能矛盾的技术难题。

2"喷射平涂"工艺高吸水性亲水非织造布

所属单位: 昆山市宝立无纺布有限公司

本产品创新技术有: 该项目产品主要利用材料改性和喷射、平涂、复合、亲水整理等创新工艺,成功开发并优化了"喷射平涂"的工艺技术,在非织造布中设置亲水层,采用标准纺粘双模头工艺设计纤维多层交叉分布成形,开发具有自主知识产权的功能性亲水非织造布产品,解决了聚丙烯非织造材料拒水或吸水慢的问题。其产品具有亲水、超柔软、抗静电、双色、环保多种功能,与传统非织造布制备技术相比,具有工艺流程短、生产速度快,产量高、成本低等优点。

3. 高阻隔性复合非织造材料

所属单位: 佛山市南海必得福无纺布有限公司

高阻隔性复合非织造材料包括 SMMS、SMMMS 以及其他经过特殊处理的具备高阻隔性的非织造产品。采用聚丙烯与乙烯基共聚技术,通过在共混纺丝工艺过程中添加少量添加剂进行改性,提高 PP 共聚物的熔融指数,提高了产品的阻隔性能,也改善产品的手感、柔软性。

采用低温等离子体技术对非织造材料的表面改性，等离子体具有足够高能量的活性物种使反应物分子激发、电离或断键，来提高非织造布的抗静电性、防水性、防污性、接着性等，通过三抗（抗酒精、抗血液、抗汽油整理液／助剂）处理，使产品具有了优良的透气性、高抗静水压和细菌阻隔的性能，且具有抗酒精、抗血的特点。

4. 新型抑菌非织造材料

所属单位：佛山市南海必得福无纺布有限公司

产品采取多种方式进行抑菌处理，包括纳米银抑菌技术、自主设计广谱抑菌整理剂配方等，都具有安全无毒、高效、作用持久、抑菌稳定性好等特点。自主设计双面转移上液装置（专利技术）和在线高速多次烘燥装置，非织造材料在成网后无需成卷下机就可直接进行抑菌整理和烘燥，将纳米银液体均匀涂覆与非织造材料表面，一步法完成抑菌非织造材料的生产，生产效率提升明显，成本得到下降。研究考虑到抗菌材料的应用特殊性，对正压牵伸辅助装置进行技术创新，提高精度和可靠性，使熔体细流先得到部分牵伸，然后再进入负压抽吸牵伸甬道，在正、负压的双牵伸作用下，使抗菌材料的拉伸强力大幅上升，保证抗菌非织造材料的应用广泛性。

5. 超轻柔非织造材料

所属单位：佛山市南海必得福无纺布有限公司

本产品采用共聚改性新型纤维，增强材料在纺丝过程中的流动性，达到超柔的效果采用低流动特性的聚丙烯主料与乙烯基弹性体共聚，共混纺丝工艺过程中添加少量添加剂进行改性，增强材料在纺丝过程中的流动性，改善产品的综合性能，使产品具有特殊的手感和柔软性。

采用高速纺丝技术，获得超薄、超柔的效果，同时大大提高生产效率。高速纺丝技术包括：优化冷却牵伸通道的结构，提高气流速度；重新配置冷却侧吹风及抽吸风风机的流量及压力；增加空气调节系统的换热面积，适应温度更低，流量更大的工况。纺丝系统的热压辊加热系统采用热油，受热非常均匀，可使温度更容易调节，避免了缠辊等工艺故障对高速纺丝过程的干扰，提升了铺网的质量。

6. 纯甲壳质纤维水刺非织造材料

所属单位：山东省永信非织造有限公司

甲壳质纤维是一种新型纺织纤维，具有优良的抑菌性能，生物可降解，通过水刺法非织造工艺加工生产的非织造面料，具有手感柔软、平整透气、吸湿性好的特点，可以用于人工皮肤、人体医用仿生材料的基料、航空等特殊领域的滤料。首次 100% 该纤维在水刺生产工艺线上加工，克服了纤维预湿、开松梳理成网、水刺加固、烘干定型等技术难题，成功实现了纤维在梳理机上的连续均匀成网，纤维在合理配置水针作用下的高效缠结，纤维在适合高温下基本结构与属性的有效保持，并结合水刺法非织造材料行业质量标准制订了甲壳质纤维水刺非织造材料标准项目采用纯甲壳质纤维水刺法生产非织造面料，有效保留了纤维的固有生物特性，可以生产 $30\sim60g/m^2$ 产品，速度达到 $50m/min$，为充分发挥甲壳质纤维的生物医学特性及在医用领域的进一步应用提供了新基材。

7. 海斯摩尔壳聚糖纤维

所属单位: 海斯摩尔生物科技有限公司

壳聚糖纤维是由蟹壳中提取出来的天然高分子化合物湿法纺丝而成，大分子链上存在很多羟基和氨基，因此，具有优越的抑菌能力、良好的吸湿性与保湿性、亲肤性和生物相容性等优良性能。

本产品实现了纺丝级高品质壳聚糖可控提取技术，从蟹、小龙虾等多种资源提取纺丝用壳聚糖，拓展纺丝级壳聚糖资源；深入研究了壳聚糖脱乙酰化、粘度与溶解、降解机理，创新了高可纺性壳聚糖纺丝液制备技术；基于壳聚糖纺丝流变特点与纺丝成型机理，开发了大流量计量泵高压触变性流体挤出技术、分区高密度大直径喷丝板、平推流高温凝固技术，实现高效挤出、均匀成形，全纺程调控纤维结构与强度；实现了千吨级纯壳聚糖纤维纺丝工程与全流程节能、绿色清洁生产，解决高粘度纺丝液的输送和控制难题；设计往复式逆流水洗装置和 2000 吨级中水回用系统，建立全球首条高效节能千吨级纯壳聚糖纤维纺丝生产线，吨纤维用水量和能耗大幅减少，实现了全流程节能、绿色清洁生产。

8. 海斯摩尔非织造布

所属单位: 海斯摩尔生物科技有限公司

海斯摩尔非织造布采用生物基纤维（纯壳聚糖纤维）为原料，根据壳聚糖纤维强度低回潮率大的特点，攻克了水刺、针刺及热风非织造布的成网技术，建立与拓展壳聚糖纤维混纺产业链，实现了壳聚糖纤维的产业化应用。海斯摩尔非织布因添加纯壳聚糖纤维，具有天然抑菌、快速止血、吸附螯合等功能，还具有生物相容性，生物安全性，生物可降解性等生物特性，开发出敷料贴、面膜、卫生巾、纸尿裤等产品。

9. CPC 三层水刺复合产品

所属单位: 大连瑞光非织造布集团有限公司

本产品采用两台梳理机在线生产，制成上下两层由 38mm 的粘胶纤维或天丝纤维或聚乳酸纤维组成的纤维网，中间加入一层生活用纸，三层材料通过高压水针复合在一起，使得水刺产品整体的吸水性大为提高，水刺产品的布面均匀性提高，手感柔软，同皮肤接触的感觉更加舒适。技术上，该产品采用两台高速梳理机及退卷装置，生产速度可达300m/min，与传统的梳理机比较，产能可提高两倍，与传统低速水刺设备比较，每年节约电力资源50%；水处理技术中，针对绒毛浆纤维，采用了砂虑及气悬浮技术，有效的除去绒毛浆纤维并实现水资源的循环利用基本无废水直排，节能减排效果可观；原材料上，该产品的上下两层纤维网均采用天然的纤维素纤维，包括聚乳酸纤维或天丝纤维或粘胶纤维，中间层是绒毛浆纤维，由于纤维素纤维及绒毛浆纤维具有可降解的性能，即在微生物酶的分解作用下可以自然降解成水和二氧化碳，因而制成后 CPC 三层复合水刺材料具有可降解的环保性作用。

10. 医疗卫材用洁净高白度粘胶短纤维

所属单位：唐山三友集团兴达化纤有限公司

卫材用高白度粘胶短纤维适用于非织造布业技术领域，区别于普通粘胶短纤维，其白度大于 87%，原料组成的重量百分比含量是：纤维素纤维 86.7%~92%，水 7.8%~13%，油剂 0.08%~0.30%。产品具有良好的吸湿性、透气性，穿着舒适，无毒、无腐蚀，适合直接用于制造非织造物，应用于医疗、卫生领域。

本产品通过多次对关键生产工艺的改进，如提高并稳定纺丝胶甲纤含量，提高纺丝胶含碱，降低纺丝浴浓度，调整浓度、温度、pH 值、循环流量，严格控制粘胶、酸浴助剂的加入量以及改造增加设备密封性等措施，使产品具有了白度、洁净度高、含硫量低、表面活性物低、水溶物含量低、成品酸碱度适中、黑点杂物少等特点，改善了普通粘胶纤维强度、白度较低，洁净度差，并含有微量有毒物质硫、氯等缺陷，产品不仅广泛应用于化妆品、妇女儿童卫生用品，而且能满足医疗卫生行业的特殊用途。同时可节省大量的棉花资源，为非织造卫材产业提供丰富的原料，为合理利用资源提供了一条新途径。随着人们生活水平的不断提高，该环保型纺织原料的需求量将不断增大。

11. 产品名称：无机阻燃粘胶短纤维

所属单位：唐山三友集团兴达化纤有限公司

本产品通过在湿法纺丝工艺过程中添加环保型无机硅系阻燃剂制成的粘胶基短纤维，其具有优良的阻燃特性，由于无机硅的化学特质决定了非织造布用阻燃纤维不太耐受纺织面料所需的染整工序，因此从生产之日起就注定其更适合用作非织造布领域，或者作为填充物的一次性应用领域。它不会像涤纶，芳纶等合成纤维那样在遇到高温时产生熔融滴落,同时具有低于合成纤维的售价,其遇到明火灼烧时只产生二氧化碳和水,不会产生有毒有害的烟雾,灼烧后纤维如白炽灯丝般仍能维持原状,火焰在离开明火后能够迅速自熄,以无纺布用阻燃纤维制成无纺毡垫层后应用于床垫领域,顺利通过美国CFR1633测试,目前已畅销美国市场。

六、土工用纺织品

1. 保温保湿绿化毯

所属单位: 宏祥新材料股份有限公司

本产品主要由复合毯体和固定连接件组成,毯体由上到下依次由加筋层、营养层、固种纱、多样化草种肥料、育苗层、防护层等叠层复合连接形成一体化结构。固定连接件包括用以连接顺坡方向上的相邻绿化毯的C形扣件、用于固定毯体的L形钉和用以将毯体固定于边坡上的固定钉。产品设计理念先进,以整体柔性结构代替传统刚性结构,形成修筑工程而不见工程,与大自然美妙结合的集边坡稳定、防洪安全、景观绿化、生态修复与一体的多功能产品;因地制宜,灵活防护绿化,供货时,毯体已配有3~5种适合当地气侯生长的植物草种,也可根据景观要求搭配需要的草种,达到很好的生态和景观效果;结构中的营养层材质创新,可提供双组营养成份,形成短期营养供给和长期缓释营养相结合,利于植物生命旺盛的条件;提高工程稳定性,铺设后通过植物生长的根系将衬垫与地表牢固结合,形成“锚固”作用,抗滑力增加,抗冲刷、耐流速,防止水土流失性能提高,更加保证了堤防边坡的稳定与安全。

2. PTFE 永久性建筑膜材

所属单位: 江苏维凯科技股份有限公司

图7　PTFE 永久性建筑膜材料示意图

产品分别以超细玻璃纤维和 PTFE 树脂作为基体材料和功能材料，首先将玻璃纤维整经、织造、热处理，形成适于后续加工的织物结构，然后通过多次涂覆、烧结，在玻璃纤维基布表面形成剥离强度好、平整光洁的 PTFE 涂层，所制备的膜材充分体现了超细玻璃纤维高强力、柔软性及 PTFE 的自洁性特点。如图 7 所示意的产品具有重量轻、力学、阻燃、透光和自洁性能佳、成本低、工期短等优点，被广泛用于飞机场、体育场馆、训练房、游泳馆、展览厅等需要自然采光的公共场所。产品运用自主研发的玻璃纤维基布热处理技术、浸渍涂层配方技术、多次烘培和烧结涂覆工艺技术。有效的提高了膜材的强度、柔软性、耐折性、透光性和自洁性，产品技术指标均已达到国际产品同类产品先进水平。

3. 聚酯胎改性沥青防水卷材

所属单位：北京东方雨虹防水技术股份有限公司

沥青是现代防水事业不可多得的天然原材料，主要是因为其具有优异的憎水性能、热塑性以及与各种材质的永久性粘结附着性能。但是沥青本身的强度很低，在基层因出现收缩、膨胀等形变时，基层一处细小的裂缝都会对防水层产生较大的应力作用，极易将牢固粘接在基层的沥青防水层撕裂，导致失去防水效果；另外，受温度、光照、空气等自然环境因素的影响，致使防水层表面出现老化现象，防水层失去延展性，变硬，易脆裂，最终导致防水层使用年限达不到设计要求。

本产品以聚酯非织造布作为胎基，在其两侧覆以一定厚度的改性沥青涂盖料和隔离材料，聚酯非织造布作为防水卷材的骨架结构，主要起到支撑、增强的作用。在力学性能方面使防水卷材拥有理想的强度和抗变形能力；在施工过程中使防水卷材在铺设的过程中不易被硌破；在使用过程中可以抵御基层形变、压力水侵蚀带来的外界影响，阻断光老化、氧化老化对防水层上表面和基层形变对防水层下表面带来的侵害。产品具有良好的尺寸稳定性、较小的吸水率以及优异的抗拉伸强度和断裂延伸率。聚酯胎改性沥青防水卷材在现代防水行业中被公认为最安全、可靠的防水材料，因此在现代建筑建设中得到了广泛的应用，且逐渐衍生出附带其他功能的防水卷材，集多种功能于一身，例如耐根穿刺防水卷材，阻燃型防水卷材等，为绿色屋面及有阻燃等级要求的项目提供了材料基础。

七、过滤用纺织品

1. 高性能功能性过滤材料关键整理技术及应用

所属单位：江苏东方滤袋有限公司

本产品创新研发了滤料催化分解氮氧化物技术。在滤料迎尘面泡沫涂覆纳米材料，催化分解烟气中氮氧化物，提升 PM2.5 治理效果。应用树脂全包覆纤维技术，在滤料纤维表面形成完整包覆的、均匀分散着聚四氟乙烯颗粒的膜结构,提高滤料拒水、拒油、隔绝氧气性能,滤料使用寿命达 3 年以上。发明了低损伤针刺技术,针对传统针刺加工造成滤料基布强力损失 50% 左右的问题,发明了全新的椭圆针叶刺针和特定的针刺机针板布针方法,基布损伤率小于 15%。采用了滤料迎尘面致密缠结技术,深层针刺与表层水刺相结合,使滤料梯度缠结,实现致密缠结结构的滤料迎尘面,保证了滤料强力性能和透气性能,除尘效率达 99.99%。

2. HBT-NW-BG 华博特针刺毡

所属单位: 上海博格工业用布有限公司

HBT-NW-BG 华博特(HBT)锅炉专用特种滤料产品采用在进口耐特种纤维中混入了短切的无机纤维复合技术,先按照不同的使用工况条件配制各种使用功能的纤维网,然后在环型针刺机上同基布复合,再用高速针刺机机械加固,从而制成半成品。在后处理方面最终选用了 "PTEE" 处理配方和表面结膜工艺。考虑到 PTEE 及助剂的特性,改变了生产工艺,由原来单一的压光、烧毛后整理,改进为浸渍、烘干、熔烘、热碾烫平、定型、结膜等新技术特点,降低了成本,优化了价格。

本项目将有机耐特种纤维以不同的比例与无机纤维进行混纺;在针刺加固工艺上进行了改进,采取了分工序加固。还采用浸渍、烘干、熔烘、热碾烫平、定型、结膜等新技术,使产品具有高效低阻的特点。

3. 三维梯次型高效低阻针刺水刺复合过滤材料

所属单位: 上海博格工业用布有限公司

三维梯次型高效低阻针刺水刺复合过滤材料产品(图 8)把传统的单一细度纤维或混合纤维制作的针刺毡转变为梯度纤维水刺毡,过滤方式由 "表层 + 深层" 转变为 "表层过滤",超细纤维形成的滤料面层阻挡微细尘粒能力提高。是国内首家采用以纤维层作为表面过滤原理,具有耐特种、高强度、抗酸碱腐蚀、耐磨、抗折等特点,经过不同的表面化学处理与后整理技术,还具有易清灰,拒水防油、防静电等特点。

项目采用高强度玻纤纱线与 PPS 纤维纱线混纺的机织布作为基布支撑骨架,增强材料物理机械性能在制作工艺技术上采用超细纤维作为迎风面,实现产品的表面过滤技术。功能化处理,采用浓度配比为 15%~40% 的聚四氟乙烯防酸碱性能乳液进行功能化镀膜处理,再采用聚四氟乙烯防酸碱性能乳液对过滤面进行表面泡沫涂层处理,使滤料表面覆有一层超细纳米致密层,进行表层除尘过滤,有代替覆膜产品的功效。

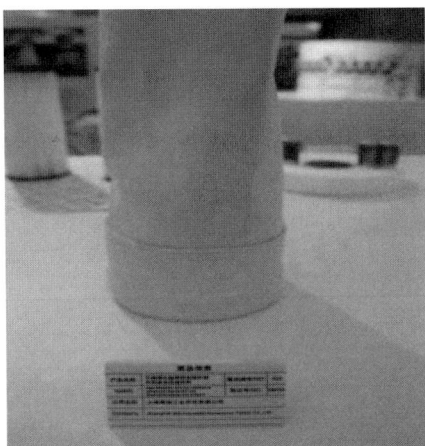

图 8　三维梯次型高效低阻复合滤材

4. 热风粘合非织造电池隔膜基布

所属单位: 绍兴县庄洁无纺材料有限公司

本项目设计了细旦纤维的高速梳理成网工艺, 改进了气流喂棉机和道夫装置结构, 优化了各辊的针布配置、速比、隔距以及车间温湿度等工艺参数, 实现了细旦纤维和特种性能纤维的高速梳理; 采用了两台梳理机串联成网、提高生产速度和产品定量, 改善了产品均匀度。采用热风穿透粘合工艺, 实现了低熔点双组份纤维和高熔点特种纤维混合纤网的固结, 设计了具有高精度温度控制及热风穿透速度均衡功能的烘箱, 消除了热空气流动的速度差, 提高了温度控制精度及温度均匀性。设计了负压预冷装置, 消除了"飘网"现象, 防止了纤网的意外牵伸, 并保证了产品的内外紧密度一致。

5. 涤纶纺粘热轧平板非织造布

所属单位: 山东泰鹏无纺有限公司

本项目采用世界先进的整狭缝引射式纺丝牵伸工艺, 以及分级控温式多对平板热轧技术, 开发生产具有自主知识产权的涤纶纺粘热轧平板非织造布。研制了克重 $10\sim120g/m^2$ 的平板非织造布生产系统、低克重平板非织造布生产方法及生产系统等装置。

本产品根据空气动力学原理以及纺粘法非织造布的生产特点, 通过调节牵伸平台高度及对牵伸器内部结构改进优化, 使引射气流连续稳定不产生湍流, 牵伸效率达到最高, 最大限度的节省能源, 实现节能降耗; 提高了牵伸气流的压力有利于改善牵伸效率, 提高纤维的取向程度和结晶度, 从而改善纤维的性能; 并通过改变中央空调的温度、风压等传感器控制系统，采用模拟量控制，减少温度、湿度、风压的波动控制在一定范围内，减少电流的波动，达到节能的效果。本项目还进行了非织造布铺网机用的预压辊装置、非织造布生产设备均匀送风装置的设计。该项目为我国目前第一条实现产业化的生产线，生产成本只有国际市场的 60%~70%，具有显著的竞争优势。

6. 涤／碳复合隔热非织造材料

所属单位：山东泰鹏无纺有限公司

涤／碳复合隔热非织造材料是由一些悬浮于惰性乳胶中的微小陶瓷颗粒构成的，它具有高反射率、高辐射率、低导热系数、低蓄热系数等热工性能，具有卓越的隔热反射功能。该产品不仅自身热阻大，导热系数低，而且热反射率高，减少自身对太阳辐射热的吸收，降低被覆表面和内部空间温度，是有发展前景的高效节能材料之一。在中国也仅使用于尖端科技高速列车的墙体隔热吸声材料和航空舰艇的壳体隔热防震轻体的环保材料。创新采用碳短混合纤维应用于高速列车、舰艇吸声隔热材料，产品总体结构设计实现四层复合一体结构。为了提高碳纤维混合均匀度，确保碳纤维呈单根状态，能实现均匀梳理，在抓棉的过程中，由于碳纤维丝束不易分散，相对较重，故在工艺流程中先进行碳纤维单独开松，再与有机短纤维一起开松混棉。

7. 四重纬角连锁三维底网板纸毯

所属单位：徐州工业用呢厂

企业从纤维原料的选择、织造方法、针刺工艺、后处理技术等诸多方面，开发研制了该专用造纸毛毯，该产品由贴纸面纤维层、中间纤维层、底网层及底层纤维层顺序叠加连接，通过原料的优选和底网组织结构的改变，具有许多其他毛毯无法替代的优点，特别适用于工艺复杂、技术含量高的板纸的生产。针对板纸的生产特点，毛毯需具有更好的滤水通道及较高的透气度，底网的经纱采用四个系统的不同粗细的纱线。为了形成角连锁，两根经纱形成的斜交叉口中均织入一根纬纱，最终形成径向四层组织三维底网结构。该产品适用于多圆网纸机、长网纸机、叠网纸机做压榨毯，生产浆板纸、包装用纸板、工业技术用纸板、建筑用纸板等中高档板纸。

8. 多向多层叠网造纸毛毯

所属单位：上海金熊造纸网毯有限公司

本产品以高强锦纶长丝为原料，经过整经、织造、片网定型、拼接缝制、环状螺旋基网叠合及定型、复合针刺和后整理等工序生产出多向多层叠网造纸毛毯。研发了拼接缝制、环状螺旋基网叠合及预定型工艺技术，开发了片网定型设备，提高了毛毯弹性回复性、抗压实性和抗堵塞性，延长了毛毯的使用寿命。

通过采用多向多层叠网造纸毛毯创新技术，将原来的环形织造基网改变成片状生产通过拼接缝制带螺旋状的基网，具有比环形织造产量高（两倍左右）设备投入成本低（约1/5）的特点。以这种螺旋状基网叠合生产的毛毯由于改变了经纬线的排列方向其毛毯空隙容积保持性好耐压性能也好，从而使脱水效率更高延长使用寿命。

9. 高车速高线压接缝造纸毛毯

所属单位：上海金熊造纸网毯有限公司

产品以高强锦纶长丝为原料，采用环形织造与回转拼接技术，制备出带有接缝环的毛毯基网，经复合针刺和热定型，制造出接缝造纸毛毯。项目解决了接缝环织造过程中的张力控制问题，研发了旋转边撑装置，使接缝平直整齐。产品毯面平整、透气均匀，整体技术达到国际同类产品先进水平。

该产品通过织物结构的变化，采用宽幅重型织机生产带活络环接缝环的筒状织物和普通的高速织机，织出窄的基网带，再进行螺旋缠绕，形成筒状织物，在将筒状织物的两端的折返处的抽去部分纬线，形成接缝环筒状织物。产品采用接缝造纸毛毯技术的创新理念，将原来的环形毛毯改变成接缝毛毯，为造纸行业减轻了毛毯上机的劳动强度和提高了劳动效率。

八、产业用纺织品专用设备

1. 聚苯硫醚纺粘针刺及水刺非织造过滤材料成套技术

所属单位：佛山市斯乐普特种材料有限公司

本项目提出了聚苯硫醚（PPS）非织造过滤材料采用纺粘针刺及水刺法生产的设想，在国内外同行中首次对聚苯硫醚树脂采用纺粘＋针刺＋水刺的工艺流程进行工业化生产及成套生产设备的设计和配置。在纤维的生产上采用了气流牵伸，高速纺丝技术，并将生产的连续长丝进行直接气流成网。而在加固工艺上采用了针刺＋水刺工艺与前道的纺粘技术相结合，成功建设了一条PPS纺粘针刺＋水刺过滤材料生产线。该项目的工艺路线为世界首创，在对PPS采用纺粘技术和对纤网采用水刺技术上具有独特的创新性，相应的技术创新申请了国家发明专利并获得了授权。PPS纺粘非织造过滤材料具有过滤精度高、过滤阻力低、易清灰、使用寿命长等优点，并降低了PPS滤料的生产成本，将为企业带来丰厚的利润，有着较高的经济效益。

2. 多头纺熔复合非织造布设备及工艺技术

所属单位：宏大研究院有限公司

本项目包含了纺粘法非织造技术、熔喷法非织造技术及纺粘/熔喷复合非织造集成技术。在这些技术中,纺丝的细旦化、设备的多功能化、产品的复合化技术都是国际非织造布技术发展的趋势,具有较强的生命力和竞争力。采用纺丝和牵伸集成为一体的快装式纺丝组件技术、无压力波动的纺丝牵伸技术、牵伸通道狭缝宽度可调的大平板构件调节机构、高速宽幅成网机网帘的恒张力控制技术、大功率熔喷牵伸气流发生系统的保护和控制技术等。最终建成了3.2mSMXS丙纶纺熔复合非织造布生产线。通过本项目的研究,宏大研究院有限公司将拥有幅宽为1.6m、2.4m、3.2m的三模头和四模头纺熔复合生产线的全部技术,可为用户提供差别化设计及非标产品,同时具备相应工程承包能力。

3. 节能高效轧液辊

所属单位:博路威机械江苏有限公司

各种不同的行业对非织造布辊有着不同的要求,非亲水或亲水性,非亲油性或亲油性,坚硬或柔软,有弹性或僵化的,耐酸性或耐碱性,耐高温性或常温性等,这对非织造布的研制与选用提出了高要求。本产品通过对辊芯加工工艺的改善,使非织造布辊能适用各种行业恶劣的环境。辊芯材料以锻打回火处理完全释放内应力。辊心外表面HALAR涂层,适用各种行业恶劣的环境。通过对节能高效轧液辊的非织造布材料的研制与选用、轧液辊辊芯加工工艺的改进等方面的研究开发,试制出轧余率更低、更耐磨、造价低、寿命长的高效率轧液辊,使国内节能高效轧液辊的加工制作水平达到国际先进水平。

4. SVN-11-450 宽幅高频起绒针刺机

所属单位:汕头三辉无纺机械厂有限公司

本产品通过对分体组合式针刺机结构进行建模,围绕"宽幅、高频、低噪声"进行结构优化设计,创新"纤网承托机构""同点除杂清理装置""植针板自动锁紧定位装置""分体油箱与防漏油结构"等设计,采用先进的数控技术提升自动化控制水平,产品具有运行智能调节、故障远程诊断、控制等功能。采用自主研发的分体组合式针刺机结构设计,可轻松的实现将剥网板从针刺机上拆卸下来,实现清洁方便、快捷、彻底,清洁时间短、效果好,降低清洁难度和动强度。解决了高频高负载条件下结构稳定方面的工程技术问题,从而避免起绒针刺机针刺深度、频率、密度等工艺参数波动对制品的影响。本项目研究攻关的技术成果已成功应用于新一代宽幅高频起绒针刺机的设计,并形成系列产品,部分规格已提供用户使用,该系列设备具有宽幅、高频、低噪声、振动小、低能耗、一机多用等特点。

5. SPP-440 宽幅高频立体提花针刺机

所属单位：汕头三辉无纺机械厂有限公司

产品主要用于生产家用地毯、装饰地毯、脚踏垫、墙布、床罩、汽车衬垫等不同花色的平面提花、渐进式立体图形提花产品针刺非织造布。立体提花针刺机是一种特殊设计的专用针刺机，该设备主轴运动机构采用主轴和副轴双轴运动机构，同时送布采用电子控制系统间隙进给。其加工工艺是根据提花图案，在植针板上按图案布针，并且提花图案为对称图案（如菱形、圆形等）。当初步针刺成开进的非织造布通过放卷进入提花针刺机时，根据图案大小设定间隙进给行程。在副轴的作用下提花针刺前一部分的图案，然后快速间隙进给后一部分的图案的行程，提花针刺成完整的图案。另外，由于副轴可以实时控制针刺深度，该设备同时也能生产渐进式立体提花图案。

6. 可适应吸压结合一体化气流成网机

所属单位：汕头三辉无纺机械厂有限公司

和传统的成网方式不同的是，本产品气流成网是采用空气流输送纤维，使纤维呈无序杂乱排列的均匀纤维网，提高纤维网的各向同性。也就是说，纤维网不管在哪个方向都具有抗拉伸或抗剪切的强度和刚度。该项目可适应的针布设计技术，增强喂入罗拉对纤维的握持力和针齿密度，使得锡林针齿从喂入罗拉上剥取的纤维团块更加细密，提高微观上的供纤均匀度，从而进一步减少成网云斑。用户可以根据原料的特性和成网的状况，灵活地在线调节机器的各相关速度，直到取得最佳成网效果。同时，增强了该机的工艺调整性能，给用户带来极大的方便，对提高成网质量起到了很好的作用。采用的吸压结合式气流成网设计技术，避免纤维在随空气运动过程中相互缠绕凝聚而形成云斑，有效地控制气流成网的均匀度，成网质量得到明显的改善，产量亦有相应的提高。

7. 高强聚酯长丝胎基布产品及其装备开发

所属单位：大连华阳化纤科技有限公司

产品主要用于 SBS、APP 等改性沥青防水卷材的胎体。由于其具有较高的抗拉强力、较大的延伸率、较好的热尺寸稳定性以及优良的可浸渍性、耐老化性、持久性等赋予了改性防水卷材优异的使用性能，是迄今为止国际公认的最佳的改性沥青防水卷材胎体。而改性沥青防水卷材在国内外均是最重要、占比最高的工程专业防水卷材之一，广泛应用于房屋建筑、高速铁路、高速公路、桥梁隧道、城市轨道、机场、港口码头、水利设施、核能设施、环卫工程、国防工程、能源及矿业工程等领域。项目以聚酯切片为原料，经结晶干燥、熔融纺丝、气流牵伸制成具有高强力、高伸长率及高取向结晶度、分子结构稳定的长丝纤维，同时经分丝、摆丝、负压成网形成纵横向分布均匀，具有三维立体结构的长丝纤维网，再经针刺固结成坯布，再经热定型、浸渍淀粉胶、烘干固化、分切卷绕，制成具有特定性能指标的胎基布。

8. 一种用于纺织纤维梳理用的梳理机用齿条

所属单位：金轮科创股份有限公司

本产品将齿条（如图9所示）的垂直面设计制作成横纹面，使之与另一斜面横纹形成双面横纹，增强齿条对纤维抓取控制能力，从而提高齿条的梳理效果，消除齿条不抓棉、掉网、飞花等现象。双面横纹针布由基部和齿部组成，其技术创新点在于：齿部两侧面均带有横纹（凸条），单侧横纹根数在 1~8 根之间，打破传统针布只能一侧带有横纹的局面。即梳理机用齿条的齿部左侧面带有横纹，与右侧横纹面形成双面横纹针布。有效解决了梳理机工作辊和道夫不抓纤维及掉纤网等现象。

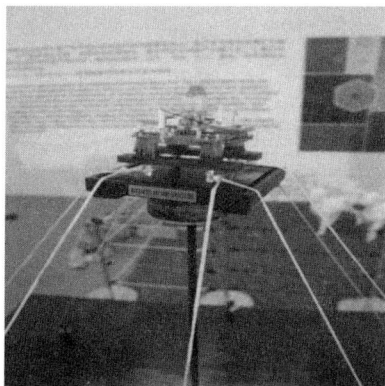

图9 梳理机用齿条

9. 非织造织物表面起绒专用刺针

所属单位：台州宇星制针有限公司

非织造织物表面起绒专用刺针包括针柄和设于针柄端部的连接柱，连接柱最前端有针尖，针尖与连接柱之间设有勾刺，勾刺的截面呈三角形，三角形每个边角设有一个勾刺。

选用 ZH041 含钒机针专用材料，大大提高了抗断能力，同时延长了刺针的使用寿命。每棱上原来有 2~3 齿改为 1 个齿,将邻距改为 0.1mm,齿型改为冠状形。将针柄、连接柱、勾刺、针尖设计成为一体式结构,这样使纤维不容易损伤,也便于钩、脱纤维。而在从钢丝到第一中间节的变径和到工作段变径通过变径机,变径到所需要的直径为 Φ1.81~1.84mm,变径后的产品总长度控制在(76.2±0.1)mm,针尖通过磨尖机和砂轮磨削后改变针尖形状到冠状形。采用模压方式提高工艺精度,在已经形成的三方棱上相应地模压出所设计的齿深、齿突、槽长等要求,使针尖到齿的距离为 3.2mm,并成功缩小邻距到 0.1mm。

10. 无级调压热轧机

所属单位:博路威机械江苏有限公司

该产品主要用于非织造布的热轧加固定型。无级调压热轧辊具有可在线调压的性能,在加工不同品种产品时形成均匀线压;可在线更换辊套,从轧光到轧花的工艺转化可以在最短时间内完成;一油多用,高效节能,高温热油在作为传热媒介的同时又产生内压调节中高作用;辊面温度均一,该产品通过独特的内部结构设计,配合专用的加热系统,控制辊面左中右温差在 ±1℃范围内。主要技术指标为:最大辊宽 6000mm;最大运转速度 1000m/min;最高辊面温度可达 275℃;线压力可灵活升至 300N/nm,无泄漏。

11. 双组分超细纤维纺粘水刺非织造布工艺技术与装备的研发

所属单位:大连华纶化纤工程有限公司

本产品采用一步法双组分超细纤维纺粘+水刺成布工艺,工艺流程短投资少能耗低。将双组分中空桔瓣复合纺丝直接成网技术、双吸风多段式摆丝成网技术,水刺加固与开纤技术集成创新,水刺开纤率高,单纤可达 0.075D。生产过程省去了海岛纤维的碱减量和甲苯萃取等处理环节,无任何污染现象产生,属节能环保型产品和高新技术。采用中空桔瓣型双组分纺丝组件和复合纺丝箱体、双吸风多段式摆丝铺网装置,以及高压水刺开纤、固结设备,生产双组分超细纤维纺粘水刺非织造布,产品强力高,纵横向强力比均衡。

12. 高精度干法非织造前处理联合机

所属单位:太仓市万龙非织造工程有限公司

本产品所用联合机整体结构设计紧凑,占地面积小,工艺流程短,由光电传感控制棉层克重,形成在纵横向可同时控制棉层厚度,可与绗缝机或梳理机直接连接工作,保证高蓬松度的绗缝产品或梳理成网的供棉量。棉仓克重 180~500g/m²,棉层的不匀率 ≤ 5%,供棉量速度 0.5~6m/min,主要用于生产蓬松度高、保暖性好的太空被或高品质的针刺产品。

九、绳缆用纺织品

1. 电子围栏通电牧场

所属单位：泰安鲁普耐特塑料有限公司

牧用电子围栏是通过短暂锐利安全的脉冲电击来控制家畜,其工作时虽然电压很高,约5000V左右,但作用时间只有0.1s,最大能量不会超过5J。在野兽、牲畜接触后,仅仅电刺激一下,高电压会立即下跌,也可激发报警声提示主人采取相应的措施。电子围栏通电牧场(图10)是近几年从国外引入的,其具有投资较小,使用方便等优点,已经在国外广泛应用。现在不仅用于流动放牧,在稀有动植物保护、安防领域中也有一定的应用。在目前我国生活水平不高的情况下,利用电围栏,建设草原,发展草食家畜,振兴畜牧业是一种趋势,所以研究将导电丝与化纤丝一起制成通电编绳、捻绳或织带形式的通电栏线,调整出能够进行大货生产的栏线生产工艺对电子围栏的推广和应用具有决定性作用,公司还针对通电栏线的生产工艺与技术指标形成了企业技术标准。

图10　电子围栏通电牧场示意图

2. 海洋工程钻井平台超高分子量聚乙烯缆索

所属单位：泰安鲁普耐特塑料有限公司

海洋工程钻井平台超高分子量聚乙烯缆索(图11)是指将水面平台与海底连接的系泊缆索和托带到指定海域的拖缆。按用途大体分为海洋钻井平台、军用舰艇、浮式生产储油轮等海洋工程系泊与拖缆。该缆索的主要作用是满足深海钻井平台、FPSO等海上石油勘探和开采的重要关键装备,此外该缆索还可用于航空母舰及拖轮、驱逐舰、护卫舰、登陆舰、破冰船等大型军用远海辅助船。缆索在限制被系留物的运动,保证钻杆、立管等不会有过大的偏斜,延长平台使用寿命等方面起到关键作用。尤其是深海作业会遇到更恶劣的海况,基于台风等恶劣海况的系泊线受力设计甚至高达千吨以上。该缆索能克服钢缆锈蚀及其它化纤缆绳大载荷拉伸疲劳性能差寿命短而产生危害等问题,对于解决能源危机和保护国家海疆具有迫切且重要的现实意义。

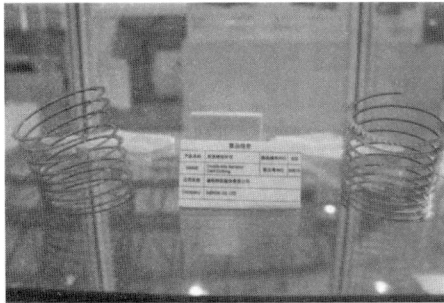

图 11　海洋钻井平台用聚乙烯缆索

附录

- 附录 1　产业用纺织品分类（GB/T　30558 － 2014）
- 附录 2　中国产业用纺织品行业公共服务平台
- 附录 3　产业用纺织品及非织造布相关标准汇总

附录1

产业用纺织品分类

(GB/T 30558 - 2014)

1 范围

本标准规定了产业用纺织品的术语、分类原则和产品分类,并给出了每类产品包含的具体产品类别。

本标准适用于产业用纺织品的分类和解释。

2 术语和定义

下列术语和定义适用于本文件。

产业用纺织品 technical textiles

经专门设计的具有工程结构特点、特定应用领域和特定功能的纺织品。

注:产业用纺织品通常指区别于一般服装用纺织品和家用纺织品,主要应用于工业、农牧渔业、土木工程、建筑、交通运输、医疗卫生、文体休闲、环境保护、新能源、航空航天、国防军工等领域。

3 分类原则

产业用纺织品以产品最终用途为主要分类依据进行分类。每类产品列出所包含的具体产品类别。

4 产业用纺织品分类

4.1 农业用纺织品(agrotextiles)

应用于农业耕种、园艺、森林、畜牧、水产养殖及其他农、林、牧、渔业活动,有助于提高农产品产量,减少化学药品用量的纺织品,包括在动植物生长、防护和储存过程中使用的纺织品,包括:

a)温室用纺织品(textiles for greenhouses);

b)土壤稳定用纺织品(textiles for subsoil stabilization);

c)种床保护用纺织品(textiles for seed bed protection);

d)农作物培育用纺织品(textiles for cultivation of crops);

e)防虫、防鸟用纺织品(textiles against insects and birds);

f）农业用防雹、防霜用纺织品（scrims for protection from hail and frost）；

g）农业用防雨织物（rainproof textiles）；

h）防草织物（textiles for weed control）；

i）农业用防风织物（windproof textiles）；

j）农业用遮阳织物（shade fabrics）；

k）畜牧业用纺织品（textiles for animal husbandry）；

l）园艺用纺织品（horticultural textiles）；

m）农业用覆盖织物（covering fabrics）；

n）排水、灌溉用纺织品（drainage & irrigation textiles）；

0）地膜（soil covering systems）；

p）水产养殖用纺织品（textiles for aquaculture）；

q）海洋渔业用纺织品（textiles for oceanic fishery）；

r）其他农业用纺织品（other agrotextiles）。

4.2 建筑用纺织品（building and construction textiles）

应用于长久性或临时性建筑物和建筑设施，具有增强、修复、防水、隔热、吸音隔音、视觉保护、防日晒、抗酸碱腐蚀、减震等建筑安全、环保节能和舒适功能的纺织品，包括：

a）建筑用防水纺织品（waterproof textiles for buildings）；

b）建筑用膜结构纺织品（membrane structural textiles for buildings）；

c）加固、修复用纤维增强、抗裂纺织品（fiber-reinforced and crack-resistant textiles for reinforcing and repairing）；

d）建筑用填充、衬垫纺织品（filler and liner textiles for buildings）；

e）建筑用装饰纺织品（decoration textiles for buildings）；

f）建筑用隔热、隔音（吸声）纺织品 [heat insulating and sound barrier （sound absorbing）textiles for buildings）]；

g）建筑安全网（safety nets for buildings）；

h）建筑用减震纺织品（textiles for shock absorption）；

i）其他建筑用纺织品（other textiles for buildings）。

4.3 篷帆类纺织品（canvas and tarp textiles）

应用于运输、储存、广告、居住等领域的帆布和篷布类纺织品，包括：

a）帐篷布（textiles for tents）；

b) 储用布 (canvas for storage)；

c) 机器防护罩 (textiles for machine shield)；

d) 遮盖帆布 (canvas for covering)；

e) 广告灯箱布、广告布帘 (textiles for advertising lamp boxes and drapes)；

f) 鞋帽箱包用帆布 (canvas for shoes, hats and suitcases)；

g) 遮阳篷布 (awning fabrics)；

h) 液体储存囊袋 (liquid storage bags)；

i) 其他篷帆类纺织品 (other textiles of canvas and tarp)。

4.4 过滤与分离用纺织品 (filtration and separation textiles)

应用于气/固分离、液/固分离、气/液分离、固/固分离、液/液分离、气/气分离等领域的纺织品,包括:

a) 高温气体过滤和分离用纺织品 (textiles for filtering and separating high temperature gases)；

b) 中低温气体过滤和分离用纺织品 (textiles for filtering and separating for low-mid temperature gases)；

c) 液体过滤和分离用纺织品 (textiles for liquid filtration and separation)；

d) 产品收集用纺织品 (textiles for product collection)；

e) 工业废水、废液处理用纺织品 (textiles for treatment of industrial waste water and spent liquor)；

f) 食品工业过滤用纺织品 (textiles for filtration in food industry)；

g) 香烟过滤嘴用纺织品 (textiles for cigarette filters)；

h) 筛网类纺织品 (screen mesh)；

i) 其他过滤用纺织品 (other textiles for filtration and separation)。

4.5 土工用纺织品 (geotextiles)

由各种纤维材料通过机织、针织、非织造和复合等加工方法制成的,在岩土工程和土木工程中与土壤和(或)其他材料相接触使用的,具有隔离、过滤、增强、防渗、防护和排水等功能的产品的总称,包括:

a) 土工布 (geotextile; GTX)；

b) 土工格栅 (geogrid;GGR)；

c) 土工网 (geonet;GNT)；

d) 土工网垫（geomat;GMA）；

e) 土工格室（geocell;GCE）；

f) 土工筋带（geostrip;GST）；

g) 土工隔垫（geospacer;GSP）；

h) 防渗土工膜（geosynthetic barrier;GBR）；

i) 土工复合材料（geocomposite;GCO）；

j) 其他土工用纺织品（other geotextiles）

4.6 工业用毡毯（呢）纺织品（industrial felt and blanket textiles）

以纺织纤维为原料经湿、热、化学、机械等作用而制成的片状纺织品称为毡，具有丰厚绒毛的纺织品称为毯；把应用于工业领域具有特定功能特征的毡毯统称为工业用毡毯纺织品，包括：

a）纺织工业用毡毯（呢）（felts and blankets for textile industry）；

b）造纸毛毯（造纸网）（paper making blankets）；

c）过滤用毡毯（呢）（felts and blankets for filtration）；

d）印刷业用毡毯（呢）（felts and blankets for printing industry）；

e）电子工业用毡毯（呢）（felts and blankets for electronic industry）；

f）隔音毡毯（呢）（sound insulation felts and blankets; sound-proofing felts and blankets）；

g）密封毡毯（呢）（sealing felts and blankets）；

h）清污、吸油毡毯（呢）（felts and blankets for cleaning and oil absorption）；

i）防弹、防爆毡毯（bulletproof and explosion-proof felts and blankets）；

j）抛光毡（呢）（polishing felts and blankets）；

k）其他工业用毡毯（呢）纺织品（other industrial felt and blanket textiles）。

4.7 隔离与绝缘用纺织品（insulation and isolation textiles）

采用纺织纤维材料加工而成的分别具有或同时兼有隔离作用和绝缘性能的纺织品，包括：

a）电绝缘纺织品（textiles for electrical insulation）；

b）电池隔膜（textiles for battery separators）；

c）电容器隔膜（textiles for membranes of capacitor）；

d）变压器隔膜（textiles for membranes of transformer）；

e）电缆包布（cable wrapping cloths）；

f）电磁屏蔽纺织品（electromagnetic shield textiles）；

g）其他隔离与绝缘用纺织品（other textiles for isolation and insulation）。

4.8 医疗与卫生用纺织品（medical and hygiene textiles）

应用于医学与卫生领域，具有医疗、（医疗）防护、卫生及保健用途的纺织品，包括：

a）医用缝合线（medical sutures）；

b）植入式医用纺织品（implantable medical textiles）；

c）体外医用纺织品（medical textiles for extracorporeal applications）；

d）手术室及急救室用纺织品（textiles for surgery and emergency rooms）；

e）防护性医用纺织品（protective medical textiles）；

f）医用敷料（wound dressings）；

g）卫生用纺织品（hygiene textiles）

h）其他医疗与卫生用纺织品（other textiles for medicine and hygiene）。

4.9 包装用纺织品（packaging textiles）

应用于存储和流通过程中为保护产品，方便储运，促进销售，按一定的技术方法而制成的纺织类容器、材料及辅助物的总称，包括：

a）食品包装用纺织品（food packing textiles）；

b）日用品包装用纺织品（commodity packing textiles）；

c）储运包装用纺织品（packing textiles for storage and transportation）；

d）危险品包装用纺织品（packing textiles for dangerous products）；

e）易碎品包装用纺织品（packing textiles for fragile products）；

f）仪器、电子产品包装用纺织品（packaging textiles for instruments and electronics）；

g）粉末包装用纺织品（powder packing textiles）；

h）礼品包装用纺织品（gift packing textiles）；

i）填充包装用纺织品（packing textiles for fillers）；

j）购物袋（shopping bags）；

k）其他包装用纺织品（other packing textiles）。

4.10 安全与防护用纺织品（safety and protection textiles）

在特定的环境下保护人员和动物免受物理、生物、化学和机械等因素的伤害，具有

防割、防刺、防弹、防爆、防火、防尘、防生化、防辐射等功能的纺织品,包括:

a)防弹、防爆纺织品(textiles for bulletproof and explosion proof);

b)防割、防刺纺织品(textiles for cutting and stabbing proof);

c)高温热防护用纺织品(textiles for heat resistance);

d)防电磁辐射纺织品(textiles for anti-electromagnetic radiation);

e)防生化纺织品(textiles for biochemical protection);

f)防核沾染纺织品(textiles for anti-nuclear contamination);

g)防火阻燃纺织品(textiles for fireproof);

h)防静电纺织品(textiles for anti-static application);

i)抗电击纺织品(textiles for anti-electric shock);

j)耐恶劣气候纺织品(textiles for weather resistant);

k)安全警示用纺织品(textiles for safety alert);

l)救援、救生装备(textiles for survival and rescue equipment);

m)其他安全防护用纺织品(other textiles for safety and protection)。

4.11 结构增强用纺织品(reinforcement textiles)

应用于复合材料中作为增强骨架材料的纺织品。包括短纤维、长丝、纱线以及各种织物和非织造物,包括:

a)传输、传动、管类骨架材料(textile materials for reinforcing transmission and tube framework materials);

b)增强橡胶用纺织材料(textile materials for reinforcing rubber);

c)增强轻质建筑材料用纺织材料(textile materials for reinforcing lightweight building materials);

d)增强汽车、船舶和机器部件用纺织材料(textile materials for reinforcing automobile, watercraft and machine parts);

e)增强航空、航天部件预制件用纺织材料(textile materials for reinforcing aviation and aerospace materials);

f)增强风力发电叶片用纺织材料(textile materials for reinforcing aero-generator blades);

g)增强救生装备用纺织材料(textile materials for reinforcing lifesaving equipments);

h）其他结构增强用纺织材料（other reinforcement textiles）。

4.12 文体与休闲用纺织品（sport and leisure textiles）

应用于文化、体育、休闲、娱乐等领域中的各种器具、器材、器械及防护用纺织品，包括：

a）运动防护用纺织品（protective textiles for sports）

b）运动场所设施用纺织品（textiles for sports complex and facilities）

c）运动器材用纺织品（textiles for sport instruments）

d）户外休闲用纺织品（textiles for outdoor leisure）

e）美术、音乐器材用纺织品（textiles for fine arts and musical instruments）

f）伞、旗类用纺织品（textiles for umbrellas and flags）

g）其他文体与休闲用纺织品（other textiles for entertainment）

4.13 合成革（人造革）用纺织品（synthetic leather textiles）

通过模仿天然皮革的物理结构和使用性能来制造人造革和合成革的基材，广泛用于制作鞋、靴、箱包、球类、家具、装饰物等的纺织产品，包括：

a）机织革基布（woven for synthetic leather）；

b）针织革基布（knitted fabrics for synthetic leather）；

c）非织造革基布（nonwovens for synthetic leather）；

d）其他合成革（人造革）用基布类纺织品（other textiles for synthetic leather）。

4.14 线绳（缆）带纺织品（thread, rope and braid textiles）

采用天然纤维或化学纤维加工而成的细长并可曲折的，具有很高轴向强伸性能要求的纺织结构材料，其主要产品形式有线、绳（缆）和带，包括：

a）工业用缝纫线（industrial sewing threads）；

b）球拍弦线（racket threads）；

c）安全带（safety belts）；

d）传动带（driving belts）；

e）水龙带（fire-hose）；

f）输送带（conveyer belt）；

g）降落伞用带（parachute belts）；

h）吊钩带（drop hanger belts）；

i）打包带（straps）；

j）头盔带（helmet straps）；

k）装卸用绳（ropes for handling）；

l）消防用绳（fire fighting ropes）；

m）海洋作业缆绳（cables for marine operations）；

n）降落伞用绳（parachute ropes）；

o）渔业用线绳（fishing threads and ropes）；

p）其他线绳（缆）带纺织品（other thread, rope and belt textiles）。

4.15 交通工具用纺织品 （transport textiles）

应用于汽车、火车、船舶、飞机等交通工具的构造中的纺织品，包括：

a）交通工具内饰用纺织品（textiles for interior decorations of vehicles）；

b）轮胎帘子布（cords fabrics for tire）；

c）安全带和安全气囊（seat belts and air bags）；

d）车、船用篷布、帆布（cover textiles for vehicles）；

e）交通工具填充用纺织品（textiles for vehicle filling）；

f）交通工具过滤用纺织品（textiles for vehicles filtration）；

g）其他交通工具用纺织品（other textiles for vehicles）。

4.16 其他产业用纺织品 （other technical textiles）

具有特殊用途的、在实际生产和生活中只有小规模应用的、没有包括在上述 15 个大类之内的产业用纺织品。包括：

a）衬布（lapping cloth）；

b）擦拭布（wiping）；

c）特种纤维及制品（special fibers and products）；

d）其他产业用纺织品（other technical textiles）。

附录 2

中国产业用纺织品行业公共服务平台

产业集群

中国土工用纺织材料名城——山东省德州市陵城区

中国过滤布名城——浙江省天台县

中国非织造布产业名城——湖北省仙桃市

中国线带名城——浙江省义乌市

中国丝网织造名城——河北省安平县

中国革基布名城——福建省尤溪县

中国衬布名城——浙江省长兴县

中国环保滤料产业名镇——江苏省阜宁县阜城街道办事处

中国非织造布名镇——浙江省绍兴市夏履镇

中国非织造布及设备名镇——江苏省常熟市支塘镇

中国非织造布制品名镇——湖北省仙桃市彭场镇

中国非织造布与化纤名镇——江苏省仪征市真州镇

产业示范基地

中国医卫用非织造产品示范基地——广东省佛山市南海区九江镇

中国砂带基布产业示范基地——江苏省盐城市盐都区大冈镇

产品研发基地

中国安全与防护用纺织品研发基地——陕西元丰纺织技术研究有限公司

中国产业用纺织品（润源）应用研究中心——江苏润源控股集团有限公司

中国产业用纺织品数控裁剪技术研发中心——上海和鹰机电科技股份有限公司

中国产业用防静电纺织品研发中心——浙江蓝天海纺织服饰科技有限公司

中国合成革用超纤新材料研发基地——福建华阳超纤有限公司

中国帆布产品（山东）研发基地——山东立昌纺织科技有限公司

中国磨料磨具砂带基布产品研发基地——江苏华跃纺织新材料科技有限公司

中国聚乙烯醇（PVA）纺织品研发基地——永安市宝华林实业发展有限公司

中国产业用纺织化学品研发基地——浙江传化股份有限公司

中国生态土工纺织品研发基地——德州东方环保科技股份有限公司

中国生物质医疗卫生材料及应用研发基地——海斯摩尔生物科技有限公司

中国环保用过滤材料研发基地——上海博格工业用布有限公司

中国纺熔非织造装备研发基地——温州朝隆纺织机械有限公司

中国聚酯纺粘技术装备及产品研发基地——大连华阳化纤科技有限公司

中国绳网研发基地——泰安鲁普耐特塑料有限公司

中国超纤产业基地——山东同大海岛新材料股份有限公司

测试中心

中国产业用纺织品行业测试中心（广东）——广州纤维产品检测研究院

中国产业用纺织品行业测试中心（上海）——上海市纺织科学研究院纺织工业南方科技测试中心

中国产业用纺织品行业篷帆类纺织品测试中心——浙江中天纺检测有限公司

中国土工用纺织材料（山东）检测中心——宏祥新材料股份有限公司

中国产业用纺织品行业（上海）检测中心阜宁分中心

附录3

产业用纺织品及非织造布相关标准汇总

表1　全国纺织品标准化技术委员会产业用纺织品分会（SAC/TC209/SC7）归口标准

序号	标准号	标准名称	标准级别	标准类型
1	GB/T 13759—2009	土工合成材料 术语和定义	国标	基础通用
2	GB/T 13760—2009	土工合成材料 取样和试样准备	国标	基础通用
3	GB/T 14798—2008	土工合成材料 现场鉴别标识	国标	基础通用
4	GB/T 30558—2014	产业用纺织品分类	国标	基础通用
5	GB/T 13761.1—2009	土工合成材料 规定压力下厚度的测定 第1部分：单层产品厚度的测定方法	国标	方法标准
6	GB/T 13762—2009	土工合成材料 土工布及土工布有关产品单位面积质量的测定方法	国标	方法标准
7	GB/T 13763—2010	土工合成材料 梯形法撕破强力的测定	国标	方法标准
8	GB/T 14799—2005	土工布及其有关产品 有效孔径的测定 干筛法	国标	方法标准
9	GB/T 14800—2010	土工合成材料 静态顶破试验 (CBR法)	国标	方法标准
10	GB/T 15788—2005	土工布及其有关产品 宽条拉伸试验方法	国标	方法标准
11	GB/T 15789—2005	土工布及其有关产品 无负荷时垂直渗透特性的测定	国标	方法标准
12	GB/T 16989—2013	土工合成材料 接头/接缝宽条拉伸试验方法	国标	方法标准
13	GB/T 17598—1998	土工布 多层产品中单层厚度的测定	国标	方法标准
14	GB/T 17630—1998	土工布及其有关产品 动态穿孔试验 落锥法	国标	方法标准
15	GB/T 17631—1998	土工布及其有关产品 抗氧化性能的试验方法	国标	方法标准
16	GB/T 17632—1998	土工布及其有关产品 抗酸、碱液性能的试验方法	国标	方法标准
17	GB/T 17633—1998	土工布及其有关产品 平面内水流量的测定	国标	方法标准

续表

序号	标准号	标准名称	标准级别	标准类型
18	GB/T 17634—1998	土工布及其有关产品 有效孔径的测定 湿筛法	国标	方法标准
19	GB/T 17635.1—1998	土工布及其有关产品 摩擦特性的测定 第1部分：直接剪切试验	国标	方法标准
20	GB/T 17636—1998	土工布及其有关产品 抗磨损性的测定 砂布/滑块法	国标	方法标准
21	GB/T 17637—1998	土工布及其有关产品 拉伸蠕变和拉伸蠕变断裂性能的测定	国标	方法标准
22	GB/T 19978—2005	土工布及其有关产品 刺破强力的测定	国标	方法标准
23	GB/T 19979.1—2005	土工合成材料防渗性能 第1部分：耐静水压的测定	国标	方法标准
24	GB/T 19979.2—2006	土工合成材料防渗性能 第2部分 渗透系数的测定	国标	方法标准
25	GB/T 24119—2009	机织过滤布透水性的测定	国标	方法标准
26	GB/T 24219—2009	机织过滤布泡点孔径的测定	国标	方法标准
27	GB/T 32011—2015	汽车内饰用纺织材料 接缝疲劳试验方法	国标	方法标准
28	GB/T 17638—1998	土工合成材料 短纤针刺非织造土工布	国标	产品标准
29	GB/T 17639—2008	土工合成材料 长丝纺粘针刺非织造土工布	国标	产品标准
30	GB/T 17640—2008	土工合成材料 长丝机织土工布	国标	产品标准
31	GB/T 17641—1998	土工合成材料 裂膜丝机织土工布	国标	产品标准
32	GB/T 17642—2008	土工合成材料 非织造布复合土工膜	国标	方法标准
33	GB/T 17987—2000	沥青防水卷材用基胎聚酯非织造布	国标	产品标准
34	GB/T 18887—2002	土工合成材料 机织/非织造复合土工布	国标	产品标准
35	GB/T 25004—2010	产业用刀刮涂层织物	国标	产品标准
36	GB/T 30161—2013	膜结构用涂层织物	国标	产品标准
37	FZ/T 60036—2013	膜结构用涂层织物 搭接强力的试验方法	行标	方法标准
38	FZ/T 60037—2013	膜结构用涂层织物 拉伸蠕变性能的试验方法	行标	方法标准
39	FZ/T 60038—2013	膜结构用涂层织物 防污性能试验方法	行标	方法标准

序号	标准号	标准名称	标准级别	标准类型
40	FZ/T 60039—2013	膜结构用涂层织物 剥离强力的试验方法	行标	方法标准
41	FZ/T 60041—2014	树脂基三维编织复合材料 拉伸性能试验方法	行标	方法标准
42	FZ/T 60042—2014	树脂基三维编织复合材料 弯曲性能试验方法	行标	方法标准
43	FZ/T 60043—2014	树脂基三维编织复合材料 压缩性能试验方法	行标	方法标准
44	FZ/T 60045—2014	汽车内饰用纺织材料雾化性能试验方法	行标	方法标准
45	FZ/T 64036—2013	钠基膨润土复合防水衬垫	行标	产品标准
46	FZ/T 64019—2011	灯箱广告用经编双轴向基布	行标	产品标准
47	FZ/T 54015—2009	造纸网用单丝	行标	产品标准
48	FZ/T 54016—2009	造纸毛毯用单丝	行标	产品标准
49	FZ/T 64012.1—2001	水刺法非织造布 第1部分：合成革基布	行标	产品标准
50	FZ/T 64012—2013	卫生用水刺法非织造布	行标	产品标准
51	FZ/T 64015—2009	机织过滤布	行标	产品标准
52	FZ/T 64016—2011	针刺非织造纤维浸渍片材	行标	产品标准
53	FZ/T 64017—2011	针刺压缩弹性非织造布	行标	产品标准
54	FZ/T 64018—2011	纤网—纱线型缝编非织造布	行标	产品标准
55	FZ/T 64035—2014	非织造布购物袋	行标	产品标准
56	FZ/T 64045—2014	产业用针织间隔织物	行标	产品标准
57	FZ/T 64050—2014	柔性灯箱广告喷绘布	行标	产品标准
58	FZ/T 64051—2014	美妆用品非织造布	行标	产品标准
59	FZ/T 64054—2015	手术衣用机织物	行标	产品标准
60	FZ/T 64055—2015	袋式除尘用针刺非织造过滤材料	行标	产品标准
61	FZ/T 64056—2015	洁净室用擦拭布	行标	产品标准

表 2　产业用纺织品及非织造布主要相关标准

序号	标准号	标准名称	标准级别	标准类型
1	GB 8410—2006	汽车内饰材料的阻燃特性	国标	基础通用
2	GB 18383—2007	絮用纤维制品通用技术要求	国标	基础通用
3	GB 18401—2010	国家纺织产品基本安全技术规范	国标	基础通用
4	GB 31701—2015	婴幼儿及儿童纺织产品安全技术规范	国标	基础通用
5	GB 2626—2006	呼吸防护用品——自吸过滤式防颗粒物呼吸器	国标	产品标准
6	GB 2890—2009	呼吸防护 自吸过滤式防毒面具	国标	产品标准
7	GB 6095—2009	安全带	国标	产品标准
8	GB 8965.1—2009	防护服装 阻燃防护 第1部分：阻燃服	国标	产品标准
9	GB 12014—2009	防静电服	国标	产品标准
10	GB 15979—2002	一次性使用卫生用品卫生标准	国标	产品标准
11	GB 19082—2009	医用一次性防护服技术要求	国标	产品标准
12	GB 19083—2010	医用防护口罩技术要求	国标	产品标准
13	GB 20415—2006	橡胶涂覆织物 绝缘带	国标	产品标准
14	GB 24540—2009	防护服装 酸碱类化学品防护服	国标	产品标准
15	GB 24543—2009	坠落防护 安全绳	国标	产品标准
16	GB/T 5709—1997	纺织品 非织造布 术语	国标	基础通用
17	GB/T 6719—2009	袋式除尘技术要求	国标	基础通用
18	GB/T 7111.3—2002	纺织机械噪声测试规范 第3部分：非织造布机械	国标	基础通用
19	GB/T 20097—2006	防护服 一般要求	国标	基础通用
20	GB/T 21328—2007	纤维绳索 通用要求	国标	基础通用
21	GB/T 27630－2011	乘用车内空气质量评价指南	国标	基础通用

序号	标准号	标准名称	标准级别	标准类型
22	GB/T 28465—2012	服装衬布检验规则	国标	基础通用
23	GB/T 30133—2013 Y39	卫生巾用面层通用技术规范	国标	基础通用
24	GB/T 31902—2015	服装衬布外观疵点检验方法	国标	基础通用
25	GB/T 31903—2015	服装衬布产品命名规则、标志和包装	国标	基础通用
26	GB/T 420—2009	纺织品色牢度试验颜料印染纺织品耐刷洗色牢度	国标	方法标准
27	GB/T 2435—1994	棉帘子布试验方法	国标	方法标准
28	GB/T 2912.1—2009	纺织品甲醛的测定第1部分：游离和水解的甲醛（水萃取法）	国标	方法标准
29	GB/T 3922—2013	纺织品色牢度试验 耐汗渍色牢度	国标	方法标准
30	GB/T 7573—2009	纺织品 水萃取液 pH 值的测定	国标	方法标准
31	GB/T 8834—2006	绳索 有关物理和机械性能的测定	国标	方法标准
32	GB/T 13773.1—2008	纺织品 织物及其制品的接缝拉伸性能 第1部分：条样法 接缝强力的测定	国标	方法标准
33	GB/T 13773.2—2008	纺织品 织物及其制品的接缝拉伸性能 第2部分：抓样法 接缝强力的测定	国标	方法标准
34	GB/T 17592—2011	纺织品 禁用偶氮染料的测定	国标	方法标准
35	GB/T 23344—2009	纺织品 4－氨基偶氮苯的测定	国标	方法标准
36	GB/T 24218.1—2009	纺织品 非织造布试验方法 第1部分：单位面积质量的测定	国标	方法标准
37	GB/T 24218.2—2009	纺织品 非织造布试验方法 第2部分：厚度的测定	国标	方法标准
38	GB/T 24218.3—2010	纺织品 非织造布试验方法 第3部分：断裂强力和断裂伸长率的测定（条样法）	国标	方法标准
39	GB/T 24218.6—2010	纺织品 非织造布试验方法 第6部分：吸收性的测定	国标	方法标准
40	GB/T 24218.8—2010	纺织品 非织造布试验方法 第8部分：液体穿透时间的测定（模拟尿液）	国标	方法标准
41	GB/T 24218.11—2012	纺织品 非织造布试验方法 第11部分：溢流量的测定	国标	方法标准
42	GB/T 24218.12—2012	纺织品 非织造布试验方法 第12部分：受压吸收性的测定	国标	方法标准

续表

序号	标准号	标准名称	标准级别	标准类型
43	GB/T 24218.13—2010	纺织品 非织造布试验方法 第13部分：液体多次穿透时间的测定	国标	方法标准
44	GB/T 24218.14—2010	纺织品 非织造布试验方法 第14部分：包覆材料返湿量的测定	国标	方法标准
45	GB/T 24218.101—2010	纺织品 非织造布试验方法 第101部分：抗生理盐水性能的测定（梅森瓶法）	国标	方法标准
46	GB/T 24290—2009	造纸用成形网、干燥网测量方法	国标	方法标准
47	GB/T 29865—2013	纺织品 色牢度试验 耐摩擦色牢度 小面积法	国标	方法标准
48	GB/T 30310—2013	化学纤维帘线、纱线和线绳附胶量测定的试验方法	国标	方法标准
49	GB/T 30311—2013	浸胶芳纶纱线、线绳和帘线拉伸性能的试验方法	国标	方法标准
50	GB/T 30312—2013	浸胶纱线、线绳和帘线热收缩试验方法	国标	方法标准
51	GB/T 30315—2013	浸胶帘线往复挠曲疲劳试验方法	国标	方法标准
52	GB/T 330—1994	棉帘子布	国标	产品标准
53	GB/T 2909—2014	橡胶工业用棉帆布	国标	产品标准
54	GB/T 6568—2008	带电作业屏蔽服装	国标	产品标准
55	GB/T 8050—2007	聚丙烯单丝或薄膜绳索特性	国标	产品标准
56	GB/T 8939—2008	卫生巾	国标	产品标准
57	GB/T 9101—2002	锦纶66浸胶帘子布	国标	产品标准
58	GB/T 9102—2003	锦纶6轮胎浸胶帘子布	国标	产品标准
59	GB/T 11787—2007	聚酯复丝绳索	国标	产品标准
60	GB/T 13554—2008	高效空气过滤器	国标	产品标准
61	GB/T 14014—2008	合成纤维筛网	国标	产品标准
62	GB/T 17591—2006	阻燃织物	国标	产品标准
63	GB/T 18673—2008	渔用机织网片	国标	产品标准

64	GB/T 19390—2014	轮胎用聚酯浸胶帘子布	国标	产品标准
65	GB/T 22344—2008	包装用聚酯捆扎带	国标	产品标准
66	GB/T 22845—2009	防静电手套	国标	产品标准
序号	标准号	标准名称	标准级别	标准类型
67	GB/T 23268.1—2009	运动保护装备要求 第1部分：登山动力绳	国标	产品标准
68	GB/T 23326—2009	不锈钢纤维与面的混纺电磁波屏蔽布	国标	产品标准
69	GB/T 23327—2009	机织热熔粘合衬 机织粘合衬	国标	产品标准
70	GB/T 23463—2009	防护服装 微波辐射防护服	国标	产品标准
71	GB/T 23464—2009	防静电毛针织服标准	国标	产品标准
72	GB/T 24132.1—2009	室内装饰用塑料涂覆织物 第1部分：PVC涂覆针织物规范	国标	产品标准
73	GB/T 24132.2—2009	室内装饰用塑料涂覆织物 第2部分：聚氯乙烯涂覆编织织物规范	国标	产品标准
74	GB/T 24132.3—2009	室内装饰用塑料涂覆织物 第3部分：聚氨酯涂覆编织织物规范	国标	产品标准
75	GB/T 24248—2009	纺织品 合成革用非织造基布	国标	产品标准
76	GB/T 24249—2009	防静电洁净织物	国标	产品标准
77	GB/T 24983—2010	船用环保阻燃地毯	国标	产品标准
78	GB/T 25041—2010	玻璃纤维过滤材料	国标	产品标准
79	GB/T 25042—2010	玻璃纤维建筑膜材	国标	产品标准
80	GB/T 26379—2011	纺织品 木浆复合水刺非织造布	国标	产品标准
81	GB/T 26455—2011	造纸用多层成形网	国标	产品标准
82	GB/T 26456—2011	造纸用异形丝干燥网	国标	产品标准
83	GB/T 26457—2011	造纸用圆丝干燥网	国标	产品标准
84	GB/T 27735—2011	野营帐篷	国标	产品标准

续表

序号	标准号	标准名称	标准级别	标准类型
86	GB/T 28408—2014	防护服装 防虫防护服	国标	产品标准
87	GB/T 28462—2012	机织起绒合成革基布	国标	产品标准
88	GB/T 28895—2014	防护服装 抗油易去污防静电防护服	国标	产品标准
89	GB/T 29154—2012	燃煤锅炉袋式除尘器	国标	产品标准
90	GB/T 30021—2013	经编碳纤维增强材料	国标	产品标准
91	GB/T 30669—2014	聚酯与聚烯烃双纤维绳索	国标	产品标准
92	FZ 65006—1995	特种工业用纺织品 标志和包装	行标	基础通用
93	FZ 65007—1995	特种工业用丝绸 外观检验方法	行标	基础通用
94	FZ 65008—1995	特种工业用纺织品 检验规则	行标	基础通用
95	FZ 66001—1995	特种工业用锦纶丝	行标	产品标准
96	FZ 66101—1995	特种工业用原色棉布	行标	产品标准
97	FZ 66102—1995	特种工业用棉布（一）	行标	产品标准
98	FZ 66103—1995	特种工业用棉布（二）	行标	产品标准
99	FZ 66104—1995	特种工业用帆布	行标	产品标准
100	FZ 66105—1995	特种工业用绒布	行标	产品标准
101	FZ 66106—1995	特种工业用纱布	行标	产品标准
102	FZ 66107—1995	特种工业用原色腈纶布	行标	产品标准
103	FZ 66108—1995	特种工业用维纶布	行标	产品标准
104	FZ 66201—1995	特种工业用丝绸	行标	产品标准
105	FZ 66202—1995	特种工业用绢纺绸	行标	产品标准
106	FZ 66203—1995	特种工业用锦丝双层绸	行标	产品标准
107	FZ 66204—1995	特种工业用锦丝帆绸	行标	产品标准

序号	标准号	标准名称	标准级别	标准类型
86	GB/T 28408—2014	防护服装 防虫防护服	国标	产品标准
109	FZ 66206—1995	特种工业用桑蚕丝绸	行标	产品标准
110	FZ 66301—1995	特种工业用棉绳 棉丝绳 维纶绳 涤棉绳	行标	产品标准
111	FZ 66302—1995	特种工业用空芯棉绳 空芯生丝绳 空芯锦丝绳	行标	产品标准
112	FZ 66303—1995	特种工业用锦丝绳 涤丝绳 锦棉绳 锦丝套绳 双层锦丝绳	行标	产品标准
113	FZ 66304—1995	特种工业用松紧绳	行标	产品标准
114	FZ 66305—1995	特种工业用加捻绳	行标	产品标准
115	FZ 66306—1995	特种工业用棉带 棉锦丝带 丝棉带 维纶带	行标	产品标准
116	FZ 66307—1995	特种工业用薄型棉带	行标	产品标准
117	FZ 66308—1995	特种工业用双层带	行标	产品标准
118	FZ 66309—1995	特种工业用麻带和麻棉带	行标	产品标准
119	FZ 66310—1995	特种工业用厚型带	行标	产品标准
120	FZ 66311—1995	特种工业用锦丝带 涤丝带	行标	产品标准
121	FZ 66312—1995	特种工业用套带	行标	产品标准
122	FZ 66313—1995	特种工业用异型带	行标	产品标准
123	FZ 66314—1995	特种工业用松紧带	行标	产品标准
124	FZ 66315—1995	特种工业用锦丝搭扣带	行标	产品标准
125	FZ 66316—1995	特种工业用线	行标	产品标准
126	FZ 66317—1995	特种工业用生丝线	行标	产品标准
127	FZ 66318—1995	特种工业用苎麻线	行标	产品标准
128	FZ/T 01043—1996	纺织材料 静电性能 动态静电压的测定	行标	方法标准
129	FZ/T 01059—2014	织物摩擦静电吸附性能试验方法	行标	方法标准

续表

序号	标准号	标准名称	标准级别	标准类型
130	FZ/T 01076—2010	热熔粘合衬尺寸变化组合试样制作方法	行标	方法标准
131	FZ/T 01077—2009	服装衬布氯损强力试验方法	行标	方法标准
132	FZ/T 01078—2009	服装衬布吸氯泛黄试验方法	行标	方法标准
133	FZ/T 01079—2009	服装衬布烫焦试验方法	行标	方法标准
134	FZ/T 01080—2009	树脂衬树脂交联程度试验方法 染色法	行标	方法标准
135	FZ/T 01081—2009	热熔粘合衬热熔胶涂布量和涂布均匀性试验方法	行标	方法标准
136	FZ/T 01082—2009	热熔粘合衬干热尺寸变化试验方法	行标	方法标准
137	FZ/T 01083—2009	热熔粘合衬干洗后的外观及尺寸变化试验方法	行标	方法标准
138	FZ/T 01084—2009	热熔粘合衬水洗后的外观及尺寸变化试验方法	行标	方法标准
139	FZ/T 01085—2009	热熔粘合衬剥离强力试验方法	行标	方法标准
140	FZ/T 01110—2011	粘合衬粘合压烫后的渗胶试验方法	行标	方法标准
141	FZ/T 01111—2011	粘合衬酵素洗后的外观及尺寸变化试验方法	行标	方法标准
142	FZ/T 01121—2014	纺织品 耐磨性能试验 平磨法	行标	方法标准
143	FZ/T 01122—2014	纺织品 耐磨性能试验 曲磨法	行标	方法标准
144	FZ/T 01123—2014	纺织品 耐磨性能试验 折边磨法	行标	方法标准
145	FZ/T 01128—2014	纺织品 耐磨性的测定 双轮磨法	行标	方法标准
146	FZ/T 25002—2012	造纸毛毯试验方法	行标	方法标准
147	FZ/T 60031—2011	服装用衬经蒸汽熨烫后尺寸变化试验方法	行标	方法标准
148	FZ/T 60034—2012	粘合衬掉粉试验方法	行标	方法标准
149	FZ/T 60035—2012	粘合衬成衣染色后的外观及尺寸变化试验方法	行标	方法标准
150	FZ/T 60040—2014	水溶性粘合衬水洗后分离性能试验方法	行标	方法标准
151	FZ/T 75002—2014	涂层织物 光加速老化试验方法 氙弧法	行标	方法标准

序号	标准号	标准名称	标准级别	标准类型
152	FZ/T 13010—1998	橡胶工业用合成纤维帆布	行标	产品标准
153	FZ/T 13015—2013	蓬盖用维纶本色帆布	行标	产品标准
154	FZ/T 14009—2013	蓬盖用维纶染色防水帆布	行标	产品标准
155	FZ/T 25001—2012	工业用毛毡	行标	产品标准
156	FZ/T 25003—2012	机织造纸毛毯	行标	产品标准
157	FZ/T 25004—2012	针刺造纸毛毯	行标	产品标准
158	FZ/T 25005—2012	底网造纸毛毯	行标	产品标准
159	FZ/T 54015—2009	造纸网用单丝	行标	产品标准
160	FZ/T 54016—2009	造纸毛毯用单丝	行标	产品标准
161	FZ/T 55001—2012	锦纶6浸胶力胎帘子布	行标	产品标准
162	FZ/T 63021—2013	聚酰胺复丝绳索	行标	产品标准
163	FZ/T 64001—2011	机织树脂黑炭衬	行标	产品标准
164	FZ/T 64007—2010	机织树脂衬	行标	产品标准
165	FZ/T 64021—2011	彩色非织造粘合衬	行标	产品标准
166	FZ/T 64022—2011	成衣免烫用机织粘合衬	行标	产品标准
167	FZ/T 64023—2011	耐酵素洗非织造粘合衬	行标	产品标准
168	FZ/T 64024—2011	水溶性机织粘合衬	行标	产品标准
169	FZ/T 64025—2011	涂层面料用机织粘合衬	行标	产品标准
170	FZ/T 64026—2011	针刺絮片衬	行标	产品标准
171	FZ/T 64027—2012	低甲醛机织粘合衬	行标	产品标准
172	FZ/T 64028—2012	衬纬经编针织粘合衬	行标	产品标准
173	FZ/T 64029—2012	弹性机织粘合衬	行标	产品标准

续表

序号	标准号	标准名称	标准级别	标准类型
174	FZ/T 64030—2012	棉型芯垫肩衬	行标	产品标准
175	FZ/T 64031—2012	耐成衣染色用机织粘合衬	行标	产品标准
176	FZ/T 64032—2012	纬编针织粘合衬	行标	产品标准
177	FZ/T 64033—2014	纺粘热轧法非织造布	行标	产品标准
178	FZ/T 64034—2014	纺粘／熔喷／纺粘（SMS）法非织造布	行标	产品标准
179	FZ/T 64039—2014	机织复膜粘合衬	行标	产品标准
180	FZ/T 64040—2014	缝编非织造粘合衬	行标	产品标准
181	FZ/T 64041—2014	熔喷纤网非织造粘合衬	行标	产品标准
182	FZ/T 64042—2014	针刺非织造服装衬	行标	产品标准
183	FZ/T 64046—2014	热风法非织造布	行标	产品标准
184	FZ/T 64047—2014	浆粕气流成网非织造布	行标	产品标准
185	FZ/T 64048—2014	水刺非织造粘合衬	行标	产品标准
186	FZ/T 64049—2014	隐点机织粘合衬	行标	产品标准
187	FZ/T 64052—2014	短纤热轧法非织造布	行标	产品标准
188	FZ/T 64053—2015	聚乙烯醇水溶纤维非织造布	行标	产品标准
189	CJ/T 430—2013	垃圾填埋场用非织造土工布	行标	产品标准
190	HJ/T 324—2006	环境保护产品技术要求 袋式除尘器用滤料	行标	产品标准
191	HJ/T 326—2006	环境保护产品技术要求 袋式除尘器用覆膜滤料	行标	产品标准
192	JB/T 10921—2008	燃煤锅炉烟气袋式除尘器	行标	产品标准
193	JB/T 11310—2012	垃圾焚烧尾气治理袋式除尘器用滤料	行标	产品标准
194	JC/T 584—1995	玻璃纤维过滤袋	行标	产品标准
195	JG/T 404—2013	空气过滤器用滤料	行标	产品标准

序号	标准号	标准名称	标准级别	标准类型
196	JT/T 531—2004	桥梁结构用芳纶纤维复合材料	行标	产品标准
197	QC/T 946—2013	汽车安全带织带性能要求和试验方法	行标	方法标准
198	YY 0854.1—2011	全棉非织造布外科敷料性能要求 第1部分：敷料生产用非织造布	行标	产品标准
199	YY 0854.2—2011	全棉非织造布外科敷料性能要求 第2部分：成品敷料	行标	产品标准
200	YY/T 0506.1—2009	病人、医护人员和器械用手术单、手术衣和洁净服 第1部分：制衣厂、处理厂和产品的通用要求	行标	基础通用
201	YY/T 0506.2—2009	病人、医护人员和器械用手术单、手术衣和洁净服 第2部分：性能要求和性能水平	行标	基础通用
202	YY/T 0471—2004	接触性创面敷料试验方法	行标	方法标准
203	YY/T 0506.3—2005	病人、医护人员和器械用手术单、手术衣和洁净服 第3部分：试验方法	行标	方法标准
204	YY/T 0506.4—2005	病人、医护人员和器械用手术单、手术衣和洁净服 第4部分：干态落絮试验方法	行标	方法标准
205	YY/T 0506.5—2009	病人、医护人员和器械用手术单、手术衣和洁净服 第5部分：阻干态微生物穿透试验方法	行标	方法标准
206	YY/T 0506.6—2009	病人、医护人员和器械用手术单、手术衣和洁净服 第6部分：阻湿态微生物穿透试验方法	行标	方法标准
207	YY/T 0506.7—2014	病人、医护人员和器械用手术单、手术衣和洁净服 第7部分：洁净度—微生物试验方法	行标	方法标准
208	YY/T 0330—2015	医用脱脂棉	行标	产品标准
209	YY/T 0969—2013	一次性使用医用口罩	行标	产品标准
210	HDB/FZ 001—2000	化学纤维短纤水刺无纺布加工贸易单耗标准	海关标准	单耗标准
211	HDB/FZ 002—2002	纺粘法非织造布加工贸易单耗标准	海关标准	单耗标准
212	HDB/FZ 022—2005	热轧法非织造布加工贸易单耗标准	海关标准	单耗标准
213	HDB/FZ 044—2009	熔喷法非织造布（无纺织物）加工贸易单耗标准	海关标准	单耗标准
214	HDB/FZ 045—2009	热风法非织造布（无纺织物）加工贸易单耗标准	海关标准	单耗标准

版权声明

　　中国产业用纺织品行业协会拥有《2014/2015中国产业用纺织品技术发展报告》的汇编著作权。

　　由于在本书汇编文章的收录过程中，有部分文章选摘自中国知网等网络渠道，部分文章作者未能有效联系到，特此表示歉意。希望看到本书的文章作者及时与中国产业用纺织品行业协会编委会联系，以便安排发放稿酬。

　　联系电话：010-85229287-607

　　联系邮箱：henwan2011@sina.com

　　特此声明。